高等院校新闻传播大类各专业（含自学考试）基础课程教材

传播学概论

Introduction to Communication

主　编/肖建春

副主编/金佳林　赵玉文

参　编/孙　思　李　娇　陶　陶　汪米嘉　李欣芮

图书在版编目（CIP）数据

传播学概论 / 肖建春主编. -- 杭州 : 浙江大学出版社，2024.5 （2025.7重印）
ISBN 978-7-308-24776-4

Ⅰ. ①传… Ⅱ. ①肖… Ⅲ. ①传播学－概论－高等学校－教材 Ⅳ. ①G206

中国国家版本馆CIP数据核字(2024)第065864号

传播学概论

CHUANBOXUE GAILUN

主　编　肖建春
副主编　金佳林　赵玉文

责任编辑　郑成业
责任校对　李　晨
封面设计　闰江文化
出版发行　浙江大学出版社
（杭州市天目山路148号　邮政编码 310007）
（网址：http://www.zjupress.com）
排　　版　杭州林智广告有限公司
印　　刷　杭州钱江彩色印务有限公司
开　　本　787mm×1092mm　1/16
印　　张　18.5
字　　数　382千
版 印 次　2024年5月第1版　2025年7月第2次印刷
书　　号　ISBN 978-7-308-24776-4
定　　价　79.00元

前　言

PREFACE

传播学是 20 世纪 30 年代以来跨学科研究的产物，直到 20 世纪中叶才成为大学的一门课程。进入 21 世纪，传播技术和传播媒体日新月异，许多国家实施的数字全球战略正驱动社会信息化发展进入新阶段，互联网全面开启了人类生活新空间。受其影响，传播学在世界范围内迅速成为发展最快的社会学科之一。就国内而言，党的二十大报告中关于我国全媒体传播体系和国际传播能力建设的内容对于传播学学科的快速发展起到了很大的促进作用。习近平总书记明确提出我国要“加强全媒体传播体系建设，塑造主流舆论新格局”“加强国际传播能力建设，全面提升国际传播效能”[1]。这两个“加强”的战略部署，不但对推进文化自信自强提出了新要求，为增强中华文明传播力、影响力作出了宏观指导，也为传播学学科从理论研究到实践活动指明了方向。

“传播学概论”是新闻传播学专业的一门专业基础课程。从宏观角度来说，该课程要探讨人类一切传播行为，传播过程发生、发展的历程、规律，以及传播与人和社会的关系，要研究社会信息系统及其运行规律。就具体内容而言，该课程要让学习者在认识和了解传播学的基本概念、主要理论、传播模式及其传播功能的基础上，进一步掌握传播结构和过程中的传播者、受传者、讯息、媒介、反馈及其传播符号与效果等方面的主要研究成果；还要进一步了解传播制度的建构、传播主体的互动，认识人内传播、人际传播、群体传播、组织沟通、公众表达、大众传播乃至跨文化传播等各种传播活动的特点与规律。

本教材主要的编写特点有以下四条。

其一，讲练结合，注重分析问题和解决问题能力的培养。每一章皆编有“思考与练习”，其中的“单项选择题”“多项选择题”和“名词解释”主要使学习者加深对传播学基本概念、主要理论、传播模式、传播功能和传播效果相关内容的理解，分清各种传播活动的语境特点及其传播规律。“简答题”“论述题”和“案例分析题”则是思考与练习的重点与核心，主要促使学习者运用学到的理论、观点和知识，初步分析新闻传播、大众文化、网络舆论、全球化、数字化、信息化等传播现象与人类及其社会活动的关联与

1　习近平．高举中国特色社会主义伟大旗帜 为全面建设社会主义现代化国家而团结奋斗——在中国共产党第二十次全国代表大会上的报告[R/OL]. (2022-10-25)[2022-10-30]. https://www.gov.cn/xinwen/2022-10/25/content_5721685.htm.

互动；同时，还促使学习者注意理论联系实际，批判地吸收西方传播学中的合理成分、科学结论，并应用于中国传播活动的实践。

其二，理论探讨深入显出，并辅以各种典型的传播案例进行讲解。“传播学概论”是一门理论性很强的课程，其抽象的概念、模式、原理、观点都较为难懂难证。编写教材进行理论探讨时，入之不深，则有浅易之病；出之不显，则有艰涩之患。因此，我们尽量将理论与具体的传播案例、现象相结合，化抽象为具体，以利于学生在这门课程的学习过程中从感性认识发展到理性认识，再从理性认识进展到对传播实践活动的感知、分析和参与。

其三，兼收并蓄，博采众家，力图较好地反映传播学研究成果和趋向。本教材着重沿用了传播学五大奠基人——拉斯韦尔、拉扎斯菲尔德、卢因、霍夫兰和施拉姆的基本观点和理论；也介绍了李普曼、麦克卢汉、麦库姆斯、托马斯、默顿、布雷克多、申农、韦弗、丹斯、托尔曼、赖利夫妇等学者关于传播模式、功能和效果的论述；对于后来的传播学学者如甘布尔夫妇、马克·波斯特、理查德·韦斯特和林恩·H.特纳等人关于有效传播、传播语境、第二媒介时代、传播理论的分析与应用等研究成果和趋向也作了引用或介绍。当然，在对西方的传播学理论和观点进行“取其精华，去其糟粕”地批判继承的同时，我们也特别关注和借鉴我国的专家和学者关于传播学的论著。本教材借鉴了张国良、郭庆光、李彬、陈力丹等我国传播学学者的不少研究成果，尽力作出传播学本土化的相关解释。

其四，适应慕课、微课形式，配合翻转课堂教学创新。本教材主要是配合“传播学概论”这门课程在“互联网+”时代进行教学改革而编写。每一章的编写原则上皆要求精讲其重要知识点，并录制为慕课或微课视频，在网络上开放播发，学生可以通过互联网获得优质的教育资源，不再单纯地依赖授课老师的现场讲授。老师在面对面的课堂教学中，则主要是与学生互动或者引导学生与学生之间进行互动。本教材每章之后的“思考与练习”，就是为“翻转课堂”教学模式而设计的。

由于本教材具有上述四个主要特点，融入了“传播学概论”最新的实践教学理念，并且在力求严谨规范的基础上注重与时俱进，因此，其适用于新闻传播学下设的传播学、广告学、新闻学、广播电视学、网络与新媒体、数字出版等专业。本教材具有讲练结合、注重解决实际问题的能力培养、理论讲解深入浅出并辅以鲜活案例等特点，尤其适用于应用型本科学生及自学考试学生。

编者

2024 年 5 月

目　录

CONTENTS

扫一扫　看视频

CHAPTER 1 第一章 传播概述

在学习“传播学概论”这门课程时，我们首先需要弄清楚三个问题：一是传播的本质与概念是什么？二是传播的结构和要素有哪些？三是传播有哪三个基本模式？下面对这三个问题一一进行解答。

第一节　传播的本质与概念

“传播”一词，在汉语中具有“广泛散布”“传达”“传送”以及“传染”等含义。它可以涉及“信息传播”“文化传播”“光纤传播”“声波传播”“病毒传播”“花粉传播”等社会传播、物理传播和生物传播类型。本教材在介绍“传播”现象时，其视野虽然扩大到各种各样的传播状态，但是，因为传播学重点讨论的是人类自身及其互相之间传受信息的行为，所以我们分析和研究的范畴主要是“人类信息传播”，更进一步说是“社会信息传播”。

一、传播的本质与特性

研究“社会信息传播”现象的学科是“传播学”，传播学研究的渊源要追溯至欧美，我国传播学中的“传播”概念，原译自英语单词communication。该英语单词的含义比较丰富，主要有“通信、沟通、交流、传达、交际、传染、交通、参与”等意思。把英语的communication与汉语的“传播”进行词义比较，其异同如表1-1所示。

表1-1　communication与“传播”的词义之比较

	传达/散布	传染	交流/交际	交通
communication	○	○	○	○
传　播	○	○	×	×

注：○表示有，×表示无

相同之处：两者均有“传达/散布（消息、意识等）”和“传染（疾病、病毒）”的意思；相异之处：communication含“（双向）交流/交际”“运输（货物或人）”之意，而“传播”不包含这些意思。显而易见，英语communication的含义比汉语“传播”的义项更为丰富。这是否就意味着翻译不准确呢？回答是否定的。

“传播学”所分析和研究的学科范畴主要是在“人类信息传播”乃至“社会信息传播”之内，所以，communication这一多义词从开始用于传播学学科时，就已经排除了“传染”和“交通”的义项。至于汉语“传播”一词早先没有英语communication的“交流/交际”义项，实为两种语言互译时往往无法使义项完全对等的一种遗憾。不过，随着传播学在我国的普及和发展，到了21世纪的今天，中国的新闻传播领域在论及“传播”一词时，已经约定俗成地赋予该专业词语“交流/交际”的义项，即现代的“传播”这一概念已经具有了“共同分享”和“双向交流”的意义。比如，我们所说的“人际传播”“群体传播”和“网络传播”等，就具有了交互性，就是交流或交际的活动。

综上所述，用新闻传播学科术语来解释“传播”，它主要指的是人类传递或交流消息、观点、感情等的交往活动，是人类赖以生存和发展的基本行为之一。弄清楚这一本质之后，我们便可以讨论人类社会的传播活动所具有的特性了。从以口耳相传为特征的远古蛮荒时代到如今以“互联网+”为特征的信息化时代，人类的传播行为丰富多彩、无处不在、无时不有，而且，信息传播是人类了解自然和人类社会中必不可少的活动。为此，“传播”便具有了形态多样、时空遍布、行为伴随和功能重要等特性。

（一）形态的多样性

就日常生活而言，传播不仅是我们最为熟悉和常见的活动之一，而且该活动的形态是多种多样的。见到熟人、朋友或同学，相互打个招呼或交谈一下；教师为学生授课，军官给战士下达口头命令，公司老总给员工训话；儿女给父母打个电话，情侣之间用微信语音聊天，这是口头传播或口语传播。写信表达问候或某种意愿，撰写论文交给老师，著书立说传之于世，用报纸给受众发布新闻，以及发传真、发手机短信等进行书面语言交流，这是文字传播。给人传去几张照片，艺术家开办画展，以短视频表达社会主义核心价值观，这是图像传播。

除以上介绍的口语传播、文字传播和图像传播三种典型手段外，人类还有着一些传播的补充手段，比如击鼓传信、烽火报警、旗语手势、表情身姿等。这些传递信息的手段被称为非语文传播。下面以“非洲击鼓传信”为例来说明此现象（图1-1）。

图1-1　非洲击鼓传信

鼓在非洲除了用于音乐表演外，还可以用来传递各种信息，因此有“会说话的鼓”的美称。例如在非洲东部的乌干达共和国，鼓声就既可以是音乐，又可以是信息。

> 乌干达丛林遍地，河湖密布，交通极为不便。在长期的生活实践中，人们发明了用鼓声传达信息的方法。因此，在乌干达，无论白天黑夜，都能听到“达姆鼓”的声音，有时如急风暴雨，有时似轻柔的微风。全国男女老幼都对这种既是音乐又是信息的特殊鼓声具有敏感的分辨能力。当人们听到“隆加拉，阿加拉米迪”的鼓声时，就知道是村长在发号施令，意思是让大家快去修桥铺路，村庄里的人就会立即携锹扛镐到工地。当听到“关加，姆吉，关加，姆吉！”的鼓声时，就是遇到猛兽侵袭、敌人来犯等重大险情，报警的鼓声从一个村庄传到另一个村庄，成年男子会手持长矛盾牌火速赶到指定地点。[1]

与非洲一样，古代印度人也经常用不同的鼓声向远方报告敌人入侵或发生地质灾害的信息。其实，非语文传播手段的产生远远早于口语传播和文字传播。在语言产生之前，人类的祖先经历了一个漫长的原始传播时代，这一时代就被称为非语文传播时代，也有学者把这一传播活动的滥觞时代称为前语言传播时代。这种原始状态的传播手段也早就是多种多样的了。传播学学科的创始人、美国学者威尔伯·施拉姆是这样描述的：

> 人类无法离群索居，而只要人类聚集一处共谋生计，就必然会有某种传播与沟通行为发生。早在话语出现之前，人类便已开始互相沟通了。最原始的语言系统是以触觉、视觉甚至有时是以嗅觉来传递意义的，绝少使用发声机制（vocal mechanism）。这种传播主要依靠身体运动——站姿（posture）、手势（gesture）、面部表情（facial expression）、手足运动来进行，另外还包括某些信号（如山顶火光）和标示（如土堆代表墓地，石堆代表道路），全属非语文传播。[2]

施拉姆这里所列举的非语文传播手段，从古到今都存在。如果从符号角度看，这些物质行为皆可称为“实物传播”。它是与口语、文字、图像等三种类型的传播并列的第四种传播类型。按照施拉姆上文的描述，实物传播又可以分为以下两个小类别：其一，站姿、手势、面部表情、手足运动等人体的活动和姿态属于人类利用“身体运动”进行的传播（本教材下文将对此进行具体论述）；其二，山顶火光、土堆、石堆等用实物表意来传播信息的方式则属于利用“信号和标示”进行的传播。信号和标示的例子古今中外都存在，古代中国人用烽火台上的狼烟表示有紧急敌情，古巴比伦商人用灌木做酒店标志、用靴子做鞋店号志[3]等都是这类实物传播；当今各国的国旗、国徽是国家的神圣而

---

1 乌干达的非洲击鼓[EB/OL].(2010-11-23)[2022-03-10]. http://lvyou168.cn/_Amusement/2010_11_23_14/20101123144758528.htm.

2 威尔伯·施拉姆.人类传播史[M].游梓翔，吴韵仪，译.台北：远流出版公司，1994：55-56.

3 刘家林.新编中外广告通史[M].广州：暨南大学出版社，2000：362.

显著的标志；奥运会的吉祥物体现出奥林匹克精神、传达当届奥运会的举办理念以及主办城市的历史文化和人文精神，当然也是一种“信号和标示”类的实物传播。

另外，人类传播的多样性还可用“类语言”现象来加以说明。所谓类语言也称“副语言”，它是交际过程中一种有声而无固定语义的辅助语言。类语言一般包括两个部分：声音要素和功能性发声。声音要素涉及音强、音长、音高、音色、语速等；功能性发声包括叫、哭、笑、叹息、呻吟等。虽然上述这些类语言都没有特定的具体含义，却能传递特定的信息。曾经有这样一个故事：

一次，意大利著名的悲剧影星罗西应邀参加了一个欢迎外宾的宴会。席间，许多客人要求他表演一段悲剧，于是他用意大利语念了一段“台词”，尽管客人听不懂他的“台词”的内容，但是他那动情的声调和凄凉悲怆的表情，不由使人流下同情的泪水。可一位意大利人却忍俊不禁，跑到厅外大笑不止。原来，这位悲剧明星念的根本不是什么台词，而是宴席桌上的菜单。[1]

（二）时空的遍布性

从时间上考察，人类传播的历史已有几百万年。从动物状态的传播进化到人类口语传播，用了漫长的以百万年为计量单位的时间；从口语传播到文字传播，用了以 10 万年为计量单位的时间；从文字传播到印刷传播，用了 3000 多年时间；从印刷传播到电子传播，用了 1000 多年时间；从以报纸、杂志、广播和影视等大众传播媒体为主的“第一媒介时代”到信息高速公路介入以及卫星技术与电视、电脑和电话相结合的“第二媒介时代”[2]，用了 100 多年时间。“第二媒介时代”诞生几十年后的今天，以网络、手机、数字媒体为主体的具备互动性和数字化特点的新媒体异军突起，特别是“互联网+”“融合媒体”的产生，又使得传播手段焕然一新。但是，不管人类的传播手段和形式如何变化和演进，我们都能清楚地感受到人类的传播活动无时不在。

从空间上考察，人类传播也是无处不在的。先从地域来看，生活在北极地区的因纽特人需要信息传播；生活在尼罗河流域的埃及人和恒河流域的印度人离不开信息传播；生活在美洲的加拿大人、墨西哥人、美国人需要信息传播；生活在中国的东北、华北、西南、华东、中原、海南岛、台湾岛等地的人们也离不开信息传播。再从地点来看，恋人花前月下必会传播信息，在食堂进餐的人们会传播信息，商场购物的过程中买卖双方需要传播信息，农家乐里朋友聚会必然传播信息，广而言之，教室、会场、医院、电影院、茶馆、火车站、机场和酒店等场所的信息传播一样不可或缺。

（三）行为的伴随性

虽然在口语、文字传播形式出现后，行为传播的伴随性越来越强，如演讲过程中起

1 何丽．人际沟通利用好声调 [J]. 健康文摘，2009(2)：34.
2 马克·波斯特．第二媒介时代 [M]. 范静哗，译．南京：南京大学出版社，2005：3-4.

辅助作用的手势、表情等，但其亦是我们应该给予关注的一种传播类型。前文我们讲到了站姿、手势、面部表情、手足运动等人体的活动和姿态属于“身体运动”类别的行为传播，这里我们要更进一步阐述这种行为传播的伴随性。人类的传播活动往往会具有行为的伴随性。换句话说，即人们“有意”和“无意”的举止、动作、表情时常贯穿传播活动之中。下面，我们用《红楼梦》中“贾母和王熙凤在荣国府见林黛玉”的例子来阐述这个问题（图 1-2）。

> 黛玉方进入房时，只见两个人搀着一位鬓发如银的老母迎上来，黛玉便知是他外祖母。方欲拜见时，早被他外祖母一把搂入怀中，心肝儿肉叫着大哭起来。当下地下侍立之人，无不掩面涕泣，黛玉也哭个不住。一时众人慢慢解劝住了，黛玉方拜见了外祖母。
>
> ……
>
> 这熙凤携着黛玉的手，上下细细打量了一回，仍送至贾母身边坐下，因笑道：“天下还真有这么标致的人物，我今儿才算见了！况且这通身的气派，竟不像老祖宗的外孙女，竟是个嫡亲的孙女，怨不得老祖宗天天口头心头一时不忘。只可怜我这妹妹这样命苦，怎么姑妈偏就去世了！”说着，便用帕拭泪。贾母笑道：“我才好了，你倒来招我。你妹妹远路才来，身子又弱，也才劝住了，快再休提前话。”这熙凤听了，忙转悲为喜道：“正是呢！我一见了妹妹，一心都在他身上了，又是喜欢，又是伤心，竟忘记了老祖宗。该打，该打！”[1]

图 1-2 林黛玉进贾府

母亲去世，林黛玉离父投亲初入荣国府，外婆贾母和嫂子王熙凤等人与她相见。在这个场景中，贾母的语言不多，仅是“心肝儿肉叫着”，然而她一连串的伴随性动作

1 曹雪芹，高鹗．红楼梦[M]．长沙：岳麓书社，1987：18-19.

"迎上来""一把搂入怀中"和"大哭起来"，却传达出发自内心的伤感女儿离世、疼爱眼前外孙女的信息。到了王熙凤出场，则先是夸奖黛玉："天下还真有这样标致的人物，我今儿才算见了!"接着又说："只可怜我这妹妹这样命苦，怎么姑妈偏就去世了！"话音刚落，马上"便用帕拭泪"。这既以夸赞黛玉长相巧妙地讨到了贾母的欢心，顺应了贾母疼爱外孙女的心情，又表现出为黛玉幼年丧母而伤心，迎合了现场悲伤的气氛。最后，见贾母笑了，又听到"快再休提前话"的叫停语，王熙凤的表情马上转悲为喜，连连自责"该打，该打！"由此我们可以看到，在这一人际传播的过程中，王熙凤实现了语言与行为的完美结合，其内心要传达的各种信息和她察言观色、机变逢迎的本领，通过她的言谈举止表现得淋漓尽致。

需要指出的是，口语、文字、图像这三类传播，一般说来都是"有意"的传播，而物质行为的传播却可以分为"有意"和"无意"两种。王熙凤见到林黛玉时，用帕拭泪和转悲为喜多半是有意为之；一般情形下，如人们在食堂进餐时的各种自然状态则属于无意行为。恋爱过程中，女孩子精心化妆，小伙子注重穿着，自然是有意为之；身陷险境手脚止不住发抖，听到有趣的事情不经意地露出笑容，则属于无意行为。

其实，除了会面、交谈、上课、开会、演讲、写作、绘画、影展等是传播，衣食住行在某种意义上也会传达出某些信息。这包含两层意思：其一，衣食住行这些行为的进行和完成，都离不开传播。例如我们到餐厅吃饭，会了解菜品、味道、价格后进行点菜；到火车站购票，会询问发车时间、卧铺还是硬座、快车还是慢车之后买票，这些都是信息的传播。其二，衣食住行等行为本身就是传播，也就是说人们的这些行为总是携带、发散、透露着某种信息。例如在吃饭时，有的人狼吞虎咽，有的人慢条斯理，有的人津津有味，有的人味同嚼蜡……这些表现无一不是信息的表露，也即传播。又如人们的服装、住宅、佩戴的饰物和驾驶的轿车等，也无不传递着其身份、财力、权力，甚至志趣、爱好和品位等信息。

（四）功能的重要性

从上述传播具有的多样性、遍布性和伴随性特征，我们可以看到传播活动从本质上看就是人类赖以生存和发展的基本或基础行为之一，因此，也就不难理解其功能的重要性了。有学者认为：人类的一切（包括物质的和精神的、基本的和非基本的）行为都离不开传播。由此可知，"传"的重要性，绝不亚于"衣食住行"。"衣食住行"这句中国人用以概括人类基本行为的俗语，如果改为"衣食住行传"，就更加全面了[1]。

这段话把"传"与"衣食住行"并列，从信息传播的角度强调了"传播"的作用，对于我们从总体上理解传播功能的重要性很有帮助。至于传播作用与功能的具体内容，在第二章第三节讨论"传播学对传播功能的研究"时，我们将会进行实例论证。

1 全国高等教育自学考试指导委员会，张国良．传播学概论[M].北京：外语教学与研究出版社，2013：29.

二、信息与传播

“信息”是传播的材料和对象，“传播”则为信息的传受行为。因此，谈到信息与传播时，我们有必要首先探讨一下，究竟什么是信息。

（一）信息的定义和类型

信息科学认为，信息是物质的普遍属性，是一种客观存在的物质运动形式。这是广义的信息概念。在这个概念下，一切表述或反映事物内部或外部互动状态或关系的现象、声音、图像、状态、符号、文字等都是信息。自然界的风和日丽、电闪雷鸣，物理现象中的水沸腾冒蒸汽、电线短路迸火花，生物界的鸡鸣狗叫、蜜蜂飞舞，人类社会的口语交流、书信往来、视频拍摄发布、捶胸顿足、音容笑貌都属于信息传播的范畴。

用科学、规范的语言来定义，所谓“信息”，即事物（物质和能量）的存在方式或运动状态以及这种方式或状态的直接或间接的表述。另外，还有一个对信息本质和地位进行概括的说法，即信息是与物质和能量并列，构成世界的三大要素之一。此概括和前一个表述可以相互对照和补充。前者侧重于表明信息的作用和特点，后者侧重于表明信息的性质和地位。信息为什么能成为构成世界的三大要素之一呢？原因就在于它可以表述事物（物质和能量）的存在方式或运动状态，亦即它作为事物（物质和能量）的存在方式或运动状态的表征，能使人类借此认识世界。只有在此前提下，人类才谈得上立足或生存于世界，并进而得以认识和改造世界。

根据信息系统和作用机制的不同，有的学者把信息分为两大类：非人类信息和人类信息；有的学者把信息分为三类：物理信息、生物信息和社会信息。

我们认为，两分法虽然简单明了，但是“人类信息”的外延和内涵皆比较宽泛，它除了包括人的社会信息以外，还包括人的遗传、神经和化学等生物信息，以及人的体重、足长和指纹等生理信息。三分法的“社会信息”则指的是除了人的生物和生理信息以外的，与人类的社会活动有关的一切信息。很显然，物理信息和生物信息并不是传播学考察和研究的主要对象。尽管传播学也不断吸收或借鉴物理信息和生物信息科学的研究成果，但是它作为一门社会科学，所关注的始终都是人类的社会信息及其传播活动。因此，本教材谈到信息时，主要讨论对象为社会信息。

何为“社会信息”？社会信息指的是人类社会在生产和交往活动中所交流或交换的各种各样的信息。作为信息的一种类型，社会信息也是以质、能、波动的形式表现出来的。这就是说，人类社会精神内容的载体，无论是语言、文字、图片、影像，还是声调、表情、动作乃至人类生产、制作或使用的实物，都表现为一定的物质信号，这些信号以可视、可听、可感的形式作用于人的感觉系统，再经神经系统传递到大脑进行处理并引起反馈。例如，新娘子身上穿的漂亮婚纱，其婚纱本身就是实物信息。如果有人用语言加以称赞：“这套婚纱真漂亮！”则是口语信息。以书面形式写下来，是文字信息；

用相机、摄影机拍出来，则是图像信息了。

社会信息具有物质属性，与其他信息一样是一种客观存在的物质运动形式。具体讲它也是以质、能、波动的形式呈现其结构、状态和历史的，这是社会信息与其他信息的共同点。然而，社会信息及其传播又有着其他信息所不具备的特殊性质——社会信息伴随着人的精神活动。自然信息（无机界和生物界的信息）的传播通常表现为一定的物理条件或生物条件的作用和反作用，满足了一定条件，必然会引起相应的反应。比如，因太阳辐射、地球自转、海陆分布、热量交换等条件，产生大气环流的反应；因生理要求、遗传和外界环境因素等影响，引起鲑鱼洄游的反应。社会信息的传播则主要在三个层次进行：一是在生活和经济领域中，以衣食住行、商品交换、货币信息传播为核心；二是在科技和教育领域中，以知识信息（包括科技知识和社会科学知识）为核心；三是在政治和意识形态等上层建筑中，以观念信息（信仰、价值观、世界观、人生观等）为核心。

与自然信息相比较，社会信息有以下两个特点：其一，社会信息传播并不单纯地表现为人的生理层次上的作用和反作用，更重要的是伴随着人复杂的精神和心理活动，伴随着人的态度、感情、价值和意识形态。其二，即便是作为社会信息的物质载体——符号系统本身，也是与物质劳动密切相关的精神劳动的创造物，人对符号意义的赋予和解读与人的社会属性是分不开的。

综合上述两点，我们把社会信息看作物质载体和精神内容的统一、主体和客体的统一、符号和意义的统一。因此，社会信息传播具有与自然信息传播不同的特殊规律。德国哲学家克劳斯指出："纯粹从物理学角度而言，信息就是按照一定方式排列的信号序列，但是仅此一点尚不足以构成一个定义。毋宁说，信息必须有一定的意义。……由此可见，信息是由物理载体和意义构成的统一整体。"[1]

（二）传播与信息的关系

实际上，我们说"传播"为"信息"的传受行为，就隐含了它们两者之间的关系："传播"="信息的运动"，"信息"="传播的材料"。世界上既没有不传播的信息，也没有无信息的传播。总而言之，传播是形式，信息为内容。没有信息，传播就无法存在；没有传播，信息也无从表现。简单来说，两者密不可分，互相依赖且互相制约，具有辩证统一的关系。

如果我们弄懂了这一点，我们就可以理解：凡是有信息之处，必有传播；反之，凡是有传播之处，必有信息。值得注意的是，不管是自然信息还是社会信息，不管是自然信息的传播还是社会信息的传播，都符合这一理论。正如前文所说，自然界和人类社会的各种物质运动形式都属于信息传播的范畴。只不过，按照信息科学的观点，我们可以

1　G.克劳斯．从哲学看控制论[M].梁志学，译．北京：中国社会科学出版社，1981：68-69.

把各种物质运动形式分为“物理信息传播”（电闪雷鸣、水滴石穿），“生物信息传播”（鸡鸣狗叫、蜂舞蝶飞）和“社会信息传播”（口诛笔伐、捶胸顿足）三大类别。于是，我们便可以归纳出关于“传播与信息”的以下四个结论。

其一，与“信息”形影相随的“传播”，遍布自然界和人类社会。这里所说的“自然界”又称大自然（与人类社会相区别的物质世界），是指自然科学研究的无机界和有机界。这里所说的“人类社会”是在自然界发展到一定阶段随着人类的产生而出现的由人所形成的集合体，它主要指的是以劳动为基础的人类共同活动和相互交往等社会关系。

其二，与信息类别相对应，“传播”同样可以分为三大类：“物理传播”“生物传播”和“人类传播”。

其三，传播学的研究对象，并非广义的“传播”，而只是其中的一部分，即“人类传播”，从这个意义上说，有学者认为所谓传播学就是人类传播学。当然，我们进一步根据传播信息的不同进行细分，“人类传播”还可以分为“社会传播”和“非社会传播”两大类。如果传播的是社会信息（反映人类社会运动状态和方式的信息），就是社会传播；如果传播的是人的生物和生理信息，就是“非社会传播”。简单地用不等式来表示：社会传播≠人类传播，社会传播范畴<人类传播范畴。所以，倘若准确地表述，与其说传播学是“人类传播学”，还不如说它是“社会传播学”。

其四，对于“传播”，应该作两个层面的理解：广义的传播——物质系统（自身及相互之间）传受信息的行为；狭义的传播——人（自身及相互之间）传受信息的行为（人类传播）。我们从这一理论高度和广度看待传播现象，才算是达到了比较透彻的科学境界，才算是拓宽了传播学的视野。认识和了解广义的传播，能够把人类社会的传播活动放在更大的系统和环境中加以考察，这有助于探索人类社会传播活动的一般规律和特殊规律。概言之，传播学首先应当承认“传播”的广义性，在这个前提下，再声明自己的研究对象（人类传播乃至社会传播）的狭义性。

三、传播概念的把握

将信息学观点和社会学观点相结合，便可以为传播科学中的“传播”下一个基本的定义：传播即社会信息的传递或社会信息系统的运行。从这一核心概念出发，通过考察人类传播与社会信息的关系，可以归纳出以下人类社会传播的五个基本特点。了解这五个特点，对于我们认识和把握人类社会传播的客观规律有很大的帮助。

（一）一种信息共享活动

社会传播是一种信息共享活动。它是一个将单个人或少数人所独有的信息化为两个人或更多人所共有的过程。在这个过程中，“共享”不但是主观愿望，而且在很多情况下，也是客观结果。换句话说，共享既是传播的出发点，又是其归宿。例如，某医生向病人妻子传递该病人已经是肺癌晚期的信息之后，该信息就自然而然地由医生的“独享”变为与病人妻子的“共享”。再如，“9·11”事件后，“2001 年 9 月 12 日美国各报，不论是有广泛影响的著名报纸，还是覆盖本地的地方性报纸，几乎都在头版头条用大量篇幅对这一事件进行了报道”[1]。而且，CNN（美国有线电视新闻网）自遭袭后对事件进行了超过 48 小时直播，于是，“9·11”事件便通过报纸、有线电视等媒体“共享”给了美国乃至世界的民众。这两个例子里的“共享”概念意味着社会信息的传播具有交流、沟通和扩散的性质。

传播能实现“共享”的情况在人类社会似乎是多数，但是我们也要注意到现实生活中还存在传播信息不能或不能正确“交流、沟通或扩散”的情况，换句话说，即会出现传而不受、传而不通、信息误解以及自我传受的情况。

（1）拒斥。甲发出信息，乙拒绝接受，这就是拒斥。例如，敌对双方展开宣传攻势，皆传出去很多信息，但是有时候仇恨极深、对立情绪很浓的两方皆可能会对对方的宣传充耳不闻，压根不予接受。从表面上看，甲和乙都有传播信息的行为，但是，甲和乙都“拒绝”了对方的信息所包含的意思。说到底，这个例子中就只有传，没有受，传播而得以共享的过程根本不成立。“信息”是“共享”的对象与目标，“拒绝”了对方的信息所包含的意思，也就谈不上信息的交流、沟通或扩散了。

（2）不通。因符号体系不相同、不一致等，乙无法“解读”（破译）甲传达的信息，就是不通。异民族、异文化之间的接触，因为双方没有共同的意义空间，所以就会存在传而不通的现象。

（3）误解。乙未能领会甲的真意，或者错误地理解了甲的信息。例如，《吕氏春秋》中讲了一个春秋战国时“穿井得人”的故事，就是误解致使信息失真的典型例子（图 1-3）。

图 1-3 穿井得人

1 高金萍．论灾难性事件纪念报道的报道策略——美国“9·11”事件报道与“9·11”五周年报道之比较 [J]. 国际新闻界，2006(12)：44.

宋之丁氏，家无井而出溉汲，常一人居外。及其家穿井，告人曰："吾家穿井得一人。"有闻而传之者，曰："丁氏穿井得一人。"国人道之，闻之于宋君。宋君令人问之于丁氏。丁氏对曰："得一人之使，非得一人于井中也。"[1]

宋国有一户姓丁的人家，家里没有水井，时时要到外边去取水为用，所以总有一个人在外边奔波。后来他家挖了一口井，于是对人说："我挖了一口井，家里便（等于）多得了一个人。"有人听见这话，就向另外的人传话说："丁家挖了一口井，挖出来一个人。"于是，宋国的人都争相传播这样一条奇闻。消息传到了宋国国君那里。国君派人到丁家去查问。丁家的人回答说："是说挖井之后多出一个人的劳力可供使用，不是说从井里挖出一个人来。"

类似的例子还有"瓜田李下""疑邻盗斧"等。另外，异民族、异文化间的语言翻译与交流也有误解的情况。在《有效传播》一书中，作者举例说明了这个问题：

多年前，一个美国官员赴维也纳访问。为了表明他对维也纳人民的尊重，他试着用维也纳当地语言来发表演讲。这个官员对维也纳人民致辞时说："有着一千年历史的维也纳……"可惜的是，他的发音和音调都弄错了，结果维也纳的翻译把他的这句话翻译成了"鸭子想要躺下来……"[2]

（4）独处。甲和乙、传者和受者是同一人，也就是后文将要介绍的"自我传播"现象。其传播行为是自言自语（包括出声的和不出声的全部心理活动）。

显然，上述几种场合或现象，要么是无法"交流"和"沟通"，要么是信息遭到误解，要么是人内自我传受，它们皆实现不了"共享"。因此，我们说传播是一种信息共享活动，只是说在大多数情况下传播具有交流、沟通和扩散的性质。

（二）社会关系的体现

社会传播是在一定社会关系中进行的。传播学大师施拉姆说："传播一词和社区（community）一词有共同的词根，这并非偶然。没有传播，就不会有社区；没有社区，也不会有传播。"[3]这里所谓community是指聚居在一定地域范围内的人们所组成的社会生活共同体，这个共同体是由地缘关系和社会关系构成的。物以类聚，人以群分。从社会学的角度来说，人是群居动物，群居的人需要合作互助，自然也就离不开交流与沟通。为此，社会传播产生于一定社会关系，社区与传播相伴相生，这种关系可以是纵向的，也可以是横向的。同时，社会传播又是一定社会关系的体现。传受双方表述的内容和采取的姿态、措辞等，无不反映着各自的社会角色和社会地位。社会关系是人类传播的一个本质属性，通过传播，人们保持或改变既有的社会关系并建立新的社会关系。比如，

1　吕不韦．吕氏春秋·慎行论·察传[M]//二十二子：卷二十三．上海：上海古籍出版社，1986：714.
2　特里·K.甘布尔，迈克尔·甘布尔．有效传播（第七版）[M].熊婷婷，译．北京：清华大学出版社，2005：26.
3　威尔伯·施拉姆，威廉·波特．传播学概论（第二版）[M].何道宽，译．北京：中国人民大学出版社，2010：3.

酋长与其部落成员关系、上下级关系、朋友关系、邻里关系、恋人关系、群主与群员关系等。

为了加深大家对“传播是社会关系的体现”这一概念的理解和领会，这里还有必要介绍一下“影响说”和“仪式说”。

（1）“影响说”强调“传播”是传者意图对受者施加影响、改变对方（认知、态度或行为）的过程。人是群居动物，彼此需要沟通、合作或互助，毫无疑问，在主观上追求产生影响和效果的传播活动，例如集体劳作、部落狩猎、歌舞演出、新闻播发，QQ、微信乃至演讲、开会、战争和迁徙等都会有传者意图对受者施加影响的过程。但是，人类的传播活动并不一定都有相关的功利性或目的性。诸如邻居或朋友日常寒暄时交流的信息，人们不经意流露出的开心喜悦、闷闷不乐等情绪，就不是传者主观上为了影响和改变他人的传播行为。

（2）“仪式说”强调“传播”是传者与受者之间在举行某种典礼时的秩序和形式等。诸如举行婚礼、丧礼、升旗仪式、阅兵仪式、国庆典礼等活动时，举行仪式者以及观看或参加仪式者会产生特殊的仪式感，并传达或接受某种秩序和形式的信息。1997 年 6 月 30 日午夜至 7 月 1 日凌晨，中英两国在香港会议展览中心举行的香港地区政权交接仪式就是一个典型例子。

其仪式过程主要有：中英仪仗队入场，双方礼号手吹响礼号，中英双方国家领导人、香港前任总督和继任特首同时步入会场并登上主席台主礼台，英国国旗和香港旗在英国国歌中降落，中华人民共和国国旗和香港特别行政区区旗升起……[1] 这一仪式的举行，既开创了香港和祖国内地共同发展的新纪元，又标志着我们在完成祖国统一大业的道路上迈出了重要一步。在这个过程中，仪式性和仪式感是很强烈的。然而，仪式性和仪式感未必完全是一些具体的、物质层面的信息，它更侧重于表达人们内心的情感和激发人们的感受，主要传达的是某种秩序和形式。同时，我们还要注意到举行仪式并非人们每天都要做的事情，因此，“仪式说”的缺点与“共享说”“影响说”相似，即它们各自所描述的情形都不能涵盖全部的社会传播现象。

（三）社会互动行为

从传播的社会关系性而言，社会传播又是一种双向的社会互动行为。这就是说，信息的传递总是在传播者和传播对象之间进行的。在传播过程中，传播者（传播行为的发起人）通常处于主动地位，但是受传者（传播对象）也不是单纯的被动角色，他可以通过信息反馈来影响传播者。

双向的社会互动行为，在历史悠久的人际传播、群体传播和组织传播中是普遍存在的现象。到了大众媒介（报纸、杂志、广播、电视）盛行的时代，其传播的双向互动性

1　新华社记者，本报记者．中英香港政权交接仪式在港隆重举行 [N]. 人民日报，1997-07-01(1).

有所减弱，在这种传播模式中，传播者与受众的角色、关系和作用基本是固定的，受众往往只能接受，无法与传播者处于互动的平等位置。鉴于此缺陷，传统的大众媒介开始进行传播现场的人际与大众融合。

> 大众媒介把大众引入直接的传播现场，使整个传播活动由此分为两个层次，一个是人际传播的现场层次，一个是媒介传播的展示层次。我国在这方面最早尝试的有东方电视台的《东方直播室》，以及中央电视台的《面对面》《实话实说》等。而于 2000 年 11 月 27 日改版后的《东方时空》，更是把此作为自己发展的一个生长点来看待。
>
> 人际与大众融合的传播现场使更多大众参与到大众媒介的活动中去，这对于长期处于不平等的媒介传播关系中的大众来说，意味着与传播者共享传播资源和传播权利，并且在人际与大众融合的传播现场内，人际传播以其真实性、直观性、交流性及个性化，使整个现场充满感染力，从而形成内涵丰富的“信息源”，使媒介传播的展示层次在面向人际的亲切、轻松氛围中得以实现，整个传播过程也由此独具传播的亲和力。[1]

双向的社会互动行为，在以网络、手机、数字媒体为主体的新媒体传播活动中就更是突出了。新媒体的互动性又称交互性，其传播方式包含“一对一、一对多、多对一、多对多”等。网络论坛、讨论区、留言板、聊天室、电子邮件、ICQ 及 MSN 等即时通信软件吸引着大量网民积极参与传播信息、评论新闻、讨论新闻话题等活动，其互动性极大地提高了网络新闻传播的社会影响力。另外，在淘宝网等电子商务网站，买家要对卖家进行评价，其他买家参考评价决定是否购买商品，卖家、买家、其他买家之间以商品信息为纽带，展开了交叉错综的交流与互动。而且，其虚拟社区下设建议厅、询问处、支付宝学堂、淘宝里的故事、经验畅谈居等板块，这些板块的设置和运行更是强化了社会互动的双向性。

通过以上阐述，我们便可明白虽然社会互动的双向性有强弱之分，但是任何一种传播——无论其参与者是个人、群体还是组织——都必然是一种通过信息的传受和反馈而展开的社会互动行为。

（四）具有共通的意义空间

关于传播的概念，还有一种“符号说”。“符号说”强调“传播”是符号的流动，而符号的流动需要传受双方具有共通的意义空间。传者和受者之间传送和接受的到底是什么？通常说法是“信息”，其实亦可说是“意思”，意思才是信息的内核。不过，意思即所谓的“精神内容”，本身是看不见、摸不着的，必须借助“符号载体”这一中介才能

---

1 杨健．试论大众媒介与社会的互动 [J]. 江西社会科学，2004(11)：173.

显现。换言之，意思+符号=信息，即“信息”中已经包含“意思”和“符号”[1]。信息的传播要经过符号的中介，这意味着传播也是一个符号化（编码）和符号解读（解码）的过程。符号化即人们在进行传播之际，将自己要表达的意思（意义）转换成语言、声音、文字、表情、动作或其他形式的符号；而符号解读指的是信息受传者对传来的符号加以阐释、理解其意思（意义）的活动，我们要注意的是反馈也包括在符号解读基础上的再次符号化活动中。

共通的意义空间，意味着传受双方必须对符号意义拥有共通的理解，否则传播过程本身就不能成立。前文我们阐述“信息共享活动”时所列举的因为异民族、异文化之间没有共通的意义空间，传而不通、信息误解的例子，就是传播过程不能成立而造成的。广而言之，共通的意义空间除了语言系统外，还包括人们大体一致或接近的生活经验和文化背景。如果生活经验和文化背景有差异，信息传播的编码和解码也会出现差错。《有效传播》一书中，作者甘布尔夫妇所举的两个例子，可以说明这个问题：

> 两脚交叉这个动作在美国是可以被人接受的，它表现的是一种休闲的态度，然而在韩国，两脚交叉却是一种非常失礼的行为。
>
> 中国的一位纺织品制造专家董明友（音译）曾说，中美之间的文化差异经常令他非常尴尬。有一次他去一家美国公司应聘，老板和他交谈长达三个小时。之后美国老板问他需要多少薪水，他却很自然地说：“我现在还说不好，因为在我们的文化里，一个令别人尊敬的人总是无功不受禄的。”这种说法令美国老板大跌眼镜。[2]

（五）一种行为、过程和系统

行为、过程和系统是人们解释传播时的三个常用概念，它们从不同角度概括了传播的另一些重要属性。将传播理解为“行为”时，我们是把社会传播看作以人为主体的活动，是在此基础上考察人的传播行为与其他社会行为的关系；将传播解释为“过程”时，我们是着眼于传播的动态和运动机制，考察的是从信源到信宿的一系列环节和因素的相互作用和相互影响的关系；将传播视为“系统”时，我们则是在更加综合的层面上考虑问题，是把社会传播看作一个复杂的“过程的集合体”，不但考察某种具体的传播过程，而且考察各种传播过程的相互作用及其所引起的总体发展变化。其实，传播学从根本上说就是将传播视为系统，研究社会信息系统及其运行规律的科学。

1　全国高等教育自学考试指导委员会，张国良．传播学概论[M]．北京：外语教学与研究出版社，2013：31．

2　特里·K．甘布尔，迈克尔·甘布尔．有效传播（第七版）[M]．熊婷婷，译．北京：清华大学出版社，2005：26．

第二节 传播的结构和要素

系统科学认为，世界上一切事物无不处于一定的系统之中。所谓系统，“指的是由相互联系、相互制约的若干部分结合在一起并且具有特定功能的有机整体”[1]。我们将传播视为系统进行研究和学习，自然就要弄清楚传播现象这一有机整体的结构与过程、构成的要素和基本的模式。

一、传播的结构与过程

所谓“结构”，即构成一个事物整体的各个要素及其相互关系；所谓“过程”，即事物运动的状态和程序。实际上，结构与过程是彼此密切联系的一对概念，事物结构各要素的搭配与运动及其相互关系的展现与演变便会产生过程，因此，过程是结构的一种动态表述。

传播的基本过程，指的是具备传播活动得以成立的基本要素的过程。当我们说传播是一个过程时，主要指的是传播具有动态性、序列性和结构性；当我们说传播是一个系统结构时，是在更加综合的层面上考虑问题，把传播看作一个由相互联系、相互作用的各个部分构成并执行特定功能的有机整体，这个系统的运行不仅受到它的内部结构的制约，而且受到外部环境的影响，与环境保持着互动的关系。

研究传播的结构与过程有多种多样的视角，最常见的有两种：一种是历时性的考察，即按照时间序列考察传播活动发生和发展的历史演化；另一种是共时性的考察，即对传播活动的结构、环节和要素进行解剖和分析。

前者历时性的考察属于对纵向过程的研究，本教材将在第二章“传播学的起源、形成、发展与流派”和第三章“传播技术的发展与媒介理论的演进”中进行阐述与讨论。后者共时性的考察属于对横向的传播构成要素、传播基本模式进行研究，下文将对此进行阐述与讨论。

二、传播过程的构成要素

传播过程得以展开和成立，必须具备传播活动的基本要素。那么，什么是传播过程的构成要素呢？下面举一个现实生活中的例子来说明。1946 年 7 月 11 日，著名的爱国民主战士李公朴先生在昆明遇害。7 月 15 日，云南大学至公堂举行追悼李公朴先生的大会，闻一多先生即席发表了极具锋芒、大义凛然的《最后一次演讲》。下面是他演讲的最后一段话和听众的回应：

（闻一多）我们不怕死，我们有牺牲的精神！我们随时像李先生一样，前脚跨出大门，后脚就不准备再跨进大门！

---

1 王雨田．控制论、信息论、系统科学与哲学 [M]. 北京：中国人民大学出版社，1986：401.

（听众）长时间热烈的鼓掌。[1]

在这个演讲（传播事件）中，我们可以观察到三个明显的必要因素：一是传播者（闻一多先生），二是讯息（演讲内容），三是受传者（听众）。其实，关于演讲的这三要素，2000多年前的古希腊先哲亚里士多德就在其著作《修辞学》中讲过，他称之为“讲者、内容、听者”。而且，美国传播学家施拉姆在《传播是怎样运行的》一文中也指出：当我们从事传播的时候，也就是在试图与其他人共享信息——某一个观点或某一个态度……传播至少有三个要素：信源、讯息和信宿[2]。

上述三个明显的要素在传播过程中不可或缺，倘若缺少这三要素便谈不上传播。然而，要构成一个完整的传播活动过程，仅仅靠这三要素却是不够的。传播活动还必须有使这三个要素相互连接起来的纽带或渠道，即“媒介”。以演讲为例来说明，如果听众人多、场面较大，就需要麦克风将声音信号转换为电信号，再由扬声器将电信号转换为声音，这里的麦克风、扬声器就是“媒介”。如果听众不多、场面较小，讲演者的说话内容、神态姿势可以面对面传播给听者，是否就可以不需要“媒介”呢？答案是否定的。即使是面对面的传播，媒介也是隐形地存在的，只是这个媒介属于自然的声波或光波，我们不容易意识到它们的存在罢了。

有了上述“传播者、讯息、受传者、媒介”四个要素以后，一个物理学意义上的传播过程基本上就具备了成立的条件，但是对于考察人的社会互动行为的传播学来说，这个过程仍然不算完整。还是以演讲为例来说明，闻一多先生的演讲如果没有听众的反应和反馈（一次次的回应和鼓掌），演讲过程仍然是残缺的，那就只有作用而没有显示出反作用。换句话说，在传播学中，一个完整的传播过程，应该把受传者的反馈包括在内。

综上所述，我们可以从一个基本的传播过程中归纳出以下五个构成要素。

（1）传播者，又称“信源”，指的是传播行为的引发者，即以发出讯息的方式主动作用于他人的人。因此，传播者处于信息传播链条的第一个环节，通常情况下传播者不仅决定着传播活动的存在与发展，而且决定着讯息内容的质量与数量、流量与流向。在社会传播中，传播者可以是以个人的形式出现，比如人际传播活动；也可以是以群体或组织的形式出现，前者如群体传播，后者如大众传播。

（2）受传者，又称“信宿”，即讯息的接受者和反应者，是传播者的作用对象。与传播者相同，受传者也可以是个人、群体或组织等。例如，组织内的传播，受传者往往是下级或组织内一般成员，传播者大多是领导层人物，领导层人物和一般成员能够传播信息的机会是不均等的。再如，传统的大众传播，其传播者和受传者大体是固定的。通

1 宁彬．世界名人演说精品大观[M].成都：四川大学出版社，1998：327.
2 郭庆光．传播学教程[M].2版．北京：中国人民大学出版社，2011：3.

常情况下，媒介（报纸、杂志、广播、电视）是专职的传播者，而受众则是固定的受传者。

了解上述“受传者”作用对象的属性之后，我们还需要认识到受传者具有的能动性、反馈作用和与传播者互换角色的特性。首先，受传者虽是作用对象，但并不是一味地被动存在；相反，受传者不但可以能动地对讯息进行选择、取舍，使之成为对自己有用的信息，而且还可以通过反馈活动来影响传播者。其次，在一些传播类型中，传受双方的角色是可以交替和互换的。一个人在发出讯息时是传播者，而在接收讯息时则又在扮演受传者的角色。比如，人际传播中的亲友谈心、情侣对话，相互间没有多少拘束，传受机会是均等的，角色是可以互换的。再如，网络媒介为新型的大众传播带来了一种传者和受者角色能够随时互换、传播话语权可以更迭与置换的革命性变化。

（3）讯息，指的是由一组相互关联的、有意义的符号组成，能够表达某种完整意义的信息。讯息是传播者和受传者之间社会互动的介质，通过讯息，两者之间发生意义上的交换，达到活动的目的。

message一词，在中文里通常译为“讯息”，也译为“音讯、消息”等，这是一个与information（信息）意思相近又有微妙区别的概念。一般来说，information（信息）的外延更广，它包括了“讯息”在内的各种完整的或不完整的消息、情报、知识、资料、数据等。在传播学理论中，“讯息”虽然属于信息，但是它必须是能够表达完整意义的一种信息。例如，某老师在手机上让学生修改论文题目，发短信时漏了一个“题”字，写为了“修改目”。“修改目”意义不完整，虽可以算是一条信息，但不是讯息，只有具有完整意义的“修改题目”才能构成一条讯息，才能使受者清楚地明确传者的意图。因此，我们在研究传播要素和传播过程时，通常使用“讯息”这一概念，其目的是强调社会传播的互动是意义完整的互动。

（4）媒介，又称传播渠道、信道、手段或工具。现实生活中的媒介是多种多样的，一般而言，传播学研究的典型媒介有书籍、报纸、杂志、电话、广播、电视、电影、互联网和移动互联网等，这些媒介都是讯息的传送者，也是将传播过程中的各种因素相互连接起来的纽带。

广义的信息媒介或信息渠道则范围更宽泛，凡是我们通过发出和接收信息而使人与人、人与事物之间产生联系或发生关系的物质皆可以称为媒介（渠道）。美国学者甘布尔夫妇认为人类都是通过感觉发出和接收信息的，我们都是多渠道的传播者。因此，我们接收到的信息有以下几种：

> 声音信息（我们听到街上传来的噪声），视觉信息（我们看见一个人长什么模样），味觉信息（我们闻到朋友身上古龙香水的味道）和触觉信息（我们摸到针织

物的柔软）……有效的传播者会善于转换渠道，因为他们明白传播是一种多渠道的过程。[1]

甘布尔夫妇专门举了一段丈夫与妻子间的对话向读者展示传播的多渠道情形：

妻子：你怎么又迟到了？！我们总是不能按时赶到亚当斯家。

丈夫：我已经尽力了。

妻子：（挖苦地）是啊，你尽力了。你总是尽力了，不是吗？（摇晃着她的手指）我看我戴着这个东西的时间不会太长了。

丈夫：（提高声调）你说什么？我只不过是办公室有点事情来晚了。

妻子：可我的工作也和你一样忙，你知道的。

丈夫：（放低声音）好，好。我知道你也一样工作很忙。我从不怀疑那一点。听着，我确实因为有一个会要开。（把他的手放在她肩上）别想这些了。走吧。我们去比尔和艾伦家的路上我会好好告诉你是怎么回事。[2]

妻子（最初的信息发出者——编码者）对丈夫（信息接收者——解码者）发出了什么信息？她通过她的语言、声音和身体动作让他知道她生气了。丈夫则以同样的方式，运用语言、声音暗示和手势试图解释他的举动。在这个过程中，两人都被事件的缘由（约会迟到）、各自的态度（他们对所发生事件的感受）和双方过去的经历所影响。

（5）反馈，指受传者对接收到的讯息的反应或回应，也就是受传者对传播者的反作用。获得反馈讯息是传播者的意图和目的，发出反馈讯息是受传者能动性的体现。反馈可以分为积极的和消极的两种：鼓励我们继续行动或交流的反馈被称为积极的反馈，它的作用是促进任何正在进行的行为或交流；相反，消极的反馈则抑制行动或交流的进行，它能起到矫正的作用而不是支持的作用，所以，消极反馈能帮助我们减少那些不被人所期望的、无效率的行为或交流。另外，反馈可以是语言的，也可以是非语言的。“你讲得很有道理，我们非常赞同。”“上数学课的时间去舞厅，是逃学行为。”这是语言的反馈。在与他人交谈中，微笑或点头，皱眉或摇头，则是非语言的反馈。反馈是体现社会传播的双向性和互动性的重要机制，其速度和质量因媒介渠道性质的差异而有不同，但它总是传播过程中不可或缺的要素。

第三节　传播的三类基本模式

所谓模式，是科学研究中以图形或程式的方式阐释对象事物的一种方法。这种方法

1 特里·K.甘布尔，迈克尔·甘布尔.有效传播（第七版）[M].熊婷婷，译.北京：清华大学出版社，2005：10.
2 特里·K.甘布尔，迈克尔·甘布尔.有效传播（第七版）[M].熊婷婷，译.北京：清华大学出版社，2005：10.

具有双重性质：（1）模式与现实事物具有对应关系，但又不是对现实事物的单纯描述，而具有某种程度的抽象化和定理化性质；（2）模式与一定的理论相对应，又不等于理论本身，而是对理论的一种解释或素描，因此，一种理论可以有多种模式与之相对应。

从上述双重性质可以看出模式具有不完全性，但是，它是人们理解事物、探讨理论的一种有效方法。正因如此，在传播学研究中，模式的使用是很普遍的。传播学专家们总结出了许多传播模式，其类型包括文字模式、图像模式、数学模式等。这些模式其实就是为清楚地说明各种理论而提供的简明、直观、有效的辅助工具。换句话说，模式就是对传播过程中各元素复杂关系的简单表达，它有助于我们形象而条理性地理解复杂的传播过程而不陷入纷繁的细节。

在传播学研究历史中，虽然有许多传播模式被建构出来，但是本节中我们只讨论迄今取得突出成效的三类基本模式。这三类传播的基本模式分别为线性模式、控制论模式和社会系统模式。

一、线性模式

传播过程的线性模式也被称为直线模式。直线模式最早的建构者是美国学者H.拉斯韦尔，紧接着建构直线模式的是美国学者C.申农和W.韦弗。

（一）拉斯韦尔的5W模式

在传播学史上，第一位提出传播过程模式的学者是H.拉斯韦尔。1948年，他在一篇题为《传播在社会中的结构和功能》的论文中，首次提出了构成传播过程的五种基本要素，并按照一定结构顺序将它们排列，形成了后来人们所称的“5W”模式或“拉斯韦尔程式”。模式中的五个W分别是英语中五个疑问代词的第一个字母：

Who（谁）

Says **What**（说什么）

In **Which** channel（通过什么渠道）

To **Whom**（对谁）

With **What** effect（取得什么效果）

后来，英国传播学家丹尼斯·麦奎尔等人将这个文字模式改为图像模式（图1-4）：

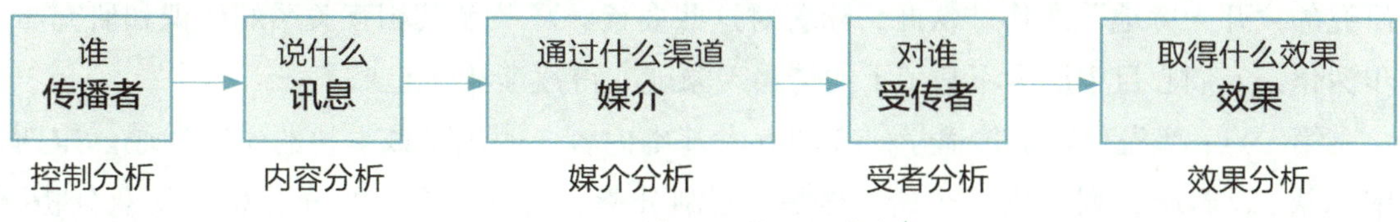

图1-4 拉斯韦尔的5W模式[1]

与前文提到的亚里士多德“讲者、内容、听者”三要素进行比较，拉斯韦尔的5W

1 D. McQuail, S. Windahl. Communication Models[M]. London & New York: Longman, 1981: 10.

模式对传播的要素有了新的发现和提炼，进行了深入的阐述和剖析。

（1）提出了“讯息”这一概念，并把它与之前学者们所谈到的“内容”或者“信息”区别开来。“内容”用作传播学研究术语有些抽象和笼统，往往给人以精神层面的感觉；“信息”的外延比起“讯息”更广泛，它包括了“讯息”在内的各种完整的或不完整的消息、情报、知识、资料、数据等。“讯息”则是专指传播主体所使用的词语、声音、动作或姿态表现出来的狭义信息。这些词语、声音、动作或姿态是听得到、看得见的有完整意义的载体，也就是传播的符号。例如，“亲爱的”和“老公（老婆）”，这些对伴侣的称谓，可以是书面符号，也可以是口语中的声音；你拥抱他（她）时使用了动作载体，而你仅仅是对他（她）投去含情脉脉的目光则使用了视觉符号。“内容”“信息”与“讯息”相比较是不一样的。“内容”与“信息”侧重于传播的意思，而“讯息”侧重于表现意思的符号。在日常生活中，“信息”和“讯息”这两个概念常有混用的情况，但是，在传播学的研究领域，区分两者的差异却是十分重要的。

（2）提出了“媒介”这一概念。“媒介”是讯息传递所必须经过的符号中介或借助的物质载体。讯息符号的传送离不开一定的运载手段或工具，它可以是诸如信件、电话、面部表情、肢体动作等人际的传播媒介，也可以是报纸、杂志、广播、电视等大众传播媒介。

（3）“效果”概念的提出，更是凸显了拉斯韦尔认识的飞跃。作为传播过程的结果，“效果”往往既是出发点（动机、目的），又是归宿（意义、价值）。它是信息到达受众后在其认知、情感、行为各层面所引起的反应，是检验传播活动是否成功的重要尺度。因此，凡忽略或无视“效果”的传播活动，都难免失败。

综上所述，我们从传播学研究体系的角度概括，拉斯韦尔的5W模式的重大贡献，可以归结为以下两点。

第一点：首次将人们每天从事却又阐述不清的传播结构和过程较为详细、科学地分解和表述出来。“5W”即传播结构（过程）中的五个要素和环节：传播者、讯息、媒介、受传者、效果。它们虽然是客观存在的、构成传播结构的基本要素或传播过程的基本环节，但是在拉斯韦尔之前一直没有被人充分认识。从这个意义上说，该模式堪称传播学研究的“开天辟地”之作。从此，随着对这些要素和环节及其相互关系的认识和研究步步深化，人们心目中原本不甚了了的传播现象就变得逐渐清晰起来了。

第二点：率先奠定了传播学研究的五大基本内容，明确了该学科的研究领域。拉斯韦尔从5W着眼，划分出五个研究领域：控制分析、内容分析、媒介分析、受众分析、效果分析，通过5W传播模式正确地指明了传播学研究策略的主攻方向。实际上，后来的大众传播研究的五大领域就是沿着5W模式的这条思路形成的。

当然，我们在看到5W模式的重大贡献后，还要有一分为二的观点。作为早期的过程模式，5W还是不完全的。单就5W模式的架构来看，我们要注意以下几个问题。

1.单向与双向的问题

作为一个典型的线性模式，5W模式似乎把传播过程看成一种单向传送信息，并呈直线形态的过程。虽然拉斯韦尔在他那篇提出5W模式的著名论文《社会传播的结构与功能》中提到了传播是双向的，并存在反馈（受者对信息作出反应），但这一观点没有反映在5W模式的架构里，架构也没有提供一条反馈渠道，因此导致后人误以为他忽略了反馈机制以及各个要素、环节之间的相互作用[1]。

2.孤立与联系的问题

该线性模式似乎割裂了传播过程和社会过程的联系。这当然不符合实际，任何传播都不可能脱离社会在“真空”中孤立进行。在上述同一论文里，拉斯韦尔用大量篇幅阐述了社会与传播的关系，并提出了“社会传播”这一概念，但5W模式本身的架构未呈现两者的关系。

3.静止与变动的问题

作为要素的“讯息”，在传播过程中一般不会是静止的，而往往会发生变化，但5W模式没有把变动表达出来。

4.环节与要素的问题

“效果”在传播过程中的重要性毋庸置疑，但不同于其他四个不可或缺的要素，它实际上不一定出现，也就是说传播可能有效，也可能无效。因此，准确地说，它不是“要素”，而只是一个“环节”。

尽管5W模式看来是不完全的，但是这个模式简明而清晰，一直是传播过程模式中的经典。后来的很多学者都对此进行过各种修订、补充和发展，但大都保留了它的本质特征。例如，R.布雷多克为5W模式添加了“情景”（Where）和“动机”（Why）这两个环节，被称作7W模式（图1-5）。

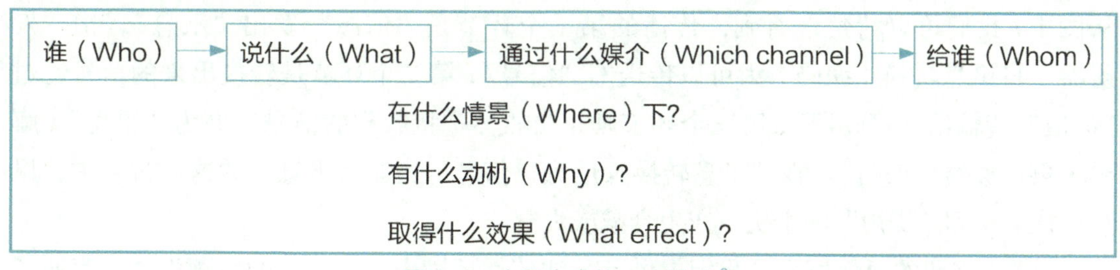

图1-5　布雷多克的7W模式[2]

布雷多克的7W模式仅能使5W模式的孤立性有所改善，而单向性未变。换言之，它依然是一个线性模式。将传播活动描述为线性过程，且受到传播学界重视和推广的还

1　张国良．20世纪传播学经典文本[M].上海：复旦大学出版社，2003：202-203.
2　丹尼斯·麦奎尔，等．大众传播模式论[M].祝建华，译．上海：上海译文出版社，2008：14.

有申农–韦弗的通信模式，下面进行介绍。

（二）申农–韦弗的通信模式

该模式又被翻译为“香农–韦弗模式”。1949 年，美国贝尔实验室的数学家、信息论的创始人克劳德·申农（又译为“克劳德·香农”）以及美国斯隆基金会的项目顾问、信息学者沃伦·韦弗，在《传播的数学理论》一文中也提出了一个传播的线性过程，被称为传播过程的数学模式或申农–韦弗通信模式。

通信模式关注的是无线电和电话技术，主要来自申农在美国贝尔电话实验室工作期间得到的启示。研究者想要建立一个可以解释信息是如何通过不同信道的传递模型，所以它原是一个纯技术性的、应用于自然科学领域的通信过程模式。但是，在自然科学日益向人文社会科学渗透的形势下，人们发现它可以很方便地被借用来探讨社会的传播过程。这个模式用中文表示出来，如图 1-6 所示。

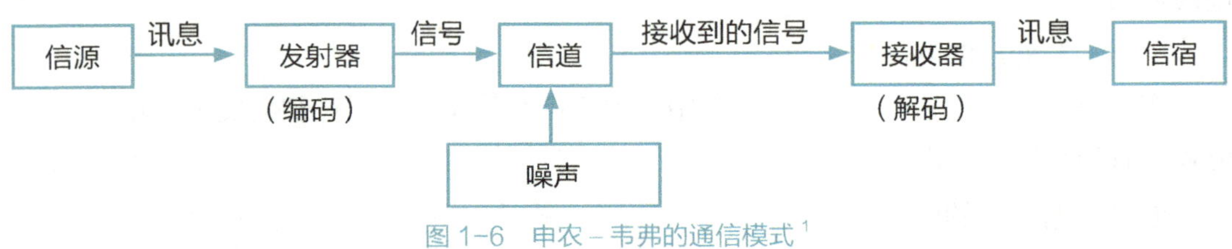

图 1–6　申农–韦弗的通信模式[1]

申农–韦弗通信模式中的“信源”指讯息的发出者和传送者，“讯息”指传播者和接收者所使用的词语、声音、动作或姿态，“信宿”指讯息的接收者，“信道”即传播的渠道。该模式的显著优点是对传播结构（过程）的分析比 5W 模式更为细致，给我们很多启示。

1.关于“噪声”

相比之下，通信模式发现了 5W 模式没有关注到的“噪声”这个传播中的不速之客。从图 1-7 我们可以清楚地看到，传播的第一个环节是“信源”发出“讯息”，由“发射器”将讯息转换（编码）为可以传送的“信号”；第二个环节是转换出来的信号经过“信道”传输给“接收器”；第三个环节则是接收器把接收到的信号还原为“讯息”（解码）再传递给“信宿”。在“讯息转换为信息，信息再还原为讯息”的这一过程中，讯息往往会受到“噪声”的干扰，产生衰减或失真。

申农–韦弗的通信模式给我们提供了关注传播环境中“噪声”的新颖思路，表明了传播不是在封闭的真空中进行的，传播过程内外的各种障碍因素（噪声）会形成对讯息的干扰。所谓“噪声”，理查德·韦斯特等学者把它解释为“不是由信源发出的在信道中发生的讯息变形”。粗略地区分，引起讯息变形的噪声有两类：一是外部噪声，二是内

1　丹尼斯·麦奎尔，等. 大众传播模式论[M]. 祝建华，译. 上海：上海译文出版社，2008：16.

部噪声。甘布尔夫妇的《有效传播》对这两类噪声是这样阐述的：

> 在传播的环境中，噪声是指任何扰乱或歪曲我们发出和接收信息的能力的事物。虽然我们总是习惯将噪声想成一些特殊的声音或声音群，但是传播者认识到，噪声的形成可能同时具有内部和外部的原因。内部的噪声可以归结为传播者的心理和天性、智力能力以及身体情况。外部噪声则可以归结为环境。这样，噪声就既包括了外界的干扰因素，比如响亮的汽笛声、让人厌烦的气味、燥热的房间；又包括个人因素，比如偏见、空想、不满足的感觉，还包括语义因素，比如不能确定对方话语中真正的意思。[1]

当然，如果还要具体分析的话，上述的“外部噪声”存在于接收者之外，由语言环境中的物理因素造成，故又叫作物理噪声。至于“内部噪声”则还可以细分为以下三种：一是“语义噪声”（semantic noise），包括俚语、专业术语或个人及群体使用的特殊语言；“心理噪声”（psychological noise），指的是传播者对他人或讯息的偏见、偏向和既有倾向；“生理噪声”（physiological noise），指的是传播过程中生物学方面的影响，如果你或说话者生病、疲劳或饥饿，生理噪声就会存在[2]。

2. 关于“讯息”

通信模式中的“讯息”基本上对应于5W模式中的“讯息”，也是指传播活动中所使用的词语、声音、动作或姿态，但是，申农-韦弗通信模式中的“讯息”有以下两点变化。

其一，增加了要素“信号”，并以之反映了传播活动中常见的两次（亦可多次）“符号转换”现象：“讯息→发射器→信号”和“信号→接收器→讯息”。例如发送电报，首先是发报者把讯息（文本）通过发报机变成信号（电码）发出去，接着是接收者在收报机上接收信号（电码），然后再把信号（电码）转换为讯息（文本）。

其二，“讯息”也好，“信号”也好，在通信模式中都不再是一个，而是变成了两个：“发出的”和“收到的”。进一步考察，通信也好，传播也好，“发出的”和“收到的”讯息往往不一致，而这种不一致则是各种“噪声”所致。因此，所谓谋求传播的效果，无非就是设法消除“噪声”，尽量使传和受的讯息达到一致。

3. 关于“媒介”

这里的“发射器”“信道”和“接收器”，就相当于“媒介”。我们只要分析一下电视台、发射电波的电视塔、电视机之间的关系，就不得不承认，两位科学家的思维是十分缜密的。

---

1 特里·K. 甘布尔，迈克尔·甘布尔．有效传播（第七版）[M]. 熊婷婷，译．北京：清华大学出版社，2005：10.

2 理查德·韦斯特，林恩·H. 特纳．传播理论导引：分析与应用 [M]. 刘海龙，译．北京：中国人民大学出版社，2007：13-14.

最后，需要指出的是，由于申农–韦弗通信模式与5W模式一样也是一个直线单向过程，因此它缺少了“反馈”的环节。作为电子通信的过程，这个模式并没有什么不妥，其原因有如下两点：其一，单向过程在电子通信中是存在的，如电视台的发射器和我们家庭中的电视机之间的电子信号的传输和接收就是一个单向过程。其二，即使是在双向电子通信过程中，信号的传达和反馈一般也是通过同一条通道（或同性质的媒介）进行的，如电话机和电话线路等。在这里，由于传达的机理和反馈的机制是一致的，在制定电子通信过程模式时，本着简约和经济的原则，将反馈部分加以省略也是可以的。

然而，我们应该注意，如果把这个缺少了“反馈”环节的电子通信模式完全应用于人类的社会传播则是不行的。这是因为在社会传播中，传播的双方都是具有能动性的主体，互动是社会传播的本质特征，离开了反馈便不能说明这种互动性。

如上所述，直线模式在阐述人类的社会传播过程之际具有明显的缺陷：其一，它容易把传播者和受传者的角色、关系和作用固定化，一方只能是传播者，另一方只能是受传者，给人以不能发生角色转换的感觉；而在人类的传播活动中，这种转换是常见的，现实生活中的我们每一个人都既是传播者，又是受传者。其二，直线模式缺乏反馈的要素和环节，不能体现人类传播的互动性质。

（三）贝罗的S-M-C-R模式

贝罗的S-M-C-R模式也被简称为“贝罗模式”，是由美国传播学学者贝罗（也译为“伯洛”）在申农–韦弗通信模式的理论基础上提出的。人们称其为申农–韦弗通信模式在社会学方面的一个发展，常被用来解释教育传播过程。在S-M-C-R模式中，S代表信源（source），M代表信息（message），C代表通道（channel），R代表受传者（receiver），如图1-7所示。

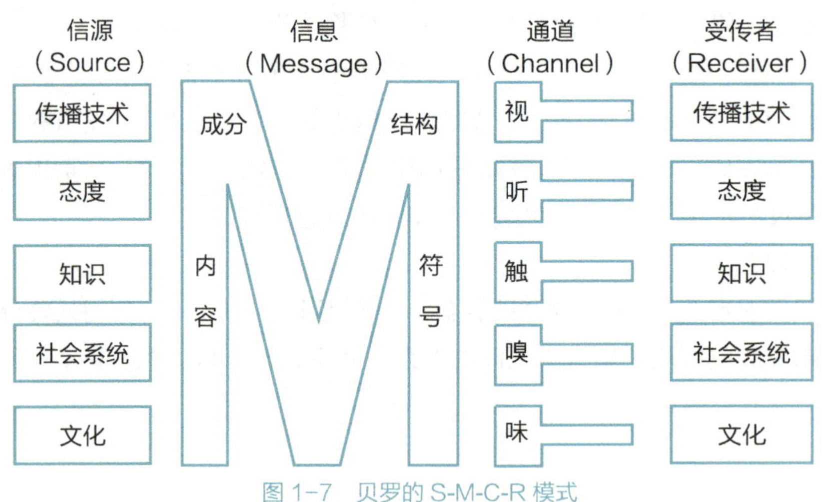

图1-7　贝罗的S-M-C-R模式

贝罗模式综合了哲学、心理学、语言学、人类学、大众传播学和行为科学的理论和知识点，用以解释传播过程中的四个要素——信源、信息、通道和受传者，并说明了影响信息源、接受者和讯息实现其传播功能的条件，从理论上较透彻地阐明了传播学“过程研究”的重要性和必要性，并且认为传播过程中每一组成部分又受其自身因素的制约。

（1）信源（传者）和编码者。在传播过程中，不仅需要考虑传者的传播技巧、态度、知识水平，而且要考虑其在社会中的地位、影响与威信，同时，其学历、经历与文化背景也能影响传播功能。

（2）受者与译码者。在传播过程中，传者可以变为受者，受者亦可以变为传者，故影响受者的因素与信源（传者）相同。

（3）信息。在传播过程中，影响信息的因素有三：一是“符码”，包括语言、文字、图像与音乐等；二是“内容”，即传者所选取的材料，既有信息成分，还有信息的结构；三是“处理”，即传者对选择及安排符码所作的决定。

（4）通道。通道可分为两类：一是传播信息的各种感觉器官——视、听、触、嗅、味等；二是载送信息的声、光、空气、电波、报纸、杂志、播音、电影、电视、电话、唱片、图画、图表等。在传播过程中，信息的内容、符码的处理均能影响通道的选择，比如何种信息该用语言传送、何种信息该用视觉方式传送等。通道的选择会影响信息的传送与接收效果。

总结起来，贝罗关于传播过程的主要论点有三：（1）传播是一个动态过程，无始无终，没有界限；（2）传播过程是一组复杂的结构，应将其中的多元关系作为研究的基本单位；（3）传播过程的本质是变动，即各种关系相互影响和变化。

二、控制论模式

为了克服线性模式的局限，从20世纪50年代起，出现了一批以控制论为指导思想的传播模式。这类模式的崛起，标志着“结构（过程）研究”乃至传播学理论基础又前进了一大步。控制论模式的主要贡献有两点：一是明确地变“单向直线性”为“双向循环性”，认为传播是双向而互动的；二是引入电子工程学的概念——“反馈”，借以指传播过程中受传者对接收到的信息所作出的反应，从而更客观、更科学地反映了现实的传播过程。下面，我们列举四种控制论模式进行讨论。

（一）德弗勒的控制论模式

该模式是美国传播学者M.德弗勒在申农–韦弗通信模式的基础上发展起来的，创建于20世纪50年代（图1-8）。

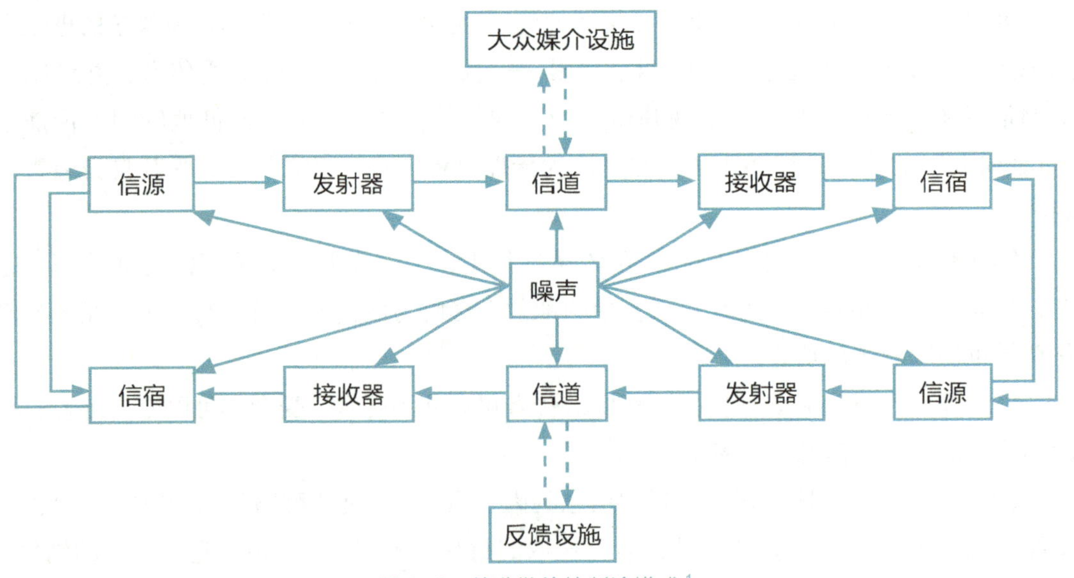

图 1-8　德弗勒的控制论模式[1]

（1）这个模式对通信模式最重要的修正，在于加入并突出了“反馈”的机能。它明确补充了反馈的要素、环节和渠道，认为传播能否取得理想的效果，关键是看传播者对“反馈”重视的程度如何。唯此，才可能消除发出的“讯息”与接收的“讯息”之间的不一致。

（2）德弗勒的控制论模式克服了通信模式单向直线的缺点，提示了大众媒介对传播过程的介入，并且强调了传播的双向性、循环性，使传播过程更符合人类传播互动的特点，因此，它又被称为“德弗勒的互动过程模式”。而且，该模式的使用范围也比较普遍，包括大众传播在内的各种类型的社会传播过程，都可以通过这个模式得到一定程度的说明和解释。

（3）这个模式还拓展了“噪声”的概念，认为噪声不仅对讯息，而且对传达和反馈过程中的任何一个环节或要素都会产生影响，这一点加深了我们对噪声所造成的各种讯息变形的认识。

当然，德弗勒的互动过程模式也并不是十全十美，严格说来，这个模式所提到的双向性、循环性等现象和理论就没有奥斯古德–施拉姆的控制论模式阐述得明白。

（二）奥斯古德–施拉姆的控制论模式

1954 年，受美国心理语言学的先驱查尔斯·埃杰顿·奥斯古德的观点启发，“传播学之父”、美国学者威尔伯·施拉姆在《传播是怎样运行的》一文中提出了一个新的“奥斯古德–施拉姆循环模式”。该循环模式是控制论模式的代表，故又被称为奥斯古德–施拉姆的控制论模式（图 1-9）。

1　丹尼斯·麦奎尔，等．大众传播模式论 [M]. 祝建华，译．上海：上海译文出版社，2008：18.

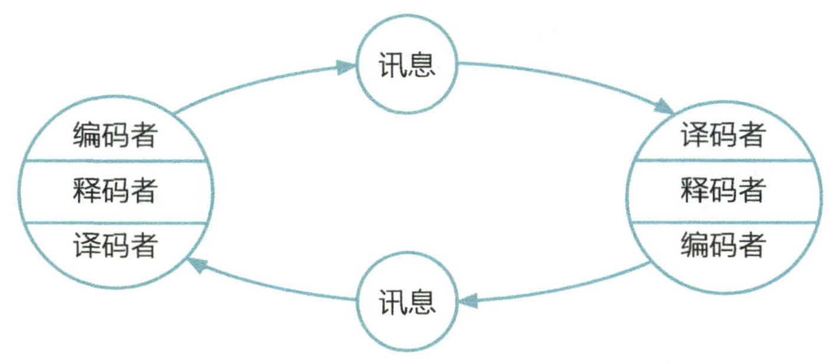

图 1-9 奥斯古德 – 施拉姆的控制论模式[1]

从模式图可以看出，循环模式与直线模式相比较有明显的不同。

（1）这里没有直线模式中被固定了身份的传播者和受传者的概念，只有“传播单位”这一术语。任何参与传播活动者，无论是个人或团体都可视作传播单位。每个传播单位都兼有发出讯息的传播者和接收讯息的受传者亦即传播主体与客体这两种身份。传播双方通过“讯息”的授受处于你来我往的相互作用之中。

（2）该模式的重点不在于分析传播渠道中的各个环节，而在于解析传播双方的角色功能：参与传播过程的每一方在不同阶段都依次扮演着编码者（执行符号化和传达功能）、释码者（执行解释意义功能）和译码者（执行接收和符号解读功能）的角色，并相互交替着这些角色。在任何传播单位之间，将两者连接起来成为一个系统的就是“讯息”。

奥斯古德–施拉姆循环模式强调了社会传播的互动性，认为传播双方既是传播行为的主体也是其客体，这无疑是其亮点。但是，该模式也有以下自身的缺陷。

（1）它把传播双方放在完全对等或平等的关系中（至少从模式本身看来是如此）进行表述，则与社会传播的现实情况有所不符。在现实社会中，由于传播双方通常在政治、经济和文化地位、传播资源以及传播能力等方面存在着差异，因此，模式中完全对等或平等的传播关系并非普遍现象。

（2）这个模式能够较好地体现人际传播尤其是面对面传播的特点，却不能适用于大众传播的过程。施拉姆本人也意识到了这个问题，因此，他另外提出了一个大众传播过程模式。该模式将在下文的“社会系统模式”中进行介绍。

（三）竹内郁郎的传播单位模式

日本学者竹内郁郎的“传播单位模式”是其结合德弗勒的循环模式和奥斯古德–施拉姆的循环模式而形成的。这里的“传播单位”既可以是个人，也可以是团体，而“媒介”可以是大众媒介，也可以是亲身媒介[2]，如图 1-10 所示。

1 丹尼斯·麦奎尔，等. 大众传播模式论 [M]. 祝建华，译. 上海：上海译文出版社，2008：19.
2 亲身媒介：以语言为主并辅以表情和动作等传播手段的人体自身中介或媒体。

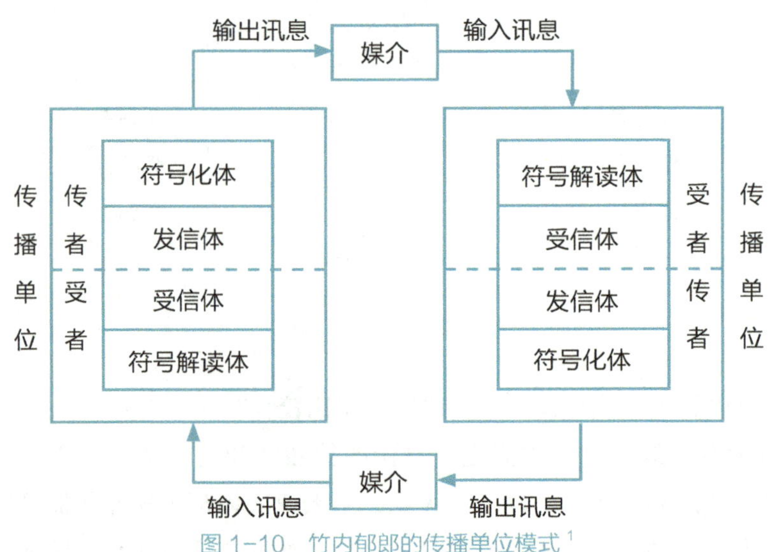

图 1-10　竹内郁郎的传播单位模式[1]

这一模式将传播结构、过程中的各个要素完整展开、显现出来了。其要素一共有六个：符号化体、发信体、受信体、符号解读体、讯息（输出的和输入的）、媒介（渠道）。最后，该模式还表现了一个环节，即未必有，但时常有的反馈（包括效果）环节。传播单位模式既重视要素的展现，又看到了反馈的环节，与传统的线性模式相比较要完善得多。

（四）丹斯的螺旋形上升模式

1967 年，美国传播学学者弗兰克·丹斯在《人类传播理论》一书中提出了“螺旋形上升”的传播模式，该模式可以看作对奥斯古德–施拉姆循环模式的一种补充和发展，为循环模式无法说明的传播动态现象提供了解释。

（1）循环模式的表述容易引起人们误解。如丹斯所说：“该模式认为，传播经过一个完全的循环，不折不扣地又回到它原来的出发点。这种循环类比显然是错误的……”[2]为了弥补这一缺陷，丹斯提出了一个“螺旋形上升”的模式，如 1-11 图所示。这个模式用上升的螺旋和一个表示方向的箭头，说明传播过程是一个循环往复、螺旋上升、不断发展的过程。从简单的模式图形可以看出，它并不是一个进行详细分析的工具，其价值在于它提醒我们，传播的性质是动态的。即传播过程是向前发展的，此刻的传播内容将影响到以后的传播结构和内容。换言之，正在进行的传播是从前传播的延续，也将影响到未来的传播结构和内容。

1　全国高等教育自学考试指导委员会，张国良．传播学概论 [M]. 北京：外语教学与研究出版社，2013：45.
2　丹尼斯·麦奎尔，等．大众传播模式论 [M]. 祝建华，译．上海：上海译文出版社，2008：20.

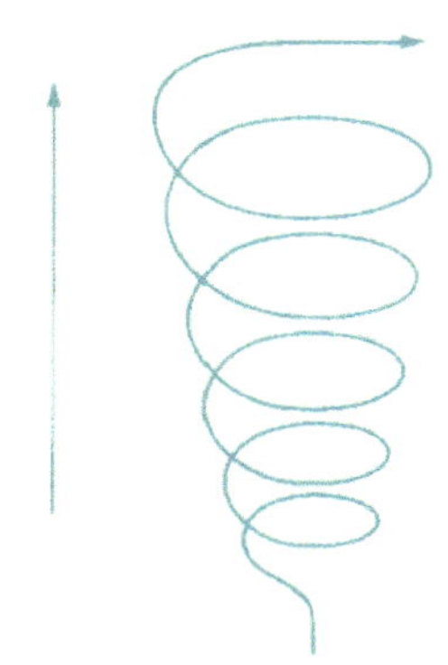

图 1-11　丹斯的螺旋形上升模式[1]

（2）丹斯模式中的“传播者”概念比其他许多模式中的更为积极和主动。例如，如果有些人事先已熟悉要谈的话题，螺旋圈会变得越来越大；反之，如果对于话题知之甚少，螺旋圈的扩展就有限。

（3）丹斯的意思是，在传播过程中，传受双方的“认知场”和“信息场”总是不断积累、扩大的。从宏观上看，正是这种积累性造就了人类文明；从微观上看，组织也好，个人也好，在传播过程中，都需要自觉地、不断地推陈出新。

上述四种控制论模式虽然各有特色和优势，但是总的来说，皆未能清楚地显示传播结构、过程与社会结构、过程的紧密联系。而且，控制论模式容易使人产生一种错觉，以为各个“传播单位”之间的传与受机会均等，实际上复杂的社会传播现象并非如此。怎样弥补这些不足，使传播模式更符合现实呢？这一任务留给了 20 世纪 50 年代末兴起的社会系统模式。

三、社会系统模式

系统科学认为，世界上一切事物无不处于一定的系统之中，因此，人类社会的传播也是具有普遍的系统性的。传播活动需要一定的要素，这些要素组成了其内部结构；同时，传播结构、过程与社会结构、过程是紧密联系的，对这一紧密联系的阐释就需要由外部结构模式来进行。如果说，线性模式、控制论模式的提出和发展基本上分析和阐述清楚了传播的要素，也就是解决了传播内部结构的问题，那么，传播的条件亦即外部结构问题则有待社会系统模式来解决了。

（一）施拉姆的大众传播过程模式

上文讲到，施拉姆受奥斯古德的观点启发，在其《传播是怎样运行的》一文中提出了循环模式，该模式特别适合人际传播，但是不能适用于大众传播的过程，因此在这同一篇文章中，施拉姆另外提出了大众传播过程模式，如图 1-12 所示。

1　全国高等教育自学考试指导委员会，张国良．传播学概论 [M]．北京：外语教学与研究出版社，2013：45.

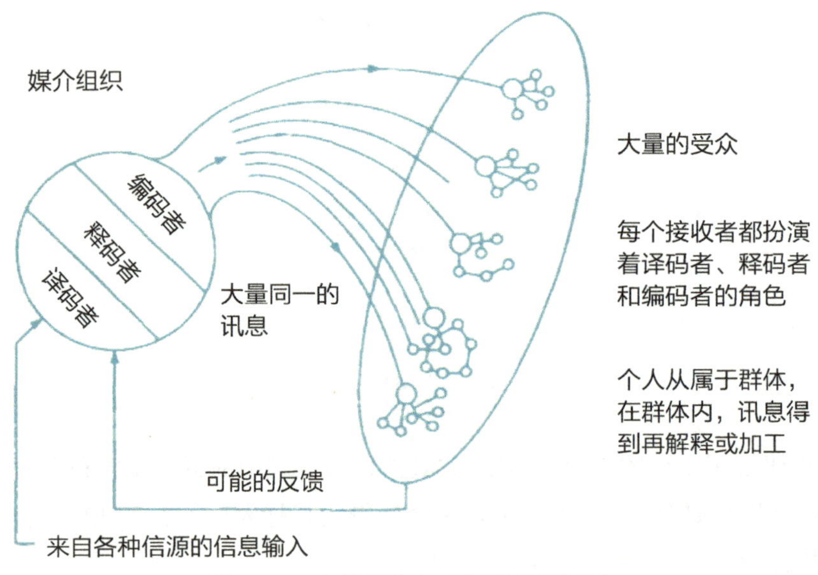

图 1-12　施拉姆的大众传播过程模式[1]

该大众传播过程模式与循环模式相比较有明显的不同，从模式图我们可以看出以下两点。

（1）构成传播过程的双方分别是大众传播的媒介组织与受众，两者之间存在传达与反馈的关系。作为媒介组织的大众媒体与一定的信源（人、机器、自然界的物体等信息的来源）相连接，又通过大量复制的同一讯息（可以是符号，如文字、语言等；也可以是信号，如图像、声响等）与作为传播对象的受众相联系。

（2）受众是个人的集合体，这些个人又分属于各自的社会群体，个人与个人、个人与群体之间都保持着特定的传播关系。这里的社会群体应该包括两类：小如家庭、邻里、朋友等具有亲密人际关系的初级群体，大如乡村、城市、政党、国家乃至世界各种不同类型的社会结合体。由此可知，这个模式不但充分体现了大众传播的特点，而且在一定程度上揭示了社会传播过程的群体性、联结性和交互性，所以已经初步具有了社会系统模式的特点。

（二）赖利夫妇的社会系统模式

如果说施拉姆的大众传播过程模式涉及社会系统模式的一些结构内容，那么能够运用模式在结构的多重性和联系的广泛性上体现社会传播是一个复杂而有机的综合系统的学者，则是赖利夫妇。1959 年，美国的赖利夫妇在《大众传播与社会系统》一文中提出了一个引人瞩目的传播系统模式，如图 1-13 所示。

1　丹尼斯·麦奎尔，等．大众传播模式论[M]．祝建华，译．上海：上海译文出版社，2008：13.

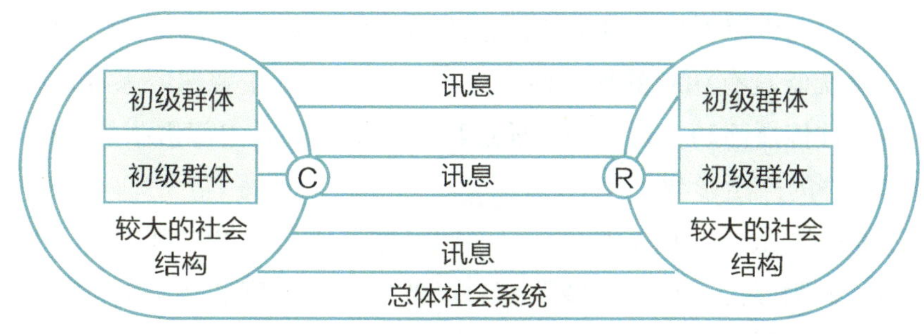

C= 传播者　R= 受传者

图 1–13　赖利夫妇的社会系统模式[1]

模式里有三个相互关联的概念：一是“初级群体”，也叫作“首属群体”[2]或“基本群体”，指家庭、邻里、亲密伙伴等；二是“较大的社会结构”，也译为“更大的社会结构”，指关系比较松散的“次属群体”[3]，如工作单位、学校、社团等；三是“总体社会系统”，指民族、国家乃至世界等“隶属群体”[4]。

这个模式告诉我们，任何一种传播过程都表现为一定的社会系统活动，不管哪种类型的传播活动，诸如人内传播、人际传播、群体传播还是大众传播，都不可能不受上述群体、结构、系统的影响，而多重结构是社会传播系统的本质特点。

（1）从事传播活动的双方即传播者和受传者都可以被看作一个单独的个体系统，这些个体系统各有自己的内在传播活动，即个人接收外界信息并在人体内部进行信息处理的活动，便形成人内传播。

（2）某个个体系统与其他个体系统相互连接，产生人与人之间的社会关系网络，这样的个人与个人之间信息交流的传播活动，便形成人际传播。

（3）个体系统不是孤立的，而是分属于不同的群体系统，人们由共同的利益、观念、目标等因素相互联结，并形成相互影响、相互作用的社会集合体。这类集合体表现为一定数量的人，他们按照一定的聚合方式，在一定的场所进行信息交流，便形成群体传播。

（4）群体系统的运行又是在更大的社会结构和总体社会系统中进行的，与社会政治、经济、文化、意识形态的大环境保持着相互作用的关系。这样的关系就构成了多重结构中的宏观系统，赖利夫妇认为，以报刊、广播、电视为代表的大众传播，也不外是现代社会传播系统中的一种。

1　丹尼斯·麦奎尔，等．大众传播模式论［M］．祝建华，译．上海：上海译文出版社，2008：20.

2　首属群体：是个人在成长过程中最初加入的群体，也即个人首先归属的群体。它是人际关系亲密的社会初级群体，其范例是家庭、朋友群体与邻里群体等。

3　次属群体：是个人进入社会所必须加入的群体，也即个人后来归属的群体，其范例是学校、职业群体、社团等。这种群体与首属群体不同的是，它的建构一般不是基于成员间的情感和人际关系，而是基于共同的目标和功利。

4　隶属群体：是个人依附的社会宏观系统范畴的群体，也即个人归根结底所隶属的社会总系统中的最大的群体，其范例是民族、国家乃至世界。

从以上分析我们可以看到，社会传播系统的各种类型，包括微观的、中观的和宏观的系统，每个系统既具有相对的独立性，又与其他系统处于普遍联系和相互作用之中。进一步说，每一种传播活动，每一个传播过程，除了受到其内部机制的制约之外，还受到外部环境和条件的广泛影响。

另外，还有一个重要的相关概念——参照群体。所谓“参照群体”，即个人未必置身于其中，但以其为参照系而建立或改变自己的信念、态度和行为的群体。具体分析，参照群体既包括成员群体，即个人是其成员的参照群体，也包括非成员群体，即个人不属于其成员的参照群体。参照群体有两个功能：一是规范功能，二是比较功能。例如，受父母的影响，子女在食品的营养标准、如何穿着打扮、到哪些地方购物等方面形成了某些观念和态度，这是成员群体中发生的规范作用。再如，受北京冬奥会运动员们热爱运动、奋勇拼搏、为国增光的精神和事迹影响，一些青少年立志要做冰上运动员，而且处处以冬奥会运动员为榜样，这就是非成员群体产生的参照和仿效功能。

分析至此，我们便可以理解参照群体功能或影响的多样性和广泛性了，而且我们还要认识到，不管是否愿意承认，我们每个人都有自觉和不自觉地积极接受参照群体影响的倾向，因此，参照群体的功能也属于传播过程中一种较重要的外部环境和条件。

综上所述，在传播实践中，如果我们无视赖利夫妇社会系统模式阐述的社会条件或背景，必将困难重重，甚至一事无成。但是，正如这对学者夫妇所说，他们的社会系统模式仅是一个提示了“框架”的“工作模式”，对“框架”还需要作进一步的细致分析。下面我们就具有代表性的马莱茨克大众传播过程模式进行介绍。

（三）马莱茨克的大众传播过程模式

赖利夫妇的社会系统模式揭示出传播是一个复杂的社会互动过程。然而，这种互动并不仅是显在状态的社会作用力之间的互动，而且也是潜在状态的社会作用力——社会心理因素之间的互动。德国学者马莱茨克于 1963 年在《大众传播心理学》一书中提出的系统模式就充分说明了这一点，如图 1-14 所示。

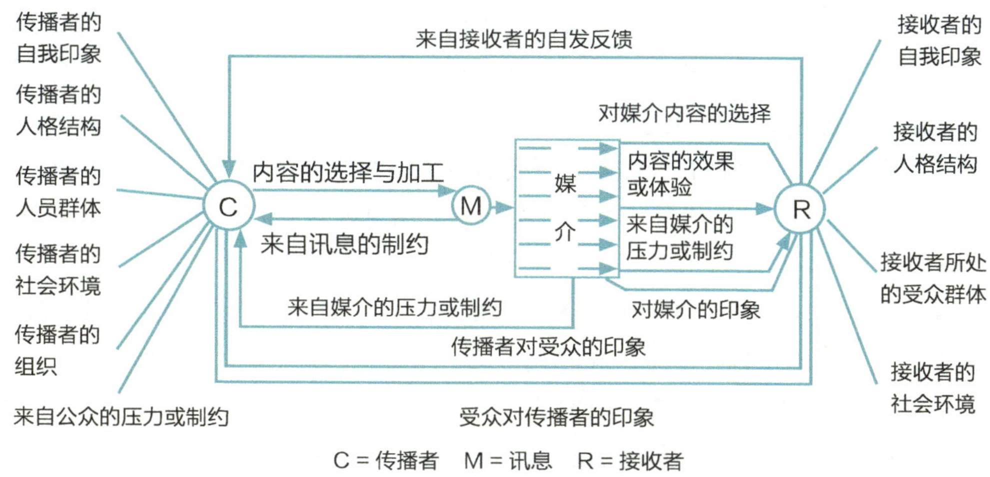

图 1-14 马莱茨克的大众传播过程模式[1]

这一模式从社会心理学角度切入，将社会系统与传播系统中各因素及其相互关系作了进一步细化和阐述。马莱茨克把大众传播看作包括社会心理因素在内的各种社会影响力交互作用的“场”。这个“场”（系统）中的影响因素有些是显在的社会心理因素，有些则是潜在的社会影响力因素。它们相互交织、相互集结，构成了复杂的社会传播系统，而这个系统的每个主要环节都是这些因素或影响力的集结点。马莱茨克模式的主要观点可以从传播者、受传者、媒介与信息三个角度来阐释。

1.影响和制约传播者的因素

这些因素包括传播者的自我印象、传播者的人格结构、传播者的人员群体、传播者的社会环境、传播者所处的组织、媒介内容的公共性所产生的约束力、受众的自发反馈所产生的约束力、来自讯息本身以及媒介性质的压力和约束力等。

分层次而言，其实传播者受到了“个人”“组织”和“社会”三个层面的制约和影响。举例来说，自我印象和人格结构中传播者的“自我定位”和“个性结构”就是属于“个人层面”，是做忠实的时代记录者，或是做平凡的雇佣者，抑或是做积极的社会活动家？这是自我定位的制约；是现实的还是浪漫的，是活泼的还是持重的，是开放的还是保守的？这是人格结构的影响。“传播者的人员群体”和“媒介组织”就属于“组织层面”，作为同事的记者、编辑、摄像、排版、导播等通常置身于一个小群体之中，不能不相互制约和影响；媒介组织包括所有制、规模、宗旨、方针、政策等，对传播者个人具有决定性的影响。“社会环境”和“媒介内容的公共性所产生的压力”则属于“社会层面”，社会环境相当于社会总系统，从宏观上制约着个人和组织，如违反法律的言论不能发表，这是面向全社会的规范和制约；媒介内容的公共性所产生的压力也是属于社会控制范畴，特指有些不适于公开传播的内容，例如一些国家把发行的电影、杂志，根

1 丹尼斯·麦奎尔，等．大众传播模式论 [M]．祝建华，译．上海：上海译文出版社，2008：42-48.

据性爱、暴力、毒品、粗俗语言等在内的成人内容划分为特定的几个级别，并给每一级规定出允许面对的群体，这就是在社会压力下形成的。

2.影响和制约受传者的因素

这些因素包括受传者的自我印象、受传者的人格结构、作为群体一员的受传者（受众群体对个人的影响）、受传者所处的社会环境、讯息内容的效果或影响、来自媒体的约束力等。

同样，受传者这一方也会受到“个人”“组织”和“社会”三个层面的制约和影响。举例来说，受传者的“自我定位”和“人格结构”就是属于“个人层面”，研究表明，受传者通常会拒绝那些有悖于自己价值观念的信息，如爱国的中国人不接受诋毁自己祖国的讯息，自觉抵制欧美某些国家抹黑新疆棉花的言论（图 1-15），这是自我定位的结果；有人积极接触讯息或容易轻信，有人则相反，这是人格结构影响的结果。接收大众传播讯息往往是一种个人行为，但是，“群体（特别是家庭）中的受传者”一起接收讯息也是常见的情况。例如，儿童与父母一起看电视时与他们单独收看的感受和表现有时是很不一样的，当出现恋爱特别是亲吻镜头时，儿童在家长面前往往会格外害羞，这就是广义的“组织层面”的影响。与传播者一样，受传者也处于复杂的社会背景或社会环境中，比如来自国家政治、经济、文化、意识形态的各种因素会左右受传者对讯息的接收和解读，这就是“社会层面”的影响和制约。

图 1-15 “新疆棉花不容抹黑”宣传海报

3.影响和制约媒介与讯息的因素

这些因素主要来自两个方面：一方面是传播者对讯息内容的选择和加工，这种选择和加工可以说是传播者背后的许多因素起作用的结果；另一方面是受传者对媒介内容的接触选择，这种选择也是基于受传者本身的社会背景和社会需求做出的。此外，制约媒介的一个重要因素是受传者对媒介的印象，而这种印象是基于平时的媒介接触经验形成的。

综上所述，马莱茨克的系统模式说明，社会传播是一个极其复杂的过程。评价一种传播活动，解释任何一个传播过程，即便是单一过程的结果，也不能简单地下结论，而必须对涉及该活动或过程的各种因素或影响力进行全面的、系统的分析。

最后，值得注意的是，马莱茨克模式虽然列举了各种各样的影响因素，但并没有对这些因素的作用强度或影响力的大小差异进行分析。社会常识告诉我们，大众传播者和受众个人对媒体内容都有影响，但两者影响的性质和大小是截然不同的。不对这些情况加以区别，我们在考察大众传播过程时就很难抓住主要矛盾。这也说明关于社会传播系统的研究还有待进一步深化和完善。

思考与练习

一、单项选择题（在下列每小题列出的四个备选答案中，只有一个是符合题目要求的，请将其选出，并将选项前面的代码填写在题后的括号内。）

1. 传播学诞生于 （ ）

A. 英国 B. 美国 C. 德国 D. 日本

2. “传播”与communication，两者在词义上均有的意思是 （ ）

A. 传达消息 B. 运输货物 C. 双向交流 D. 双向沟通

3. “传播学”这一概念的提出，是在20世纪的 （ ）

A. 20年代 B. 30年代 C. 40年代 D. 50年代

4. 哭声和笑声属于非语言符号中的 （ ）

A. 身体语言 B. 类语言 C. 自然语言 D. 生成语言

5. 在人类最早的传播方式中，听觉系统和视觉系统的信息符号是 （ ）

A. 分离的 B. 合一的 C. 并用的 D. 整合的

6. 人类在文字发明前运用了多种传播手段，其中占主导地位的传播方式是 （ ）

A. 口头交流 B. 结绳记事

C. 利用图画传递信息 D. 利用烽火传递信息

7. 早在2000多年前，亚里士多德把讲演的三要素定为 （ ）

A. 传者、受者和声音 B. 声音、符号和内容

C. 空间、时间和话语 D. 讲者、听者和内容

8. 把符号还原成意思的过程叫 （ ）

A. 编码 B. 译码 C. 组码 D. 释码

9. 信息传受的第一个层次是 （ ）

A. 解码 B. 感知 C. 理解 D. 释码

10. 真正意义上的人类传播发端于 （ ）

A. 口语 B. 文字 C. 印刷媒介 D. 电子媒介

11. 电脑网络上的信息提供者是 （ ）

A. 网络服务供应商 B. 各种传媒机构

C. 网上的个体用户 D. 电脑网络用户

12. 在传播的主要层次中，最基本的层次即所有传播活动的基础是 （ ）

A. 自然传播 B. 人际传播 C. 组织传播 D. 大众传播

13. 在传播学史上第一次比较详细、科学地分解了传播过程的美国学者是 （ ）

A. 施拉姆 B. 霍夫兰 C. 赖利夫妇 D. 拉斯韦尔

14. 包括传播行为、传播活动在内的传播现象，是一种 （ ）

A.心理现象 B.生理现象 C.自然现象 D.社会现象

15. 美国心理学家托尔曼认为，很多传播行为是一种 （ ）

A.工具性行为 B.使用满足性行为

C.社交性行为 D.自我中心性行为

16. 按照信息传受范围的大小，可以把传播分为五个层次，从小到大位于第四层次的是 （ ）

A.大众传播 B.群体传播 C.组织传播 D.人际传播

17. 将传播分为口语传播、文字传播、图像传播的根据是 （ ）

A.传播内容不同 B.传播效果不同

C.使用符号不同 D.使用场合不同

18. 对于传播的定义，“仪式说”偏重的是传播的仪式性，而非 （ ）

A.民主性 B.信息性 C.自由性 D.文化性

19. 申农–韦弗的通信模式中比较新颖的是 （ ）

A.媒介环节 B.讯息环节 C.噪声环节 D.反馈环节

20. 德福勒模式对申农–韦弗模式最重要的修正是加入并突出了 （ ）

A.反馈 B.信息的发生 C.噪声 D.信息的接受

21. 在申农–韦弗模式中，被称为“不速之客”的要素是 （ ）

A.媒介 B.讯息 C.噪声 D.信宿

22. 按照传播学的观点，报纸上的排印错误、电视中的图像失真、人际谈话中的各种干扰等都属于传播过程中的 （ ）

A.失误 B.噪声 C.杂音 D.混声

23. 最早指出传播过程存在“噪声”的传播模式是 （ ）

A.拉斯韦尔模式 B.德弗勒模式 C.布雷多克模式 D.申农–韦弗模式

24. 奥斯古德–施拉姆模式把具有发信、受信、编码和译码功能的个人和团体称为 （ ）

A.信源 B.传播单位 C.信宿 D.反馈机制

25. 社会传播中的超量信息也是一种噪声，这种噪声是 （ ）

A.人为的 B.不可控制的 C.天然的 D.不能译码的

26. “小道消息”不胫而走，造成信息的误传和混乱，这说明了信息富于 （ ）

A.传递性 B.扩散性 C.扩充性 D.共享性

27. 被麦奎尔称为“与传统的直线/单向型传播模式的决然决裂”的传播模式是 （ ）

A.申农–韦弗模式 B.奥斯古德–施拉姆模式

C.拉斯韦尔模式 D.马莱茨克模式

28. 传播模式有线性模式和控制论模式之分，下列模式中属于后者的是（ ）
A. 德弗勒模式 B. 布雷多克模式
C. 拉斯韦尔模式 D. 申农–韦弗模式
29. 下列选项中，属于控制论模式的是（ ）
A. 布雷多克模式 B. 德弗勒模式 C. 申农–韦弗模式 D. 拉斯韦尔模式
30. 下列选项中，属于线性模式的是（ ）
A. 德福勒模式 B. 赖利夫妇模式
C. 申农–韦弗模式 D. 奥斯古德–施拉姆模式
31. “S-M-C-R”传播过程模式的提出者是美国传播学者（ ）
A. 伯洛 B. 德福勒 C. 申农 D. 奥斯古德
32. 下列选项中，属于控制论模式的是（ ）
A. 德福勒模式 B. 拉斯韦尔模式
C. 申农–韦弗模式 D. 布雷多克模式
33. 拉斯韦尔模式（5W传播模式）的不足之一是孤立性，即没有涉及传播过程与一个因素的联系。这个因素是（ ）
A. 控制过程 B. 社会过程 C. 编码过程 D. 反馈过程
34. 奥斯古德–施拉姆模式由两个大圆和两个小圆以及联结它们的线条组成。其中左边那个大圆中的文字，依次为（ ）
A. 编码—解释者—译码 B. 编码—讯息—译码
C. 译码—解释者—编码 D. 译码—讯息—编码
35. 传播过程中的译码又被称为（ ）
A. 符号解读 B. 符号化 C. 接受信息 D. 传送信息
36. 群体可分为初级群体、次级群体等，下列群体中属于次级群体的是（ ）
A. 家庭 B. 邻居 C. 友人 D. 企业
37. 把传播分为亲身传播和大众传播的依据是（ ）
A. 传播的范围 B. 传播的规模
C. 传播的空间 D. 传播的手段
38. 所谓“传者”，即“传播者”，是指传播活动中运用特定手段向传播对象发出信息的行为主体，又称（ ）
A. 信源 B. 信宿 C. 信道 D. 信息
39. 与传播内容和传播目的无关的信息干扰，可看作（ ）
A. 信息匮乏 B. 信息反馈 C. 信息低量 D. 信息超量

40. 申农–韦弗模式把传播过程中的媒介细分为三种，即发射器、接收器和 ( )
A. 讯息 B. 信号 C. 信道 D. 噪声
41. 对传者、受者的自我形象、个性结构、社会环境等的分析属于 ( )
A. 马莱茨克模式中的概念 B. 传播单位模式中的概念
C. 赖特夫妇模式中的概念 D. 丹斯模式中的概念
42. 拉斯韦尔传播模式的第四个环节是 ( )
A. 谁 B. 说什么 C. 通过什么渠道 D. 对谁
43. 认为传播具有自我中心性和社交性这两种个人功能的学者是 ( )
A. 托尔曼 B. 拉斯韦尔 C. 皮亚杰 D. 贝雷尔森
44. 马莱茨克提出的大众传播模式中有两个“压力”，一是“讯息的压力”，二是 ( )
A. 媒介的压力 B. 环境的压力 C. 工作的压力 D. 个性的压力
45. 1948 年，拉斯韦尔在一篇论文中首次提出了 5W 传播模式，这篇论文是 ( )
A.《宣传·传播·舆论》 B.《传播在社会中的结构和功能》
C.《大众传播和大众鉴赏》 D.《世界大战时期的宣传技巧》

二、多项选择题（在下列每小题列出的五个备选答案中，有二至五个是正确的，请将其选出，并将选项前面的代码填写在题后的括号内。）

1. communication除了译为汉语“传播”外，还可以译为 ( )
A. 交流 B. 沟通 C. 通讯 D. 过程 E. 解读
2. 下列选项中，属于类语言的有 ( )
A. 叫声 B. 叹息 C. 哭声 D. 呻吟 E. 笑声
3. 口语传播的局限性主要体现在 ( )
A. 缺乏亲切感 B. 传播距离有限 C. 不利于信息的保存
D. 传播范围有限 E. 表达不自然
4. 有些学者把传播定义为有意图地施加影响的行为。下列选项中属于这种行为的有 ( )
A. 宣传法律 B. 传授知识 C. 推广技术 D. 刊登广告 E. 推销商品
5. 在传播过程中要发送和接收信息，就得进行 ( )
A. 制码 B. 编码 C. 读码 D. 译码 E. 代码
6. 按信息内容的性质，信息可分为 ( )
A. 精神信息 B. 教育信息 C. 娱乐信息 D. 商业信息 E. 说服性信息
7. 传播学研究的特点是 ( )
A. 重视理论探索 B. 重视业务探讨
C. 关注广播电视研究 D. 采用定性分析方法
E. 采用定量分析方法

8. 下列传者中，属于间接传者的有 （ ）

A. 报社记者 B. 网站编辑 C. 小说作者

D. 电影导演 E. 正在讲课的讲师

9. 在赖利夫妇提出的社会系统模式中，三个相互关联的概念是 （ ）

A. 基本群体 B. 参照群体 C. 更大的社会结构 D. 社会总系统

E. 自然群体

10. 在大众传播中，来自受众的信息反馈是 （ ）

A. 及时的 B. 有限的 C. 滞后的 D. 大量的 E. 真实的

11. 受众的主要特征有 （ ）

A. 广泛 B. 分散 C. 混杂 D. 被动 E. 隐匿

12. 口语传播的局限性主要体现在 （ ）

A. 缺乏亲切感 B. 传播距离有限

C. 不利于信息的保存 D. 传播范围有限

E. 表达不自然

13. 在研究控制论模式的学者中，涉及“传播单位”的研究者包括 （ ）

A. 德弗勒 B. 奥斯古德-施拉姆

C. 竹内郁郎 D. 丹思 E. 赖利夫妇

14. 布雷多克提出了 7W 模式，与拉斯韦尔 5W 模式相比，该模式添加的两个环节是（ ）

A. 情境 B. 信源 C. 噪声 D. 动机 E. 设备

15. 按照德福勒模式的观点，传播过程中受噪声源影响的环节是 （ ）

A. 信源 B. 发射器 C. 信道 D. 接收器 E. 信宿

16. 下列选项中，属于线性传播模式的有 （ ）

A. 德福勒模式 B. 拉斯韦尔模式 C. 布雷多克模式 D. 申农-韦弗模式

E. 奥斯古德-施拉姆模式

17. 有些学者把传播定义为有意图地施加影响的行为。下面选项中属于这种行为的是 （ ）

A. 宣传法律 B. 传授知识 C. 推广技术 D. 刊登广告 E. 推销商品

18. 传播学奠基人中，来自欧洲的学者有 （ ）

A. 卢因 B. 拉斯韦尔 C. 施拉姆 D. 拉扎斯菲尔德 E. 霍夫兰

19. 在传播学形成过程中，被公认为“奠基人”的学者有 （ ）

A. 拉斯韦尔 B. 卢因 C. 霍夫兰 D. 拉扎斯菲尔德 E. 施拉姆

三、名词解释

1. 传播三要素

2. 传播
3. 冗余信息
4. 受众
5. 编码
6. 传播单位
7. 反馈
8. 参照群体
9. 公众
10. 拉斯韦尔
11. 施拉姆
12. 传播模式
13. 社会系统模式
14. 丹斯模式

四、简答题

1. 传播有哪几种类型？
2. 简述传播学诞生的条件。
3. 传播学研究的科学性主要表现在哪些方面？
4. 受众的主要特征是什么？
5. 控制论模式有哪些不足？
6. 与亚里士多德的“三要素”相比较，拉斯韦尔的5W模式有哪些变化？这些变化对于传播学有哪些贡献？
7. 拉斯韦尔模式存在哪些问题？
8. 贝罗（伯洛）关于传播过程的主要论点是什么？
9. 大众传播中的反馈有哪些特点？
10. 简述传播学与新闻学的不同。

五、论述题

1. 试述信息与传播的关系。
2. 论述新闻与信息的联系与区别。
3. 为什么说与传统的大众传播时代相比，网络传播时代受者和传者的特征都发生了变化？
4. 大众传播中的反馈具有哪些特点？
5. 为什么说传播过程模式中的控制论模式更客观、更准确地反映了现实的传播过程？
6. 试论新闻是一种特殊的信息。

7. 为什么说拉斯韦尔对创立传播学作出了重要贡献?
8. 试述拉斯韦尔模式的内容、意义和不足。

六、案例分析题

1. 阅读分析下面一则关于“非语文传播手段”的文字，然后回答文后的问题。

> 非语文传播手段的产生，远远早于口语传播和文字传播。关于这种原始状态的传播手段，施拉姆是这样描述的：
>
> 人类无法离群索居，而只要人类聚集一处共谋生计，就必然会有某种传播与沟通行为发生。早在话语出现之前，人类便已开始互相沟通了。最原始的语言系统是以触觉、视觉甚至有时是以嗅觉来传递意义的，绝少使用发声机制。这种传播主要依靠身体运动——站姿、手势、面部表情、手足运动来进行，另外还包括某些信号（如山顶火光）和标示（如土堆代表墓地、石堆代表道路），全属非语文传播。

【问题】

（1）施拉姆在这里所列举的非语文传播手段可以分为哪两类?

（2）举例回答：如果从符号学角度看，从古到今人类传播可分为哪几种类型?

2. 阅读分析下面关于《最后一次演讲》的案例，然后回答案例后面的问题。

> 1946 年 7 月 11 日，著名的爱国民主战士李公朴先生在昆明遇害。7 月 15 日，云南大学至公堂举行追悼李公朴先生的大会，闻一多先生即席发表了极具锋芒、大义凛然的《最后一次演讲》。下面是他演讲的最后一段话和听众的回应：
>
> （闻一多）我们不怕死，我们有牺牲的精神！我们随时像李先生一样，前脚跨出大门，后脚就不准备再跨进大门！
>
> （听众）长时间热烈的鼓掌。

【问题】

（1）上述演讲中出现了传播过程中不可或缺的三个要素，亚里士多德在其著作《修辞学》中称这三个要素是什么，施拉姆在其论文《传播是怎样运行的》中又称它们是什么?

（2）要构成一个完整的传播活动过程，仅仅靠这三要素是不够的，那另外还需要哪些要素呢?请举例回答。

参考答案

传播学的对象和传播功能研究

扫一扫　看视频

传播学是20世纪30年代以来跨学科研究的产物，直到20世纪中叶才成为大学的一门课程。到了21世纪，传播技术和传播媒体日新月异，人类社会的信息化、数据化迅猛发展，受其影响传播学已在世界范围内成为发展最快的社会学科之一。本章主要讨论三个问题：（1）传播学研究对象及传播类型；（2）传播语境的种类及其属性、区别和演变；（3）传播学对传播功能的研究。

第一节　传播学研究对象及传播类型

任何一门学科都必须有自己的研究对象，同时也一定要分析和探讨研究对象的各种类型。传播学作为一门跨学科的社会学科，更有必要弄清楚这两个问题。

一、传播学研究对象

“虽然早在20世纪50年代即有内地的学者开始介绍传播学，但是直到1982年在北京召开的第一次传播学研讨会后，‘传播学’这一命名才算是正式合法地进入内地语言系统。”[1]既然“传播学”作为一门学科被引入我国，且任何一门学科都必须有自己的研究对象，那么我们就必须弄清楚“传播学”的研究对象究竟是什么。

（一）传播学研究对象的三种表述

关于传播学的研究对象，我国学界有多种表述。下面对20世纪末到21世纪初我国有代表性的传播学学者的观点进行介绍和分析。

第一种表述：“传播学是研究人类信息传播活动的学科。”[2]这是我国早期传播学研究学者对传播学研究对象的一种通俗而简明的概括，其难免显得模糊和宽泛。人类的信息传播活动是错综复杂、包罗万象的，研究应该从何处着手？对此疑问，该表述因为较笼统而未能说清楚，亦即没有为考察传播现象提供一个具体的切入点。同时，传播学是一门学科，它应该对“传播理论”“传播方法”等进行研究，而不仅局限于“传播活动”。

1　理查德·韦斯特，林恩·H.特纳.传播理论导引：分析与应用[M].刘海龙，译.北京：中国人民大学出版社，2007：译者前言2.

2　张隆栋.大众传播学总论[M].北京：中国人民大学出版社，1993：1.

第二种表述："传播学的研究对象应该是'传播过程'。"[1]这个表述非常简洁。但是，对"过程"的研究是否可以涵盖传播学的所有研究对象或整个研究领域呢？回答应该是否定的。传播过程一般是指某一传播活动由"准备"到"实施"再到"信息传输""作用于受传者"和"受传者反馈"等一系列程序或阶段。对这一系列程序或阶段的研究肯定是传播学研究的重要内容，但是它并不是全部。传播学不仅要考察各个具体的传播过程，而且要考察过程与过程之间的相互联系，考察传播活动得以进行的社会环境，以及与环境的相互作用及其结果。

第三种表述："传播学是研究人类传播活动及其规律的学科。大致来说，它的研究范围包括人际传播与大众传播两个方面，其中尤以大众传播的研究为主。"[2]该表述既提到要研究人类传播活动，又指出要研究传播活动的规律，概括比较全面。不过，该表述把传播学研究范围大致上概括为"人际传播（点对点）"与"大众传播（点对面）"两大类型，认为从本质上讲诸如自身传播、组织传播、公众传播和国际传播等，皆可归属于这两个传播大类。该说法对于初涉传播学研究的人而言，线条有些粗略，类型的外延也有些宽泛。

上面三种有代表性的表述各有其特色和重点，但是又有其不够完善、精准和系统性的地方。那么，怎样才能确切而系统地概括传播学的研究对象呢？从系统论的核心思想可以知道，任何系统都是一个有机的整体，系统中各要素不是孤立地存在着，每个要素在系统中都处于一定的位置，起着特定的作用。要素之间相互关联，构成了一个不可分割的整体。系统论的基本思想方法，就是把所研究和处理的对象当作一个系统，分析系统的结构和功能，研究系统、要素、环境三者的相互关系和变动的规律性。

（二）从系统论角度看传播学研究对象

新闻传播学学者郭庆光先生受系统论的启发后认为："传播学的研究对象不是别的，正是社会信息系统本身，传播学是研究社会信息系统及其运行规律的科学。"[3]如果我们要条分缕析地从社会信息系统角度具体阐释传播学的研究对象，则可分以下四点来说明。

（1）传播学通常把社会传播区分为五种基本类型，即自我传播、人际传播、群体传播、组织传播和大众传播。这五种不同的传播类型实际上是五种不同的传播系统。除了这五种基本类型以外，还有公众传播和国际传播亦是两个不同的传播系统。这七个传播的子系统的有机组合则可以视为一个整体的社会信息系统。

（2）传播学需要通过对社会信息系统及其各部分的结构、功能、过程以及互动关系

1　林之达．传播学基础理论研究[M]．成都：西南交通大学出版社，1994：182.
2　李彬．传播学引论[M]．增补版．北京：新华出版社，2003：60.
3　郭庆光．传播学教程[M]．2版．北京：中国人民大学出版社，2011：6.

的考察探索，发现和克服传播障碍[1]和传播隔阂[2]的科学方法，找到社会信息系统良性运行的机制，从而推动社会的健全发展。

（3）作为社会科学的一个种类，传播学研究的焦点始终是人以及人在社会信息系统中的主体活动，因此，传播学探讨信息现象和技术，主要关注的是信息技术发展的社会影响问题，例如融媒体现象的产生、移动互联网新技术的出现对社会政治、经济和文化发展的推动，以及与人们的思想观念、价值取向、生活方式变化之间的关系等。

（4）传播学有一项重要任务是分析和探究人类各种信息传播活动，因此，传播学就应该从这些实践活动中寻找社会信息系统运行的规律，为发现和解决社会传播实践中碰到的困难、矛盾提供科学合理的方法。

二、传播类型的划分

传播有多少类型？根据研究的角度和侧重点不同，便有不同的分类标准，不同的分类标准可以把传播现象分成以下多种类型。

（一）以是否具有人类社会属性为标准分类

我们从人类属性这一角度出发，可以先把传播分为“人类传播”和“非人类传播”两大类，然后又可以把“人类传播”细分为社会传播和非社会传播两种（图 2-1）。

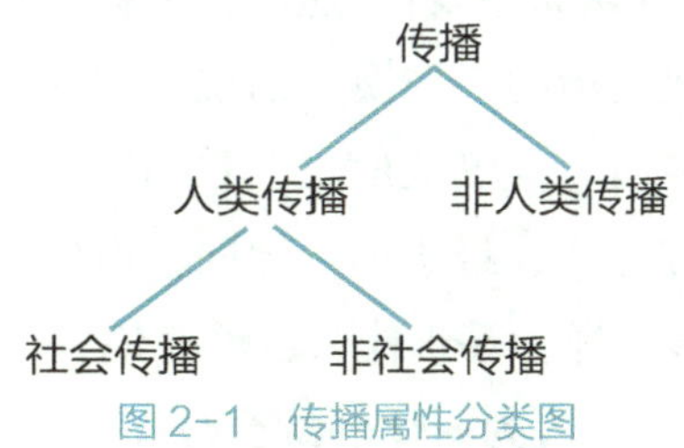

图 2-1 传播属性分类图

图中的第二层“人类传播”指的是人自身、人与人、人与他的团体、组织和社会之间进行的传播活动；“非人类传播”在前文有所提及，即指物理传播和生物传播这些非人类社会属性的传播类型。图中的第三层“社会传播”是指人类社会中的人、团体、组织之间信息的传递、互动、交流、沟通等过程。社会传播既指社会信息的交流和精神思想的交往等活动，又指信息在一定社会系统内的运行过程，它是传播学研究的主要对象。因此，有学者认为：“与其说传播学是‘人类传播学’，不如说它是‘社会传播学’更为确切。”[3]“非社会传播”是人类传播的一个特殊类型，一般是指人内传播。它是发生在人身内部的信息传播过程，或者说是以人体为系统而进行的信息处理活动。

1 传播障碍：指在传播过程中传播系统本身存在的结构性和功能性障碍，比如传播制度不合理、传播渠道不畅通、信息系统某些部分的功能不正常等导致的传播行为受到阻碍的情形。

2 传播隔阂：指传播制度、传播渠道、信息系统的功能等因素导致的传播活动中无意的误解和有意的曲解。传播隔阂包括个人间的隔阂，个人与群体间的隔阂，成员与组织间的隔阂，群体与群体、组织与组织、世代与世代、文化与文化间的隔阂等。

3 全国高等教育自学考试指导委员会，张国良．传播学概论 [M]. 北京：外语教学与研究出版社，2013：33.

（二）以使用的符号为标准分类

从传播活动所使用符号的角度考察和区分，可以把传播分成口语传播、文字传播、行为传播、图像传播、实物传播等几种。而这些种类如果归并起来的话，则可以分为两个大的类型：语言传播，包括口语传播、文字传播；非语言传播，包括行为传播、图像传播和实物传播。

（三）以传播技术、手段为标准分类

这一分法可以把传播活动分为亲身传播和大众传播，其着眼点是传播的技术、手段。“亲身传播”指的是以人体自身为中介或媒体的传播类型，该类型尤以语言为主要手段，辅助手段则是表情和动作等；“大众传播”指的是以机械化、电子化的大众媒介，诸如报刊、广播电视、网络等为手段的传播方式。这种分法被称为“二分法”，其优点是简明扼要，缺点是过于笼统。

（四）以传播的范围和规模为标准分类

这种分法被称为“四分法”，它以传播的范围和规模（参与者的多少、空间的大小）为着眼点，把传播活动分为四种类型。这四种传播类型由小到大依次为：自我传播<人际传播<组织（团体）传播<大众传播。

关于“四分法”，也有学者认为不妥：“这四种传播类型是根据参与传播活动的人数来划分的，从规模上看是依次递增的……换句话说，这四种传播的划分依据只是事物的外在形式，而不是它的内在本质。仅仅从形式上看问题，是远不足以说明问题的。就好像如果让你解释游击队、地方部队、野战军的异同，而你只说游击队人数最少，地方部队人数较少，野战军人数最多一样，等于什么也没有说。”[1]

（五）融传播性质、规模、手段为一体的综合分类

与“二分法”相比较，“四分法”更为细致，但是其分类标准也存在上述不妥之处。事实上，不管使用哪一个标准，一般只能是从一个研究角度、一个侧重点进行分类，不可能全面展示形形色色、各种各样的传播活动或行为，更不能全方位照顾到其外在形式和内在本质。更何况，不同的传播类型在复杂的人类社会中表现出来的特点与性质，也可能会你中有我，我中有你，并非泾渭分明。比如，我们说大众传播是以机械化、电子化的大众媒介为传播手段，而人际传播则一般是面对面的交流形式，通常可以不依赖机械化、电子化的媒介。但是，电视台访谈节目中出现了人际与大众传播融合的情形与特征，反过来说，以面对面交流为主要形式的人际传播因为远程通信设备的出现、网络媒体的兴盛，便可以在电话中交流，在微信、QQ中聊天了。这些都是“跨界”的现象，因此，在图2-2中，我们融传播性质、规模、手段为一体来进行综合考察和分类，以便大家对跨界传播现象理解得更加全面和完整。

1　李彬．传播学引论[M].增补版．北京：新华出版社，2003：57-58.

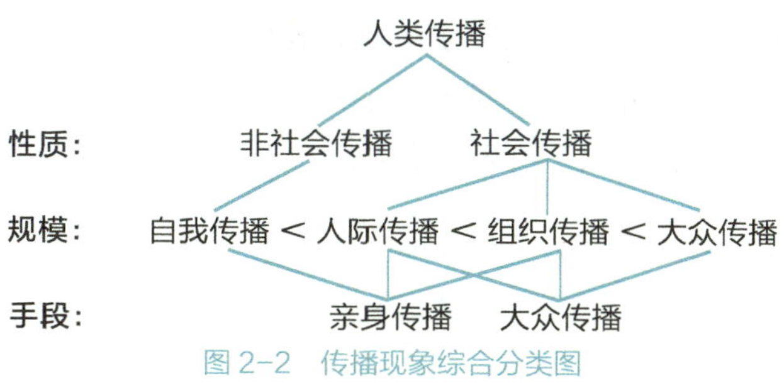

图 2-2 传播现象综合分类图

根据上图所示，结合传播学相关理论，我们可以推导出以下几层意思。

（1）从传播的规模和性质看，人际传播、组织传播和大众传播属于“社会传播”，而自我传播因其是个人不以交际为目的的内部信息处理的活动，所以属于“非社会传播”。但是，自我传播也是一种人类传播行为，因此，它与人际传播、组织传播和大众传播合起来统称“人类传播”。

（2）传播学的研究对象主要是社会传播中的人际传播、组织传播和大众传播三大块，所以，虽然传播学研究范围要涉及自我传播，但是一般情况下它应该是心理学的主要研究对象。这样一来，人际传播、组织传播和大众传播就构成了传播学的三大研究领域和相应的三大分支学科——人际传播学、组织传播学和大众传播学。

（3）从传播手段看，自我传播、人际传播、组织传播都频繁地使用亲身传播手段（如谈话、表情、动作等语言或非语言方式），此外，组织传播往往还部分地使用大众传播手段（如团体刊物、企业报纸、单位有线广播电视等）。最令人瞩目的变化是，过去一般情况下仅使用亲身传播手段的人际传播，也越来越多地使用起大众传播媒介技术了。如今，互联网、移动通信终端的出现让人际传播有了大众传播的技术平台，其讯息交流出现了新的传播形态——手机、笔记本、平板电脑，甚至包括车载电脑交流等形式。当然，我们也要认识到最为依赖大众传播媒介的仍然是大众传播。

第二节 传播语境的种类及其属性、区别和演变

了解上述以不同依据划分出来的各个传播种类之后，这里我们将重点介绍以传播语境为依据所划分出来的七种传播类型。

一、传播的语境及其种类

虽然以“语境”为依据划分传播种类，学术界至今还没有完全统一的标准，但是，国内外传播学教材和专著采用的大多是语境划分法。

（一）传播的语境

何为传播的语境？简单说就是传播发生的环境，具体讲它包括参与的人数、传播的

情景、互动者的空间、反馈的强度以及使用的渠道等。语境为我们研究传播活动的参与者、信息量、时间、地点、情景、反馈与影响等界定了范围。关于语境的存在与影响，美国传播学学者甘布尔夫妇有以下精彩的论述：

> 传播总是发生在某一特定语境或场景中的。有时候语境是如此潜移默化，以至于我们常常会忽视它。可是在另一些时候，语境又让我们感到了确实的压力，对我们的行为形成相当程度上的控制。想一想你现在所处的语境在多大程度上影响了你对人的态度和你与人交流的性质。再想想语境在何种程度上会让你改变或修饰你说话的姿势、态度、服装等与人互动的方式。仔细想想看，有时候在不知不觉间，地点条件和时间条件——语境——的确会影响我们的传播。[1]

（二）传播语境种类的划分

按理说，我们根据语境的差异，也就是按照传播发生环境的不同，自然就可以把传播活动具体分为各不相同的几个种类。但是，首先因为传播语境无处不在、影响无时不有，其情形多样而复杂；其次因为传播语境的种类之间有着渗透性和交叉性，故而不一定有明晰的界限；最后因为学者们切入该问题的角度和看法不尽一致，所以关于传播语境的名称及其划分方法，便出现了见仁见智的情况。

实际的人类传播活动往往会出现这样的情形，即一个传播种类及其外延、内涵会同时涉及两个或几个语境的标准。根据语境划分传播类型有困难，但并不等于就不做划分。美国理查德·韦斯特和林恩·H.特纳两位学者认为传播语境是一个棘手的问题，但是，他们还是根据语境划分了以下传播种类：

> 传播学为我们提供了多样的研究机会。同时，这也成为一个再棘手不过的问题，即使是传播学学者也经常感慨他们的选择太多。但是，大家对基本的传播语境也有一些共同的看法。事实上，大多数传播系就是按照这七个语境来设立的：自我（intrapersonal）、人际（interpersonal）、小群体（small group）、组织（organizational）、公众（public）、大众（mass）和跨文化（intercultural）。但需要注意，全美各传播系也并不都是这么划分。……这种多样性再次凸显了这一学科的渗透性和交叉性，不同语境的划分并不绝对。一般来说，一个理论会同时适用于几个语境。[2]

虽然不同语境具有渗透性和交叉性，一些美国高校的传播系并不都是按照上述七个语境来设立，但是更多的美国高校的传播系还是采用了七分法。七分法有争议且并非尽善尽美，然而它已经基本包括了人类传播发生的各种环境。当然，我们还应该知道传播

1　特里·K.甘布尔，迈克尔·甘布尔.有效传播（第七版）[M].熊婷婷，译.北京：清华大学出版社，2005：11.

2　理查德·韦斯特，林恩·H.特纳.传播理论导引：分析与应用[M].刘海龙，译.北京：中国人民大学出版社，2007：33.

学的教材或专著中，七个传播种类的名称以及类属标准并不完全统一。比如，自我传播又叫作“人内传播”，群体传播又分为“小群体传播”和“群集行为”，公众传播又叫作“公众表达”，跨文化传播又分为“国内跨文化传播”和“国际跨文化传播（国际传播）”，等等。

下面，我们对根据传播语境划分出来的“自我传播”“人际传播”“群体传播”“组织传播”“公众传播”“大众传播”和“跨文化传播”七个传播种类的属性、区别和演变进行具体介绍。

二、自我传播及其属性

自我传播（intrapersonal communication）或译为“人内传播”“内在传播”，是个人接收信息并在人体内部进行信息处理的活动。为了让大家对自我传播有形象化的认识，下面介绍一个具体的案例：

> 郑保瑞执导的《西游记女儿国》讲述了唐僧师徒途经忘川河，因激怒河神而误入西梁女界。女儿国本来立有祖训，将男人视为天敌，认为东土僧人到来之日，便是女儿国走向毁灭之时。但是，女王认识唐僧后，初识爱的滋味，甘愿放弃王权富贵，跟随唐僧远走高飞。
>
> 唐僧面对多情而靓丽的女王，其感情又是怎样的呢？电影主题曲《女儿国》唱出了唐僧的心声：“世上安得两全法？不负如来不负卿。反省凡心损梵行，从来如此莫聪明。既生苦难我西行，何生红颜你倾城？如何抹去你身影，如同忘却我姓名。”[1]

一方面，作为一位“金蝉子转世”的得道高僧，唐僧有一个执着的追求，那就是取经。为了到西天佛祖那里取得真经，他摈弃常人的七情六欲，以其顽强的毅力，一往无前。另一方面，作为一个有血有肉的男子，唐僧又难以抵御女王的深深爱恋和生死与共之深情，对她的好感和怜爱随着情节的发展不断地累积加深。从最初二人一起写经书，到后来共同经历苦海上的生死考验，他为女王对自己的付出而感动，也对她的单纯姣好动了真情。于是，唐僧内心便出现了两种选择：倘若“不负如来”，那就得坚持普度众生的信念，与徒弟们披袈持钵向西行；倘若“不负卿”，那就得与女王双宿双飞，接受美人的一片深情（图 2-3）。

1　郑保瑞．西游记女儿国[Z]．星皓影业有限公司出品，2018.

图 2-3 《西游记女儿国》剧照

“既生苦难我西行，何生红颜你倾城？”陷入两难境地的唐僧，一直在内心自我反省：如果动了凡心，必然有损于梵行（清净无欲之行止）；如果要抹去她的身影，却又如同忘却自己姓名那样困难。直至电影的结局部分，唐僧也没能得到世间的“两全法”。女王从昏迷中醒来之时，发现唐僧正陪在自己的身边。她流下了眼泪，对唐僧说：“我做了一个梦，我梦见你蓄起了长发，我们一起慢慢变老，可是你不快乐……”于是，她决定牺牲个人情感，成全所爱者的执念，送唐僧西去取经普度众生。女王为唐僧重新披上袈裟，撑着伞依依不舍地送唐僧师徒离开。唐僧手握着女王交还给他的通关文牒不无愧疚地说：“若有来生……”

前文所述《西游记女儿国》的主题曲出现在影片中间和结尾两处，其实它就是编剧、导演向观众展示男主人公唐僧内心活动的独白歌曲，其目的是通过歌曲来揭示人物隐秘的内心世界，展示其思想性格。在这里，我们从传播学的角度去考察它。在这个例子中，我们可以看到影片的相关画面和主题曲的唱词表现了一个存在于唐僧人体内部的自我传播过程：首先，唐僧通过他的感官接收到外部世界的信息——西天的经书、佛祖的召唤和佛法的戒律清规，女王的姣好容颜、一往情深和生死相随。接着，唐僧在体内尤其是通过大脑来处理这些信息，产生了“世上安得两全法”的感慨，出现了陷入两难境地后的内心反省，并把这些处理结果转化为信息输出前的预备状态。这一系列内在的信息处理活动，就是我们所说的人内传播过程。至于他最后与女王离别之际所说的“若有来生……”，则属于把自我传播的预备状态转化为人际传播的信息交流行为了。

通过上述例子的讲解，要理解自我传播的属性和特点就比较容易了。具体分析，自我传播有以下几个属性。

（一）“主我”与“客我”间的内向交流

自我传播是各种语境中最基础、规模最小的一种传播现象，最早对其进行系统研究的学者是美国人G. H. 米德[1]。他在研究人的内省活动时发现，自我意识对人的行为决策有着重要的影响，而人的“自我”可以分解为相互联系、相互作用的两个方面，即“主我”（I）和“客我”（Me）。因此，从这一研究角度，我们可以给“自我传播”下一个定义，那就是传播者本人的主我（I）与客我（Me）之间的内向交流活动。

米德认为，完整的自我既有“主我”又有“客我”，I（主格的我）和Me（宾格的我）都包括在“自我”之中，并在特定情景中互相支持和影响。他还指出，人的自我意识就是在这种“主我”和“客我”的辩证互动过程中形成、发展和变化的。“主我”是形式，由行为反应表现出来；“客我”是内容，体现了社会关系方方面面的影响。“客我”可以促使“主我”发生新的变化，而“主我”反过来也可以改变“客我”，两者的互动不断形成新的自我。

如果用上文所举《西游记女儿国》主题曲的案例来阐释的话，唐僧“不负如来”的那个“自我”就是作为意愿与行为主体的那个“主我”（I），“不负卿”的那个“自我”就是作为他人的社会评价和社会期待之代表的那个“客我”（Me）。到女儿国之前，唐僧的“主我”意愿非常强烈，凡心不动，一意西行；但是到女儿国后，看到女王姣好容颜，感受到其一往情深，再加上有了生死相随的经历，“客我”意识便促使“主我”意愿发生了变化，使唐僧陷入了“既生苦难我西行，何生红颜你倾城”的两难境地。

通过上述讲解和举例，我们便明确了“主我”和“客我”双向互动、内向交流的属性。同时，我们还要认识到自我传播中互动的介质也与其他传播行为一样是“信息”，用米德的话来说即“有意义的象征符号”。上述过程和属性可以用图 2-4 来表示。

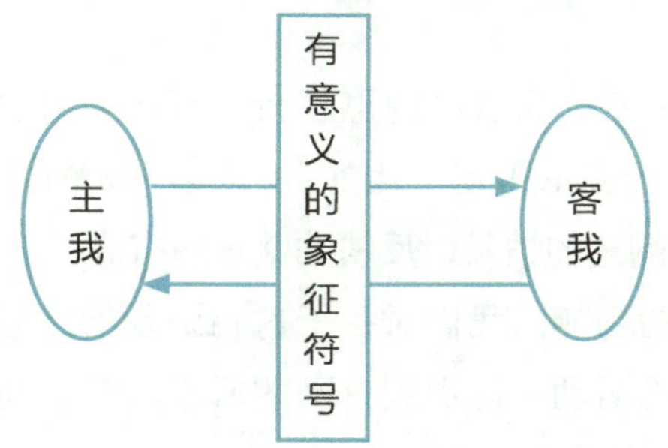

图 2-4　自我传播双向互动、内向交流的属性[2]

从图 2-4 中可以看到，“主我”与“客我”的互动，亦即人内传播是通过“有意义的象征符”（significant symbol）来进行的。“有意义的象征符号”可以是音声的，也可以是形象的。米德认为，有意义的象征符号不但能够引起他人的反应，而且能够引起使用者的反应，人内传播的思考活动就是它来进行的。

1　G. H. 米德（1863—1931），美国社会心理学家，象征互动理论的创始人，从传播和社会互动的角度考察人的自我意识的形成过程。其符号互动论、主我与客我的主要观点和言论收于逝世后他的学生为其整理出版的《心灵、自我与社会》一书中。

2　郭庆光 . 传播学教程 [M]. 2 版 . 北京：中国人民大学出版社，2011：66.

（二）“自我归因”与“对他人归因”的功能

所谓“归因”，是指人们对自己或他人行为原因的推论过程。具体地说，就是观察者对自己的行为过程或他人的行为过程所进行的因果解释和推论。

人内传播的“自我归因”功能，就是思考自己、与自己谈话、了解自己，并对自己所思所感、所作所为作出自我评价、进行因果解释和推论的功能。莎士比亚《哈姆雷特》剧作中主人公经历了父亲被杀、母亲改嫁的悲惨遭遇后问自己“生存还是毁灭？”（图 2-5），表现出他面对生死在进行痛苦的思考和选择：是活着“默然忍受命运的暴虐的毒箭”，还是不惜毁灭自己，“挺身反抗人世的无涯的苦难，通过斗争把它们清扫”[1]。对于这个生死之问，哈姆雷特必然要进行自我归因后才能给出答案。

图 2-5　哈姆雷特：生存还是毁灭

自我归因的功能有二：要么为自己的思想行为寻求合理性，表示赞同；要么为自己的思想行为寻求不合理性，表示否定。比如，《论语·颜渊》中，孔子曰：“内省不疚，夫何忧何惧？”[2]这句话所阐述的情景，反映的就是内省者（文中指“君子”）为其思想行为寻求合理性，表示赞同的功能。我们对孔子这句语录的意思作一些具体解释的话，就是说君子通过内省式的反思活动，认识到自己的所思所想、所作所为没有值得惭愧、负罪的地方，那他还有什么可忧虑和恐惧的呢？

人内传播的“对他人归因”功能，说得直白一点就是在观察者大脑或内心中对他人的思想行为作出评价、进行因果解释和推论的功能。比如，一个雇主看到手下的一位女雇员上班常常迟到、衣冠不整且精神不佳。在考虑是否询问其原因并给予该员工责罚之时，雇主可能会根据他所了解的该员工的家庭情况，先在自己的内心进行猜测：“她之所以这样是因为家务事太多，且丈夫又蛮横不管事？抑或她在打第二份工，额外挣一些钱给她上大学的儿子交学费？”

1　莎士比亚．哈姆雷特［M］// 莎士比亚戏剧全集：悲剧Ⅰ．朱生豪，译．苏州：古吴轩出版社，2014：128.

2　孔子弟子及再传弟子．论语·颜渊［M］// 阮元．十三经注疏：下册．北京：中华书局，1980：2503.

（三）与外部社会紧密相连的传播活动

因为自我传播的表征通常是“不出声”的，即便“出声”也是非社会传播语境下的“自言自语”，所以，我们往往会意识不到自我传播也是传播活动。其实，人体本身就是一个完整的信息传播系统，它具有一般信息传播系统的特点：人体既有信息接收装置（感官系统），又有信息传输装置（神经系统）；既有记忆和处理装置（大脑），又有输出装置（发声等表达器官及控制这些器官的肌肉神经）；人的身体既是一个独立的有机体，又与自然和社会外部环境保持着普遍联系。

自我传播单独看属于人体内部的传播，它产生的语境是在人体之内，然而当我们把这一体内传播系统与外部传播系统联系起来考察的话，便可看到这一传播过程的两端（信息的接收和输出）皆与外部社会紧密相连，而且自我传播本质上是对社会现实的反映，有着鲜明的社会性、实践性、能动性和互动性。就“归因”功能而言，虽然自我传播者是在内心对自己或他人的行为进行因果解释和推论，但是，在进行归因思维活动时，观察者的依据必然是外部社会现实的各种信息。

（四）具有非社会传播的属性

虽然自我传播能通过信息的接收和输出这两个端点与外部社会相连，但是，我们还要看到，仅就自我传播活动在人体内运行的自传活动本身而言，它只是所谓的主我（I）和客我（Me）之间的对话，是以人的大脑的思考为核心的内向型人内传播活动。虽然自我传播时个人的言语运动器官仍在活动——心里的自我对话或私下的自言自语，并执行着与出声说话时或与人交流时相同的信号功能，但是这种反应的表征要么是默默无声的，要么是虽然有声但也是非社交性的。

美国传播学学者韦斯特和特纳在阐述传播的社会属性时指出：“我们认为传播是一个社会过程。当我们把传播诠释为‘社会的’时，意味着它涉及两个以上的人和互动。传播至少需要包括两个人，即传播者和接收者。两个人都是传播过程中必不可少的部分。当说传播具有社会性的时候，它涉及复数的人以不同的目的、动机和能力进行互动。”[1]而自我传播仅仅是在传播者一个人的体内进行，故不具备“社会的”这一属性。因此，在学术界自我传播主要是心理学及思维科学的研究对象。

为何传播学也要研究自我传播的形式和内容呢？这是因为社会是由一个个具有意识和行为并能以其意识与行为作用于客观与主观世界的个人组成的，这一个个的“个人”是其他各种传播活动必不可少的信息编码者、发出者、接收者和解码者，从这个意义上说，作为个体系统之活动的自我传播便必然是一切外向型传播活动（人际传播、组织传播、大众传播等）的前提和基础。

1 理查德·韦斯特，林恩·H.特纳.传播理论导引：分析与应用[M].刘海龙，译.北京：中国人民大学出版社，2007：7.

三、人际、群体、组织传播的区别

人际传播，即个人与个人之间的传播活动。群体传播，即群体与成员、成员与成员之间的由传播互动机制引起的传播活动。组织传播，即为达成特定目标而建立明确程序、发生协调行动的群体所进行的内部和外部的一切传播活动。

倘若单单从概念上区分人际传播、群体传播、组织传播这三种类型的话，我们可以采用上述一些教科书中的说法进行概括。这种概括乍一看既明确又简略，仿佛三种传播类型不难分辨。但是，只要深入地从规模、语境、内涵、外延上进行考察，我们就会发现群体传播与人际传播在内涵及其规模上有模糊的地方，而组织传播与群体传播的内涵不同，外延上却有交叉。总而言之，三种传播活动并非泾渭分明。因此，我们有必要对其进行辨析。

（一）人际传播

按照美国社会学学者C.库利在其著作《社会组织》中的说法，人际传播的形式是小范围且具有私密性的，它是人际关系的基础，它把社会“黏合”成形，所使用的材料即讯息。据此，我们可以把人际传播理解为在小范围内进行的个人与个人之间的传播活动，其人数不多，一般是2～3人。人际传播的语境包括家庭关系、婚姻关系、同居关系、朋友关系或同事关系等，其传播的活动大都具有私密性。当然，有学者认为隐秘的同性恋关系、当今不少见的医患关系和发展迅猛的网络关系也正在吸引一些人际传播研究者的注意。

（二）群体传播

群体传播的人数应该是多少，语境具有何特征呢？美国理查德·韦斯特和林恩·H.特纳两位学者在其著作《传播理论导引：分析与应用》中把“群体传播”称为“小群体传播”。他们指出：在多少人可以构成小群体的问题上，研究者们存在不同看法。一些学者认为小群体的理想人数是5～7人，另一些学者则没有对成员数量的上限作出规定。但是大多数人同意，一个小群体要存在，至少需要三个人。

“群体”是传播学界、社会学界研究课题中具有悠久传统的领域，在这个领域产生了大量的理论和实证研究。从广义上看，学者们大都把“群体”分为三种类型，即“小群体”“群集”和“组织”；从狭义上看，许多学者则认为要把制度化强、等级严密的“组织”群体单列出去研究，因此，本教材在阐述群体传播时，仅涉及“小群体”和“群集”。

“小群体传播”所包含的群体有亲戚、邻里、朋友、学习小组、QQ群等，这在外延上与“人际传播”有交叉，要区别二者的不同，需要从各自的内涵或传播特性上分辨。小群体是一定数量的、共同生活或工作的、具有共同目标的人。因此，小群体传播是在这些具有共同目标或义务的一群人中发生的活动，成员与成员之间的信息传播与接受更关注群体的任务。这一点与人际传播语境下自由、随意的传播状况有本质的区别。街坊邻居遇到一起聊天、朋友见面问问近况、同学之间随意谈点双方感兴趣的事情，这些是人际传播。这种传播主要建立在自愿与合意基础上，双方都没有强制对方的权力，也没有接受强制的义务，人与人之间的关系是直接的、自然的。然而，邻里间为了管理好小区事务成立的业主群、志同道合的老朋友离开传统家庭抱团养老（图 2-6）、几个同学为完成作业成立学习任务小组，这些情形中信息的传播与接受则是小群体传播了。小群体成员之间之所以分享和接受信息、进行交流与互动是为了进行决策、解决问题、表示支持、互相帮助或找寻乐趣与集体感。在小群体语境下传播信息，人们更多的是为群体的共同目标或义务作出贡献。

图 2-6 抱团养老

“抱团养老”起源于 20 世纪六七十年代的丹麦，之后推广至瑞士及荷兰，最后在欧美各地流行起来。它主要指志同道合的老朋友，不依靠子女，离开传统家庭，搬到同一个地方搭伴居住，共同承担生活成本，彼此慰藉精神上的空虚。“抱团养老”不是老同学、老朋友不定期的联谊活动，而是严肃的社会小群体形式。如果仅仅依靠旧有的情感，它很难长久维系，需要契约精神帮助成员们明确界限，才能够更和谐地共同生活。

在群体传播中，有一种特殊的传播现象是“集合行为”（collective behavior），它也被称为群集性的传播。“集合行为”与“小群体传播”有着相同之处，那就是两者都是自发形成的非组织群体，两者的传播活动都是松散集合体的传播活动。但是，集合行为指的是“在某种刺激条件下发生的非常态社会聚集现象。例如火灾、地震后的群众骚乱，出于某种原因的自发集会、游行、种族冲突，物价上涨的流言引起的抢购风潮等”[1]。以社会学家的眼光看，这些在偶然性因素作用下聚集到一起的人，还算不上“群体”，只能叫“群集”。集合行为所产生的聚集的人群（群集），被法国社会心理学家勒朋称为“乌合之众”（crowd）。因此，集合行为（群集性的传播）是小群体传播中的一种另类现象，需要我们把它作为一种独特的群体现象加以考察和分析。下面以“球迷看台混战”（图 2-7）来举例说明。

1 郭庆光．传播学教程 [M]．2 版．北京：中国人民大学出版社，2011：84.

图 2-7 球迷看台混战

2016 年 6 月 19 日，匈牙利与冰岛的足球比赛在法国马赛的维罗德姆球场进行，赛前匈牙利球迷在大街上进行了声势浩大的集会。群体感染使得球迷的情绪亢奋，结果他们一进场就与冰岛球迷“混战”起来。警方迅速介入，但“马扎尔铁骑的后裔”（即匈牙利球迷）完全没有停手的意思，双方展开了一场“血战”。

（三）组织传播

组织传播也称团体传播，是指组织成员之间或组织与组织之间的信息交流行为或活动。它包括两个方面：一是组织内传播，二是组织外传播。这两个方面都是组织生存和发展必不可少的保障。与上述的“小群体”和“集合”相比较，“组织是一个结构秩序更为严密的社会结合体，有着更为明确的目标、制度、纪律，有着严格的分工和统一的指挥管理体系，因此，组织是人们为了高效率地完成分散的个人或松散的群体所不能承担的生产或社会活动而结成的协作体”[1]。具体地说，“组织”就是人们为达成特定目标而建立明确程序、发生协调行动的群体，如政党、政府、军队（政治组织），工厂、商店、银行（经济组织），学校、医院、剧团（公益组织），学会、工会、妇女联合会（互利组织）。显然，这里所说的组织与前文介绍的小群体是根本不同的两种类型。

美国的韦斯特和特纳两位学者认为：“必须把小群体传播与组织传播作一个区分。组织传播（organizational communication）指在大型的、扩展的环境中和环境间进行的传播。这种传播形式与小群体传播完全不同，因为组织传播必然伴随着人际传播（上司与下属之间的对话）、公众演讲的机会（公司领导人的发言）、小群体传播（任务小组准备报告）和有中介的传播（内部的备忘录、电子邮件、远程会议）。所以，组织由具有目标的群体组成。……组织语境与其他传播方式最大的不同，是大多数组织具有明确界定的等级制度。等级制度（hierarchy）是一种把实物和人按照一定上下级顺序排列的组织

1 郭庆光．传播学教程 [M]．2 版．北京：中国人民大学出版社，2011：89.

原则。”[1]

四、公众传播和大众传播的变化

公众传播现象历史悠久，公元前的古希腊、古罗马时期便已产生；大众传播现象出现得晚，但也有近200年的历史[2]。随着信息时代到来、传播媒介的演变，如今这两种传播形式皆有了很大的变化。因此，有必要对其演变或变革进行分析和介绍。

（一）公众传播的演变

公众传播（public communication），即一个人向一群人散播讯息。这不是一个全新的语境，比如很早以前就有了演讲并一直延续到今天。不过在互联网时代、读图时代，公众传播的形态、特征和影响有了很大变化。

1.古代公众传播的修辞策略

一般认为，“修辞”（rhetoric）起源于古希腊、古罗马时期，是指人们依据具体的言语环境，有意识、有目的地组织建构话语和理解话语，以取得理想的交际效果的一种言语交际行为。“在公众演讲时，演说者通常有三个基本的目标：告知、娱乐和说服。后者——说服——是修辞传播的核心。许多说服的原理——包括受众分析、演说者可信性及讯息传达——是说服过程的必要组织部分。回想一下自己的演讲经历，你会惊讶地发现，实际上你已经在不自觉地遵循源于古希腊和古罗马时代的修辞策略。人们对如何进行说服的研究超过了2500年。”[3]

古希腊学者亚里士多德的《修辞学》是西方最早的系统阐释修辞原理的著作。该著作把“修辞”定义为“可行的说服方式”（the available means of persuasion），换言之，即说话者发现可行的说服他/她的听众的能力。亚里士多德的理论来自两个假设：有效的公众演讲者必须考虑听众，有效的公众演讲者在演讲过程中会使用许多论证[4]。第一个假设主要是指演讲者在构思和表达时不能忽略听众，因为公众传播是一个交流过程；第二个假设中的“论证”（proofs）主要指演讲者要展示出自己的性格、智慧及亲和力，要使用论点和论据，要表达情感诉求。

2.电子化联系时代的公众传播

西方传播学学者对于现代的公众传播现象非常重视，甘布尔夫妇论著《有效传播》的第四部分专门论述了“公共场合下的传播”。在谈到电子化联系时代的公众演讲的问

---

1 理查德·韦斯特，林恩·H.特纳.传播理论导引：分析与应用[M].刘海龙，译.北京：中国人民大学出版社，2007：38.

2 大众传播诞生发展的历史：根据施拉姆的观点，大众传播诞生于15世纪40—50年代，其标志是德国工匠古登堡使用印刷机和金属活字技术成功地印制出第一批油印的《圣经》。不过，更多学者认为，19世纪30年代大众报刊的出现才是大众传播诞生的标志。当然，20世纪以来，广播、电视等电子媒介的出现则是促成大众传播鼎盛发展的因素。

3 理查德·韦斯特，林恩·H.特纳.传播理论导引：分析与应用[M].刘海龙，译.北京：中国人民大学出版社，2007：40.

4 理查德·韦斯特，林恩·H.特纳.传播理论导引：分析与应用[M].刘海龙，译.北京：中国人民大学出版社，2007：339-340.

题时，他们指出：

在我们这个电子化联系的时代，公众演讲正越来越繁荣光大。美国的一个商业性的职业演说组织——“美国演讲协会”的成员数目正在不断扩大。另外，能够为演说者所用的平台也越来越多。似乎现在每个人都希望有一个代言人，这或许是因为现代人比过去任何时候都更需要成为一名演说者。在某种意义上说，公众场合下的演讲已经像货币一样处处“流通”了。货币为用户提供了获取市场商品和服务的途径，而演说则为其用户提供了通往思想的途径。在公众论坛上有效率地传达自己的思想已经成为无论对男性和女性都很重要的一项基本技能。

……

作为“媒体爆炸”的结果之一，我们的社会已经越来越习惯于高品质的演讲了。脱口秀、电视新闻栏目以及娱乐节目都将较为专业化的演讲带入了我们每一个人每天的日常生活。[1]

在电子化联系的时代，电子产品和互联网发展速度惊人，无论是家中的电视、办公桌上的电脑，还是地铁上的液晶屏幕、随身携带的智能手机，都可能成为公众演讲的平台。从教室到公司，从会议室到电视台，从城市大厅的台阶上到纪念堂的墩座旁，公众传播者都可以向一群受众散播讯息。正如上文中甘布尔夫妇所说，“公众场合下的演讲已经像货币一样处处‘流通’了”，并且“在公众论坛上有效率地传达自己的思想已经成为无论对男性和女性都很重要的一项基本技能”。

3.当代公众传播的视觉修辞运用

随着21世纪的到来，视觉影像已经全方位进入大众的生活。图片和视频成为互联网和融合媒体传播信息过程中的重要内容。有专家认为人类社会迈入了“读图时代”，图像因其与生俱来的直观性、形象性成为传播过程中的惯用手段。于是，“视觉修辞”便成为当代演讲避不开的手段了。

何为“视觉修辞”（visual rhetoric）呢？北京大学的陈汝东先生将它定义为“一种以语言、图像以及音像综合符号为媒介，以取得最佳的视觉效果为目的的人类传播行为”[2]。如今，在新闻传播领域，图片视频新闻与文字新闻并驾齐驱，成为新时代媒介环境下让受众了解各种国内外新闻的重要手段。

在早期的公众传播活动中，除了主要的口语表达手段外，通常是运用手势和姿态作为辅助手段（图2-8）。到了融媒体时代，公众传播是否需要与新闻传播一样，大量使用“视觉修辞”作为其辅助手段呢？

1　特里·K.甘布尔，迈克尔·甘布尔.有效传播（第七版）[M].熊婷婷，译.北京：清华大学出版社，2005：306，310.
2　张岩松.国际新闻中的视觉修辞传播——以“米歇尔·奥巴马访华”事件作为个案研究[EB/OL].(2014-12-03)[2022-03-12].http://media.people.com.cn/n/2014/1203/c40628-26138768.html.

图 2-8 1918年列宁同志在演讲

关于这个问题，有正反两个方面的回答：其一，采用视觉修辞手段后，如果能够达到理想的传播效果，可以为口语表达的内容增强直观性和形象性，让听众更容易跟得上、听得懂你的演讲，那就一定要用；其二，过多地运用了视觉修辞手段，如果给演讲添了乱，搞得喧宾夺主，影响了口语表达这一主要手段的发挥和效果，那就要少用或不用。

（二）大众传播的变革

美国传播学学者甘布尔夫妇在其专著《有效传播》中，对大众传媒的过去和现在进行了对比性的论述。

他们将“过去”的大众传媒（mass communication）定义为“经过监制的审核，通过一个广泛传播的渠道（比如出版物、音频或者视频的媒介）传递信息的一种方式”。并且认为过去的大众传媒有着六个与其他交流方式不同的地方：第一，大众传媒可以影响到成千上万的人，即便发送讯息的人对大部分接收讯息的人都不认识，这些讯息同样可以传递给这些人；第二，大众传媒需要依靠一些技术上的硬件设施、中介或者传播机器才能把讯息广泛快速地传递出去；第三，讯息是公开的，人们可以自行决定是否接受你的信息；第四，大众传媒依托的是一个正式的组织，因此，大众传媒并不是一个人的杰作，而是一大群人精心策划来吸引你的注意力，让你成为它的观众；第五，大众传媒是掌握在许多“监制”手中的，有能力行使这份权利的人就可以掌握讯息，并通过媒体传达给大众；第六，与其他的传播方式相比，大众传媒的反馈会比较小或者更加延迟。[1]

论述了大众传媒的过去之后，紧接着甘布尔夫妇马上从“改变中的媒体环境”入手对大众传媒的“现在”进行了如下阐述：

> 大众传媒和正在兴起的新技术都是交流的工具，它的功能取决于我们怎么使用它。它可以让我们克服时间和空间上的障碍，让我们提高与他人交往的能力……

1 特里·K.甘布尔，迈克尔·甘布尔．有效传播（第七版）[M].熊婷婷，译．北京：清华大学出版社，2005：440.

> 虽然大众传媒与我们以前所提到的传播方式有着许多不同，但是现在这种充满了媒体和技术的传播环境却是我们所有其他传播方式的背景，不论是人际传播、群体传播、组织内传播或者是公共传播。
>
> 但是，快速变化着的技术让我们越来越能在传媒中扮演积极的角色，也因此我们正在快速地改变着大众传媒。现在，展现在我们面前的除了那种经过精心准备和排列的信息之外，我们还成为自己信息的推销者——消费者开始生产消费品。我们为自己建立个人主页，我们成为网管，我们开始有能力为自己创建与他人交流的环境……[1]

无独有偶，另一位美国学者马克·波斯特也引用一位批评家的话谈到了大众传媒现在的情形：

> 技术正在打破以少对多的交流观念。有些交流者比其他人更有权力，但是网络故事背后隐藏着这样一个重要的观念，即人们首次能够实现多人对多人的交谈。对于那些能够买得起电脑设备并付得起电话账单的人来说，他们每天都能既做自己的制作人和经纪人，又做自己的剪辑和受众。他们的故事变得越来越特异而个体化，在不同的场所按不同的方式讲述给不同的受众。[2]

综上所述，网络环境下的大众传播与传统的以四大媒体（报纸、杂志、广播、电视）为主的大众传播相比，有了以下革命性的变化。

（1）对于网络传播的信息来说，接收过程与观看、收听或阅览过程是可以分离的，受众可以从网上下载信息存储于电脑之中，然后在任何方便的时候来接收信息。受众由被动接收信息变为主动索取信息，可以能动地对信息进行选择、取舍，使之成为对自己有用的信息。

（2）网络媒体兼容了文字、图片、声音、动画、影像等多种传播手段来保存信息、表现信息、发送信息。大众传媒利用网络传播的多媒体特点最大限度地实现了各种传播形式的兼容并包。受众有了更多的选择自由，他们可以根据自己的喜好，选择有字无声、有声有像、图文并茂等多种形式，各种感官得以充分调动。

（3）以往的传统媒体都是以点对面的单向线性传播方式为主，传播信息者是主体，接受信息者只能是“受众”。互联网的新技术及改变中的媒体环境正在快速地使大众传媒发生变革，网络媒介的传播交互性突破了单向性信息传输模式。如今的大众传媒中生产者（传播者）和消费者（接受者）的界限变得模糊了。换句话说，新型的网络媒介为当代大众传播带来了一种传播者和接受者角色能够随时互换的革命性变化。

---

1 特里·K.甘布尔，迈克尔·甘布尔.有效传播（第七版）[M].熊婷婷，译.北京：清华大学出版社，2005：440-443.

2 马克·波斯特.第二媒介时代[M].范静哗，译，南京：南京大学出版社，2005：49.

（4）20世纪80年代之前的传统大众传播形式，与当时所称的“新闻事业”联系十分紧密，其播发的主体内容大多是新闻媒体机构精心准备和排列组合的国内、国际新闻，不时还有自己对新闻事实的评述意见。在这一方面，大众媒体主要实现的是新闻事业“传播信息，报道新闻”“反映舆论，引导舆论”[1]的基本功能。当然，早期的大众媒体也有一些凡人小事、珍闻趣事、丑闻隐私、休闲娱乐和知识传授等信息的刊登或节目的播出。其实，这些内容也大多体现了新闻事业的服务功能。随着时代的变迁，大众媒体在社会生活中扮演的角色越来越多、越来越重要，报纸、杂志、电视、电影、广播电台和网站在刊登或播报大众新闻、评述意见之外，还强化了“服务受众，服务社会”的目的和功能。具体说来，其功能可以分为“传播知识，普及教育”“倡导文明，弘扬美德”“发布信息，服务生活”“提供娱乐，丰富生活”四条[2]。甘布尔夫妇在谈到当今的大众传播功能时认为，“所有的媒体都花费了一定的精力来娱乐他们的观众……甚至当今世界的一些新闻都是信息与娱乐的混合体”[3]。美国斯坦利·巴兰和丹尼斯·戴维斯两位学者在其关于大众传播理论的专著中也阐述了现代大众媒体从信息传播、知识传授或娱乐休闲等方面影响受众的情形：

> 现代大众媒体支配着人们的日常交流活动。孩子从咿呀学语的时候开始，就被《芝麻街》（*Sesame Street*）（图2-9）中的声音和活动影像所魅惑。到了青少年期，媒体开始向他们提供关于同龄人群体文化的许多信息，更重要的是让他们了解异性。到中年时，人们建立了家庭，并向电视寻求易于获取的娱乐休闲内容，向杂志寻求抚育孩子的秘诀。而到了老年，随着身体灵活性的减弱，人们开始向电视寻求更多的陪伴和建议。[4]

图2-9 《芝麻街》（*Sesame Street*）剧照

---

1 《新闻学概论》编写组．新闻学概论[M]. 2版．北京：高等教育出版社，2020：95.
2 《新闻学概论》编写组．新闻学概论[M]. 2版．北京：高等教育出版社，2020：95-96.
3 特里·K.甘布尔，迈克尔·甘布尔．有效传播（第七版）[M].熊婷婷，译．北京：清华大学出版社，2005：443.
4 斯坦利·巴兰，丹尼斯·戴维斯．大众传播理论：基础、争鸣与未来（第三版）[M].曹书乐，译．北京：清华大学出版社，2004：221.

五、跨文化传播的类型

跨文化传播还是一个年轻的学术研究课题，它的起源只能追溯到20世纪50年代。韦斯特和特纳专著《传播理论导引：分析与应用》的《译者前言》指出："目前我国的研究对跨文化（cross-culture）存在一定的误解，其实跨文化传播并不一定意味着跨越国家疆界（international）。在一个多元化、国际化的世界里存在众多跨文化传播现象，文化的区隔无处不在。即使在最偏远的乡村，跨文化传播也是一直存在的。"[1]同样，美国学者萨默瓦、波特和麦克丹尼尔编著的《跨文化传播》一书，也把跨文化传播分为了"国际交往"和"国内交往"两种情形[2]。

跨文化传播指的是具有不同文化背景的个体之间的传播活动。这些个体如果来自不同的国家就是国际跨文化传播，倘若传播活动仅限于同一个多元化的国家之内，那就是国内跨文化传播了。因此，本教材把跨文化传播粗略地分为以下两种类型。

（一）国际跨文化传播

国际跨文化传播可以简称为"国际传播"，即在异国文化背景下的个体之间理解并分享不同文化所表达的意思的跨越国家疆界的传播。这种传播的显著特点是交流双方属于不同的政治实体，其交流者具有不同的国籍（图2-10）。

图2-10　东西方文明的对话（中法文化交流）

值得注意的是，即便种族相同，如英国和法国的白人之间的信息传播；民族相同，如中国和韩国的朝鲜族之间的信息传播；宗教信仰相同，如印度和泰国的佛教徒之间的信息传播，也属于国际传播。

1　理查德·韦斯特，林恩·H.特纳.传播理论导引：分析与应用[M].刘海龙，译.北京：中国人民大学出版社，2007：译者前言6.

2　拉里·A.萨默瓦，理查德·E.波特，埃德温·R.麦克丹尼尔.跨文化传播（第六版）[M].闵惠泉，贺文发，徐培喜，等，译.北京：中国人民大学出版社，2013：2-6.

（二）国内跨文化传播

国内跨文化传播属于“国内交往”情形，一个文化多元化的国家里，不同种族、不同民族、不同信仰和不同阶层的个体之间，在异文化背景下所进行的信息交流活动即国内跨文化传播。例如，1935 年 5 月 22 日，刘伯承与小叶丹通过相互的沟通了解后，在彝海边歃血为盟，结为兄弟。红军部队因此顺利通过彝族地区，留下一段民族团结佳话（图 2-11）。

图 2-11　彝海结盟[1]

如果从“异文化”角度对“国内跨文化传播”再作细分的话，那么，我们还可以把它分为跨种族（interracial）、跨民族（interethnic）、跨信仰（interfaith）和跨阶层（interclass）四种类型。例如，意大利白人与黑人之间的信息传播、中国汉族人与藏族人之间的信息传播、俄罗斯东正教徒与伊斯兰教徒之间的信息传播、美国农场主与雇佣员工之间的信息传播，就依次属于跨种族、跨民族、跨信仰、跨阶层的国内跨文化传播。

第三节　传播学对传播功能的研究

传播学学科体系形成之前，人们已经开始关注传播功能的问题。例如，战国末期《荀子·劝学》一文中指出：“君子博学而日参省乎己，则知明而行无过矣。”[2] 其中就有荀况对人内传播——君子每天多次检查反省自己便可行而无过的传播功能的阐述。公元前 2080 年左右，埃及一位年迈的法老谆谆告诫准备继承王位的儿子麦雷卡：“当一位雄辩的演讲家吧……舌头是把利剑，演讲比打仗更有威力。”[3] 也是对演讲功能的形象比喻。传

1　纪念碑位于四川省凉山彝族自治州冕宁县彝海景区，群体塑像由果基约达（小叶丹）、刘伯承、聂荣臻、沙马尔各四人组成。

2　荀子．荀子·劝学 [M]// 朱东润．历代文学作品：上编第一册．上海：上海古籍出版社，2002：168.

3　颜永平．颜永平说演讲 [EB/OL].（2018-01-23）[2022-03-18]. https://www.sohu.com/a/218518892_689960.

播学诞生之后，学者们更是从不同的角度、不同的层面来观照、审视传播活动的各种功能。

一、传播的基本功能

传播的基本功能即传送和接受各种信息。进一步说，人类传播活动所显现出来的多种多样的功用和机能，归根结底都离不开最核心的功能——传受信息。传播活动的一切功能都是通过传受信息而实现的。

当然，我们还应该明白一点，即在讨论传播的功能时，仅仅局限于“传送和接受各种信息”这一基本作用是不行的。因为传播是人类赖以生存、发展的基础活动之一，所以传播活动不仅是个人、群体、组织和国家通过传受信息实现自己目标所必不可少的手段，而且在确保人类文化的历史传承、实现社会系统各部分的协调与沟通、维持社会的进步与发展等方面皆发挥着重要的功能。因此，在传播学领域，学者们除了阐明传播的基本功能外，还分析和研究了传播的具体功能和派生功能。对此，下面分别进行介绍。

二、传播功能的几种代表性说法和观点

对于传播的各种功能，考察研究者众多，可谓见仁见智。下面我们选取有代表性的“二功能说”“三层次说”“三功能说”“四功能说”和施拉姆“大众传播社会功能说”作简单介绍。

（一）传播的工具性与消遣性功能

从实用性与娱乐性两个方面来考察，我们可以把传播分为两种类型：（1）工具性传播，体现的是实用性功能；（2）消遣性传播，体现的是娱乐性功能。

强调“工具性”功能的学者，有美国心理学家爱德华·托尔曼，他认为人类的说话只不过是“一种工具，本质上与绳子、棍子、盒子等其他工具没有什么不同”[1]。强调“消遣性”功能的学者，则以提倡“游戏理论”的英裔美国心理学、传播学家威廉·斯蒂芬森最为典型。按他的见解，无论传播理论或实践，都应把注意力集中于能给人带来快乐的、与“游戏”相当的功能[2]。应该说，他们的观点从一个侧面看，各有各的道理，但是，现实生活中传播的功能既有工具性，又有消遣性，我们应进行整体考察而不能仅仅片面地去强调某一个侧面。

在整体考察上，瑞士著名儿童心理学家让·皮亚杰有过相关的论述，他将儿童的谈话分为“社交性”和“自我中心性”两种。他认为，“社交性”的谈话是试图影响对方或者实际上是在和对方交换观点和看法的谈话；“自我中心性”的谈话则是对说话者自己“谈话”，或者是为了同恰好在那里的任何人发生联系而感到高兴的谈话[3]。皮

1 全国高等教育自学考试指导委员会，张国良．传播学概论 [M]. 北京：外语教学与研究出版社，2013：48.
2 参见：全国高等教育自学考试指导委员会，张国良．传播学概论 [M]. 北京：外语教学与研究出版社，2013：48.
3 参见：全国高等教育自学考试指导委员会，张国良．传播学概论 [M]. 北京：外语教学与研究出版社，2013：49.

亚杰所说“社交性”谈话体现的是“实用性”，有着类似于社交工具的作用；而“自我中心性”谈话则体现的是“娱乐性”，有着类似于自我消遣的性质。不过，我们应该看到皮亚杰的论述虽然大致上兼顾了类似于实用与娱乐两方面的性质，但是其研究对象仅限于儿童，涉及范围较小。因此，本教材扩大范围，以整个人类“衣食住行”中的言谈举止、喜怒哀乐等为例，分别谈谈人类传播活动所体现出来的工具性或消遣性功能。

1. 工具性传播

父母催孩子穿衣起床、餐厅食客向服务员点菜、婴儿饥饿时的哭闹、给恋人发出约会的短信、商店里售货员与顾客的问答、教师对课堂违纪学生所做的制止表情和动作、上下级之间的工作谈话、机关或组织召开会议、毕业典礼上校长的演说等，其实用性就很明显。另外，电视台的天气预报、新闻联播，报刊上的寻人启事、征婚广告，广播里的路况信息、谈车论驾等大众媒体讯息的传递也是工具性传播。总之，人们之所以需要这一类传播，为的是应对环境，即顺利地、有效地开展或进行与自身生存和发展直接相关的一切行为。

2. 消遣性传播

哼京剧唱段、跳广场舞、打电子游戏、人逢喜事的哈哈大笑、看悲剧时的潸然泪下、元宵节猜灯谜、参与公司的文艺演出、参加各种庆祝活动，这些行为和表现的娱乐性就很强。总之，但凡文学、艺术、娱乐、游戏等的传播内容和形式，大多属于消遣性传播。可以看出，消遣性传播最为突出的特点就是娱乐性，即它是为了满足人们的精神生活需求而进行的，其主要功能可以概括为调节人们的身心。

值得注意的是，这里介绍的“二功能说”虽然大体是正确的，但是比起“三功能说”和“四功能说”却有着过于笼统的缺点。

（二）传播功能的三个层次

人类传播活动的范围有小有大，传播功能的层次也有所不同，因此，上述传播的工具性功能和消遣性功能还可以从个人、组织、社会三个不同的层次来考察。

1. 个人层次上的功能

从工具性传播角度看，传播对个人的主要作用是了解环境变动、学习社会规范和各种知识；从消遣性传播角度看，传播则是调节个人身心的手段和方式。当然，工具性和消遣性功能并不是非此即彼、能够截然区分的。比如，恋人的约会，因其有谈恋爱的主要目的，可划归为工具性传播，但约会中的花前月下、甜言蜜语未尝不可调节恋人的身心，带来愉悦的感受。再如，父母给子女讲优美的童话故事，因其有满足孩子精神生活需求的主要目的，可以划归为消遣性传播，但也不能排除它有寓教于乐、传授知识、培养情操的功能。

2. 组织层次上的功能

从工具性传播角度看，传播对组织的主要作用是为决策提供依据、协调组织成员的思想和行动。具体来讲，组织的内部协调、指挥管理、决策应变、形成共识等就是其工具性传播的功能。从消遣性传播角度看，传播对组织的功能是调节组织成员的情绪，使之具有愉悦感。具体来讲，举行节日晚会、组织春天的郊游活动、召开周年庆典、开办单身职工联谊会、举办公司运动会等，就体现了消遣性传播的功能。

3. 社会层次上的功能

从工具性传播角度看，传播在社会层次上的主要作用是监测环境、协调社会各个部分的关系、传承社会文化遗产；从消遣性传播角度看，传播在社会层次上的功能则是提供娱乐或调解社会大众的情绪。关于社会层次的传播功能，下文介绍的"三功能说"将条分缕析地讲解，这里不再赘述。

（三）拉斯韦尔的"三功能说"[1]

在传播学研究史上，"三功能说"是最早对传播的社会功能作出较全面分析和研究的观点。美国学者H. 拉斯韦尔在1948年发表的《传播在社会中的结构与功能》一文中，将传播的基本社会功能概括为以下三个方面。

1. 环境监视功能

这里所谓的"环境"，包括社会环境、政治环境、经济环境等。这些环境是不断变化的，只有监控、了解、把握并适应社会内外环境的变化，人类才能保证自己的生存和发展。受众往往是通过传播媒介提供的各类信息（"新闻"）了解外部世界的环境的，而传播可以帮助人类及时收集和获得关于环境变化的信息。因此，在这个意义上，传播对社会起着一种"瞭望哨"的作用。

2. 社会联系与协调功能

社会由各不同部分组成，是一个建立在分工合作基础上的有机体，只有实现了社会各组成部分之间的联络、协调和统一，才能有效地适应环境的变化。传播是社会的"神经系统"，亦即执行联络、沟通和协调社会关系功能的重要社会系统。

3. 社会遗产传承功能

人类社会的发展是建立在继承和创新的基础之上的，只有将前人的经验、智慧、知识加以记录、积累、保存并传给后代，后人才能在前人的基础上进一步完善、发展和创造。传播是保证社会遗产代代相传的重要机制，在维护人类社会、国家和民族的续存和发展方面起着重要作用。

1　参见 H. Lasswell. The Structure and Function of Communication in Society [M]// Lyman Bryson. The Communication of Ideas. New York: Cooper Square, 1964: 38.

（四）赖特的“四功能说”[1]

美国学者C. R.赖特在1959年发表的《大众传播：功能的探索》中所提出的“四功能说”是在拉斯韦尔“三功能说”的基础上增加了“提供娱乐”功能。

值得注意的是，拉斯韦尔的原意是解释“传播在社会层次上的功能”或“社会（层次）传播的功能”，而赖特则直接阐述了“大众传播的四大功能”。由于这两者具有很强的相通性，因此也不妨互换着来理解，不过“层次”和“类型”毕竟是不一样的。现实生活中，社会传播的三个层次（个人、组织、社会）和三种类型（人际、组织、大众）是相互交叉、相互重合的，各个层次都不断进行着各类传播。以个人层次为例，与亲友说话是进行人际传播，开会和看文件是参与组织传播，读报或看电视则是加入了大众传播。通过以上分析，我们可以看出拉斯韦尔的“三功能说”是基于人际传播、组织传播和大众传播等在内的传播活动而概括出来的社会基本功能，虽然它主要适用于大众传播活动。而赖特“四功能说”的研究对象直接就是大众传播，是对大众传播四种社会功能的分析和归纳。那么，赖特的“四功能说”具体是什么呢？

1.环境监视功能

大众传播是在特定社会的内部和外部收集和传达信息的活动。这里包括两个方面：一是警惕外来威胁，二是满足社会常规性活动（政治、经济、生活）的信息需要。在这里，大众传媒的新闻报道起着尤其重要的作用。

2.解释与规定功能

大众传播并不是单纯的“告知”活动，它所传达的信息中通常伴随着对事件的解释，并提示人们应该采取什么样的行为反应。新闻信息的选择、解释和评价将人们的视线集中于某些特定的事件，社论或评论也都是有明确意图的说服或动员活动。“解释与规定”的目的是向特定方向引导和协调社会成员的行为，其含义与拉斯韦尔的“社会协调”是一致的。

3.社会化功能

大众传播在传播知识、价值以及行为规范方面具有重要的作用。现代人的社会化过程既是在家庭、学校等群体中进行的，也是在特定的大众传播环境中进行的。这个功能与拉斯韦尔的“社会遗产传承”功能是相对应的，也有一些学者将之称为大众传播的教育功能。例如，中央广播电视总台、国家语言文字工作委员会于2013年推出的《中国汉字听写大会》不但原创性和文化性强，收视率很高，而且使大众传播的“社会遗产传承”功能得以大大彰显。该大会的成功开启，一方面检验了我国民众整体的汉字书写水准，另一方面充分展示了汉字书写的真谛和魅力。其不但通过汉字文化凝聚了全国各地的人们“振兴中华文化、传承华夏文明”的信念，而且传递了汉字书写美德的观念。

---

1 威尔伯·施拉姆，威廉·波特．传播学概论（第二版）[M].何道宽，译．北京：中国人民大学出版社，2010：32.

4. 提供娱乐功能

大众传播中的内容并不都是务实的，其中相当一部分是为了满足人们精神生活的需要，例如文学的、艺术的、消遣性、游戏性的内容等。大众传播的一项重要功能是提供娱乐，尤其在电视媒体中，娱乐性内容占其传播的信息总量的一半以上。

关于上述“四功能说”，前人有各种比喻，如将其比为“社会雷达”“瞭望哨”“论坛”“教师”等。实际上，其道理并不难理解，只要我们以大众传播的“新闻、劝服（宣传）、教育、娱乐”四项内容与四项功能相对照，就可以看出其内容与功能是相互呼应的：（1）环境监视——用“新闻”不断地向整个社会及时报告环境的变动；（2）解释与规定——以“劝服（宣传）”的言论聚合社会各种团体和各个成员，使之对环境采取一致的、有效的行动；（3）社会遗产传承——通过“教育”来传授知识，使行为规范和社会精神遗产代代相传；（4）提供娱乐——借助文艺“娱乐”性的信息使整个社会获得休息，使受众获得愉悦，从而保持身心的活力。

综上所述，从宏观角度看，传播的基本功能即“传受信息”，目的是使人类得以生存和发展。从微观角度理解，传播的具体功能（目的）采用“二功能说”，可以分为“实用性”和“消遣性”两大类；采用“四功能说”，则可细化为“应对环境”“协调关系”“社会教育”和“调节身心”四类。另外，不同的传播层次（个人、组织、社会）又有其不尽相同的具体功能（目的）：（1）在个人层次，可以分为了解、学习、调节；（2）在组织层次，可以分为决策、协调、调节；（3）在社会层次，可分为监测（新闻）、协调（劝服）、传承（教育）、调节（娱乐）。显然，层次越高，功能划分越细，但是万变不离其宗，无论划分出多少层次、多少具体的功能，其都源自宏观的“基本功能”，皆以基本功能为核心紧密地联系在一起（表 2-1）。

表 2-1　传播功能的范畴、层次和类型[1]

层次		范畴			
		目的		手段	内容
宏观（基本功能）		生存和发展		传受各种信息	信息
微观（具体功能）	个人	实用性	环境监视（应对环境）	传受新闻性信息	新闻
	组织		解释与规定（协调关系）	传受劝服性信息	言论
		消遣性	社会遗产传承（社会教育）	传受教育性信息	知识
	社会		提供娱乐（调节身心）	传受娱乐性信息	文艺

（五）施拉姆的“大众传播社会功能说”

关于大众传播社会功能的问题，施拉姆曾在 1982 年出版的《男人、女人、讯息和媒介》（另有译名为《传播学概论》）一书中，从政治功能、经济功能和一般社会功能三个方面进行了总结（表 2-2）。

1　全国高等教育自学考试指导委员会，张国良．传播学概论 [M]. 北京：外语教学与研究出版社，2013：50.

表 2-2 大众传播的社会功能[1]

政治功能	经济功能	一般社会功能
监视（收集情报）	关于资源以及买和卖的机会的信息	关于社会规范、作用等的信息；接受或拒绝它们
协调（解释情报；制定、传播和执行政策）	解释这种信息；制定经济政策；活跃和管理市场	协调公众的了解和意愿；行使社会控制
社会遗产、法律和风俗的传递	开创经济行为	向社会的新成员传递社会规范和作用的规定
		娱乐（消遣活动，摆脱工作和现实问题，附带学习和社会化）

从表 2-2 可以看出，施拉姆把环境监视、社会联系协调和遗产传承归入了政治功能的范畴，而把社会控制、规范传递、娱乐行为等归入了一般社会功能的范畴。对此，有学者认为这种划分并没有明确的标准，也不见得十分准确，但是，施拉姆首次提出传播的“经济功能”则是一大创建。

具体地讲，施拉姆“社会功能说”分类法的重要贡献是指出了大众传播通过对经济信息（关于资源以及买和卖的机会的信息）的收集、提供和解释，能够为制定经济政策、活跃和管理市场服务，并可以对开创经济行为产生有益的作用。施拉姆认为：“采用机械的媒介，尤其是电子媒介所成就的一件事，就是在世界上参与建立了史无前例的宏大的知识产业。”[2] 这就是说大众传播的经济功能并不仅限于为其他产业提供信息服务，而其本身就是知识产业的重要组成部分，在整个社会经济中占有重要的地位。值得注意的是，施拉姆的这个观点已经为当代信息社会、知识经济和文化产业的发展所证实。

三、传播功能的辩证分析

传播的功能具有相对性，还存在双向性；有时是正功能，有时则会是负功能。因此，我们应该将传播的功能作为一个整体，从其内在矛盾的运动、变化及其与社会各个方面的相互联系中进行考察，以便从本质上系统而完整地认识它。

（一）传播功能的相对性和双向性

1. 传播功能的相对性

表 2-1 中内容与具体功能（目的）的对应关系不是绝对的，而是相对的。“新闻”主要对应的是“环境监视”功能，但是它有时也可对应协调劝服功能。比如，2018 年 8 月，新闻报道了“高铁霸座”事件，既有应对环境的功能，又有对大众进行劝服、试图教化大众、提高公共道德的功能（图 2-12）。

1　郭庆光．传播学教程 [M]. 2 版．北京：中国人民大学出版社，2011：102.
2　威尔伯·施拉姆，威廉·波特．传播学概论（第二版）[M]. 何道宽，译．北京：中国人民大学出版社，2010：155.

图 2-12　铲除霸座病症　应多下“猛药”

同理，“言论”也可以有环境监视的功能，“知识”也可以有提供娱乐的功能，“文艺”还可以有社会教育的功能。由此可知，内容与功能既有联系，又有区别。通常，某个传播信息的内容在发挥一种主要功能的同时，也可能附带发挥几种次要功能。

这就启示我们：在传播实践中，应全面看待、灵活处理信息内容（也可包括形式上的体裁、风格等）和传播功能的关系。因此，即使是具有实用性功能的传播活动，也可以活泼一些；即使是具有消遣性功能的传播活动，也可以深刻一些。例如，央视 2021 年初播出的重大革命历史题材电视剧《觉醒年代》（图 2-13），通过艺术地再现 100 年前中国的先进分子和一群热血青年演绎出的一段追求真理、燃烧理想的澎湃岁月，就实现了“寓教于乐”的功能。该电视剧不但还原了真实的历史，呈现了极致的美学，以其调节身心的消遣功能得到观众不俗的口碑，而且还具有深厚的文化传承作用，并深刻地揭示了马克思主义与中国工人运动相结合和中国共产党建立的历史必然性。

图 2-13　《觉醒年代》剧照

实际上，古代先哲如罗马帝国时代的著名诗人、批评家贺拉斯早就明确提出过“寓教于乐”的道理。他说：“庄严的长老奚落毫无教益的著作，傲慢的骑士轻视索然无味的说教；寓教于乐的诗人才博得人人称可，既予读者以快感，又使他获益良多。这样的作品可以使书商腰囊饱和，使作者名扬海外，流芳后世而不湮没。”[1] 这一见解不但对文艺理论适用，对信息传播活动也是适用的。

2. 传播功能的双向性

由于绝大多数传播是双向的、交互的，其显现的功能和所起的作用当然也就是双向的、交互的。因此，分析任何传播行为，除了要关注传播者以外，还不能忽略受传者这个要素。关于“双向性”，有以下两点值得注意。

（1）因为传播具有双向性，所以传播功能的强弱和作用的大小，往往与受传者的身份、个性、群体、处境和心情等大有关系。例如，面对2022年冬奥会的获奖新闻，普通受众与运动员、教练员的感觉是不一样的。再如，具有社会属性的人，其所作所为、所思所想皆会受到“群体”的影响，因此，群体归属关系和群体规范内容对大众传播的功能与作用具有重要的制约作用，它不仅影响着受众对媒体和内容的“选择性接触”，而且会影响他们对观点的接受。

（2）受传者往往具有能动性和反馈作用，而且传播者与受传者的角色还是可以交替和互换的，因此只有准确了解受传者的特点、心理状况和需求等才能更好实现传播的功能。例如，我们在希望了解他人即对他人进行“监视”的同时，也有必要让他人了解自己即“被监视”。同理，我们既可“劝服”“教育”“娱乐”他人，也可被他人施以同样的传播行为。以人际传播活动为例，只了解对方，不“暴露”自己，难免失去对方信任；相反，只是滔滔不绝地介绍自己而不了解对方，则流于盲目和轻率。再以大众传播活动为例，不想方设法准确地把握受众的心理、需求和接受习惯等，媒介就难免陷入视听率低、满意度差的尴尬境地。

（二）传播的正功能和负功能

以辩证唯物主义观点看问题，一切事物都有其正反两个方面。考察传播的功能也不应例外，它必然具有正功能与负功能。20世纪50—60年代，功能分析作为许多大众媒体研究的基础原理被广泛采用。研究者试图确定特定的媒介或媒介内容是功能良好的还是功能不良的。研究结果表明，功能分析相当复杂。

> 对于作为整体的社会、对于特定的个人、对于社会中的各类子群体，或是对于文化来说，不同媒体内容既有可能是功能良好的，也有可能是功能不良的。因此，新闻引起社会对某个腐败政客的关注这件事，对于社会来说是功能良好的，对于政客来说则是功能不良的。如果这位政客是某个民族的成员，如爱尔兰人或是意大利人，那么还可能激起公众对这个民族的反对情绪，因此新闻对于该民族来说也是功能不良的。[2]

1 张秉真．西方文艺理论史[M]．北京：中国人民大学出版社，1994：73.

2 斯坦利·巴兰，丹尼斯·戴维斯．大众传播理论：基础、争鸣与未来（第三版）[M]．曹书乐，译．北京：清华大学出版社，2004：163.

由此，研究者得出了这样的结论：特定的媒介或媒介内容的存在只要从整体上对社会有良好功能，个人就不得不忍受它对自己的不良功能；同时，研究者还发现，不良功能与良好功能还存在相互抵消的现象，即如果媒介的影响是适度的，媒介的功能就不会过于不良。例如：

> 1961年施拉姆、莱尔和帕克发现，尽管通过观看某些有暴力内容的电视，一些儿童的攻击性被激起，但这也被大多数儿童很少或根本不受影响的事实所抵消。有些儿童甚至能通过这个学会怎样预测或应付有攻击性的同伴。[1]

因此，施拉姆、莱尔和帕克发现，只要将社会系统作为一个整体来考虑，暴力电视内容除了对于少数儿童（那些有着“坏”父母并被电视暴力操纵的“坏”儿童）功能不良外，对我们的社会不会造成太大恶果。

另外，正功能与负功能的关系，还可以是互相依存、互相对应的。比如，“新闻”可以正确反映世界，也可以歪曲世界；“宣传”可以稳定社会，也可以搅乱社会；“教育”可使人聪明，也可以使人愚蠢；“娱乐”可以调剂受传者，也可以毒害受传者。如此等等，不一而足。

根据上述例子和论述，我们不难看出大众传播作为现代社会具有普遍影响的社会信息系统，它既有积极的社会功能，也有消极的、负面的社会功能，而且，正功能与负功能往往是交错复杂、融于一体的，甚至有时还会发生相互抵消、相互对应和相互依存的现象。为了使大家更为清楚和深刻地了解传播的正负功能，下面我们以P. 拉扎斯菲尔德、R. 默顿、W. 李普曼和W. 托马斯几位学者的观点、见解或公理进行更进一步的阐述。

1. 大众传播的“正负三功能”

在较早涉及传播的正负功能这一重要研究课题的成果之中，P. 拉扎斯菲尔德和R. 默顿的观点颇有影响[2]。这二位学者在1948年发表的《大众传播、通俗口味和有组织的社会行动》一文中，特别强调了大众传播的以下三种功能[3]。这三种功能中，前两种是正功能，后一种是负功能。

（1）社会地位赋予功能。任何一种问题、意见、商品、团体乃至人物或社会活动，只要得到大众传媒的广泛报道，都会成为社会瞩目的焦点，获得很高的知名度和社会地位。拉扎斯菲尔德和默顿认为，这种地位赋予功能会给大众传媒支持的事物、人物带来一种正统化的效果。

社会地位赋予功能是大众传播的一种正功能。例如，2019年9月29日上午10时，中华人民共和国国家勋章和国家荣誉称号颁授仪式在人民大会堂隆重举行。经中央电视

1　斯坦利·巴兰，丹尼斯·戴维斯．大众传播理论：基础、争鸣与未来（第三版）[M]. 曹书乐，译．北京：清华大学出版社，2004：164.

2　张国良．传播学原理[M]. 2版．上海：复旦大学大学出版社，2009：55.

3　郭庆光．传播学教程[M]. 2版．北京：中国人民大学出版社，2011：103.

台、《人民日报》、《光明日报》等大众媒体报道，授予于敏、申纪兰、孙家栋、李延年、张富清、袁隆平、黄旭华、屠呦呦八人“共和国勋章”的消息传遍神州大地，八位受勋者名扬天下，得到了广大受众的敬仰和爱戴。

（2）社会规范强制功能。大众传媒通过将偏离社会规范和公共道德的行为公之于世，能够唤起普遍的社会谴责，将违反者置于强大的社会压力之下，从而起到强制其遵守社会规范的作用。对此，拉扎斯菲尔德和默顿指出，大众传播的这项功能主要来自它的公开性。他们认为，在通常情况下，即使人们对违反规范的行为有所知晓，也不会发生有组织的社会制裁行动。当大众传媒将问题公开化以后情形则不同，一般公众就会感受到维护社会规范的“制度性压力”，积极加入舆论制裁的行动中去。

社会规范强制功能是大众传播打击歪风邪气、树立公序良俗的另一种正功能。例如，公众场合吸烟、车内随处吐痰（图 2-14）、用污言秽语辱骂别人等陋习，都是偏离社会规范和公共道德的行为，对加强我国精神文明建设有较大的负面影响，也对人民群众的身心有一定的伤害。对于实施这些不良行为的公民，要进行有组织的社会制裁行动、采取强制法律措施会有一定的难度，然而通过媒体将其曝光，这种违背社会规范、坚持不改的“越轨”行为则有望得到有效的制止。

图 2-14　车内随处吐痰

（3）作为负面功能的“麻醉作用”。拉扎斯菲尔德和默顿指出，现代大众传播具有明显的负面功能——“麻醉作用”。大众媒体将现代人淹没在表层信息和通俗娱乐的滔滔洪水中，人们每天在接触媒介上花费大量时间和精力，降低了积极参与社会实践的热情：他们在读、在听、在看、在思考，并把这些活动当作行动的代替物，甚至还沾沾自喜地以为自己在参与社会实践过程。他们虽然有知识、有兴趣，也有关于今后的各种打算，但是，当他们吃完晚饭、听完广播、读完晚报以后，也就到了睡觉的时间了。因此，拉扎斯菲尔德和默顿认为：过度沉溺于媒介提供的表层信息和通俗娱乐中，就会不知不觉地失去社会行动力，越来越疏于实践，而满足于“被动的知识积累”。

通过上述大众传播“正负三功能”的介绍，我们可以看到拉扎斯菲尔德和默顿的功能视角与拉斯韦尔、赖特以及施拉姆等人是不同的。如果说，拉斯韦尔的“三功能说”、赖特的“四功能说”和施拉姆的“大众传播社会功能说”的功能观强调的是传播对人类社会的重要性和必要性，那么，拉扎斯菲尔德和默顿则是更加重视现实的大众传播活动可能产生的影响、效果或客观结果。因此，在研究当代大众传播活动之际，显然后者的观点更具有批判性和现实意义。

2. 现当代的媒介依存症

把拉扎斯菲尔德和默顿提出的“麻醉作用”的理论推而广之，用以考察现当代的媒介依存现象，就更具有批判性和现实意义。每一种新的媒介工具和技术的出现和普及，都会伴随着与这种媒介相关的异常社会现象的出现。随着电视时代、网络时代的相继到来，现当代媒介依存症这一异常的社会现象屡见不鲜，其负面功能不可小觑。

具体来讲，媒介依存症有如下几个特点：过度沉迷于媒介接触而不能自拔，价值和行为的选择皆必须从媒介中去寻找依据，满足于与媒介中的虚拟社会互动而回避现实社会中的互动与交往，性格孤僻而自闭。在对现当代媒介依存症的认识和批判的基础上，一些学者先后发现、分析和批判了“电视人”“容器人”“网虫”和“网瘾症”等异常社会现象。

（1）“电视人”和“容器人”。早在1973年，日本学者林雄二郎就在《信息化社会：硬件社会向软件社会的转变》一书中，将印刷媒介和电视媒介环境中完成社会化过程的两代人加以比较，明确提出了“电视人”的概念。所谓“电视人”，主要指的是伴随着电视的普及而产生和成长起来的，且随时拿着遥控器蜷在沙发上跟着电视节目转的“感觉人”。在美国的俚语中，“电视人”被称为couch potato（沙发土豆）（图2-15）。

图2-17　couch potato（沙发土豆）

“沙发土豆”这一类电视兴盛时期出现的“电视人”，在电视画面和音响的感官刺激环境中长大，其随时的交往对象都只是一台电视机，成天被动地接受信息而不需要去主动与人交流，甚至其个体可以脱离其他个体而存在。这些年轻人内心注重的是通过电视对外界产生的感受，这种感受表现在行为方式上便是“跟着感觉走”。在这一点上，与在印刷媒介环境中成长起来的他们的父辈那种重理性、重逻辑思维的特点形成鲜明的对比。同时，由于收看电视往往是在背靠沙发、面向荧屏的室内有限空间中进行的，所以这种封闭、缺乏社会互动的环境使得他们当中的大多数人养成了孤独内向、以自我为中心的性格，而且他们的社会责任感比起其父辈也较弱。

与“电视人”概念紧密相连的是“容器人”。1980年，另一位日本学者中野牧在《现代人的信息行为》一书中用“容器人”来概述现代人的行为特点。他认为在大众传播特别是以电视为主的媒介环境中成长起来的现代日本人的内心世界犹如封闭的“罐状”容器，这个容器是孤立的。“容器人”为了打破这种孤独的状态也希望与别人接触，但是这种接触只是对容器外壁的碰撞，并不能深入对方的内心。因为他们相互之间其实都并不希望对方深入自己的内心世界，所以保持一定的距离成了人际交往的最佳选择。“容器人”注重自我意志的自由，对任何外部强制和权威都不采取认同的态度，却很容易接受大众传播媒介的影响。随着电视的普及，青少年观看电视节目的时间越来越长，本来应通过人际交往来完成社会化的过程被看电视所取代，本应该培养出来的责任感与集体意识被自闭、自我中心代替。于是，“容器人”的行为也像不断切换镜头的电视画面一样，力图摆脱日常烦琐的束缚，追求心理空间的移位、物理空间的跳跃。现代社会中忽起忽落、变幻不定的各种流行和大众现象就成了“容器人”心理和行为特征的具体写照[1]。

（2）“网虫”和“网瘾症”。就媒体“负面功能”而言，更加值得我们给予关注和讨论的还有新兴的大众媒体——互联网。互联网以其传播速度的实时性、信息内容的海量性、信息形态的多媒体性、信息检索的便利性、传播过程的交互性和传播范围的全球性等特点和优势，已经雄踞各种大众媒体前列。它的强大功能和无与伦比的优势使得其用户遍布全球、数量众多[2]，而且用户对其的依赖性和沉溺度更是与日俱增，因此，互联网的“麻醉作用”比起电视有过之而无不及。号称“20世纪最伟大发明之一”的电视，仅使人类社会出现了自我满足的“电视人”和“容器人”；20世纪末出现并在21世纪风行的互联网、移动互联网和手机媒体，则使人类社会出现了迷恋网络而不能自拔的“网虫”和“网瘾症”等更为异常和更加有害的现象。当代“网虫”和“网瘾症”现象对社会、家庭以及个人的冲击和影响巨大，因此迅速成为社会和学界关注的焦点。

“网虫”（nethead）为网络流行词，顾名思义就是“网络寄生虫”，专指那些经常上网、天天泡吧、与家人和朋友交流越来越少的人。如果说“网虫”的称呼还只是早期人

1 参见：沙莲香．传播学：以人为主体的图像世界之谜[M]．北京：中国人民大学出版社，1990：10-12.

2 网络用户数量众多：仅就中国而言，截至2023年12月，网民规模已达10.92亿人，较2022年12月增长2480万人；互联网普及率达77.5%，较2022年12月提升1.9个百分点。参见：中国互联网络信息中心第53次中国互联网络发展状况统计报告[R/OL].(2024-03-29)[2024-07-23]. https://www.199it.com/archives/1682273.html.

们对网络迷恋者的一种调侃的话，那么到了 21 世纪初，“网瘾症”（Internet addiction）则发展成了我们不得不严肃面对的媒介病理现象。所谓网瘾症，也叫上网成瘾综合征（图 2-16），是指上网者由于长时间地和习惯性地沉浸在网络时空中，对互联网产生强烈的依赖，以至于达到了痴迷的程度而难以自我解脱的行为状态和心理状态。西安的马宁、王辉两位老师在其论文中指出网瘾症典型的症状是：“上网时容光焕发、精力充沛，在网上能连续待上十几个小时不休息；下网后精神疲惫、情绪低落、思维迟钝、眼光呆滞、表情木讷、无愉快感或兴趣丧失；生物钟紊乱，食欲下降，体重减轻，精力不足，精神运动性迟缓，自我评价降低和能力下降，对现实生活失去兴趣；有的学生甚至不惜荒废学业，放弃求学机会。有自杀意念和行为，社会活动减少，大量吸烟和饮酒，滥用药物。”[1] 更让人担忧的是，青少年甚至是成人的网瘾症患者在上网欲得不到满足的时候，往往会因为精神空虚、脾气暴躁而出现暴力倾向。

图 2-16　网瘾症

网瘾症的产生有个人的、家庭的和社会的因素，但是无疑和网络媒介的接触环境和接触条件有很大关系，下面把电视和网络两种媒体的形式和内容进行比较和考察，我们就可得出这样的结论。首先，从形式上看。上网和看电视表面上看都是在缺少现实社会互动的狭小空间内进行的，但两者还是有明显的区别。电视可以说是一种家庭媒介，收视行为往往会受到家庭成员的相互影响和制约，而电脑、平板和手机等上网工具本质上属于个人媒介，其使用具有较强的私密性或封闭性，于是上网就成为一种更无社会约束机制的行为。其次，从内容上看。电视属于受到公共性和公益性制约的大众媒体，在其传播过程中存在着一些把关人，只有符合群体规范或把关人价值标准的信息才能进入传播渠道。当代电视节目的某些内容虽然也面对着“煽情、低俗”的批评，但依然是有社会道德规范的底线的。网络传播则不同，网络连接着社会的各个角落、各种人群甚至不法地带，而且，它是一种“去中心化”的新型互动媒介。在网络传播中并不存在着一个固定的传播者的概念，传播者和受传者的区别在减小或者两者在互换。进一步说，网络

1　马宁，王辉．大学生网络成瘾症形成的心理机制及预防和干预 [J]．高等理科教育，2003(S2)：234.

传播使昔日的把关人失去了信息传播中的特权，把关人这一传统角色在逐渐被弱化。因此，网络信息的极端多样性和极端刺激性是迄今为止包括广播、电视及电影等的任何一种媒介都不能与之相比的。

我国学者王冲在《网瘾症的基本问题探索》一文中指出："计算机网络也是一把双刃剑，它在产生巨大社会效益的同时，也给现代人带来了诸多的负面影响，其中网瘾症就是最为明显的一类新生心理疾病。"他认为网瘾是由于过度使用互联网而导致明显的社会和心理损害的一种现象，并归纳了网瘾症的五种类型：①色情成瘾；②网络交际成瘾；③信息超载成瘾；④网络游戏成瘾；⑤网络视听成瘾。同时，他还指出："这些网络成瘾者与赌博成瘾者非常相似，均为无成瘾物质作用下的行为冲动失控，导致上网者学业失败、工作表现变差、婚姻不和谐甚至离异、网络欺诈、诱发犯罪等弊害。"[1]

3.拟态环境与现实环境的理论

"拟态环境"（也叫"虚拟环境"）最早是由美国著名的专栏作家、政论家李普曼在其著作《公众舆论》一书中提出的概念。根据李普曼的理论，大众传播并不是对客观世界作"镜子式"的反映，而是根据自身意图和传播目的经过过滤、筛选和修剪之后呈现在公众面前的新闻事实。这样的新闻事实，经过受众意识和体验之后，就能产生出一种间接反映客观世界的"拟态环境"。比如，法国学者帕·尚帕涅在《生产舆论：新的政治游戏》一书中说："游行的成功与否并不在于参加人数多少，而是记者是否感兴趣。我们可以稍稍夸张地说，50 位机灵的游行者在电视上成功地露面 5 分钟，其政治效果不亚于一场 50 万人的大游行。"[2]

与"拟态环境"相对应的则是"现实环境"。现实环境是独立于人的意识和体验，没有被大众传播过滤、筛选和修剪过的客观世界。客观世界是不依赖于人的活动而独立存在的，能被人自身直接体验的、物质的、可以感知的世界。比如原始社会，男人们在森林里狩猎，他们需要直接与动物搏斗并擒获野兽。对他们而言，狩猎的场面和情景就是客观世界，就是"现实环境"。

李普曼在其著作《公众舆论》[3]中指出人类生活在两个环境里：一是现实环境，一是虚拟环境（拟态环境），这无疑是符合人类社会实际状况的，但仅此而言还谈不上是多大的创新和贡献。李普曼之所以能成为传播学史上颇具影响的学者之一，有一个重要原因就是他创造性地提出了一个著名观点：大众媒体的报道活动是一种营造或构筑"虚拟环境"的活动，活动产生的"虚拟环境"促使人们的内心形成主观现实的图像（脑海图景），并由此影响人们的行为。关于这一创造性观点，李普曼在其《公众舆论》一书中是这样阐述的："毫无疑问，在社会生活的层面上，人对环境的调适是通过'虚构'这

1 参见：王冲．网瘾症的基本问题探析[J].教育科学，2004(2)：61-64.

2 皮埃尔·布尔迪厄，汉斯·哈克．自由交流[M].桂裕芳，译．北京：生活·读书·新知三联书店，1996：22.

3 李普曼的《公众舆论》（*Public Opinion*）又译为《舆论学》，出版于 1922 年，是传播学领域的奠基作之一。在此书中，李普曼提出了如今被称为"议程设置"的早期思想，还提出了"虚拟环境""刻板印象""脑海图景"等概念。

一媒介进行的。”“人们酷爱推测，这一事实便足以证明，他们的虚拟环境世界在他们内心形成的图像，是他们思想、感情和行为的决定因素。”[1] 对李普曼观点进行通俗的解释，即人们往往是根据“内心形成的图像”产生思想、感情并采取行动，而不是根据客观现实来采取行动。这里所谓的“内心形成的图像”是人们在媒介所制造的“拟态环境”基础上，对媒介信息进行认知、选择和加工而形成的脑海图景（主观现实）。

根据李普曼的“虚拟环境”理论，大众媒体能够通过营造或构筑“虚拟环境”使人们接触到超越视野的媒介事件、媒介人物，从而获得内心形成的脑海图景（主观现实）。那么，我们就不难理解大众媒介传播在这一过程所产生的正功能和负功能了。

首先，我们讨论大众媒介传播的正功能。在过去传媒不发达的时期，人们的信息获取主要是依靠自己的直接经验，但是由于活动范围和行为方式受到了时间和空间的制约，因此人们获取的知识和信息极为有限。比如，地理大发现之前的 7 世纪到 14 世纪，人类没有驾驶船只航行至世界各地的经历，也没有大众媒体的信息传播，因此，对世界的认识极其有限。那时，欧洲最流行的是一种叫作 T–O 的世界地图（图 2-17）。该地图仅把世界分为亚洲（Asia）、欧洲（Europe）、非洲（Africa）三块，并根据《圣经》故事认为大洪水之后，诺亚的三个儿子闪、含、雅弗分别统治着亚洲、欧洲、非洲。

图 2–17 现存于大英图书馆的 12 世纪 T–O 地图[2]

随着人类远洋、太空探索活动的开展，特别是近现代大众传播的普及和信息传播技术的飞速发展，人们的交往半径和对世界的认知范围呈几何数增长，人类认识世界的能力得以前所未有地加强。不仅是航海家对七大洲五大洋了如指掌，航天员亲自登上了月球、进入了空间站，而且一般的民众也能足不出户就根据大众媒体构筑的巨大的“拟态

1 沃尔特·李普曼．公众舆论［M］．阎克文，江红，译．上海：上海人民出版社，2006：19.

2 T–O 地图：这是一种上东下西、左北右南的地图。代表伊甸园的东方位于地图最上面，中间的 T 字将亚洲、欧洲和非洲分开，俄罗斯南部流入亚述海的顿河，被认为是欧洲与亚洲的东部边界。尼罗河将非洲与亚洲分离，T 字的一竖则代表地中海。最中心是圣城耶路撒冷，外面的 O 字代表海洋。

环境”对远在天涯海角的诸如南极冰原、太平洋的马里亚纳海沟、月球的撞击坑和空间站的失重等情景有所“印象”，产生出“脑海图景”。

其次，我们再来讨论大众媒介传播的负功能。大众媒介传播能让现代人的认识能力通过“拟态环境”得以大大扩张，扩张到世界各地甚至地球以外的星球和太空，这诚然显现了其正功能。但是，“拟态环境”也是一柄“双刃剑”。大众传媒营造出来的“媒介环境”其实并非对于客观环境的“镜子式”再现，而是大众传媒经过过滤、筛选、修剪之后所呈现给我们的“拟态环境”。因为大众传媒在信息生产过程中是有目的和意图的，在信息生产和传播过程中存在着许多局限性和主观性，所以大众传媒所塑造的“拟态环境”和“现实环境”有时会发生很大的偏差。进一步说，由于大众传媒与受众长期处于信息不对称的地位，因此现代人对这种“拟态环境”的验证能力随着大众传媒的普及和传播技术的发展反而越来越减弱了。这样一来，便主要产生了两个负面功能的问题：（1）当媒体有意无意地歪曲环境时，人们往往无法验证；（2）人们越来越依赖于大众传媒去认识世界，还会将大众传媒塑造的“拟态环境”视为“现实环境”而展开现实的行动。

以上两个负面功能产生的结果就是，当代的绝大多数人只能通过各种新闻媒体去了解身外世界（现实世界），人的行为已不再是对客观环境及其变化作出的反应，而是对新闻媒体提示的某种“拟态环境”作出的反应。正如李普曼所说，这种“拟态环境”使人们产生的内心图像，能够诱使人们在与外部世界发生关系时频频误入歧途[1]。更深入地说，人们根据“拟态环境”而作出对现实世界的反应，难免就会制造出一幕幕悲剧。比如，第二次世界大战期间，德、意、日等法西斯国家的媒介清一色地宣传其侵略战争的“正义性”和“必要性”，让无数民众命丧异国他乡。当然，我们还要认识到战争、动乱或其他破坏性社会事件的发生和发展都与政治、经济、意识形态等多种因素有关，大众传播因素只是其中之一，但无论如何，我们也不能轻视它的负面功能。

4.“托马斯公理”和“自我实现的预言”

为了进一步领悟传播正功能和负功能共生共栖的道理，特别是其负功能所造成的恶性循环后果的严重性，下面我们再探讨一下“托马斯公理”和“自我实现的预言”理论。

“托马斯公理”（也叫托马斯定理）是一种社会学理论，由美国社会学家威廉·托马斯夫妇于1928年在其著作《美国的儿童》中提出，原文是“If men define situations as real, they are real in their consequences.”[2]。这句话翻译成中文就是“如果人将某种状况作为现实把握，那状况作为结果就是现实”。

1 沃尔特·李普曼．公众舆论[M].阎克文，江红，译．上海：上海人民出版社，2006：21.

2 W. I. Thomas, D. S. Thomas. The Child in America: Behavior Problems and Programs[M]. New York: Knopf, 1928: 571-572.

“自我实现的预言”（也叫自我达成的预言）由同样是美国社会学家的罗伯特·默顿基于“托马斯公理”于1957年提出，其原文是“the self-fulfilling prophecy”。该理论说的是，自我实现的预言是一个“错误的”情境定义，它引起了一种新的行为，而这种新行为能使原来错误的概念变成“对的”[1]。

对于上述托马斯和默顿的理论，我们可以在现实的情境活动中加以印证。1968年，美国心理学家罗森塔尔和雅各布森在加利福尼亚的一所小学，对1～6年级的学生进行了一次智力测验，然后，随机在各班抽取20%的学生，向他们的教师报告说这些学生是“可造就者”。于是，这些被贴上“可造就者”标签的学生便被人为地构成了“实验组”，其他学生则被人为地构成了“控制组”。8个月后，他们又对全体学生进行了第二次测验，结果证明实验组的平均得分明显优于控制组，特别是在1～2年级的学生中，实验组与控制组的平均分比值分别为27.4 ：12.0和16.5 ：7.0[2]。从这个实验中，我们明显地看到“实验组”学生身上产生了正功能的“皮格马利翁效应”（图2-18）。这就是说，赞美、信任和期待具有一种能量，它能改变人的行为，当一个人获得另一个人或一群人的信任、赞美时，他便感觉获得了社会支持，从而增强了自我价值，变得自信、自尊，获得一种积极向上的动力，并在行动中尽力达到对方的期待。

图2-18　皮格马利翁效应[3]

另外，这里再举一个大家熟知的故事，来谈谈负功能的“俄狄浦斯效应”[4]。该故事说：某医院把两个病人的化验单弄错了，后来患癌的一个没有死（因为化验单说他没有

1　莫里斯·罗森堡，拉尔夫·H.特纳.社会学观点的社会心理学手册[M].孙非，译.天津：南开大学出版社，1992：191.

2　E. P.霍兰德.社会心理学原理和方法（第四版）[M].冯文侣，译.广州：广东高等教育出版社，1988：26-27.

3　皮格马利翁效应：心理学术语，是指热切的期望与赞美能够产生奇迹，期望者通过一种强烈的心理暗示使被期望者的行为达到他的预期要求。该术语源于希腊神话《皮格马利翁》，说的是塞浦路斯一位擅长雕刻的国王皮格马利翁，用象牙雕刻了一尊美丽的少女像，并期望它是一个活生生的人。久而久之，国王竟对这尊雕像产生了爱情，终于这份爱意打动了爱神，爱神让雕像活了过来。

4　俄狄浦斯效应：心理学术语，为英国哲学家卡尔·波普在其著作《历史决定论的贫困》中提出。其核心论点是“预测本身可以影响被预测事件”，从而真正地在现实中产生预测的现象，即预言本身是假的，但它被说出来、被相信，以至于最后预言成真，从而引发《俄狄浦斯王》那样的杀父娶母的悲剧。

患癌症），而没有患癌的一个倒早早地死了（因为化验单说他患了癌症）。没有患癌的病人之所以离世了，主要原因应该是医院化验单给了他一个“错误的”情境定义，引起了他心理上的恐惧与绝望，相信癌症将让他不久于人世，于是他从情绪上和行为上都把自己当成了“癌症患者”，原本弄错了的医院化验单上“患癌症”的概念就变成了致人于死命的“对的”现实。这就是说，人们先入为主的判断，无论其正确与否，都将或多或少地影响到人们的心理和行为，以至于这个判断最后成了真正的现实。

将“托马斯公理”和“自我实现的预言”理论用来讨论大众媒介的正负功能，我们同样可以看到“皮格玛利翁效应”和“俄狄浦斯效应”。

在当代社会，因为“直接面对的现实环境实在是太庞大、太复杂、太短暂了，我们并没有做好准备去应对如此奥妙、如此多样，有着如此频繁变化的环境。虽然我们不得不在这个环境中活动，但又不得不在能够驾驭它之前使用比较简单的办法去对它进行重构”[1]。于是，生活在纷繁复杂世界中的现代人，基本上把确认自己所处环境的工作委托给了大众媒介，如果大众媒介把某种并非真实的状态有意无意地误作为“真实现实”传播给公众，那接收到这些媒介信息的公众通常就会在自己头脑中复制或摹写这种所谓的“真实现实”，而且把这种“拟态环境”视为了真实。我国社会学家沙莲香称这种大众传播媒介营造的环境为“拷贝世界”，突出了它的复制特征。她指出：“由大众传播形成的拷贝世界——信息环境，是现代社会中人们无法逃避的生活世界，它同感性世界并驾齐驱，成为决定人们生活情感、生活欲望、期望、认识和态度的两大环境世界。”[2]由于个人或群体直接接触的感性世界（影响人们感官的世界外部形象）是很有限的，因此，很多时候只能根据“拷贝世界”去接收、知觉和适应世界外部的形象。在这种状态下，拷贝世界对个人意见或舆论的形成和发展方向，具有更大的影响力，这就是“大众传播媒介的舆论导向”概念得以成立的基础。如前所述的“托马斯公理”和“自我实现的预言”理论，“大众传播媒介的舆论导向”当然就会产生或正或负的两种功能。

关于正功能，可以体现在大众媒介对现代偶像塑造方面发挥的积极作用上。陈力丹先生曾举例说明：“早先是电影，随着是电视的普及，一些理想化的人物形象被这类视觉媒介有意无意地创造了出来，并且相对固定化。例如英雄、美人、政治家……以及各种影视明星等。新的英雄和美人（指艺术形象）、政治家、明星等要赢得舆论，就需要媒介根据公众的既定描述性信念来‘包装’，因为公众习惯于有意无意地用影视媒介提供的理想化形象来衡量现实中的人物形象。”[3]针对那些赢得舆论的“英雄和美人、政治家、明星”而言，他们大多会在内心要求自己保持大众媒介“包装”出来的“理想化形象”，并且以此为标准付诸现实的行动，这就是一种正功能；对于受众而言，就产生了

1　沃尔特·李普曼．公众舆论[M].阎克文，江红，译．上海：上海人民出版社，2006：12.
2　沙莲香．社会心理学[M].北京：中国人民大学出版社，1987：59.
3　陈力丹．大众媒介营造的“拷贝世界”与舆论导向[J].广西大学学报（哲学社会科学版），1998(10)：60.

“皮格马利翁效应”。

关于负功能，我们在前文进行“拟态环境与现实环境”理论的介绍时，已经提到人们根据被肆意歪曲的“拟态环境”而作出对现实世界的反应，难免就会制造出让人痛心的悲剧。第二次世界大战时期，纳粹德国通过电影、广播、报纸等媒体，大力宣传雅利安人的种族优越性，同时贬低和污蔑犹太人、斯拉夫人等其他民族，煽动民众对这些群体的仇恨。同时，德国的宣传部门在约瑟夫·戈培尔的控制下，通过媒体不断宣传战争的必要性和必胜性，制造了全民的战争狂热情绪，使得德国受众盲目服从政府的战争决策，让大量的民众心甘情愿地充当了炮灰，命丧异国他乡，也造成了被侵略国家人民的极大伤亡和苦难。与纳粹德国相类似，日本法西斯政府也通过大众媒体宣传其对外扩张是建设“大东亚共荣圈”，美化其侵略行为。而且，媒体还大力提倡武士道精神，宣传极端的荣誉观和暴力文化的正当性，使得日本民众对战争的目的和后果严重缺乏正确认识，狂热于民族主义和对外扩张。总之，法西斯国家在第二次世界大战时期的媒介宣传，不仅为战争和暴行提供了借口，削弱了国际社会对战争行为的道德和法律约束，而且还在民众中造成了深远的负面影响。

第二次世界大战是人类历史上规模最大、破坏性最强的战争，数千万军人和平民死于这次战争。第二次世界大战发生的原因有很多，比如经济危机、极端民族主义、法西斯首脑的决策、军备竞赛和军事同盟、领土争端和民族问题等。当然，我们还应该看到，法西斯国家大众媒体不遗余力地激发强烈的种族优越性、进行战争宣传和在民众中培养敌对和好战的情绪也是其中重要的原因。

从以上传播的正功能和负功能各种理论与现象的介绍与分析中，我们可以看到，人际传播、组织传播、公众传播、大众传播等活动，都能对受众产生正面的或负面的影响。不过，其中大众传播的影响最值得我们关注。因为大众传播的规模是全社会的，所以在各种传播中它的影响无论是“善”还是“恶”都更为强大。这就提示我们：一方面，应该充分发挥大众传播的正功能；另一方面，又必须认真克服其负功能。下面，我们分别从受传者、传播者和研究者三个角度谈谈这个问题。

首先，就受传者角度而言，一是不可不加思考与判断地轻信大众媒介的信息，要认识到它是一种“拟态环境”；二是应尽可能多地接触各种媒介（包括人际传播、组织传播和公众传播等信息来源），在比较、鉴别、思考中接近事实的真相。其次，就传播者角度而言，尤其是专业化的大众媒介工作者，应清醒地意识到自己肩负着引导社会书写历史的重大责任，要慎之又慎地防止对环境作“歪曲”的反映。最后，就研究者角度而言，也就是说传播学学者应该进一步加强对大众传播正负功能、拟态环境、托马斯公理等重大课题的科学研究，并将其研究成果贡献于社会，切实地帮助大众媒介改进实际工作，帮助广大受众接受媒体正功能的引导、防范媒介信息负功能的影响。

思考与练习

一、单项选择题（在下列每小题列出的四个备选答案中，只有一个是符合题目要求的，请将其选出，并将选项前面的代码填写在题后的括号内。）

1. 个人之间面对面的信息交流被称为 （ ）

A. 人际传播 B. 自我传播 C. 群体传播 D. 网络传播

2. 按照传播学的观点，文艺作品中人物的内心独白属于 （ ）

A. 自我传播 B. 狭义的人际传播 C. 群体传播 D. 广义的人际传播

3. 以下关于“人际传播”的表述，正确的是 （ ）

A. 规模至少是两人以上 B. 必须是面对面的交流

C. 包括自我内部进行的传播 D. 在组织的渠道内发生

4. 介乎人际传播和组织传播之间的信息交流层次是 （ ）

A. 网络传播 B. 跨文化传播 C. 群体传播 D. 大众传播

5. 信息表达最不规范的传播类型是 （ ）

A. 群体传播 B. 人际传播 C. 组织传播 D. 大众传播

6. 发生周期不规则的传播类型是 （ ）

A. 群体传播 B. 大众传播 C. 组织传播 D. 人际传播

7. 下列传播类型中，属于所有传播活动基础的是 （ ）

A. 人际传播 B. 群体传播 C. 组织传播 D. 大众传播

8. 西方传播学界认为，大众传播开始的年份是在 （ ）

A. 1356 年 B. 1456 年 C. 1465 年 D. 1645 年

9. 大众传播中最重要、最受重视的信息是 （ ）

A. 新闻信息 B. 商业信息 C. 文化信息 D. 娱乐信息

10. 大众传播学赖以形成的基础学科是 （ ）

A. 新闻学 B. 传播学 C. 广告学 D. 公共关系学

11. 大众传播基本上是信息的 （ ）

A. 双向沟通 B. 多向传递 C. 单向流动 D. 循环往复

12. 大众传播大量的内容属于 （ ）

A. 消息性内容 B. 娱乐性内容 C. 新闻性内容 D. 知识性内容

13. 瑞士儿童心理学家皮亚杰将儿童的谈话分为两种功能，一个是“自我中心性”的功能，另一个则是 （ ）

A. 娱乐性功能 B. 工具性功能 C. 社交性功能 D. 宣传性功能

14. 按照拉扎斯菲尔德等的观点，由知名人士在电视上推荐产品，具有（ ）

A. 提供信息功能 B. 授予地位功能 C. 沟通交流功能 D. 麻醉精神功能

15. 首次提出传播具有娱乐功能的是美国社会学家（ ）

A. 丹尼尔 B. 赖特 C. 麦奎尔 D. 波特

16. 受众收听、收看轻松愉快的信息内容，主要的动机是（ ）

A. 满足信息需求 B. 追求娱乐与消遣 C. 获取知识 D. 交往的需要

17. 在各种社会传播类型中，信息表达最为规范的是（ ）

A. 自我传播 B. 人际传播 C. 组织传播 D. 大众传播

18. 有关自然灾害和战争威胁的报道，体现了大众传播社会功能中的（ ）

A. 社会动员 B. 社会规范 C. 环境监测 D. 社会协调

19. 大众传媒的授予地位功能，可使个人和集体的地位（ ）

A. 规范化 B. 合法化 C. 合理化 D. 标准化

20. 麦奎尔在分析大众传播的社会功能时增加了一种功能，即（ ）

A. 娱乐功能 B. 信息功能 C. 动员功能 D. 整合功能

21. 传播学和新闻学的研究对象（ ）

A. 区别很大 B. 完全相同 C. 各不相同 D. 有重合之处

22. 下列选项中，属于传播负功能的是（ ）

A. 授予地位 B. 麻醉精神 C. 促进社会规范的实行 D. 提供娱乐

23. 较早涉及传播负功能的研究的理论是（ ）

A. 二功能说 B. 三功能说 C. 四功能说 D. 五功能说

24. 首次提出传播具有娱乐功能的是美国社会学家（ ）

A. 丹尼尔 B. 赖特 C. 麦奎尔 D. 怀特

25. 英国心理学家斯蒂芬森关于传播功能的观点被称为（ ）

A. “工具说” B. “游戏说” C. “社交说” D. “麻醉说”

26. 最早明确界定传播学研究领域的传播模式是（ ）

A. 德弗勒模式 B. 丹斯模式 C. 拉斯韦尔模式 D. 申农−韦弗模式

27. 李普曼认为现代社会中虚拟环境的比重越来越大，其制造者是（ ）

A. 人际媒介 B. 组织媒介 C. 群体媒介 D. 大众媒介

28. 被美国学术团体理事会称为“政治学、心理学和社会学之间学科空隙填补人”的传播学学者是（ ）

A. 勒温 B. 霍夫兰 C. 李普曼 D. 拉斯韦尔

29. 明确提出传播的经济功能的学者是（ ）

A. 施拉姆 B. 勒庞 C. 拉斯韦尔 D. 赖特

30. 20 世纪 70 年代起多次到我国访问并带来了有关传播学信息的学者是 （ ）

A. 施拉姆 B. 卢因 C. 拉斯韦尔 D. 霍夫兰

31. 人际传播的概念有广义和狭义之分，狭义的人际传播仅指 （ ）

A. 自我传播 B. 亲身传播 C. 群体传播 D. 组织传播

32. 第一个明确提出“大众传播科学”这一概念的学者是 （ ）

A. 李普曼 B. 拉斯韦尔 C. 卢因 D. 施拉姆

33. 大众传媒舆论监督的威力来自 （ ）

A. 新闻本身 B. 新闻背后的民意

C. 新闻揭示的细节 D. 发表新闻的机构

34. 大众传播对经济的促进作用，首先表现在 （ ）

A. 监督市场秩序 B. 传递和解释经济信息

C. 刊登商业广告 D. 促进和发展媒介产业

35. 有学者认为，很多传播行为属于工具性行为，即使是自我传播也往往具有作为工具使用的目的。这位学者是 （ ）

A. 皮亚杰 B. 霍克海默 C. 托尔曼 D. 斯蒂芬森

36. 拉斯韦尔提出大众传播有三个功能，不包括 （ ）

A. 环境监测功能 B. 社会协调功能 C. 文化传递功能 D. 重申社会准则功能

37. 德福勒模式对申农–韦弗模式最重要的修正是加入并突出了 （ ）

A. 整合机能 B. 导向机能 C. 反馈机能 D. 创新机能

38. 施拉姆把拉斯韦尔提出的环境监测功能比喻为 （ ）

A. “反馈功能” B. “雷达功能” C. “整合功能” D. “议程设置功能”

39. 赖特在拉斯韦尔研究的基础上对传播的社会功能作了重要补充，认为传播具有 （ ）

A. 信息功能 B. 发展个性的功能 C. 社会整合功能 D. 娱乐功能

40. 下述功能之一是拉扎斯菲尔德和默顿提出的，这种功能是 （ ）

A. 娱乐功能 B. 授予地位功能 C. 动员功能 D. 议题设置功能

41. 斯蒂芬森对传播的个人功能提出了 （ ）

A. “个人说” B. “工具说” C. “影响说” D. “游戏说”

42. 在《传播在社会中的结构与功能》一文中，总结出传播的三种主要社会功能的学者是 （ ）

A. 拉斯韦尔 B. 赖特 C. 拉扎斯菲尔德 D. 麦奎尔

二、多项选择题（在下列每小题列出的五个备选答案中，有二至五个是正确的，请将其选出，并将选项前面的代码填写在题后的括号内。）

1. 拉扎斯菲尔德对传播学的主要贡献是（ ）

A.提出了大众传播科学的概念　B.创建了二级传播理论

C.亲身实践了实地调查法　D.对传播的技巧进行了总结

E.将他人的成果系统化

2. 奥斯古德和施拉姆认为，每个传播单位都具有若干功能，它们是（ ）

A.编码　B.译码　C.控制　D.发信　E.受信

3. 赖特把大众传播功能的社会功能概括为（ ）

A.环境监视　B.解释与规定　C.舆论监督

D.社会化　E.提供娱乐

4. 人际传播有广义和狭义之分，广义的人际传播包括（ ）

A.自我传播　B.亲身传播　C.群体传播

D.组织传播　E.大众传播

5. 大众传播的功能被拉扎斯菲尔德和默顿归纳为（ ）

A.维护秩序　B.授予地位　C.麻醉精神

D.转移社会风气　E.重申社会准则

6. 下列属于次级群体的有（ ）

A.邻居　B.儿童游戏群体　C.学校　D.单位　E.企业

7. 传播对社会的作用体现在（ ）

A.协调社会关系　B.监督社会环境　C.塑造社会形象

D.监督市场秩序　E.促进个人的社会化

8. 李普曼提出了若干理论，对传播学研究作出了重要贡献。这些理论涉及了以下传播学的一些概念（ ）

A.政治既有倾向　B.议程设置　C.意见领袖

D.虚拟环境　E.刻板印象

9. 把握李普曼“公众舆论”核心思想的重要概念是（ ）

A.信息传递　B.环境监测　C.拟态环境

D.舆论监督　E.我们头脑中的世界

10. 以下传播模式中属于线性模式的有（ ）

A.德弗勒模式　B.布雷多克模式　C.丹斯模式

D.申农–韦弗模式　E.奥斯古德–施拉姆模式

11. 布雷多克模式在拉斯韦尔模式的基础上补充了若干环节，它们是 ( )
    A. 说什么 B. 通过什么渠道 C. 在什么情况下
    D. 取得什么效果 E. 为了什么目的
12. 受众使用传媒、接收媒介信息的基本动机是 ( )
    A. 消遣娱乐 B. 满足信息需求 C. 满足心理需求
    D. 满足相互交往的需要 E. 获取知识，提高文化水平
13. 瑞士、英国和美国的心理学家对传播功能的研究作出了重要贡献，这些心理学家是 ( )
    A. 英尼斯 B. 斯蒂芬森 C. 皮亚杰 D. 霍克海默 E. 托尔曼

三、名词解释

1. 自我传播
2. 人际传播
3. 大众传播
4. 群体传播
5. 网络传播
6. 环境监测功能
7. 文化传递功能
8. 传播的工具性功能
9. 麻醉精神
10. 自我达成的预言
11. 《舆论学》

四、简答题

1. 什么是自我传播？它和人际传播有哪些不同？
2. 为什么说大众传播的反馈几乎总是延迟的？
3. 新闻学的研究路线和传播学的研究路线分别是什么？
4. 传播的功能可分为个人、组织和社会三个层次，其中社会层次的传播功能有哪些？
5. 按照奥斯古德–施拉姆模式的观点，传播活动的参与者都具有哪些身份和功能？
6. 奥斯古德–施拉姆模式中包含了哪些要素？该模式中左右两个大圆叫什么？
7. 麦奎尔认为传播功能包括哪些方面？
8. 简述拉扎斯菲尔德、默顿等提出的大众传播“三功能说”理论。
9. 简述拉斯韦尔对创建传播学的贡献。
10. 简述德福勒模式的主要特点。
11. 简述施拉姆对创立传播学所作的贡献。

五、论述题

1. 为什么说网络传播给人类社会带来了深刻影响？请举例说明。
2. 试分析网络传播对传统大众传播产生冲击的原因。
3. 怎样才能充分发挥大众传播的正功能，并克服其负功能？
4. 试述传播功能失调（功能障碍）的原因及其主要表现。
5. 大众传播对经济产生了哪些促进作用？
6. 为什么拉扎斯菲尔德等认为大众传播是“最有力的一种社会麻醉品”？
7. 与传统的大众传播相比，网络大众传播有哪些特点？
8. 什么是大众传播？与一般人际传播相比，它有哪些特点？为什么说互联网的出现使二者的界限变得模糊了？
9. 为什么说议程设置理论的思想渊源可以追溯到李普曼？
10. 什么是“虚拟环境”？为什么说人们对“虚拟环境”验证能力的大大缩小是一个值得忧虑的问题？请举例说明。

六、案例分析题

1. 阅读分析下面一则电影《西游记女儿国》的案例，然后回答案例后面的问题。

> 郑保瑞执导的《西游记女儿国》唐僧师徒途经忘川河，因激怒河神而误入西梁女界。女儿国本来立有祖训，将男人视为天敌，认为东土僧人到来之日，便是女儿国走向毁灭之时。但是，女王认识唐僧后，初识爱的滋味，甘愿放弃王权富贵，跟随唐僧远走高飞。
>
> 唐僧面对多情而靓丽的女王，其感情又是怎样的呢？电影主题曲《女儿国》唱出了唐僧的心声：“世上安得两全法？不负如来不负卿。反省凡心损梵行，从来如此莫聪明。既生苦难我西行，何生红颜你倾城？如何抹去你身影，如同忘却我姓名。”

【问题】

（1）这段文字表现了唐僧的自我传播过程，请对此作简要分析。

（2）美国社会心理学家米德认为在自我传播过程中既有“主我”又有“客我”，请对这一观点作简单介绍。

2. 阅读分析下面关于“中华人民共和国国家勋章和国家荣誉称号颁授仪式”的报道，然后回答报道后面的问题。

> 2019 年 9 月 29 日上午 10 时，中华人民共和国国家勋章和国家荣誉称号颁授仪式在人民大会堂隆重举行。经中央电视台、《人民日报》、《光明日报》等大众媒体

报道，授予于敏、申纪兰、孙家栋、李延年、张富清、袁隆平、黄旭华、屠呦呦8人“共和国勋章”的消息传遍神州大地，八位受勋者名扬天下，得到了广大受众的敬仰和爱戴。

【问题】

（1）如果从大众传播的功能来考察，在人民大会堂隆重举行颁授仪式具有什么功能？这一功能具有何种作用和效果？

（2）拉扎斯菲尔德和默顿在1948年发表文章强调了大众传播的三种功能，它们分别是什么？其中哪两个是正功能，哪一个是负功能？

参考答案

扫一扫 看视频

CHAPTER 3

第三章

传播学的起源、形成、发展与流派

传播学的学术思想源流包括欧洲源流和美国源流，邵培仁认为“传播学渊源于欧洲，诞生在美国，随之流向美洲、传到欧洲、进入亚洲，现在已经遍及整个世界”[1]。传播学于19世纪末开始发展，20世纪初到40年代形成于美国，是一门研究人类社会传播规律的学科。另外，受到社会制度、文化背景等诸多因素的影响，有关传播学的研究形成了不同的学术观点和流派。了解传播学的发展和流派对于系统研究传播学是非常必要的。

第一节 欧美传播学发展沿革

早期欧洲社会理论的发展为传播学的理论形成奠定了基础，而传播学的系统形成和最终成为一门学科则是在美国。

一、传播学的欧洲起源

在欧洲，有三位学者以及他们的理论对传播学的发展产生了重要影响，分别是达尔文的进化论、弗洛伊德的精神分析论以及马克思的马克思主义。

（一）达尔文和进化论

《物种起源》是西方文明的伟大著作之一。达尔文（1809—1882，图3-1）的进化论是19世纪科学的重要成果。在达尔文的著作中，对传播学学者影响很大的一本书是《人类和动物的表情》，它出版于1873年。这本书的问世直接产生了一个新的研究领域——非语言传播领域。达尔文在书中通过描绘婴儿和儿童、各种文化中的成年人、精神病患者，以及动物的情感表达来支持他的非语言传播的起源理论。

达尔文的进化论对于传播学的影响主要有以下几个方面。

（1）它在系统阐述辩证唯物主义方面直接影响了卡尔·马克思。

（2）由赫伯特·斯宾塞的社会达尔文主义所表达的“变异”将库利和帕克引向了社会学领域。帕克关于城市生态学的著作直接受到达尔文进化论的影响。

1 邵培仁．传播学 [M]. 北京：高等教育出版社，2000：46.

（3）达尔文的进化论有助于非语言传播研究的开展，它同时也是传播学的一个研究方向，引起人们的广泛兴趣。

（4）进化论的许多重要概念和机制现在都被研究群体生态学的学者们所使用，其中包括传播学学者。[1]

图 3-1　达尔文

（二）弗洛伊德和精神分析理论

弗洛伊德（1856—1939）是奥地利精神病学家（图 3-2），他创建了精神分析的职业，并创立了精神分析理论。他并不是一个社会科学家，但对社会科学产生了重要的影响。他的理论对心理学、社会学、政治学和人类学都产生了积极的影响，并通过批判学派、帕洛阿尔托学派、拉斯韦尔直接地影响了传播学领域[2]。

图 3-2　弗洛伊德

1　E. M. 罗杰斯 . 传播学史：一种传记式的方法 [M]. 殷晓蓉，译 . 上海：上海译文出版社，2008：54-55.
2　E. M. 罗杰斯 . 传播学史：一种传记式的方法 [M]. 殷晓蓉，译 . 上海：上海译文出版社，2008：56.

精神分析理论试图通过考察个体内在的东西，特别是探究个体的无意识来解释人的行为。弗洛伊德将人的心灵分为三个层次：（1）意识，一个个体可以不怎么困难地予以理解和向他人描述；（2）前意识，一个个体可以将之召唤到意识中；（3）潜意识，它在大部分情况下都不能进入一个个体的自觉意识，除非这个个体依靠精神分析家的帮助。[1]就好比一座冰山，露出水面的部分是意识；而水面下的大部分不被看到，但它的确存在，就是潜意识；介于海平面上下部分之间、随着波浪起伏而时隐时现的是前意识。

研究大众媒介的精神分析学家认为，媒介产品不仅传递信息，它也是生产者和接收者在潜意识层面的交流，体现了生产者头脑里的潜意识，同时又被接收者头脑里的潜意识所理解。

弗洛伊德的精神分析理论对传播学的影响主要体现在以下几个方面。

（1）精神分析理论假定对人类行为的解释存在于个体之中，特别是存在于无意识之中。而许多重要的传播学理论都在个体之中寻找推动行为变化的力量。例如F.海德的平衡理论、L.费斯廷格的认识不和谐理论以及佩蒂和卡西奥普的态度变化的详尽可能性模式。

（2）弗洛伊德影响了学习理论，而有些传播学理论，如霍夫兰的人格研究，正是从学习理论发展而来的。

（3）弗洛伊德对拉斯韦尔有关政治领袖的精神分析研究产生了影响。

（4）法兰克福学派将弗洛伊德精神分析理论和马克思主义结合起来，创造了批判的传播理论。[2]

（三）马克思主义和批判学派

按照马克思主义的观点，研究人类行为是为了改变这个世界。更准确地说，是为了发展出对人类奋斗以创造一个更美好世界有用的理论。马克思（1818—1883，图3-3）提出了一种宏观层面上的有关社会变革的理论，希望这种理论能引向一个更加平等的社会。马克思主义在社会层面上，而不仅是通过个体层面变化的聚集来解释社会变革。马克思主义者认为，大众媒体属于社会的上层建筑，大众媒体的内容由社会阶级关系所统治。媒体巩固社会的占统治地位的价值，并主要是反对革命和反对变革的。因此大众媒体经常受到马克思主义者的批判。

图3-3　马克思

以法兰克福学派和社会研究所著称的批判学派是

1　E. M. 罗杰斯. 传播学史：一种传记式的方法[M]. 殷晓蓉，译. 上海：上海译文出版社，2008：61.

2　全国高等教育自学考试指导委员会，张国良. 传播学概论[M]. 北京：外语教学与研究出版社，2013：56-57.

马克思主义和弗洛伊德理论的一种理智结合。所谓批判理论，是对马克思主义的一种运用，这一概念本身也来自把马克思主义描述为政治经济批判和资本主义批判的传统[1]。马克思主义和批判学派对传播学的影响主要有以下几个方面。

（1）马克思主义及近代的批判学派的理论团体可被看作经验学者的思想和概念的一个来源。

（2）批判学派注重大众媒体的所有权和控制问题。

（3）批判学派对于社会贫困、劣势和微弱部分的强调，对非批判学者而言，能产生增强意识的影响。

（4）持批判观点的传播学学者对经验主义的传播学学者提出了富有成果的理智挑战。[2]

（四）欧洲源流中的其他代表学者及理论

传播学的思想深受社会学和心理学的影响。孔德、涂尔干、塔尔德、齐美尔等都是在这些领域有着杰出贡献的学者。而对传播学影响最大的，还数法国社会心理学家塔尔德的模仿理论和德国社会学家齐美尔的网络理论。

塔尔德（1843—1904）于1890年出版了《模仿的法则》一书，成为社会心理学模仿理论的创始人。塔尔德认为，一切社会事物“不是发明就是模仿”，纯粹的发明是极少见的，大量的行为是模仿。模仿是通过人与人的接触和传播发生的，既然模仿是“最基本的社会现象”，那么传播也就是最基本的互动渠道。塔尔德的模仿理论，对后来从社会心理学角度研究传播在人格形成和人的社会化过程中的作用具有重要影响。此外，塔尔德还在1901年出版了《舆论与群集》一书，对舆论的结构及其形成、运动过程作了详细的分析，并对作为舆论主体的“公众”的概念作出了严格界定，认为报刊是公众的“精神纽带”，它在“理性的舆论”形成过程中发挥着重要的作用。

齐美尔（1858—1918）是德国著名社会学家，形式社会学的创始人，主要著作有《社会分化论》（1890）、《社会学》（1908）和《社会学的根本问题》（1918）等。齐美尔认为，社会学就是“关于人与人之间相互关系的科学”。他也是最早研究群体对个人行为的影响的社会心理学家，并且最早提出了传播网络理论，认为社会上的个人都是由特定的信息渠道相互连接的，要解释人的行为，最根本的是要搞清个人在这个传播链中的位置，也就是与谁有着信息传播的关系。齐美尔把这个传播网络描述为“舆论的厨房”[3]。

二、传播学的美国实践

传播学在美国的发展受欧洲的影响较深。20世纪30年代，希特勒的上台导致知识分子开始从欧洲向美国迁移，学术思想跨越大西洋的步伐大大加快了。可以说，希特勒

1　全国高等教育自学考试指导委员会，张国良．传播学概论［M］．北京：外语教学与研究出版社，2013：57.
2　E．M．罗杰斯．传播学史：一种传记式的方法［M］．殷晓蓉，译．上海：上海译文出版社，2008：109.
3　郭庆光．传播学教程［M］．2版．北京：中国人民大学出版社，2011：246.

的“文化大清洗”和对知识分子的迫害是传播学在美国生根的重要因素。除此之外，传播学在美国的出现也有它的学科背景和媒介背景。

从学科背景来看，虽然传播学的奠基人多是来自其他社会科学领域和自然科学领域，但创立传播学的施拉姆是新闻学院的院长。新闻活动原本是传播活动的一种。早期的传播学课程往往嫁接于新闻学课程，并在组织架构上隶属于新闻学院。同时，传播学的学术性质赋予了新闻学院更大的学术意义。从新闻学到传播学，美国在20世纪先后建立起的这两门学科，都立足于原有的社会科学之上，又跨越了原有的学科，实现了一种连接和沟通的效用。

从媒介背景来看，第二次世界大战结束后，美国经济迅速发展，媒介技术不断革新，产生的影响也越来越大，并建成了全球首屈一指的大众传播事业。媒介在政治、经济方面的重要影响使美国越来越多的政治和社会团体认识到媒介的作用并频繁地试图利用媒体。为了争取受众，媒介之间的竞争也日益激烈。学界与业界逐渐认识到了解及掌握媒介的发展与趋势、不同媒介的社会传播效果、媒介的市场价值、社会对媒介的控制、传播的结构等问题的重要性[1]。

在美国思想源流中，比较著名的学者有杜威、库利、帕克、米德等人。

杜威（1859—1952）是美国著名实用主义哲学家和教育学家。他强调教育在社会改造中的作用，认为大众传播是变革社会的重要工具。在杜威看来，传播是使人民成为社会中完美的、参与性的成员的手段[2]。在密歇根大学任教期间，杜威创办了以报道社会科学的最新成果和改良社会为宗旨的报纸——《思想新闻》。虽然这张报纸因经营困难而停刊，但他始终认为大众传播在改造社会方面具有强大的潜在力量，新的传播技术将会促使社会价值体系的重构。

库利（1864—1929）是美国著名社会学家，他主张社会不仅是由于传递、由于传播而得以存在，而且完全可以说是在传递、传播中存在着。在1909年出版的《社会组织》一书中，他设了“传播”一章，从传播的概念、传播的意义和重要性、传播与人际关系、传播的社会心理功能到印刷媒介与近代社会、舆论的形成过程等，对传播的许多重要问题作了深刻的论述。从这个意义上说，库利是最早系统研究传播现象，并最早进行理论化尝试的一位重要学者。库利关心的一个主要课题是人的社会化问题，并为社会学和传播学提出了两个影响深远的概念：一是“初级群体”，初级群体在人的个性社会化方面具有重要意义。诸如父母、兄弟姐妹、同事和教师等群体是最早进入一个人一生中的群体，这些初级群体是个人社会化的基础。二是“镜中我”，这个概念说明，个人的行为在很大程度上取决于对“自我”的认识，而这种认识主要是通过与他人的社会互动形成的，他人对自己的态度或评价是反映“自我”的一面镜子。库利认为，人们彼此都

1 全国高等教育自学考试指导委员会，张国良．传播学概论[M].北京：外语教学与研究出版社，2013：59.

2 E. M.罗杰斯．传播学史：一种传记式的方法[M].殷晓蓉，译．上海：上海译文出版社，2008：137.

是一面镜子，映照着对方。在库利看来，传播是“镜中我”形成的主要机制，它不仅是个人社会化的途径，而且是将整个社会连成一个整体的纽带。这一概念被米德进一步发展为“自我”概念。库利关心的焦点是人际传播，没有对大众传播给予充分关注，这与他对大众媒介的营利性感到不满有一定关系。库利撰写了三本主要的著作：《人性和社会秩序》，它涉及儿童个体社会化问题，其中包括“镜中我”概念；《社会组织》，它论证说，社会是由大众媒体连接在一起的，在这部著作中，库利解释了“初级群体”的概念；《社会过程》，它讨论了传播在社会中的作用。

帕克（1864—1944）和社会学芝加哥学派也对传播学的形成产生过重要的影响。帕克早年曾经从事了 11 年新闻记者职业，后来为了系统研究报刊的社会功能以及报刊与舆论的关系而进入哈佛大学和柏林大学攻读硕士和博士学位，1904 年写成了博士论文《群众与公众》。1913 年，帕克应聘任教于芝加哥大学社会学系，成为芝加哥学派的理论领袖[1]。帕克将传播限定为“一个社会心理的过程，凭借这个过程，在某种意义和某种程度上，个人能够假设其他人的态度和观点；凭借这个过程，人们之间合理的和道德的秩序能够代替单纯心理的和本能的秩序”。帕克和他的芝加哥同事将传播看作人类连接的同义词，将它称为城市社会问题的潜在解决办法。不过，传播不是他们研究的重点[2]。

米德（1863—1931）是芝加哥学派中影响仅次于帕克的二号领军人物，也是社会心理学中互动理论的创始人之一。米德在芝加哥大学任教 37 年，生前只发表过几十篇论文和书评，直到去世后人们才根据他的讲稿和学生的课堂笔记整理出版了《精神、社会与自我》等四部著作，他的生前影响主要在于课堂教学。米德关于人的社会化、社会角色取得以及社会自我的理论，对现代社会心理学和传播学具有很大影响，他提出的“主我”和“客我”理论，对理解人内传播的社会性具有重要意义。

三、传播学的形成与发展

尽管传播学有着悠久的学术思想渊源，但在 20 世纪 20 年代以前并没有人专门研究传播问题，许多学者只是从各自的学科出发，附带性地对传播现象作了某种程度的考察。20 世纪 20 年代以后，有四位学者的研究和学术活动对传播学的建立产生了直接的影响，被称为传播学四大奠基人，他们分别是拉斯韦尔、卢因、霍夫兰和拉扎斯菲尔德。

（一）拉斯韦尔和宣传研究

拉斯韦尔（1902—1978）是美国现代政治科学的倡导人之一，1926 年在芝加哥大学获得政治学博士学位，后在母校和耶鲁大学任教。第二次世界大战期间，他担任过美国国会图书馆战时报道调查局局长，1955 年出任美国政治学会会长。拉斯韦尔本来是被

1　郭庆光．传播学教程 [M]. 2 版．北京：中国人民大学出版社，2011：247.
2　E. M. 罗杰斯．传播学史：一种传记式的方法 [M]. 殷晓蓉，译．上海：上海译文出版社，2008：164.

作为一个政治学家来培养的，但是他的思想兼收并蓄，涉及范围广泛，从来不让政治学这一学科限制他的理论兴趣，这些兴趣囊括社会学、精神分析、历史、社会心理学和传播。拉斯韦尔领导了宣传研究，并且实际上创建了内容分析的传播研究方法，一生中发表了 600 多万字的著述。

拉斯韦尔的第一个研究是关于第一次世界大战的宣传，在研究风格上是定性和批判的。1927 年，拉斯韦尔出版了《世界大战中的宣传技巧》一书。它主要揭示了发生冲突的双方都采用的宣传技术的性质。拉斯韦尔关于第一次世界大战的宣传研究引用了为德国人、英国人、法国人和美国人所采纳的各种宣传技术的特殊例子。他的研究表明，现代战争是一种整体战争，全民都发挥着积极的作用。战争不再只是将军和军队的事情，它是一场完完全全的冲突，舆论在这场冲突中举足轻重。

拉斯韦尔将宣传定义为“通过操纵有意义的符号控制集体的态度”。在他看来，宣传本身无所谓好坏，对于它的判断依赖于一个人的观点，依赖于宣传的信息是否真实。宣传与说服有很强的关系，它们都是有意图的传播，由一个信源进行，以改变受众成员的态度。也就是说，宣传是大众化的说服工作。

拉斯韦尔作为著名的 5W 模式的提出者，为传播学的诞生作出了重要贡献。拉斯韦尔认为，一个传播过程包含了五大要素和环节：谁（Who）、说什么（says What）、通过什么渠道（in Which channel）、对谁说（to Whom）、产生什么效果（with What effect）。5W 模式的提出为传播学勾勒出了五个研究领域：控制研究、内容研究、媒介研究、受众研究和效果研究。

拉斯韦尔的另一个贡献是关于传播在社会中的三个功能的阐述。

（1）监督环境，媒体的这一作用开阔了个人的视野，因此能够知道世界上更多的事情。

（2）协调社会对于某种环境下的事件的反应，诸如当大众媒体传播告诉人们如何解释某些新闻事件的时候。这里，媒体帮助个人了解世界上正在发生的事件的意义。

（3）传递文化遗产，例如儿童接受有关他们的民族的历史的教育，接受什么是正确的、什么是错误的教育，接受有关他们与其他人有什么不同的教育。[1]

（二）卢因和“把关人”研究

卢因（1890—1947）是柏林大学著名的实验心理学家，他作为一个流亡者逃离希特勒政权，成为美国的一位社会心理学家，并开创了群体传播中的经典实验。卢因以开创群体动力学的研究与教育，以及创建参与性组织管理的模式而知名。虽然他并不认为自己在研究传播过程，但他的研究对当时正在崛起的传播学领域有着直接的贡献，他的理论有助于将群体置于传播理论和传播研究之中。

1 E. M. 罗杰斯 . 传播学史：一种传记式的方法 [M]. 殷晓蓉，译 . 上海：上海译文出版社，2008：195.

卢因对传播学的一个重要贡献是提出了信息传播中的“把关人”（gatekeeper）概念。所谓“把关人”，是指控制信息在信道里的流通的个人，他们可以扣压信息、构成信息、扩展信息或重复信息[1]。在有关改变食物习惯的胰脏实验中，卢因发现：家庭主妇是她们家庭食品消费的“把关人”。如果一个家庭主妇不打算烹饪动物内脏的话，那么她的家庭就不会食用它们。卢因认为，这种情况不仅适用于食品系统，还适用于范围广泛的各种传播环境。

卢因对传播学的另一个贡献是创立了“场论”和“群体动力论”。“场论”吸取了物理学中磁场的概念，并赋予其某种适合心理学的特殊意义。“场论”的研究对象是处于他或她的“场”中的个体。卢因认为，人的行为环境是一个相互依赖、相互作用的动力整体，个人的心理活动和行为无不依赖于其所处的环境和所属的群体。卢因被整体与个体之间相互作用的现象吸引，他潜心研究两者在大众传播方面的奥妙，并将心理学知识与传播学研究对接，研究“群体生活的途径”，以及群体对个人的观念、动机、愿望、行为和倾向的影响，逐步发展出“群体动力理论”[2]。

（三）霍夫兰和说服研究

霍夫兰（1912—1961）出生于芝加哥，1934 年获得西北大学硕士学位。而后在耶鲁大学心理学系学习博士学位课程。他是耶鲁大学实验心理学教授，在第二次世界大战期间曾担任美国陆军部心理实验室主任。

霍夫兰在美国陆军部的主要任务是领导有关如何鼓舞士兵士气的研究项目。第二次世界大战期间，为了让美国新兵知道美国为什么卷入这场战争、谁是美国的敌人、谁是美国的盟友、如何操作复杂的军事设备、为什么他们应该战斗到死，1942 年，美国陆军招募了好莱坞的电影制片人帮助其制作了 7 部 50 分钟的电影，即《我们为何而战》系列片。为了评估这些影片的效果，霍夫兰和他的研究人员设计了一面理信息和两面理信息、恐惧呼吁的影响、信源可信度的效果等实验。

霍夫兰等人的研究发现，《我们为何而战》系列片增加了士兵对于那些导致第二次世界大战的事件的认识，而且态度有了改变，但是这些影片对于发挥士兵个人作用的影响并不明显。例如，在一组观看《我们为何而战》影片的实验小组内，41% 的调查对象希望战斗，而在控制小组中，约 38% 的调查对象希望战斗，两者之间的差异很小。个人认识方面的变化超出了其态度方面的变化，这个发现在有关传播介入的评价中是一个常见的发现。比起其态度来，个人的明显行为的改变程度要小。这次研究也证明了单一的大众传播并不能直接导致人们态度的改变。

自此以后，霍夫兰等人转而考察说服效果的形成条件。研究发现，效果的形成并不简单地取决于传播者的主观愿望，而是受到传播主体、信息内容、说服方法、受众属性

1　E. M. 罗杰斯 . 传播学史：一种传记式的方法 [M]. 殷晓蓉，译 . 上海：上海译文出版社，2008：295.
2　全国高等教育自学考试指导委员会，张国良 . 传播学概论 [M]. 北京：外语教学与研究出版社，2013：62.

等各种条件的制约[1]。

与拉扎斯菲尔德的大众传播研究一样，霍夫兰的说服研究也侧重于传播效果。他既将说服研究引入传播学，又将实验方法引入传播学，进一步丰富了传播学研究的方法。

（四）拉扎斯菲尔德和经验性研究

拉扎斯菲尔德（1901—1976）原为奥地利籍犹太人，20 世纪 20 年代在维也纳大学获得博士学位。德国法西斯上台后，他于 1933 年逃到美国，在洛克菲勒财团赞助的普林斯顿广播研究所担任负责人，在此期间进行了一系列的听众调查和研究。1939 年，该研究所迁至哥伦比亚大学并改名为应用社会研究所，拉扎斯菲尔德也开始由广播研究转向范围更广的传播学研究[2]。

拉扎斯菲尔德的社会研究试图将定性方法和定量方法、参与性观察和深度访谈、内容分析和个人传记、专题小组研究和焦点访谈结合起来。许多新的方法论都是由拉扎斯菲尔德及其应用社会研究所的同事开创的。

拉扎斯菲尔德将他的数学背景和他终身致力的社会工作研究结合起来，以便富有成效地创作有关大众传播、失业、高等教育、政治行为等著作和文章，并推动一系列重要的方法论取得进展。

拉扎斯菲尔德在调查研究大众媒体和人际传播影响个人做出决定的问题时，有一个重要项目是对美国俄亥俄州伊利县选举投票情况进行研究。他和同事伯纳德·贝雷尔森、黑兹尔·高德特等人在这个研究中，试图阐释在大众媒体及人际关系的影响下选民如何做出投票选择。因此，研究结果《人民的选择》于 1944 年首次出版时，全称为《人民的选择：选民如何在总统选战中做决定》。

拉扎斯菲尔德对传播学的贡献有三个方面。

（1）他开创了媒体效果研究的传统，这一传统成为美国大众传播研究中占据统治地位的范式。拉扎斯菲尔德发展了几个重要的概念，比如“意见领袖”“两级传播”等。他开创了人际传播途径作用的研究，这种途径在传播活动中与大众传播途径是相对立的。

（2）他通过收集资料的方法提出了调查方法论。他将民意测验的方法变成调查分析，即分析性地利用样本调查来作出影响个人行为的、有关因果关系的推论。

（3）他创造了以大学为基础的研究机构的原型，最为著名的是创办了位于哥伦比亚大学的应用社会研究所。拉扎斯菲尔德创造并通过某种组织形式，使传播学首次被引入几所大学。他创造了作为美国研究型大学中一个重要组成部分的研究机构。在这个过程中，拉扎斯菲尔德促使传播理论具有了行政研究的特色。

（五）李普曼和舆论研究

李普曼（1889—1974）是美国著名的政治学家和新闻工作者，是《纽约时报》的专

1 郭庆光 . 传播学教程 [M]. 2 版 . 北京：中国人民大学出版社，2011：181.
2 郭庆光 . 传播学教程 [M]. 2 版 . 北京：中国人民大学出版社，2011：249.

栏作家。他在传播史上具有重要影响。

李普曼和拉斯韦尔一样，对普通民众理解周遭世界并理性决策自己行为的能力持怀疑态度。在他所著的《舆论学》一书中，李普曼指出身外世界与脑海图景之间必然存在差异。因为这种差异是不可避免的，所以李普曼认为普通民众很难理性地管理自己。

李普曼认为，因为宣传活动的挑战，政治体系需要进行一个激烈的改变。因公众易受宣传的影响，所以就需要一些机制或机构来保护他们免遭影响。有必要对媒体进行温和但十分有效的控制。李普曼认为，解决这些问题的最好办法是让善意的技术专家来控制信息的采集和发布。他提议建立一个准政府情报局，让它仔细评估信息，再提供给其他精英作决策。这个机构也可以用来决定哪些信息应该通过大众媒体传播，哪些信息应该对民众保密。

李普曼提出了“拟态环境”的概念。他认为，现代社会越来越巨大化和复杂化，人们由于实际活动范围、精力和注意力有限，不可能去体验外部环境的所有事物，所以对于自己亲身感知以外的事物，人们只能通过信息机构去了解。此时，人们所面对的环境是信息机构提供的“拟态环境”。所谓“拟态环境”，是传播媒介通过对象征性事件或信息进行选择和加工、重新加以结构化以后向人们提示的环境[1]。另外，李普曼认为人们需要在头脑中对现实事物进行简单规范，以便为这闹哄哄的、模糊不清的混沌世界提供解释。李普曼称之为“刻板印象”。

李普曼对传播学的另一个贡献是提出了早期的“议程设置”思想。在 1922 年出版的《舆论学》一书中，李普曼就认为大众传媒的报道活动是一种营造“拟态环境”的活动，它形成人们头脑中“关于外部世界的图像”，并由此影响人们的行为。

（六）传播学的创立

传播学是一个多学科交叉的领域。它从新闻学、社会学、心理学、政治学、信息科学等学科中吸收了丰富的营养。美国学者施拉姆与传播学的创立关系密切。1943 年，施拉姆在担任艾奥瓦大学新闻学院院长时，创办了世界上第一门大众传播的博士课程。1947 年，施拉姆在伊利诺伊大学创办了第一个传播学研究所，并开设了硕士和博士学位教育课程。1950 年，世界上第一个传播学博士学位在伊利诺伊大学获得通过，施拉姆成为该校传播学系系主任。1956 年，施拉姆又创办了斯坦福大学传播学研究所。正是因为施拉姆，传播学才得以成为一个研究领域。所以施拉姆被公认为传播学的集大成者。

20 世纪 50 年代以后，传播学作为社会科学的一个新学科逐渐建立和巩固了自己的学术地位。目前，世界各国的主要大学一般都设有传播学院、系、专业或相关研究机构。传播学之所以获得迅速发展，是因为它适应了信息技术革命和信息社会发展的需要，同时与传播学家们的不懈努力也是分不开的[2]。

1 郭庆光．传播学教程 [M]. 2 版．北京：中国人民大学出版社，2011：113.
2 郭庆光．传播学教程 [M]. 2 版．北京：中国人民大学出版社，2011：250.

第二节　传播学的主要流派

由于不同学者的研究方法和学术立场不同，传播学的研究形成了不同的流派。1941年，拉扎斯菲尔德在《评行政和批判传播研究》一文中提出了传播学“行政研究”和“批判研究”的划分。因为研究范式不同而形成的这两个学派，我们通常称之为经验学派和批判学派。

一、传播学的经验学派

经验学派（empirical school）一般指的是主要以经验性方法来考察社会现象的社会科学流派，它与主要以思辨性方法来考察社会现象的流派相区别[1]。经验学派在研究问题时多采用定量和统计的方法。

（一）经验性方法的内涵及其局限性

经验学派主张从经验事实出发，运用经验性方法研究传播现象。所谓经验性方法，是一种运用可观察、可测定、可量化的经验材料来对社会现象或社会行为进行实证考察的方法。

经验性方法有三个基本前提：第一，普遍存在的社会现象具有其自身的客观性，这些客观性可以通过一定的科学方法加以揭示；第二，人类有能力开发或设计揭示社会现象之客观性的科学方法；第三，任何关于社会现象的理论和假设，都能够通过一定的科学方法得到证明或否定。

经验性方法认为对于研究来说，切实可靠的经验材料和客观真实数据是非常重要的，那种从观念到观念的纯主观抽象式的说明是不科学的。经验性方法主张从环境或外部条件的变量出发来揭示社会现象和社会行为的原因和客观规律。可见，经验学派在研究方法上具有明显的实用主义趋向。实用主义是西方社会一种普遍的思维方式和哲学流派，特别是美国的研究人员，往往坚持“真理就是效用”这一信念，认为社会科学研究必须立足于现实生活，以解决实际问题为目的。

经验性方法也有它的局限性，主要体现在以下四个方面。

第一，人类的社会和个体行为是复杂的，对其观察和测量的经验性材料是有限的。特别是人类的精神活动，很多时候很难依靠统计和经验性材料进行分析。

第二，经验性研究所使用的方法主要是问卷调查或实验。如果使用问卷调查，它并不能够像自然科学那样做到精确严谨，只能在一定概率上说明问题；如果是通过实验进行研究，也只能是在一定程度上对相关的变量进行操作、分析和处理，其结论往往解释不了影响因素众多的、复杂的社会现实。

第三，经验性研究主要进行的是个人或小群体层面的微观研究，但在考察社会的历

1　郭庆光．传播学教程[M]．2版．北京：中国人民大学出版社，2011：253.

史过程以及宏观社会结构方面缺乏有效手段。

第四，虽然经验性研究在考察现实社会时强调中立、客观，但每个学者都有自己的文化背景、社会价值和意识形态，这使得他们的学术立场难免带有一定倾向性，很难做到完全中立、客观。

（二）美国经验学派

传播学的经验学派，主要指以美国学者为代表的传统学派，他们在传播学研究中占据主流地位。从实用主义目的出发的美国经验学派，其关注点主要是传播效果问题。代表学者主要有帕克、杜威、米德、库利、拉斯韦尔、拉扎斯菲尔德、霍夫兰、施拉姆等。

芝加哥学派在社会问题研究方面为美国社会科学奠定了经验的基础，对传播学理论和相关研究作出了重要贡献，主要体现在以下几个方面。

（1）它代表着社会科学在美国的第一次大繁荣，就那些重要的欧洲理论来说，特别是就德国社会学家G.齐美尔的那些理论来说，它起着思想登陆点的作用。

（2）它使美国有关社会问题的社会科学研究有了强烈的经验主义方向。芝加哥学派是改良的、进步的和实证的，它试图通过研究这个世界的社会问题而对之进行改造。

（3）芝加哥学派的学者构成了一个以人类传播为中心的人格社会化的理论概念体系。对于芝加哥学派的社会学家来说，要成为社会的存在、人类的存在，就需要传播。他们攻击对于人类行为的直觉解释，并强调一种观点，即后来被称作符号交互论的观点。

（4）芝加哥学派构筑了后来的以媒体效果为重点的大众传播研究模型。[1]

在芝加哥学派中，最具代表性的学者是帕克，他是这个学派中最有影响力的成员，也是开创了大众传播研究的学者。除此以外，库利、杜威、米德也将传播置于他们关于人类行为的概念体系的中心地位。

1935年以后，芝加哥学派的影响力开始逐步下降。而围绕着拉扎斯菲尔德建立起来的哥伦比亚学派迅速占据了主导地位，开始强调诸如大众媒介传播效果的研究课题[2]。正是在这一时期，经验学派诞生了声名远播的代表学者和杰出成果。比如，拉斯韦尔研究宣传，提出5W模式和传播的“三功能说”，将传播过程划分为可以清晰考察的领域，同时还涉及大众传播研究的大部分变量；拉扎斯菲尔德研究广播听众和媒介效果，主持哥伦比亚大学应用社会局（前身为广播研究所），发展了量化的调查法和质化的焦点群体访谈法，1940年的伊里调查和1945年的笛卡图调查直接开启了“有限效果论”时期；霍夫兰在第二次世界大战期间和战后通过实验法和调查法积极进行说服研究，其核心研究问题是个体态度的变化，侧重于对媒介效果的探讨。在他们那个时代，这些学者都是

1　E. M.罗杰斯.传播学史：一种传记式的方法[M].殷晓蓉，译.上海：上海译文出版社，2008：118-119.
2　全国高等教育自学考试指导委员会，张国良.传播学概论[M].北京：外语教学与研究出版社，2013：67.

各自领域内一流的学者，他们发展了细致的研究设计和分析技术，贡献了一系列经典的研究成果[1]。

总体来说，经验学派的研究重点主要是传播与人的行为问题，并试图通过传播来控制和修正人的行为。但对于其他的一些重大课题，比如信息生产和传播与宏观社会结构的关系、信息传播与社会的上层建筑和经济基础的关系、传播制度与社会制度的关系等，经验学派并没有给予足够的关注。

二、传播学的批判学派

批判学派是传播学研究中两大学派之一，它起源于欧洲，持有不同于美国实证分析、经验研究的立场，主张对现存的资本主义制度进行批判，并采用质性方法进行研究。

（一）批判学派的发展和立场

批判学派是在法兰克福学派的影响下，以欧洲学者为主形成和发展起来的学派。因为其成员主要集中在欧洲，所以有“欧洲批判学派”之说。这一社会团体最初的名字是“社会研究所”，活动地点位于德国的法兰克福，成立于1923年。1933年，研究所被纳粹德国政府关闭。1934年，研究所迁到了美国，并隶属于哥伦比亚大学。1950年，社会研究所在法兰克福得到重建，并由M.霍克海默领导。

一般来说，他们喜欢被称为“批判的理论家”，这个名称是由他们的领导人霍克海默在他的文章《传统理论和批判理论》中提出的。批判理论来源于霍克海默对于马克思主义的理解，这个词是从把马克思主义描述为政治经济批判和资本主义的批判的传统做法中派生出来的。

法兰克福学派中最著名的两位学者是霍克海默和狄奥多·阿多诺，前者是学派长期的领头人，后者是成果丰硕、令人信服的理论家。由于阿多诺深谙现代音乐，研究所增加了对音乐的重视，并将音乐批判理论发展为法兰克福学派社会批判理论中最具特色的一个项目。其著作包括《启蒙辩证法》《新音乐哲学》《多棱镜：文化批判与社会》《否定的辩证法》等[2]。

法兰克福学派将马克思主义批判理论和阐释学结合在了一起。绝大部分法兰克福学派的理论家具有人文学科背景，但采纳了马克思主义理论作为分析文化和社会的基础。该学派的著作分辨并推荐了多种形式的高雅文化，如交响乐、伟大的文学和艺术作品。法兰克福学派的成员就像大部分世俗的人文主义者一样，认为高雅文化有它自己的完整性和固有价值，并且认为高雅文化不应该被精英阶层用来增加他们的个人权力。

法兰克福学派在颂扬高雅文化的同时贬抑大众文化。阿多诺和霍克海默在他们的著作中批评大众媒体变成了文化工业，这种文化工业将高雅文化和民间文化转换为商品，

1　陈阳．大众传播学研究方法导论[M].北京：中国人民大学出版社，2015：6.

2　全国高等教育自学考试指导委员会，张国良．传播学概论[M].北京：外语教学与研究出版社，2013：69.

售卖换取利润。他们对文化工业看法如下：

> 在垄断的情况下，所有的大众文化都是差不多的，它的人造架构开始露面。坐在上面的人不再有兴趣隐藏垄断：当暴力变得更加公开，其力量也进一步增长。电影和广播不再需要假装是艺术。它们只是一桩生意，这个事实进入意识形态中，使他们故意制造的垃圾合法化。它们把自己叫作工业；当他们的主人的收入曝光时，任何关于这些完蛋了的产品的社会效用的怀疑都被移除了。[1]

法兰克福学派对大众文化的具体指责，与保守的人文主义学者相似。但是人文主义批评家倾向于关注特定的媒体内容，而以阿多诺和霍克海默为代表的法兰克福学派关注的则是生产这些内容的产业。

由于纳粹的崛起迫使犹太人四处流亡，法兰克福学派最终对美国的社会研究形成了直接的影响。在流亡时期，法兰克福学派的理论家们依旧高产。比如，他们投入大量精力对纳粹文化及其破坏和贬低高雅文化的方式做批判研究。按照他们的观点，纳粹主义建立在一种虚假的、人工构造的民间文化的基础上，它被希特勒及其宣传理论家所创造和操纵。

第二次世界大战以后，法兰克福学派主要批判后资本主义，因为后资本主义用大众媒体广告操纵着人们的精神，这样人们就会渴望消费产品，就会丧失他们的批判的和抗争性的思想路线。但是，当 20 世纪 60 年代的学生运动真正反对现存的制度时，法兰克福学派的学者们却因为学生由激进主义引起的幼稚的破坏性而感到灰心丧气[2]。

概括来讲，批判学派有以下几个特点：（1）他们都对现存的资本主义制度持批判和否定的态度；（2）他们更多地将传播理论和社会理论结合在一起，着重考察与社会结构和意识形态相关的宏观问题；（3）批判学派的方法论以思辨为主，反对实证主义态度，具体到探讨大众传播的社会作用时，批判学者认为，在现代资本主义社会中，“促销文化”已成为一般倾向，大众传媒如何表现和强化这一倾向应成为重要课题。同时，资本主义垄断媒介以何种方式和手段剥夺了人的权利和自由应成为研究焦点，而恢复这些被剥夺的基本价值应成为研究目的[3]。

可见，批判学派与经验学派关注的点不一样，批判学派更多将视角放在促进资本主义社会制度的变革上，而这种差异则反映出不同学者的意识形态立场不同。

（二）批判学派的主要流派

随着早期一批法兰克福学派学者的退休和去世，批判理论的精神力量延伸开来，吸引着不同国家的众多学者开始运用一种批判的观点。一个广泛的批判学者的圈子开始崛

1　斯坦利·巴兰，丹尼斯·戴维斯，大众传播理论：基础、争鸣与未来（第三版）[M]. 曹书乐，译 . 北京：清华大学出版社，2014：225.
2　E. M. 罗杰斯 . 传播学史：一种传记式的方法 [M]. 殷晓蓉，译 . 上海：上海译文出版社，2008：107.
3　全国高等教育自学考试指导委员会，张国良 . 传播学概论 [M]. 北京：外语教学与研究出版社，2013：70.

起。在这个过程中，由于学者的研究对象、研究方法和研究角度不同，批判学派中形成了各种各样的流派。

1. 政治经济学派

政治经济学派是20世纪60年代以后在英国出现的。其代表人物是英国莱斯特大学大众传播研究中心的G.默多克和P.格尔丁等人。该学派依据马克思“若一个阶级是社会上占统治地位的物质力量，则同时也是社会上占统治地位的精神力量，支配着物质生产资料的阶级同时也支配着精神生产资料”的观点，从经济基础对上层建筑的决定作用出发来揭示资本主义社会大众传媒支配与控制的现状。

政治经济学家通过观察经济机构来研究生产资料的问题并期望发现：这些机构会影响媒体来满足其利益和目的。政治经济学家不太关心大众文化如何影响特定群体或亚文化群体，而是想深入了解内容的生产和传播遭到何种制约。比如，为什么某些文化形式占据了电视台的黄金时间，而其他的文化形式却缺乏？仅用“观众的口味”来解释这些差异可信吗？是否有可能存在其他不那么明显却和经济机构的利益紧密相连的原因？

默多克和格尔丁发现，20世纪70年代，传媒行业的大部分内容被行业中的五家最大的公司控制着。他们认为，这种高度的集中正是垄断资本控制文化输出的有利证据。大众传媒的活动最终是为了维护垄断资本的利益。政治经济学派主要从所有制关系和经济结构来关注大众传播，并没有给予传播内容本身太多的关注。

2. 文化研究学派

文化研究始于英国，带有英国的背景。文化研究学派也称伯明翰学派，以英国伯明翰大学现代文化研究所的斯图亚特·霍尔和D.莫利等人为代表。

霍尔是伯明翰学派思想的集大成者，被人称为“当代文化研究之父”。其最主要的论著有：《电视话语中的编码和译码》《文化研究：两种范式》和《意识形态与传播理论》等。在霍尔诸多学术成果中，最广为人知的是“编码与解码”理论。这一学术革新恢复了受众在传播学研究中的本位地位，即传受双方的地位是平等的。霍尔是一位质疑精英制度的理论家，而媒体以及它们经常制造的错误和误导受众的影像就是一种精英制度。然而和其他的传播学理论家不同，霍尔主要关注的是媒体的作用以及它们影响民意、将部分人群边缘化的能力，所谓被边缘化的群体包括那些有色的、贫穷的及其他不反映白人、男性、异性恋（以及富裕）者观点的群体[1]。

文化研究是一种理论视角，它关注的是文化如何受到掌权的主导群体的影响。虽然霍尔和其他文化研究的理论者把理论中的许多概念应用于媒体研究，但是文化研究不仅局限于媒体，而且经常被称为“受众研究”。因为文化是该理论的中心，所以文化研究关注的是对文化的态度、使用方式和批判。它是一个强调公众及其所属社会阶级的学术

1 全国高等教育自学考试指导委员会，张国良．传播学概论[M].北京：外语教学与研究出版社，2013：71.

理论框架。

文化研究的学者主要采用文本分析和受众调查两种研究方法。前者主要是为了研究大众传媒为占统治地位的利益集团和意识形态服务的倾向，后者主要是为了研究受众对符号的解读。

文化研究学者的主要观点可以概括为以下几点。

第一，大众传播是资本主义社会系统的一个重要组成部分，它在规定社会关系、行使政治统治方面发挥着重要的意识形态功能，并具有相对的独立性。

第二，大众传播可以分为两个部分：一是文化产品的生产过程；二是文化产品的消费过程。前者是媒介通过象征事物的选择和加工，对社会事物加以“符号化”和“赋予意义”的过程，后者是受众接触媒介讯息，进行符号解读，解释其意义的过程。

第三，讯息符号是与一定的价值体系或意义体系结合在一起的。在资本主义社会中，既有促进现存不平等关系的“支配性的”价值体系，又有推动人们接受不平等、安居较低社会地位的“从属性”价值体系，还有不满于阶级支配现状、号召社会变革的“激进的”价值体系。大众传播的符号化活动，在本质上来说是按照支配阶级的价值体系为事物“赋予意义”。

第四，尽管如此，受众的符号解读过程却不是完全被动的，由于符号的多义性和受众社会背景的多样性，受众可以对文本讯息作出多种多样的理解。霍尔认为，受众对媒介讯息有三种解读形态：一是同向解读或“优先式解读”，即按照媒介赋予的意义来理解讯息；二是妥协式解读，即部分基于媒介提示的意义、部分基于自己的社会背景来理解讯息；三是反向解读或“对抗式解读”，即对媒介提示的讯息意义作出完全相反的理解。[1]

3.霸权理论

“霸权”是文化研究的一个重点。霸权一般可以定义为一个社会群体对其他群体的影响或统治。这个概念的最早提出者是意大利共产党的创建人之一——安东尼奥·葛兰西。

葛兰西的霸权概念来自马克思的虚假意识概念。所谓虚假意识是个体无意识地处于受人控制的状态。葛兰西发现，从通俗文化到宗教，占统治地位的群体都努力把人们引向一种盲目的自我满足的心态。如果人们获得了足够的“东西”（比如自由、物质商品等），他们就会与统治者达成和解。最终人们会心甘情愿地生活在一个拥有这些“权利”的社会，并同意和接受统治者的文化意识形态。

批判学派的学者继承了葛兰西的观点。阿尔都塞认为，一个国家要维持其统治秩序，必须有维持、形成和创造社会“合意”的机制或“装置”，这种机制或“装置”包

1 郭庆光．传播学教程[M]．2版．北京：中国人民大学出版社，2011：259.

括具有镇压威慑作用的国家机构，如军队、警察；具有意识形态性的国家机构，如教育、宗教和大众媒介。而教育、宗教和大众媒介等能够以更加细微的方式在日常生活中传播符合支配阶级利益的意识形态，使其看上去是正当的[1]。也就是说，以私有制为基础的大众传播制度就是重要的意识形态“霸权装置”之一。大众传媒通过日常的新闻报道、宣传和广告活动，把支配阶级的特殊利益描述为社会的“普遍利益”，其目的是操作形成“同意”，但这归根结底只不过是一种“虚假的合意”。持该观点的学者，他们从事传播学研究的一种宗旨，就是揭露这种“虚假的合意”，唤起受众的觉醒，推动社会的变革。

三、经验学派与批判学派的主要差异

批判学派和经验学派对于大众传播在社会中的作用的看法具有明显差异。批判学者认为，大众传播被现存的制度用来控制社会，而经验主义学者认为媒体能够帮助改进社会中的问题，并能够引导渐进的社会变化。对于批判学者来说，关键的问题是谁拥有和控制大众媒体，这是一种宏观的看法。经验主义学者主要关注媒体对于个体受众成员的效果，这是一种微观的看法[2]。

1977 年，英国学者库瑞在《大众传播和社会》一书中正式提出，经验学派和批判学派分别根植于多元主义和马克思主义社会观，它们在方法论、认识论、本体论和价值论这些传播“元理论”上尖锐对立，几乎是不兼容的。其差异性主要体现在以下四个方面。

（1）从方法论上来说，经验学派倾向于使用量化方法测量短期的、个人的、可测量的变量；而批判学派则更多地使用哲学式思辨和论证，对准确的数值缺乏兴趣。

（2）就认识论来看，经验学派认为客观世界等着训练有素的学者去认识，总有一些“可靠的”经验能够帮助我们认识传播现实，研究目的在于准确描述传播现实和通过经验来揭示普遍性的传播规律；而批判学派则强调从个人主观因素来理解和把握传播现象，社会情境在生产知识的过程中起到了很重要的作用，因而研究者要认识到谁在进行传播控制、控制维护了谁的利益。

（3）从本体论来看，经验学派认为个体的行为基本上可以通过环境因素和生理特征来了解，因此个体行为是稳定的、能够运用经验性方法来准确预测的，它对历史条件无动于衷；而批判学派则认为对个体的理解要置于更广泛的社会文化历史情境之中，个体行为的复杂意义不能简化为可测量的数值。

（4）就价值论而言，经验学派主张研究者应当客观中立，研究过程中不应当包含价值判断；而批判学派则认为研究应该促进社会变革，挑战现存统治秩序，研究者是传播现实的参与者和推动者，而非仅仅是观察者或中立者。[3]

1　全国高等教育自学考试指导委员会，张国良．传播学概论 [M]. 北京：外语教学与研究出版社，2013：72.

2　E. M. 罗杰斯．传播学史：一种传记式的方法 [M]. 殷晓蓉，译．上海：上海译文出版社，2008：107.

3　陈阳．大众传播学研究方法导论 [M]. 北京：中国人民大学出版社，2015：5.

第三节 中国传播学发展历程

传播学最早在20世纪50年代引起了我国学者的注意，1957年，复旦大学新闻系主持编辑的《新闻学译丛》里就介绍了mass communication，当时将其译为“群众思想交通”。中国人民大学新闻学系张隆栋教授在60年代也翻译过施拉姆等人合著的《报刊的四种理论》。但出于各种原因，直到70年代末传播学理论和研究方法才开始大规模进入我国。

一、中国传播学的兴起、发展与形成

传播学是一门从西方引入的学科，在中国传播学发展的不同阶段里，传播学学科体系逐步得到确立，研究领域不断拓展，研究成果日益丰富，研究群体不断进步，学术水平持续提高。按照王怡红等人的观点，传播学在中国的发展可以分为四个阶段：20世纪五六十年代是国内传播学研究的萌芽阶段；1978—1982年是传播学的引进与兴起阶段；1982—1997年是传播学研究的学习与运用阶段；1997—2008年是传播学确立学科地位、学术思想逐步获得开拓与多元发展的阶段，同时也是传播学研究与中国社会的转型、与国家的传播事业发展不断结合的阶段[1]。结合此观点，本教材也将中国传播学的发展大体分为四个阶段。

（一）萌芽阶段

这一时期主要是从20世纪初到20世纪60年代。此阶段国内政治环境不够稳定，对传播学研究不可避免地造成了影响。1956年，复旦大学新闻系编辑了内部刊物《新闻学译丛》，旨在为“批判西方资产阶级新闻学”提供认识的资料。刘同舜和郑北渭在该刊总第3辑上介绍了西方新闻传播，将mass communication分别译作“群众思想”和“群众思想交通”。张隆栋在摘译威廉·爱琳的《大众传播研究》一文时，又将mass communication译为“公众通讯”。按照李彬等人的观点，这个时期处于传播学第一次引进时期。此时期主要将communication译为“交通”，既有信息交流的含义，也有物质流通的含义。这与芝加哥学派对于communication的理解一致。

总的说来，20世纪前半叶中国的传播学研究缺乏整体性和学科意识，显得零敲碎打。如果以今日学科化、体制化的“传播学”眼光回顾自由自在的“交通研究”，固然觉得毫无章法，但更深层次的原因还在于积贫积弱的国运和山河破碎的现实，归根结底是无暇顾及也不足以支撑此类研究[2]。

1 王怡红，杨瑞明．历程与趋势：改革开放以来的中国传播学[EB/OL]．（2014-01-21）[2022-03-10]．http://www.cssn.cn/xwcbx/201401/t20140120_948656.shtml.

2 李彬，刘海龙．20世纪以来中国传播学发展历程回顾[J]．现代传播（中国传媒大学学报），2016(1)：32-43.

（二）兴起阶段

这一阶段是1978—1982年。这一时期，中国开始实行改革开放，经济、科技与新闻等领域发生了重要变化。1978年，中央电视台《新闻联播》开播，第二年北京电视台试播，由此带动了一大批地方电视台的出现。1981年，中共中央确定了报刊广播电视的宣传方针。该方针把广播电视看作教育、鼓舞全党、全军和全国各族人民建设社会主义物质文明、精神文明的最强大的现代化工具。1982年，中国首次进行卫星通信和电视传播的试验取得了成功，新型的大众媒介作为科学技术的产物开始改变中国社会。在这一巨大的社会变革和宽松的新闻研究学术环境中，主要以新闻学为学科背景的我国早期传播研究者获得了向西方学习，积极吸取来自西方社会的新思潮、新学科和新观念的社会条件。

在这一阶段，中国发生了三次重要的与新闻改革相关的学术事件。第一次是1982年1月，中国社会科学院新闻研究所联合《人民日报》《工人日报》《中国青年报》和北京广播学院组成科研、教学和实践三结合的调查组，对北京地区的报纸、广播、电视的传播效果做综合调查，调查受众接触传媒的行为特点、兴趣偏好、对新闻报道的信任度等问题。这是中华人民共和国成立后第一次大规模以科学方法为指导进行的受众调查，研究结果发表在1983年《新闻学会通讯》第5和第6期上。1995年集结出版了《北京读者、听众、观众调查》一书。

第二次是1982年4月，传播学的创始人施拉姆受中国社会科学院新闻研究所的邀请，在香港中文大学新闻与传播系主任余也鲁教授的陪同下开始访华。他们先后在广州、上海、北京等地的大学新闻系和新闻研究机构访问，举办讲座，介绍美国的传播学研究。余也鲁就“在中国有无进行传播研究的可能”做了学术报告。《新闻学会通讯》连续几期发表施拉姆的讲座文章。

第三次是1982年11月，由中国社会科学院新闻研究所主持，在北京召开了第一次西方传播学的座谈会。这次具有“里程碑意义”的座谈会后来被称为“第一次全国传播学研讨会”。这次座谈会提出了“系统了解、分析研究、批判吸收、自主创造”的16字方针。

总的来说，这一时期的主要学术成果有张黎等翻译的《美国新闻史》（1982），它突破了“新闻史”观念，提供了媒介与社会研究的新思路。李启等翻译的施拉姆等人的《传播学概论》（1984），成为我国传播学第一部译著。另外，李普曼的《舆论学》（1984）、赛弗林与坦卡德的《传播学的起源、研究与应用》（1985）、麦奎尔与温德尔的《大众传播模式论》（1987）、德弗勒的《大众传播通论》（1989）、阿特休尔的《权力的媒介》（1989）等，也是第一次全国传播学研讨会后相继问世的颇有影响的译著。

这一时期也出现了国内传播学研究者的著述：中国社会科学院新闻研究所的《传播

学（简介）》（1983），居延安的《信息·沟通·传播》（1986），戴元光、邵培仁和龚炜的《传播学原理与应用》（1988），段连城的《对外传播学初探》（1988），吴予敏的《无形的网络：从传播学的角度看中国传统文化》（1988），陈崇山等的《中国传播效果透视》（1989）等[1]。

（三）发展阶段

这一阶段是1982—1997年。该时期，中国的传播学研究有了进一步发展。主要有以下三方面的表现。

1.受众研究取得进展

1983—1998年，《中国新闻年鉴》共统计了131次受众调查。1991年，中央电视台联合各省（区、市）电视台共同进行了全国电视观众抽样调查。调查发现全国电视观众有6亿人，居世界之冠。这是我国电视史上第一次全国性观众调查。在这一阶段，国内有代表性的受众研究成果是提出了“受众本位”的概念。在受众研究的带动下，全国出现了2000多家市场调查研究公司，境外的一些如盖洛普、尼尔逊等著名调查公司也进入了中国市场。受众调研已从传媒自己组织调查转向交由专业的调查公司进行。

2.传播学研究本土化探索

自从“系统了解、分析研究、批判吸收、自主创造”的16字方针提出来以后，传播本土化的议题都会成为全国性传播学研讨会的关注点。以1986年全国第二次传播学研讨会为例。在这次会议上，除了回顾与总结过去几年的研究成果，评价与分析国外传播学理论的新进展，与会学者还讨论了传播学研究在中国发展的前景问题。会议提出，传播学研究一定要和中国现实的新闻改革相结合才能有更强的生命力，要开展具有中国特色的新闻传播学研究。

关于传播学的本土化，存在两种观点。第一种观点认为，本土化相当于中国化，即有必要建设具有中国“专利”的传播学，通过研究中国的传播历史与现状，使传播学不至于只是“西方传播学”。持这类观点的学者认为，“传播学研究本土化”实际上包括了“传播学研究的中国化”和“传播学研究的中国特色”两种说法。

另一种观点认为，由于理论本身的普适性，一味强调本土化没有太大意义。所谓的理论本土化，实际上是理论在全球范围内的自然更替演变，任何一种理论，都具有在不同文化情境下生长与发展的潜力与适应性，一味强调理论的本土化，反而容易失去更多元化的视角与思考方式。

3.建立起传播学批判学派的研究

1979年，《国际新闻界》第1期发表了美国批判学派代表人物席勒的文章《新闻工具与美帝国》，揭开了早期传播学批判学派研究的历史。此后，关注批判学派的文章逐

1　李彬，刘海龙．20世纪以来中国传播学发展历程回顾[J].现代传播（中国传媒大学学报），2016(1)：32-43.

渐增多，并就传播学批判学派的源流、研究、方法及其与经验学派的比较进行了较为详细的研究和介绍。对传播学批判学派的研究，改变了国内传播学研究一度只关注美国传播学经验学派而忽视欧洲传统的批判性研究的状况，同时，扩展了传播学研究的知识结构，丰富了传播学研究的方法和视野。

（四）学科确立，不断探索阶段

这一阶段是传播学在中国确立学科地位、传播学研究与中国实践不断结合、研究者对中国传播学研究现状与未来发展进行深刻反思与探索的阶段。1997 年，传播学的学科地位得到了正式确立。国务院学位委员会在《授予博士、硕士学位和培养研究生的学科、专业目录》（1997 年颁布）中规定：新闻传播学为国家一级学科（学科代码为 0503）；传播学的学科层级为二级（学科代码为 050302）。20 世纪 80 年代，我国只有十几家院校讲授传播学。到了 2005 年，在教育部备案的新闻学类专业点已有 661 个，其中设有传播学专业点的有 24 个，博士点 11 个。

20 世纪 90 年代以来，随着研究的深入、国际交往的增多，研究方法的不足与研究不规范问题日益引起重视。2004 年暑期，浙江大学开办“国际前沿传播理论与研究方法”高级研修班；2005 年，复旦大学开设“中外新闻传播理论研究与方法暑期学校”；其他高校也纷纷开设类似暑期班。在这些暑期班上，祝建华、潘忠党、李金铨、赵月枝等学者传授了传播学研究的规范与方法，影响了一批传播学学者。复旦大学张国良带领博士生做的验证议程设置、知识沟、培养理论、第三人效果等系列研究，中国社会科学院卜卫及其博士生做的有关农民工文化生活等研究，则是将传播理论与研究方法、西方经验与中国实际相结合的典型。

总体来看，这一时期传播学研究的发展体现在以下三个方面。

1. 教材出版量迅速增加

传播学学科在高校设立数量不断增多也促使国内相关教材得以出版。1999 年底出现了传播学教材出版热。一些冠以传播学“导论”“引论”“概论”“总论”的书籍不断获得出版。进入 21 世纪以来，全国高校出版社纷纷出版传播学系列教材。各类以本科生和研究生为对象的传播学教材已有几百种之多。中国人民大学出版社、清华大学出版社、北京大学出版社还先后出版了英文版的传播学影印教材和论著。

2. 获批的研究项目不断增多

自 1999 年开始，国家社会科学基金项目指南里出现了传播学本土化研究、大众传播伦理学研究、对外广播电视功能与效果研究和网络传播等与国家发展密切相关的传播学研究课题。进入 21 世纪，农村大众传播研究、对外传播效果研究、传播学批判学派研究、大众传媒发展研究、传播技术发展史研究、互联网研究等项目获得了国家社科基金的资助。除了国家社科基金项目之外，还有教育部、中宣部、广电总局等部委资助的传播学研究课题，以及高校、科研院所和地方社科部门资助的课题。

3. 相关学术会议不断增多

许多院校也把传播学作为重点学科加以扶持。一些传播学学术会议的主题与国家发展密切相关。21 世纪以来，中国传播学学术活动向举办各种传播学学术会议和参加国际会议方面发展，其会议主题与国家发展问题密切相关。中国传播学会、中国社会科学院新闻与传播研究所、复旦大学、清华大学、北京大学、中国传媒大学、浙江大学、厦门大学、南京大学、武汉大学、深圳大学、兰州大学等一些科研机构与高校都积极承办和主办过各种国际与国内传播学学术会议。这些学术会议及时地反映了传播学研究的问题与社会现实需要之间的紧密结合。除了全国传播学研究的常规性学术会议之外，一些专题研讨会也不断开展[1]。

二、中国传播学学科分支及其研究成果

按照国际传播学会（ICA，International Communication Association）对传播学研究的划分，传播学科可以分为：大众传播、信息科技、电信政策、政治传播、新闻研究、传播哲学、跨文化传播、大众文化等。除此以外，不断出现和兴起的传播学研究领域还有：新媒介传播，教育与发展传播、健康传播、性别与传播、流行传播、公共关系、传播法规与政策、语言与社会互动、视觉传播、同性恋、跨性别传播等。目前国内传播学主要分支学科及研究领域有：人际传播、大众传播、组织传播、跨文化传播、公共传播、新媒体传播等。

（一）大众传播

大众传播研究是中国传播学研究的重要领域。一方面，早期的传播学研究主要关注大众传媒领域，关注新闻事业的发展与变革；另一方面，大部分传播学专业的开设都依托于原有的新闻学框架，也就更多地关注大众传媒在发展与变革中的问题。大众传播研究以媒介与信息的生产、传递与流通为中心，并成为社会与公众透视外部世界的窗口，成为政府政策传递、社会发生变革与发展信息的重要平台。

大众传播研究已经成为中国传播学研究的中心。这一研究领域的成果最为充分。特别表现在借助西方传播学理论与方法，运用统计概率、样本抽样和问卷调查等定量与定性相结合的方法，开展受众调查，结合我国的实证调查数据，进行受众研究和传播效果研究，以及运用大众媒介促进国家发展中的应用性研究等方面。

（二）人际传播

人际传播也是中国传播学研究的一个重要领域。其涉及的主题包括：人际传播基础理论、人际传播与大众传播、人际传播艺术与技巧、人际传播与健康传播、人际传播与商业传播、人际传播与言语传播、人际传播与社会心理等。2008 年 4 月，首届“中国人

1　王怡红，杨瑞明 . 历程与趋势：改革开放以来的中国传播学 [EB/OL].（2014-01-21）[2022-03-20]. http://www.cssn.cn/xwcbx/201401/t20140120_948656.shtml.

际传播论坛”在北京中国社会科学院召开。这次会议是从多学科、多视角推动人际传播研究在中国进步与发展的重要历史开端和标志性事件。

（三）组织传播

20 世纪 80 年代起，组织传播开始引入我国。1983 年，中国社会科学院新闻研究所世界新闻研究室编印的《传播学（简介）》的基本术语中提到了“组际传播”。1986 年，居延安在他的《信息·沟通·传播》一书中，专门列出一章论述“组织传播”。2002 年，中国科学技术大学科技传播与科技政策系将组织传播列为传播学硕士研究生的学位课程，并将之作为传播学硕士学位的培养方向之一。2002 年以后，厦门大学、复旦大学、上海大学、南京大学、浙江大学、上海交通大学等众多学校陆续开设了本科生或者研究生的组织传播选修课程[1]。但我国组织传播领域文献数量相对较少，研究队伍力量较弱，研究方法还比较单一，缺乏对自身领域的深度思考，更缺乏对相关学科研究方法、研究范式和思维方式的整合和内化。

（四）跨文化传播

跨文化传播研究起源于 20 世纪 50 年代的西方社会。美国人类学家爱德华·霍尔于 1955 年首次将 intercultural 和 communication 并置，从人类学视角奠定了今天被称为“跨文化传播学”的学科基础。我国跨文化传播研究兴起于 20 世纪八九十年代。由于全球化、全球市场、传播科技、人口流动等影响，传播被用来促进不同文化之间的相互理解，在文化与文化间进行传播。在这一研究环境里，跨文化传播具有了更多的发展需求。

在跨文化传播研究初期，外语教学和国际关系学者为其主力，他们将相关国外理论著作陆续译介到中国，做出了有重大价值的实践探索和学科建设工作。在引介西方著述之外，中国学者有本土特点的著作也陆续出现，包括段连城的《对外传播学初探》（1988 年）、胡文仲主编的《跨文化交际与英语学习》（1990 年）、关世杰的《跨文化交流学》（1995 年）、贾玉新主编的《跨文化交际学》（1997 年）、孙英春的《跨文化传播学导论》（2008 年）、《跨文化传播学》（2015）等。

虽然中国知识界对跨文化传播学的学术边界还没有统一的定论，但这并不妨碍跨文化传播研究的理论与话语在中国学术和社会实践中的渗透及其重要的参考价值。当前，中国对外、对内的跨文化传播实践日益广泛深入，中国社会文化迅速发展变迁，更为跨文化传播学在中国的拓展提供了绝好的“问题场域”与实践途径。

（五）新媒体传播

20 世纪 70 年代中后期，信息社会的主要概念和信息理论在欧美兴起。其于 80 年代传入中国后，在 90 年代有了更大的发展。随着美国倡导开创信息高速公路，中国互联

1　胡河宁 . 中国组织传播研究源起、脉络与发展 [J]. 新闻与传播研究，2008，15(6)：40-50.

网开通，中国社会科学院新闻与传播研究所出版了《大众传播与信息高速公路》一书。这是传播学界率先关注互联网对中国社会及其大众传播产生可能性影响并进行学术探索的成果。按照谭天等的观点，中国新媒体传播研究的发展大体分为三个阶段：起步阶段（1986—2005）、探索阶段（2006—2010）、升级阶段（2011—2015）[1]。

纵观近几年新媒体研究发展，可以分为以下八个领域。

第一，短视频研究。该领域聚焦直播营销、著作权保护、影响及使用者研究、对外传播形象构建四类热点，在传播模式架构及价值分析、视频二次搬运的合法性、环境与群体使用、国家形象建构路径等方面进行了相关研究。

第二，媒体融合研究。该领域重点关注深度融合的系统化布局、新闻形态与应用情景变化、县级融媒体中心实践路径的可行性。

第三，舆论舆情研究。该领域重点研究突发事件、国际舆论及“舆论战”、后真相传播、舆论与情感关系、新现象的定性以及舆论影响因素等方面。

第四，文化与信息内容传播研究。该领域主要研究“粉丝”与媒体共构的社会场、主旋律影视的内容与审美特色、新媒体与传统文化的融合与张力等文化传播主题，以及信息呈现态势、报道创新等信息内容传播主题。

第五，思想理论研究。该领域主要探索应用跨学科理论推动实践进展；结合新技术、新场景、新实践，作出新理念、新概念、新话语的理论阐释，推动研究进展。

第六，技术创新应用与效果研究。该领域围绕人工智能催生的传媒业态、智能技术伦理、区块链与价值互联网构建、元宇宙与新闻传播等领域开展研究。

第七，公共卫生与健康传播研究。该领域在传播主体作用、技术与健康传播、话语内容建构、新技术渠道选择以及健康传播策略研究等方面，作出了有新意的探索。

第八，新媒体治理研究。该领域从自然、技术、社会、网络环境等角度认识信息传播治理，围绕智能、算法、乡村、平台、资本等话题展开治理问题探索。

反思近年来新媒体传播的相关研究，总体上呈现出新的特征、趋势，也显露出一些具有代表性的问题。

第一，应用研究占据量的优势，丰富了案例研究资料，但如媒体融合、新技术应用等方面的不少研究缺乏问题意识，流于经验记录和总结，大量“某某现状、问题、对策、机遇挑战、模式”等经验式套路化研究，表现出堆砌数据和缺乏学理支撑的苍白，有的且属重复发表，无新意可言。

第二，理论研究的外部取向与应用研究的本土取向共现研究两极化关注，跨学科研究的视野有拓宽，但在传播形态、治理等方面，国内外对比研究需要加强，学界和业界各说各话的问题仍待解决。

---

1 谭天，夏厦，刘睿迪．中国新媒体研究发展回顾及展望 [J]. 新闻爱好者，2017(9)：35-40.

第三，理论自觉和创新意识增强，如在中国特色新媒体传播思想理论建构方面，新概念、新话语、新理念的阐释与探索更趋深入。对于经典新闻传播学理论延展性和反思话题的讨论与关注度有所增加，但研究尚待深入和持续。

第四，专注于数据与实证方法的教条主义有所改观，文献、思辨、田野调查、历史研究等多元研究方法的渐趋汇融，为区分研究现象特点、把握共性提供了新的思路。

第五，参与现实前沿研究的意识增强，但诸如内卷化、智能伦理、元宇宙等热点研究，仍须摆脱臆想、预测逻辑和想象性结论。深入融合学理和实践，发现研究真问题，拓宽研究视野，展现有价值的思索，使研究朝着更为科学、客观、务实的方向发展，都是未来研究改进的重点。[1]

三、中国传播学研究现状

传播学引入中国40余年，其学科在国内的发展，从无到有、从小到大，时至今日，已经处在比较成熟的阶段。无论院系数量、师生规模、成果质量还是社会影响，在国内的人文社会科学领域，都达到了平均水准以上[2]。

（一）研究现状

21世纪以来，中国传播学专业进入持续发展阶段。数据显示，2020年12月，全国普通高校传播学专业本科毕业生规模为4000～4500人。郝洁等人从研究主体、研究方法、研究领域和视野、本土化研究等角度总结了目前中国传播学研究的现状。

1.研究主体

由于传播学出现的背景不同，我国早期传播学研究者的知识背景与西方发达国家尤其是美国的研究者有很大区别，以中文、新闻、出版等为主，而非社会学、政治学、心理学等传统社会学科，主要工作是引进和翻译论著。近年来，学者的研究持续性更强，传播学核心研究群体更加专业。另外，海归留学派了解了国外前沿的研究成果，接触了大量的外文文献以及国外同行的研究方法、研究领域。相对于研究结果，他们更加关注研究过程是否科学、规范，既带回了新的视野，也带回了新的学术方法。

2.研究方法

传播学研究方法分为两类，即定性研究和定量研究。其中，定量研究是目前世界各国传播学界普遍采用的方法，被认为是能够避免或减少主观判断的现代社会科学研究方法。在我国，大部分学者的研究取向以实证研究为主，对研究资料获取便利的内容分析的研究也很重视，而在批判研究中则以历史及文本的分析为重点。

3.研究领域和视野

传播学最初传入我国时，研究领域和视野较为单一，随着传播学在我国的进一步发

1　孟威．2021年新媒体研究的热点、新意与趋势[J].新闻与传播研究，2022(1)：10-14+50.
2　张国良．中国传播学的不惑之惑——写在传播学引入中国40年之际[J].现代传播，2021(2)：30-35.

展，这种单一的状况有所改善。已经出版的传播学著作包含大众传播、组织传播、人际传播三大研究层次，而且还涉及大量的分支化研究，传播学逐渐成为一门完整的学科。

4.本土化研究

传播学是外来之物，因此，没有学科的历史基础是中国传播学发展面临的一个严峻问题。陈韬文曾经把“传播学本土化”概括为三个层面：一是简单的移植，将外来的理论直接应用于本土社会；二是依据本土社会的特殊性对外来理论作补充、修订或否定；三是构建基于本土社会的原创理论。就目前的研究现状来看，比较成功的经验就是真正以中国文化为背景，对西方传播学理论进行合理的吸收采纳，而不是一味照搬西方传播学的理论和研究框架。[1]

（二）面临的转变

随着新媒体对社会影响的增强，大众传播中“大众”的说法应被“媒介”所替代。这里的“媒介”不再是报刊、广播、电视等，而是互联网传播形态。这种“媒介”具有了传输和检索大规模信息的能力，内容的生产和选择权被下放到用户手中，用户个体都有机会成为内容供应者，展现出其去中心化的趋势。由于网络带宽速度的提高和接收端的便捷，用户能够以更低的成本生产传播内容。这些传播的状况不断破坏着原有大众传播的根基。需要把研究重心转移到互联网传播方面来，不能再把大众传播作为教学和研究的主体。新媒体的冲击催生了新的传播形态和传播环境，旧的中心化的大众传播体系开始瓦解，需要对那些在旧的传播体系土壤中培育出来的传播理论、假设进行重新审视。

例如原来阐释大众传播现象的“议程设置论”已经不能完全解释互联网传播现象，但“议程设置”的理念启发了新的研究。在2014年发表于《新闻与大众传播季刊》的论文《探索“外部世界和我们头脑中的图景”：网络议程设置研究》中，作者就借用神经科学的最新研究成果，提出第三层议程设置模型。目前，我国的传播学研究很少有类似从中观以上层面对原来的传播学理论做出修正的成果，而多限于对各种最新传播形态“特征”的描述。

再如培养理论，它的基本假设是：电视媒体构建了一个连贯的内容系统，出于经济因素的考量，媒介有选择地在一个较长的时间段里将话题限制在某一领域，可以培养出公众对某方面的兴趣。在新的媒体环境下，传播内容更加多样、多维，网民的选择权越来越大，诸如培养理论的传播效果也随之减弱。但在用户自主选择某些特定话题的条件下，无形的培养效果甚至会更强，更偏向于选择与既有观点或偏见相似的信息，把自己置于一种自我强化的观念框架内[2]。

1 郝洁，武晓芳，张晓曼，等．传播学在中国的发展和研究概况[J].新闻研究导刊，2021，12(3)：96-97.
2 陈力丹，宋晓雯，邵楠．传播学面临的危机与出路[J].新闻记者，2016，(8)：4-9.

思考与练习

一、单项选择题（在下列每小题列出的四个备选答案中，只有一个是符合题目要求的，请将其选出，并将选项前面的代码填写在题后的括号内。）

1. 批判学派可以追溯到 （ ）

A. 霍夫兰学说　B. 功能主义　C. 信息论　D. 法兰克福学派

2. 在达尔文的著作中，对传播学学者影响很大的一本书是 （ ）

A.《物种的起源》　B.《人类和动物的表情》

C.《植物的运动力》　D.《人类的起源和性选择》

3. 社会心理学模仿理论的创始人是 （ ）

A. 孔德　B. 苏美尔　C. 涂尔干　D. 塔尔德

4. 最早研究群体对个人行为的影响的社会心理学家是 （ ）

A. 齐美尔　B. 孔德　C. 塔尔德　D. 涂尔干

5. “初级群体”概念的提出者是 （ ）

A. 杜威　B. 帕克　C. 库利　D. 米德

6. “镜中我”概念的提出者是 （ ）

A. 库利　B. 米德　C. 塔尔德　D. 帕克

7.《世界大战中的宣传技巧》一书的作者是 （ ）

A. 卢因　B. 米德　C. 霍夫兰　D. 拉斯韦尔

8. “把关人”概念的提出者是 （ ）

A. 塔尔德　B. 帕克　C. 卢因　D. 拉斯韦尔

9. “拟态环境”概念的提出者是 （ ）

A. 拉扎斯菲尔德　B. 李普曼　C. 霍夫兰　D. 帕克

10. 1943 年，创办了世界上第一门大众传播博士课程的学者是 （ ）

A. 李普曼　B. 拉斯韦尔　C. 卢因　D. 施拉姆

11. 霸权理论最早的提出者是 （ ）

A. 默多克　B. 霍尔

C. 葛兰西　D. 格尔丁

12. 传播学在中国发展的萌芽期是 （ ）

A. 19 世纪末期　B. 20 世纪 80 年代

C. 20 世纪初到 60 年代　D. 20 世纪 90 年代

13. 传播学批判学派关注的是 （ ）

A. 如何传播　B. 传播方法　C. 为何传播　D. 传播什么

14. 传播学的诞生地是　(　)

A. 英国　B. 美国　C. 德国　D. 日本

15. 传播学批判学派的直接策源地在　(　)

A. 英国　B. 美国　C. 德国　D. 日本

16. 传播学经验学派对传播现状的基本态度是　(　)

A. 肯定　B. 否定　C. 中立　D. 批判

17. 20世纪70年代末起，多次到我国访问并带来了有关传播学信息的学者是　(　)

A. 施拉姆　B. 卢因　C. 拉斯韦尔　D. 霍夫兰

18. 传播学批判学派正式登上学术舞台的时间是在20世纪的　(　)

A. 50年代　B. 60年代　C. 70年代　D. 80年代

19. 中华人民共和国成立后第一次大规模以科学方法为指导进行的受众调查是在　(　)

A. 1982年　B. 1979年　C. 1980年　D. 1994年

20. 1982年，哪一位传播学学者受中国科学院邀请来到中国举办讲座？　(　)

A. 李普曼　B. 拉斯韦尔　C. 卢因　D. 施拉姆

21. 中国传播学的兴起阶段是在　(　)

A. 20世纪五六十年代　B. 20世纪七八十年代

C. 20世纪八九十年代　D. 21世纪初

22. 中国传播学的发展大致可以分为　(　)

A. 两个阶段　B. 四个阶段　C. 六个阶段　D. 八个阶段

二、多项选择题（在下列每小题列出的四个备选答案中，有二至四个是正确的，请将其选出，并将选项前面的代码填写在题后的括号内。）

1. 对传播学在欧洲的发展产生重要影响的理论有　(　)

A. 进化论　B. 马克思主义　C. 多元智能理论　D. 精神分析论

2. 以下哪些概念是由库利提出的？　(　)

A. 初级群体　B. 自我与客我　C. 镜中我　D. 意见领袖

3. 以下哪些是经验学派的代表人物？　(　)

A. 拉斯韦尔　B. 霍夫兰　C. 帕克　D. 阿多诺

4. 以下哪些是批判学派的代表人物？　(　)

A. 阿多诺　B. 库利　C. 杜威　D. 霍克海默

5. 政治经济学派的代表人物有　(　)

A. 默多克　B. 霍尔　C. 莫利　D. 格尔丁

6. 传播学批判学派的研究，大致有三个方向，即　(　)

A. 意识形态　B. 政治经济　C. 文化理解　D. 研究方法

7. 传播学批判学派关心的问题可以概括为 ( )
A. 对谁传播 B. 传播什么 C. 为什么传播 D. 谁控制传播
8. 拉斯韦尔认为传播在社会中的功能有 ( )
A. 环境监督 B. 社会协调 C. 文化传承 D. 提供娱乐
9. 下列哪些是文化研究学派的代表人物? ( )
A. 默多克 B. 霍尔 C. 莫利 D. 格尔丁

三、名词解释

1. 批判学派
2. 施拉姆
3. 李普曼
4. 卢因
5. 说服研究
6. 经验学派
7. 弗洛伊德
8. 齐美尔
9. 杜威
10. 库利
11. 米德

四、简答题

1. 传播学诞生的条件有哪些?
2. 概述经验学派与批判学派在研究方法上的差异。
3. 霍夫兰对传播学的主要贡献是什么?
4. 弗洛伊德的精神分析理论对传播学的影响主要体现在哪几个方面?
5. 马克思主义和批判学派对传播学的影响主要有哪几个方面?
6. 拉扎斯菲尔德对传播学的贡献有哪些?

五、论述题

1. 批判学派是怎样看待大众文化及其与大众媒介的关系的?请概述其主要观点,并谈谈你对这种批判的看法。
2. 为什么说芝加哥学派对传播学理论和相关研究作出了重要贡献?
3. 试论述马克思主义与批判学派的关系。
4. 为什么说卢因对传播学的发展作出了积极贡献?

六、案例分析题

1. 第二次世界大战期间，霍夫兰受美国军方指派成立研究小组，以实验心理学的方法研究军事教育影片《我们为何而战》对军人的影响。《我们为何而战》系列片的传播对象是美国军事机构中的新兵。为了评估这些影片的效果，霍夫兰和他的研究人员设计了一面理信息与两面理信息、恐惧呼吁的影响、信源可信度的效果等实地实验。这些研究构成了霍夫兰的“说服性传播”效果研究。

试分析：霍夫兰领导的“说服性传播”效果研究对传播学的理论发展产生了什么影响。

2. 1940 年的美国总统大选过程中，拉扎斯菲尔德召集了一支庞大的研究团队赶赴俄亥俄州的伊里县，对当地的选民进行了大量的走访调查。这次调查从 3000 名选民中选出了 600 人组成的研究样本，调查时间共持续了 6 个月。

试分析：伊里调查对于传播学产生了什么影响？

参考答案

扫一扫　看视频

CHAPTER 4
第四章
传播技术的发展与媒介理论的演进

媒介作为传播学的核心概念之一，在人类传播中起着非常重要的作用。若没有语言和文字作为媒介，人类就无法跨越原始动物传播的阶段；若没有机械印刷与电子技术，就不可能有近现代的大众传播以及今天的信息社会。传播技术的发展与社会变革密切相连，并在社会发展进程中产生了多方面的影响。

第一节　人类传播技术的发展阶段

人类传播真正意义上的开端得益于语言的产生。正是由于语言的出现，人类得以正式踏入传播这一漫长的进程。由于传播的过程离不开媒介的运用，因此，根据媒介的产生和发展，本章将人类传播活动主要分为以下五个发展进程：口语传播时代、文字传播时代、印刷传播时代、电子传播时代和网络传播时代。值得注意的是，这个传播发展的进程并不是依次被取代的过程，而是各种媒介依次累积、愈加丰富的过程。同时这个进程也是使得社会信息系统不断进步的过程。

一、口语传播时代

作为人类传播活动的第一阶段，这一阶段主要从原始社会开始直至文字的出现而收尾。简单地说，就是从人开始用口语表达到用手写字这一阶段。有研究认为，口语表达最初是通过以不同声音为身边事物命名开始的。比如，人类如何将自己和同类称为“人”，又如何将木本植物称为“树”等。基于这些归纳分类，以前看似混沌的世界逐渐变得清晰且有条理。

语言其实是人类进行劳动生产与社会协作过程中的产物。著名学者伽达默尔认为语言本身是一种世界观。正是因为语言的产生，人类才拥有了其他生物不曾拥有并且如此丰富的“语义世界”。由此可见，口语作为最初将声音与身边不同事物相连接的符号，逐渐在人类认识和改造世界的过程中变得抽象，成为真正能表达复杂含义的系统。

毋庸置疑，口语的产生与运用加速了人类社会进步的过程。哪怕是在当今社会，口语的重要性仍不可小觑。尽管被视为人类最基本、最灵活和最常用的传播方式，口语在使用中仍具有一定的局限性。首先，口语依赖于人体本身的发声系统，由于受到体能的限制，口语无法进行长距离传播。其次，基于口语使用音声符号的特性，口语在传达过程中转瞬即逝，仅能依靠人的记忆力将其信息进行保存。由此可见，口语的使用受到时间和空间的限制。

实际上，在主要使用口语进行传播的时代，也存在着其他早期的体外媒介。例如使用约定俗成的物品来交换信息，使用结绳或其他符号等记录关键事件或交易情况等。这些早期传递信息的媒介已经在慢慢贴近于文字的功能，并试图把信息传递推向另一个更长远和持久的高度。

二、文字传播时代

如果说语言的出现使人摆脱了原始动物的状态，那么人类传播史中第二个重要事件——文字的产生，则将人类社会推向更高的文明。

文字实质上是基于结绳及原始图形等符号进一步发展而来的。历史上，诸多国家都有通过结绳来记事的案例。例如，我国古代《易经·系词下》中有关于上古时期结绳的记载，日本历史上曾出现过的“绳文时代”，以及印加古国曾创造的结绳记录的体系等。除了结绳的使用，人类也通过原始图形来传递信息，如旧石器时代晚期开始，人类使用简单的图形和绘画来对自然界以及自身的认识进行记录和传递。随着时间的不断推进，人类所使用的图形也逐渐从具象转为抽象。也正是这种象征性图形的不断运用促使它们越来越贴近于真实的文字。

关于文字产生的时间，大部分学者推断是在公元前3000年左右。英国学者巴勒克拉夫认为正是在这个时间段产生的文字，成为人类文明发展史上根本性的事件。文字的发明使得人类关于行政的信息得以留存，并能传向更加偏远的地方，这也使得中央政府能将数量庞大的人口组织起来，此外也提供了使知识世代相传的手段。

与口语传播阶段相比，文字的产生使得人类传播在时间和空间上都产生了巨大变革。首先，文字的产生克服了口语传播转瞬即逝的缺陷，通过文字记录将信息和内容长久保存下来，而不再过分依靠人类大脑的记忆能力；其次，文字可以将信息传递到距离更为遥远的地区，打破了口语传播在空间上受到的限制。此外，文字的产生也使得人类文明的传承有了切实可靠的依据。因此，文字的出现作为传播史上重要的一笔，它也推动了传播媒介的不断进化。就汉字传播而言，从较早的石器、青铜器，到甲骨、竹简，再到纸张等，文字的载体愈加轻便，信息的传递也愈加便捷。伴随着人类活动的不断扩展，道路、邮政等系统的不断完善，文字得以在更广泛的范围内传播，从而推动了以文字为核心的信息体系的形成，同时也推动了经济发展及政治文化交流。

三、印刷传播时代

在人类发明文字以后，传播的发展其实经历了较长的手抄阶段。这一阶段传播的效率较低，主要体现为规模小且成本较高。若想将一本著作抄写多册，就需要耗费大量的时间和人力。正是因为此阶段文字作品很难得到大规模生产，人们受教育程度普遍较低，所以文字在这一阶段主要被政府、统治阶级所掌控。直至印刷传播时代的来临，这样的局面才有了一定改善。

印刷传播时代的到来实际得益于纸张和印刷术的产生。就纸张和印刷术这两个发明而言，中华民族对世界文明的贡献不容小觑。早在东汉时期，蔡伦就利用破布、树皮等材料制造出纤维纸。到唐代，中国已经出现了雕版印刷技术。到了宋代，毕昇发明了胶泥活字印刷术。元代和明代，中国出现了木、锡、铜等多种材质的活字。正是这些技术的产生，使得人类在大范围内对信息进行批量生产成为可能。直至 15 世纪 40 年代左右，德国匠人古登堡创造的金属活字排版印刷以及印刷机标志着印刷传播时代进入新纪元。此外在工业革命的推动下，印刷技术从最初的人力迈向机械和电力技术的阶段。

在施拉姆看来，书籍以及报刊与欧洲的启蒙运动不可分离。报纸作为媒介参与了 17—18 世纪所有的政治运动。书籍在人们渴求知识时，使公共教育成为可能。当人们对权力分配感到疑惑时，报纸以及后来出现的电子媒介使他们能够了解并参与到政府事务中。由此可见，印刷媒介对社会政治的变革起到了推动作用。除此以外，印刷行业的日益壮大对社会经济和文化产业的发展也起到了推动作用。

四、电子传播时代

谈到电子传播时代，就不得不提及美国人塞缪尔·莫尔斯在 1837 年发明的世界第一台实用电报机以及 1844 年美国开通的史上第一条电报线路。自第一封电报发送以来，电子传播时代得以迅速开启，因为其突破了不能在短时间内进行远距离传播的限制，所以信息传播较之前变得更为便捷。在电报产生之前，信息传递的速度基本上与物资的流通速度是差不多的，原因是信息的传递也依赖于交通运输。

电子传播媒介可分为有线和无线两类。有线电子传播媒介始于最初莫尔斯发明的有线电报以及此后贝尔等人发明的电话，再到后来陆续出现了有线广播、有线电视和计算机通信等。无线电子传播媒介的产生则是从 1895 年意大利人马克尼发明的无线电通信开始，到之后的无线电报、无线广播、无线电视、移动电话和无线网络。众所周知，电子传播是基于电子信号的传输而达成的。在 20 世纪中后叶，电子信号由模拟方式向数字方式发展。模拟信号与数字信号的区别在于：前者的电子信号是通过与时间相照应的、持续的电压或电流的改变来呈现的，在传播中容易受到噪声的干扰，会对信息的保真度造成影响；而后者的电子信号是通过电压的有无，即使用数字 0 和 1 来呈现的，信息保真度较高，并且数字压缩技术在与其他技术配合的基础上能实现更多信息的传播。

电子传播媒介不仅突破了信息传播在传播空间和传播速度上的限制，还在人类的社会信息系统发展过程中产生了其他积极的影响。首先，电子传播媒介使得声音和影像能够得到复制和保存。其次，电子传播技术的产生与发展推动了计算机的诞生。正是由于这项先进的发明能在一定程度上以更快的速度、更高的精度执行信息处理、储存及传输等功能，因此它对人类社会的影响意义非凡。最后，电子传播技术的发展尤其是数字技术的进步更加促进了人类传播媒介的融合。数字传播技术不同于以前报纸、书籍等功能较为单一而无法相连接的传播形式，将文字、画面及影像等整合在一个相互关联的系统中。

五、网络传播时代

20 世纪 90 年代以来，随着科技的不断进步，互联网的规模不断扩大，计算机信息网络成为世界上规模最大、最流行的网络。简单来说，其打破了地缘政治、地缘经济和地缘文化传统意义上的概念，构建了一个不再受地理位置、语言及文化所限制的全新的虚拟空间。

美国传播学学者将大众媒介定义为“使用一种媒体的人数达到整个国家五分之一的人口”。以美国 5000 万人为使用界限，互联网在远少于有线电视、广播等的时间内达到了此标准，因此被视作继报刊、广播、电视之后的第四大传播媒体。

网络传播被学者视为“以多媒体、网络化、数字化技术为核心……是现代信息革命的产物”[1]。进入网络传播时代以来，传播的深度和广度等界限被打破。首先，传播既可以通过面对面进行，也可以通过点对点进行。具体来说，信息在互联网上既可以面向多名用户进行大众传播，也可以针对单个用户进行点对点的人际传播。这种传播方式突破了人际传播与大众传播的局限。其次，在网络传播时代，由于网络用户享有主动选择权，能够主动地选择和传递信息，传统信息传递中的“把关人”角色以及“议程设置”等传播形式受到前所未有的冲击。由于信息不再完全受到传播者的控制，传统媒体中有着重要地位的传播者不再具有像从前一样的地位，因此社会控制趋向也逐渐弱化。最后，网络传播融合了信息传播的多种方式。网络传播通过调动文字、声音、影像等方式，在加强了传播效果的同时，也丰富了信息数据库，推动了信息传播方式的发展。

第二节 媒介理论的演进

什么是媒介？这个传播学研究过程中看似简单而基本的问题，却似乎并不能那么轻易地被回答。由于媒介研究的范畴本身较为宽泛，媒介蕴含的意义以及向外的延展都颇为丰富，以至于想要真正理解其性质和特征，就不单需要考虑到其本身作为信息传递的载体，还需要考虑到其所牵涉的人类社会关系中的各个方面，因此我们需要从不同视角

---

1 匡文波．论网络传播学 [J]. 国际新闻界，2001(2)：46-51.

以及不同层面进行解析。

一、英尼斯的媒介理论

英尼斯（1894—1952，图 4-1）作为加拿大传播学派鼻祖，不仅是媒介学家，同时也是经济历史学家。20 世纪 50 年代，英尼斯执教于多伦多大学，教授有关经济史和经济理论的课程[1]。经济学的视角为他打开了从皮毛、木浆、纸张等大宗商品的研究到传播媒介研究的通道。英尼斯的多学科背景使他对媒介有着独到的见解，他的著作《帝国与传播》和《传播的偏向》早在 2003 年就被译成中文出版。译者何道宽解释道，英尼斯所研究的传播是“媒介的发轫、流布、变异、互动、特质、偏向”[2]。在英尼斯关于传播学的著作中，较为出名的传播媒介理论主要包括“媒介决定论”和“媒介偏向论”。

图 4-1　英尼斯

（一）媒介决定论

如今，我们普遍认为媒介是信息传递过程中的载体，如报刊、广播、电视等。而对于英尼斯来说，媒介不仅是技术进步的一种产物，也是与文明的发展和进步相关的关键性要素。在他看来，媒介的范畴非常广泛，不仅包含“莎草纸、黏土、石板、报纸、广播、字母表、法律、戏剧等”，甚至还包含“图书馆、金字塔、修道院”等[3]。媒介并非被动地传递人们所需要的信息，在推动文明进步过程中发挥的作用不容小觑。

英尼斯认为媒介本身对“社会形态”和“社会心理”都产生了深刻的影响。“一种媒介经过长期使用之后，可能会在一定程度上决定它传播的知识的特征。也许可以说，它无孔不入地影响创造出来的文明……一种新媒介的长处，将导致一种新文明的产生。”[4]

1　汤文辉．敞明与遮蔽——论麦克卢汉对英尼斯媒介理论的阐释及传播[J]．文化研究，2011：328-337．

2　哈罗德·伊尼斯．帝国与传播[M]．何道宽，译．北京：中国人民大学出版社，2003：6．

3　汪旭．哈罗德·英尼斯传播批判思想研究[D]．湘潭：湘潭大学，2019．

4　丹尼尔·杰·罗切斯特．传播媒介与美国人的思想——从莫尔斯到麦克卢汉[M]．曹静生，等译．北京：中国广播电视出版社，1991：177．

（二）媒介偏向论

基于英尼斯所处的时代，他的传播学研究秉持一定政治和道德立场，他的视角立足于加拿大政治和经济地位，对第二次世界大战后美国文化上的倾倒以及经济上的霸权具有一定批判色彩[1]。受相对论的影响，英尼斯冲破了将时间和空间作为相互绝对孤立概念去理解的框架，而是选择将媒介、时间、空间作为统一的整体去解析，并照此来阐述“媒介以及其所承载信息对每个民族、文明及帝国的影响”[2]。

英尼斯把媒介分为两大类：有利于空间上扩张的媒介和有利于时间上延伸的媒介。正是由于他将媒介区分为“时间偏向”和“空间偏向”两个类别，媒介偏向论成为他整个理论的核心与基石。在他看来，“所谓媒介或倚重时间或倚重空间，其含义为：对于它所处的文化，它的重要性存在一定偏向”[3]。倚重时间的媒介，性质耐久，如羊皮纸、黏土、石头等。此类媒介承载的文字更加利于保存，适合将知识在时间上传播。但又由于这种媒介的笨重、不便于携带和运输、不容易生产等特征，其不利于在空间上进行传播。倚重空间的媒介，耐久性较为逊色，质地较轻，从而便于远距离运输，如莎草纸、中国纸等，这类媒介更加适合知识的横向传播，而不是纵向传播。正是由于媒介具有偏向性，不同文明在传播时往往产生一定的时间或空间上的偏向。

在英尼斯看来，倚重空间的媒介更适于针对广阔区域进行的治理与贸易……并且此类媒介也有助于集中化[4]。当考虑到帝国时，他提出需要克服媒介在时间和空间上的偏向，不要过分倚重单一方面。英尼斯著作中所指的“帝国”，本质上包含两层意思：一是“作为政体的大型国家”，二是“大型的政治组织”[5]。前者可以理解为国家或文明，后者则可以理解为各种政治或宗教组织。在《帝国与传播》一书中，他谈及众多“帝国”，既有被人熟知的国家和文明，如古埃及、古巴比伦等，也有如苏美尔、马其顿等不被人所熟知的文明。基于对不同国家和文明的理解，英尼斯从传播学视角出发，对帝国的治理进行进一步区分，将其主要分为时间偏向和空间偏向两类，可以理解为“时间的传承”和“空间的控制”[6]。他认为时间偏向的国家或文明，往往重视历史的承继及道德的价值，能在时间上进行传承。空间偏向的国家或文明，则更注重自身版图上的扩张和征服。并且历史上的文明也都试图采用各种方法来进行空间上的扩展和时间上的延续。

除此之外，英尼斯在著作中向人们阐述了社会信息与知识占有情况如何决定权力分布和组成，以及技术更新迭代如何促进社会的进步与发展[7]。他认为在媒介资源较为稀缺的时代，那些更能靠近或获取信息的人正是有权力的精英阶层，他们垄断了时间或空间

1 杨富波．麦克卢汉媒介理论研究[D].长春：吉林大学，2007.
2 孟林山，赵永华．英尼斯传播偏向理论的拓展：基于对媒介哲学本质的思考[J].国际新闻界，2021，43(7)：125-138.
3 哈罗德・伊尼斯．传播的偏向[M].何道宽，译．北京：中国人民大学出版社，2003：27.
4 杨富波．麦克卢汉媒介理论研究[D].长春：吉林大学，2007.
5 哈罗德・伊尼斯．帝国与传播[M].何道宽，译．北京：中国人民大学出版社，2003：6.
6 孟林山，赵永华．英尼斯传播偏向理论的拓展：基于对媒介哲学本质的思考[J].国际新闻界，2021，43(7)：125-138.
7 陈晓洁．媒介环境学视阈下文学与媒介之关系研究[D].济南：山东大学，2012.

上的媒介，也阻断了知识或文化民主化传播的过程。而容易被接触或理解的媒介则能被更多人共享，从而推动知识民主化的进程。这样来看，技术的革新一定程度上扩大了知识的影响面，也推动了社会的进步。

二、麦克卢汉的媒介理论

麦克卢汉（1911—1980，图 4-2）和英尼斯被称为“多伦多双星”。作为多伦多学派代表人物之一，麦克卢汉的代表作有《机器新娘》《古登堡星汉》《理解媒介》《媒介即讯息》等。他的文本表达方式是使其受到争议的因素之一，其核心观念包括“媒介即讯息”“媒介延伸论”以及“冷媒介”“热媒介”等。

图 4-2　麦克卢汉

（一）媒介即讯息

不管其他媒介环境学者的观念如何精练，“媒介即讯息”作为麦克卢汉“最核心的洞见”被认为更能代表媒介环境学的主张。在其著作《理解媒介》中，麦克卢汉提出：“任何媒介（人的延伸）对个人和社会产生的影响都由新尺度产生，人类的任何延伸或称为技术的革新，都会在人类事务中引入新尺度。”[1] 在他看来，传播中最本质的事物不在于内容，而在于媒介本身，任何媒介都会作用于人的心理并产生一定的影响，而这种影响与媒介所传递的内容没有关联，是媒介自身在影响着社会。

在较为传统的观念中，媒介被认为是一种形式，作为载体和工具，它是消极而静态的。而麦克卢汉则认为媒介是积极且能动的，并赋予其形式独立的存在性。因为在他看来，媒介自身作为信息具有一定的传播价值[2]。

在大众传播时代，学者对于此理论褒贬不一。对该理论的批评包括认为麦克卢汉过分强调了媒介技术，而忽略了人作为传播主体的主观能动性；还有人认为内容控制在传

1　马歇尔·麦克卢汉．理解媒介：论人的延伸[M]．何道宽，译．南京：译林出版社，2003.
2　束凌燕，耿磊．麦克卢汉媒介理论在网络时代的新发展——读《理解媒介》[J]．新闻世界，2010(1)：124-125.

播内容层面所扮演的重要角色不应被忽略。实际上，“媒介即讯息”本身就是一种夸张化的表述，其实质是用较为极端的表达，以期在当时的理论界引起学者对媒介的重视。对于媒介承载的内容的重要性和价值，作者并未完全将之抹杀。麦克卢汉强调，虽然“媒介即讯息”而非“内容即讯息”，但他并没有否认内容自身的价值，只是说明内容所扮演的角色为配角罢了。

（二）媒介延伸论

麦克卢汉的“媒介延伸论”与“媒介即讯息”一脉相承。在麦克卢汉的《理解媒介》一书中，他重视和强调对于媒介性质的理解。媒介的性质究竟是什么？麦克卢汉认为：“一切媒介都是人的延伸，它们对人及其环境都产生了深刻而持久的影响。这样的延伸是器官、感官或曰功能的强化和放大。”[1]之所以使用“延伸”这一词，实际是更为形象地描述人类通过技术发明突破作为“自然人”存在的极限，从而获得对世界的把控能力。在他看来，讯息传递所触及的深度和广度由技术所决定，这同时也对编码与译码者产生了一定影响。在这种机械化传播的进程中，人在狭义范围中的主体性随之消失，媒介从而成为人的延伸，值得一提的是，技术在整个过程起了主导作用[2]。麦克卢汉认为人工环境及人工技术作为人的延伸，不应当被认为是冰冷存在的外在力量。《理解媒介》这本著作大致把媒介的“延伸”分为三类：第一类为人肢体的延伸，例如锤子作为肩臂的延伸，衣服作为皮肤的延伸，帮助我们完成了肢体所无法完成的事；第二类是感知水平上的延伸，例如收音机作为听觉的延伸，语言作为人的感知和思想的延伸，帮助我们将心之所想进行表达；第三类是基于中枢神经系统的延伸，这专指他所定义的电力技术，电脑和互联网则是最为典型的实例。凭借这种对媒介的动态思考，麦克卢汉认为媒介作为人肢体、感知、中枢神经系统的延伸，是被人发明的，并且始终处于变化中。因此媒介的范畴变得更加广泛，包括任何发明和思想观念等。

麦克卢汉认为媒介本质上利用了人的通感机制，重新塑造了人的感知系统，无论其所承载的内容如何，媒介作为“容器”才是促成人潜意识形成的关键要素。当作为“容器”的媒介所承载的众多显在信息装满人的脑袋时，人们便过于关注显在信息，而忽略了容器本身对人的影响。而把媒介本身比作容器，往往会让人误认为媒介的性质为中性，但其实它是作为构建人类自身感知以及对世界认知的过滤器存在的。麦克卢汉进一步把媒介这种固有的使人意识麻木的现象阐述为“麻木性自恋”。这种现象的产生可理解为新媒介在没有判断的情况下诱发出的新环境，正悄无声息地改变人类和社会的发展。

尽管麦克卢汉对于之后将要崛起的媒介并不清楚，但他仍然做出了一些相关的预

1 埃里尔·麦克卢汉，等．麦克卢汉精粹[M].秦格龙，何道宽，译．南京：南京大学出版社，2000：360，363.
2 马歇尔·麦克卢汉．理解媒介：论人的延伸[M].何道宽，译．南京：译林出版社，2003.

言。在《理解媒介》这本著作中，他提到："在电子技术下，人类的全部事物变成学习和掌握知识。……这意味着所有形式的职业变成'有偿学习'，所有形式的财富都来自信息的流动。发现职业或工作可能被证明是难题，而发现财富反倒轻而易举。"[1]

（三）"冷媒介"与"热媒介"

麦克卢汉将媒介区分为"冷媒介"和"热媒介"，实际是将二分法运用于媒介领域的一种体现。在他看来，热媒介具有高清晰度、低参与度和排斥性等特性，例如收音机、照片等；冷媒介具有低清晰度、高参与度和包容性等特征，例如电话、卡通等。在他看来，接收者在感受"冷媒介"的过程中，需要使用自身热度为信息升温，并且在这一过程中注入互动因素。因此可以看出麦克卢汉对于冷热媒介的辨别并不是从媒介特性出发，而是通过冷、热来表现此种媒介相对于人、文化及媒介环境的关系。冷热媒介对比如表 2-1 所示。

表 2-1　冷热媒介对比

媒介	特性	归类
冷媒介	低清晰度、高参与度、包容性……	电话、电视、卡通、象形文字和会意文字……
热媒介	高清晰度、低参与度、排斥性……	收音机、电影、照片、拼音文字……

麦克卢汉认为，在人的整个感知系统中，每种感知都可以进行转化。如果媒介使得一种感知得到延伸，其余的感知也会发生一定反应，这便使得整体的感知系统发生变化。他假设产生变化的感知模式有两种类型：一种是"结构冲击"，即媒介本身的延伸；另一种则是冲击在感知系统中表现出的"主观完成"，在他看来，高低不同清晰度所产生的冲击对于"主观完成"造成了不同影响。例如，他认为广播所带给人的听觉感受是高清晰度的，因此无须调动其他感官；电话带给人的听觉感受则是低清晰度的，其余感官由于不能自然感知，因而需要被调动起来。从中可看出其他感官的参与是影响冷热媒介的重要因素。因而媒介诉诸于人的感官，若其足够热而使得自身的形象得到充分完整展现，能够被单一感官所感受，同时不需要人调动其他感官时，便形成了热媒介；相反，冷媒介更强调调动其他感官的参与。

在麦克卢汉的冷、热媒介分类中，他将电视归为冷媒介成为广受非议的例子。在他看来，在电视普及之初，人们卷入程度高，因此将其归类为冷媒介。由于冷媒介又包含低清晰度的特性，因此他试图用像素低等来证明其分类的准确性。随后由于技术的进步，电视清晰度得到提升，学者认为将其纳入热媒介更为合适。

在麦克卢汉提出冷热媒介的概念约 10 年后，他进行了自我辩护。他认为人的任何感觉器官都可以"冷"或"热"的形态进行投射，"冷"或"热"不应作为分类来理解，而应理解为过程；不应认为是观念，而应理解为感知。

1　张咏华．新形势下对麦克卢汉媒介理论的再认识 [J]. 现代传播（北京广播学院学报），2000(1)：33-39.

（四）地球村

作为最早提出“地球村”的学者，麦克卢汉将人类文明发展史分为三个时期，分别为部落文化时期（口语文化时期）、脱离部落文化时期（印刷文化时期）和重返部落文化时期（电子媒介时期）。在口语文化时期，他认为人的五官能同时接受刺激，处于一种较为平衡和谐的状态。进入文字和印刷发展的时期，部落文化中的平衡受到冲击，使人类的视觉功能在一定程度上高于其他感官功能，人们养成了独立阅读及思考的习惯，因此属于脱离部落文化时期。而电子媒介的产生，使得人类重返部落文化时期。在麦克卢汉看来，在卫星系统的支持下，电视直播使得世界缩小为一个“小村落”，也使人类社会迈向新阶段。在谈及地球村时，麦克卢汉认为其出现在一定程度上改变了人体感官上的功能以及人原有的思想观念和生活方式。传统的时空观的转变使得人与人之间、国与国之间的依赖程度加强。

三、莱文森的媒介理论

自 20 世纪 50 年代以来，以英尼斯和麦克卢汉为首的媒介研究学者专注于研究媒介技术的产生与发展，而保罗·莱文森（1947—，图 4-3）作为媒介环境学派在数字时代的继承人，凭借对麦克卢汉的研究以及其他著作——《软边缘》《思想无羁》《学习赛博空间》等，被称为“数字时代的麦克卢汉”。与先前研究媒介的学者不同，莱文森的理论高举“乐观”与“人性化”大旗，不仅体现在对麦克卢汉理论的积极解读，还体现在他独树一帜的媒介理论以及对媒介未来发展趋向的预言上。

图 4-3　莱文森

（一）“人性化趋势”理论

1979 年，莱文森在其博士论文《人类历程回顾：媒介进化理论》中首次提出“人性化趋势”理论，该理论作为莱文森全部媒介理论的支柱与基石，重要性不言而喻。

在研究媒介演化的过程中，莱文森受到达尔文自然进化论的影响，创造了“人性化趋势”理论。在他看来，人就如同自然环境，需要对媒介或技术作出选择，从而适应生存和发展，以更好地认识和改造世界。而媒介能否存活下来，取决于其是否满足了人的认知或心理需要，以及其能否长时间对社会起促进作用。

莱文森在谈及“人性化趋势”理论时，曾提及电视的出现冲击了默片与广播的例子。随着技术的进步和发展，电视的产生取代了默片及广播原有的地位，默片进而走向没落，而广播却存活下来。采用“人性化趋势”理论来理解，莱文森认为产生这种结局是因为只采用听觉而不需要视觉介入的媒介适应力更强。在他看来，媒介的产生与发展偏向于对前技术世界进行复制，因此使用听觉而非视觉的媒介的原因必定与前技术世界有着关联。这里的“前技术世界”指人类原始的传播模式。任何媒介理想的情况是更贴近于人类最自然的传播模式，如互联网中超链接的发明，也是适应人类本身跳跃性思维的一种体现。依照莱文森的研究，他认为“人能闭上眼睛只听声音，而不能在睁开眼睛的同时关闭听觉”的生理特征，正符合默片沉寂、广播依旧存活的现象。因此莱文森进一步提出所有媒介进化的趋势都是越来越多地对真实世界进行复制。当某种媒介在一定程度上与环境达成一致时，其本质就会稳固下来，只随着时代变化而作出适宜调整。而对于那些与环境不协调的媒介而言，无论它们何时产生，都将面临巨大变化或被淘汰。

（二）“补偿性媒介”理论

在莱文森看来，媒介的不断进化其实是为了与人类的生存环境达成和谐一致，而“补偿性媒介”理论的提出则可以被视为对“人性化趋势”理论的一种补充。“补偿性媒介”理论在一定程度上体现了莱文森对媒介积极乐观的想法。在对媒介与人类所处环境之间的关系进行研究时，莱文森提出，尽管单独的媒介在运作时无法对现实进行完美意义上的复制，但当多个媒介协作时，这种汇聚模式却能使各种媒介达到取长补短的效果。因为在媒介技术发展过程中，某种媒介往往在发展某一特性的同时，也失去了某种关键功能。莱文森以窗户与窗帘的关系为例：由于厚实的墙壁将人与外界空间隔绝开来，因此窗户的产生对这种状态进行了一定程度的补救；而为了防止他人的窥探，窗帘的发明对窗户的设置进行了补救。因此媒介的发明与创造可以理解为对前一种媒介进行的补偿。

该理论所强调的微观层面上的媒介演化动机主要包括两方面：一是对损失的利益进行弥补，即人类始终不愿妥协，而会想尽办法采用各种手段来进行弥补，因此所有媒介的演化历程都可视作补救的过程；二是为了更好地满足人的需求，为人类提供更为完整的体验。

（三）“技术演化三阶段”理论

除了以上两个理论，莱文森还提出了“技术演化三阶段”理论：技术作为玩具、镜子以及艺术。在演化的第一阶段，技术被视为玩具。在莱文森看来，在某一技术刚刚兴起的初期，技术占主导地位，而内容作为辅助角色服务于技术。在这种初级形态中，观者的乐趣往往在于体验技术工艺本身。简单来说，在技术的发明过程中，不管该技术是否具有娱乐的特性，在最初产生的阶段，其都具有玩具的属性。比如中国的火药在最初发明时，被作为鞭炮使用，而后来被他国制造成武器；留声机最初被视作有趣的音乐盒子，日后却演变为存储设备的鼻祖。若技术以玩具作为第一阶段，那它怎样才能实现向第二阶段的转变呢？莱文森认为这也是“人性化趋势”所强调的：技术是根据人类及社会的需求而不断变化和发展的。因此技术要实现向下一阶段的转变，就必须成为被社会所需要的技术。

在演化的第二阶段，技术被视为镜子。例如电影技术从最初进入市场到进一步蓬勃发展，观众的视线从关注技术本身转移到关注故事的情节内容。观者忘我的投入使得所呈现的情节更加真实且具有感染力。当然这里的技术不只是电影，电视和网络等技术中都存在此现象，例如某些网络游戏被判断为青少年犯罪的主要模仿对象等。正是因为观者很难看出媒介在整个过程中对现实的筛选及调整，而只是单纯被动地接受媒介所呈现的现实，并在这个过程中将他们体会到的虚拟现实与真正的现实社会画上等号。这也正好可以解释为何媒介在脱离最初的阶段后会有如此大的影响力。在莱文森看来，媒介技术从最开始被视作玩具到成为现实的镜子，主要依赖于将媒介与现实连接起来的新技术的影响。对电影来讲，蒙太奇及运镜技术等便是使得电影更加贴近现实的新技术。之后出现的电视、网络创造出的虚拟现实，更使得媒介技术成为一面反映现实的镜子。

从第二阶段出发，技术进入第三阶段并被视作艺术。但由于诸多技术本身更适用于第二阶段，以至于它们无法实现向第三阶段的跨越。因此技术性媒介是否能够成为艺术性媒介无必然性可言。例如广播和电话同时作为长距离传递信息的技术，广播可以依靠广播剧来体现其艺术性，而电话却难以体现其艺术性的一面。

第三节 媒介融合的展望

媒介融合作为当今传播界最为热门的话题之一，受到人们广泛关注。数字传播技术的不断发展和计算机技术的产生更是对传统的媒体行业带来了巨大的冲击。对于传统媒体而言，究竟是应该进行自我完善式改良，还是颠覆式变革呢？

一、媒介融合的内涵

媒介融合作为传播业界一项引发关注的实践，已成为世界各国传播业的普遍现象。尽管西方学者率先提出媒介融合的概念，但当下中国媒介融合的进展速度也不容小觑。

就媒介融合（media convergence）的概念而言，它最早由美国的I.浦尔教授提出。

他认为媒介融合就是指不同的媒介之间所表现出的多功能一体化的发展趋向[1]。针对媒介融合，不同学者也给出了自身的见解。例如美国学者安德鲁·纳齐森将媒介融合定义为“印刷的、音频的、视频的、互动性数字媒体组织之间的战略的、操作的、文化的联盟”[2]。在他看来，这个联盟是由纸质、广播、电视及网络媒介所形成的一个联盟。之所以使用三个词对“联盟”进行修饰，是由于这个概念涉及联盟的多个层面。“战略的”代表其宏观上的谋略，“操作的”代表其涉及的具体业务，“文化的”代表其拥有的深刻底蕴。与纳齐森不同，另一位美国学者李奇·高登讨论并划分了五种媒介融合的类型。第一种“融合”主要体现在所有权上。规模较大的传媒集团往往掌握不同种类的媒介，这就要求这些不同媒介间实现资源共享。第二种“融合”主要象征策略性，指所有权不统一的媒介间进行相互协作。第三种“融合”体现在结构性上，此类融合与新闻本身的采集与分配形式相关联，例如传媒集团或组织雇用专门团队进行多媒体产品制作，并使得内容在不同平台上进行传播。第四种“融合”主要指信息采集方面，在如今信息采集和传播技术的支持下，新闻行业的相关从业人员以多媒体融合的事实依据为基础，不断提高自身信息采集技能。第五种“融合”从新闻表达角度出发，强调新闻记者及主编等从业人员运用多媒体和互动工具进行新闻表达。根据高登的阐述，可以看出媒介融合不应只是媒介形态和业务两方面的融合，其内涵实际更为丰富。

国内学者彭兰在提及中国媒介融合的进程时认为：“不管人们存在多少疑惑，多少担忧，中国媒体已经开始驶向媒介融合这一轨道。”[3]蔡帼芬认为，媒介融合是新旧媒体之间的相互渗透，即“你中有我”“我中有你”的一个过程，也作为一种发展趋势，意味着传媒领域即将步入一个“大同世界”[4]。丁柏铨将媒介融合理解为一种媒介间相互交融的状态。在他看来，这种交融主要由新媒体及其他因素促成。具体可以从三个层面理解媒介融合：一是物质即工具层面的融合。由于新媒体技术的不断进步，媒介的功能被打通。传统媒介如报刊、广播、电视等开始与互联网相接触、相结合，并在一定程度上突破了原有媒介的局限性。同时这种物质（工具）方面的融合成为媒介融合的基础。二是操作即业务层面的融合。此种融合建立在第一种融合的基础上。正是有了第一种物质（工具）层面的融合，才有了利用工具实现新闻业务和媒介经营层面上的融合。就新闻业务而言，媒介融合同时也要求新闻从业者较以前掌握更多的技能，如撰稿、摄影及编辑等；在经营层面，媒介融合要求媒体在多个方面如资本运营及操作等方面进行整合性运营。三是理念，即意识层面的融合。在传统媒体时代，不同的媒介之间相互独立而不交融，因此人们对媒介的理解较为刻板，思维空间也较为局限。如今在媒介融合的范畴

1　孟建，赵元珂．媒介融合：粘聚并造就新型的媒介化社会[J].国际新闻界，2006(7)：24-27+54.
2　丁柏铨．媒介融合：概念、动因及利弊[J].南京社会科学，2011(11)：92-99.
3　丁柏铨．媒介融合：概念、动因及利弊[J].南京社会科学，2011(11)：92-99.
4　鲍立泉．数字传播技术发展与媒介融合演进[D].武汉：华中科技大学，2010.

下，就需要从业人员做出更多的努力，不断适应媒介的发展。

二、媒介融合的实践

“媒介融合”这一概念的提出，让人很难不产生传统媒介融为一体的想象。伴随媒介技术的发展、信息技术的不断更新以及各种新兴媒体的不断出现，媒介融合开始展现出新的特质。

（一）传统媒体借助互联网拓宽渠道

媒介之间的整合实际上是媒介融合的一种体现。由于新兴媒体对传统媒体的地位造成了冲击，因此当面对这种竞争压力时，传统媒体通过利用自身资源优势进行介入，对新兴媒体进行整合实为必然。1998 年以来，网络自身作为新媒体的身份得到国际社会认可以后，开始广泛地吸引大众的视线。同时网络媒体所得到的庞大注意力也为传统媒体拓宽发行渠道提供了新的思路。伴随互联网的不断发展，众多传媒组织或集团开始踏入互联网行业，试图将传统媒体与网络媒体进行融合。传统媒体在前期积累的一定市场与资源也刺激了相关企业盈利的想法，进而推进了媒介整合的进程。

早在 1992 年，美国的《圣何塞信使新闻报》就已经建立了世界范围内的第一份网络版报刊。中国的《杭州日报》也紧随其后，在 1993 年成为国内第一个拥有电子网络版的报刊。两年以后，美国微软公司开始与全国广播公司展开合作，并在互联网上建立了能 24 小时不间断播出节目的有线电视频道。 2001 年 3 月，与传统媒体进行协作的“千龙网”在北京建立，第一次实现了报刊、广播、电视及互联网的融合。一些地区也率先实现了跨媒介的融合，例如由上海多家单位打造的“东方网”以及由广东的报业集团与出版单位等共同成立的“南方网”。

（二）网络媒体借助传统媒体的内容发展业务

以网络媒体为代表的新媒体尽管具备很多优势，发展也很迅速，但由于诞生时间较晚，相比于传统媒体在内容制作上还存在一定差距。网络媒体在诞生之初，内容主要来源于报纸或广电媒体转载，凭借传统媒体所提供的内容，网络媒体不断开拓自身的业务，并逐步跻身主流媒体的队伍。

处于当前这样一个信息爆炸的时代，受众在面对海量信息时往往会感到无所适从。因此对于受众而言，如何从信息海洋中找到适合自身的信息显得尤为重要。就传受双方而言，为了使这个过程更加高效，传播者就应该与受传者尽量保持信息量的平衡。因此，网络媒体的选择与过滤功能就显得尤为重要。为了扩大自身的影响力，网络媒体根据对自身受众的定位，选择传统媒体中对受众更加有价值的新闻内容进行播报。正是有了这种对海量信息进行选择和过滤的过程，受众能够付出较小的成本，通过网络媒体获取更高价值的新闻信息。在媒介批判学者看来，网络媒体在选择传统新闻时带有自身的“立场”。不过在网络媒介中，受众并非只是被动地接受信息，而是体现出自身个性化的信息消费特征。例如网络媒体中使用的简易信息聚合（RSS）技术，为用户提供了“订阅新闻信息”功能，用户将内容订阅在RSS的阅读器中，就能保障高效获取精准信息的权益。此外，网络媒体也使用链接技术对相关新闻信息进行整合，制成网络新闻专题，以便受众更有效地获取信息。

（三）新旧媒体共享数字通信网络和终端

数字传播技术的发展使得传统媒体所使用的信息载体出现了新的可能。数字通信与计算机技术不但能作为新媒体的工具，传统媒体也能利用这些渠道和终端促进自身信息的传播。因此，这种新旧媒体之间有关数字通信网络以及终端的共享就是媒介融合的一种体现。

例如，在2006年，腾讯公司与《重庆商报》达成合作，共同建立了“大渝网”。之后又逐步建成“腾讯大成网”“大楚网”“大秦网”等网络平台。这种网络媒体与传统媒体的合作，实际是深耕区域门户市场，从而打响地方品牌的一种做法。此类合作之所以能够成功，原因自然是深层次的。首先，尽管我国的地方性报纸基本已经拥有了专门的网站，但由于意识和定位等方面的限制，并没有将真正的优势体现出来。而与新媒体行业合作，可以使传播内容更加精准化。通过提供更有价值的内容和服务，能够增加与受众的互动性。其次，作为传统媒体的报纸，依照传统的发行体系，很难实现用户数量上的大规模增长。因此利用丰富的互联网资源为自身开辟新的渠道，能够在一定程度上维持并扩大自身的影响力。再次，作为新媒体的网络媒体，往往也需要借助传统媒体的采访权，来获得新闻内容的共享。最后，新旧媒体的合作有助于吸引更加广泛的受众群体，对维持和吸引用户有着重要意义。

三、媒介融合的前景

资本的力量以及技术的支持正在推动媒介融合不断向前发展。对于媒介融合这个必然趋势而言，其未来的状态与前景究竟如何，仍需要在融合的过程中去寻找答案。

（一）资本作用于媒介融合

资本市场是最高层次的市场。当经济发展到一定程度时，走向资本市场是一种必然，媒介产业也不例外。近年，中国媒介产业快速发展，尽管国家在媒介融资方面的管理还较为严格，但资本的运作实际也慢慢多元化起来。民营企业、外资正以不同的形式加入媒介这个行业。媒介产业不仅可以通过与企业合资来经营，还可以通过银行信贷、媒介企业债券等形式对资本进行运作，从而解决资金方面的问题。

就目前来看，民营资本在数字电视、电影及图书等市场都具有强有力的渗透能力和较宽广的发展空间。除此以外，中国偌大的市场也吸引了境外媒介集团的目光。不少境外资本在了解到中国媒介市场所拥有的利润空间以及发展机遇以后也希望踏入中国市场。例如美国《财富》杂志在1999年来到中国上海举办“财富论坛”时，时代华纳董事长就曾阐明希望进入中国市场的想法。境外资本的汇入可以带来一定的成效，比如为经营欠佳的媒体带来资金支持，同时引进更为先进的经营理念和管理办法，从而更好地激发相关从业人员的积极性和创造力。

随着媒介融合的不断深入和媒介产业改革的不断推进，今后资本融合的力度也会加大，随之而来的融合方式也会增多，并且资本在媒介融合中所起的作用也会不断加大，对传媒行业的发展会更具影响力。

（二）媒介融合走向多元化融合

有学者指出，产业融合本身是一个动态的演变过程。其主要由三个阶段组成：第一阶段为不同产业相互独立的阶段，第二阶段为各产业由独立状态走向融合的阶段，第三阶段为产业融合的阶段。在这样一个动态的进程中，各产业从最初分立的状态走向融合，也使得产业间的壁垒逐渐被打破，并呈现多元化的状态。

结合西方20世纪90年代以来媒介融合发展的情况，可以了解到在多元化的融合中，电信、计算机以及大众传媒行业的准入壁垒被打破，政策性的限制也得到了一定程度的放宽。有学者提出："产业融合之波将逐渐从微观范围渐次向中观范围和宏观范围扩展，并在更大范围形成更高层次的大媒体产业群。"[1]其中大媒体产业实质上是指媒介产业与其他产业在多元化融合的进程中所产生的跨行业、跨地区、跨媒体的产业。

媒介多元化融合的趋势对于媒介产业来说意义非凡。媒介之间跨行业、跨地区、跨媒体的多元融合能够促使原有媒介组织的结构和工作流程发生重大转变，并在一定程度上扩大媒介的影响力，促使媒介经济得到发展。例如美国一些规模宏大的企业集团，不仅融合了报刊、音像、电视台、电台等，还涉及电影、娱乐及体育等多个产业。这种复合并且多元化的经营模式使得企业之间相互渗透和互补，从而形成了从制作、营销、服务到相关产品开发的业务范畴，这极大地提高了媒介集团的市场竞争力。

（三）媒介融合的低成本运作与人性化服务

媒介融合可以提升媒介本身的竞争力，帮助媒介取得规模经济和范围经济。此外，媒介融合还能帮助媒介在用户进行信息消费的过程中提供"一站购齐"式的服务。这是媒介融合的动机之一，也是今后媒介融合的一种发展趋向。简单来说，现代的受众在整个信息消费过程中的要求正在不断提升，包括信息的获取渠道、传播途径以及信息的附加值等方面的要求。在这种情况下，融合媒介提供的一站式信息服务就显得尤为重要。这种解决方案不但方便了受众对于信息的获取，而且降低了产品信息的制作成本，实现了规模效益。

数字化技术的发展使不同的媒介享有共同平台成为现实。不同的媒介产品进行各种组合，从而衍生出多样化的信息产品，在更深层次上满足受众的需求，例如从业者将不

1 陈力丹，付玉辉．论电信业和传媒业的产业融合[J].现代传播（中国传媒大学学报），2006(3)：28-31.

同媒介的内容进行自如的嵌套。由此可见，媒介融合的结果并不是信息产品的趋同和单一化，而是多元化与个性化。就目前媒介融合的状况来看，不管是作为一种较为时尚的文化，满足新一代快节奏生活方式追求的手机、电视及手机广播、手机游戏等的融合，还是使得人类社会更加“人性化”的“三网合一”——电信网络、计算机网络以及广播电视网络之间的融合，都揭示了媒介融合正在不断深入。媒介产业的前景呈现出一番灿烂的景象。在这个进程中，媒介融合的发展对传统行业带来的是冲击，但更多的是新的发展机遇。

思考与练习

一、单项选择题（在下列每小题列出的四个备选答案中，只有一个是符合题目要求的，请将其选出，并将选项前面的代码填写在题后的括号内。）

1. 麦克卢汉和英尼斯的媒介理论的共同缺陷是 （ ）

A. 概念界定不够清晰　B. 缺乏批判精神
C. 过分强调媒介的作用　D. 学术观点过时

2. 第一个把媒介同人类文明发展史联系起来进行研究的学者是 （ ）

A. 拉斯韦尔　B. 卢因　C. 英尼斯　D. 麦克卢汉

3. 麦克卢汉媒介理论的中心论点是 （ ）

A. 全球村　B. 媒介即讯息
C. 媒介有“冷”“热”之分　D. 媒介是人体的延伸

4. 按照麦克卢汉的观点，下述选项中属于“冷媒介”的是 （ ）

A. 报纸　B. 杂志　C. 广播　D. 电视

5. 麦克卢汉把人类社会文明发展史分为三个时期，其中电子传播时期也叫 （ ）

A. 部落前文化时期　B. 部落文化时期
C. 脱离部落文化时期　D. 重归部落文化时期

6. 下列媒介中属于麦克卢汉所说的“热媒介”的是 （ ）

A. 电影　B. 电视　C. 电话　D. 交谈

7. 按照英尼斯的说法，质地较轻、容易运送因而能克服空间障碍的媒介是 （ ）

A. 黏土　B. 石头　C. 纸草纸　D. 羊皮纸

8. 从传媒发展的角度看，人类传播大致经历了五个阶段，其中第三阶段是 （ ）

A. 电子传播时代　B. 印刷传播时代
C. 文字传播时代　D. 网络传播时代

9. “地球村”这个概念的提出者是 （ ）

A. 莱文森　B. 施拉姆　C. 麦克卢汉　D. 英尼斯

10. 我国毕昇发明的泥活字印刷术，比德国古登堡发明的金属活字印刷术大约早了 （ ）

A. 200 年　B. 300 年　C. 400 年　D. 500 年

11. 15 世纪 40 年代，金属活字排版印刷术以及印刷机的问世，使得文字信息的机械化生产和复制成为可能。它们的发明者是 （ ）

A. 蔡伦　B. 古登堡　C. 毕昇　D. 富兰克林

12. 印刷传播容易打破权力的集中和垄断，是因为印刷传播具有 （ ）

A. 表达性：能传送范围广阔的思想和感情

B. 记录永久性：可以超越时间

C. 迅速性：可以跨越空间

D. 分布性：可以到达所有阶层的人们

13. 被称为“数字时代的麦克卢汉”“后麦克卢汉第一人”的媒介理论家是 （ ）

A. 莱文森　B. 阿特休尔　C. 高登　D. 默多克

14. 空间偏向的媒介有利于 （ ）

A. 确立权威　B. 形成等级森严的社会体制

C. 权力中心对边陲的控制　D. 传者对媒介的控制

15. 实现了信息的快速、批量的复制生产，并推动大众传播时代到来的传播形式是（ ）

A. 口语传播　B. 文字传播　C. 印刷传播　D. 电子传播

16. 人类传播经历了五个发展阶段，其中历时最长的是 （ ）

A. 口语传播阶段　B. 文字传播阶段

C. 印刷传播阶段　D. 电子传播阶段

17. 以下三种电子媒介的诞生次序，正确的是 （ ）

A. 电影、广播、电视　B. 广播、电影、电视

C. 电影、电视、广播　D. 广播、电视、电影

18. 2002 年，我国首次以产业形式实现电视、报纸、广播和网络融合的协作网站是（ ）

A. 南方网　B. 千龙网　C. 星尚传媒　D. 第一财经

19. 被喻为“20 世纪中期媒介产业发展的一匹黑马”的媒介是 （ ）

A. 报纸　B. 广播　C. 电影　D. 电视

20. 报业是我国媒介产业中最先实现从粗放型向集约型转变的，其发展方向一是兼并，二是 （ ）

A. 商业化　B. 集团化　C. 专业化　D. 机械化

21. 真正意义上的人类传播发端于 （ ）

A. 口语　B. 文字　C. 印刷媒介　D. 电子媒介

22. 我国第一家拥有网络版报纸的报社是 （ ）

A. 光明日报　B. 杭州日报　C. 广州日报　D. 深圳日报

二、多项选择题（在下列每小题列出的五个备选答案中，有二至五个是正确的，请将其选出，并将选项前面的代码填写在题后的括号内。）

1. 按照麦克卢汉的观点，下列选项中属于“热媒介”的有 （ ）

A. 图书　B. 报纸　C. 广播　D. 杂志　E. 电视

2. 英尼斯的媒介理论主要探讨了 （ ）

A. 媒介的性质　B. 媒介与人体的关系

C. 媒介的偏向　D. 媒介与权力的关系

E. 媒介的“冷”“热”性质

3. 按照麦克卢汉的观点，下列概念中具有对应关系的有 （ ）

A. 电子媒介文化——部落化　B. 印刷媒介文化——部落化

C. 电子媒介文化——脱离部落化　D. 印刷媒介文化——脱离部落化

E. 电子媒介文化——重返部落化

4. 按照麦克卢汉的观点，有些媒介属于“热媒介”，它们是 （ ）

A. 报纸　B. 电话　C. 电影　D. 广播　E. 电视

5. 英尼斯提出的具有时间偏向的媒介是 （ ）

A. 黏土　B. 石头　C. 白报纸　D. 纸草纸　E. 羊皮纸

6. 英尼斯的代表作有 （ ）

A.《权力的媒介》　B.《传播的偏向》

C.《帝国与传播》　D.《传统媒体的终结》

E.《传播技术论》

7. 麦克卢汉的代表作有 （ ）

A.《传播的偏向》　B.《帝国与传播》

C.《机器新娘》　D.《理解媒介：人的延伸》

E.《传播与媒介》

8. 莱文森的媒介理论，其主要观点包括 （ ）

A. 地球村　B. 人性能趋势　C. 娱乐至死

D. 对手机的哲学解读　E. 补偿性媒介

9. 媒介融合的主要形式有 （ ）

A. 技术融合　B. 经济融合　C. 社会或组织的融合

D. 文化融合　E. 全球融合

10. 口语传播的特点有 （ ）

A. 表述的自由性　B. 受到时空的限制

C. 转瞬即逝，记录性较差　D. 传播内容能以独立的方式永久存在

E. 利于人类知识、经验和文化的传承

三、名词解释

1.《媒介即讯息》

2. 热媒介

3. 英尼斯
4. 麦克卢汉

四、简答题

1. 什么叫“热媒介”？
2. 什么叫“冷媒介”？
3. 简述麦克卢汉媒介理论的主要论点及中心论点。
4. 关于传播媒介的演变与人类文明史的发展，英尼斯提出了哪些观点？
5. 简述英尼斯关于媒介偏向的观点。
6. 简述媒介融合的前景。
7. 文字传播有哪些特点？

五、论述题

1. 试分析网络传播对大众传播产生冲击的原因。
2. 在网络时代，电子传媒与印刷传媒之间出现了界限的模糊化，表现在哪些方面？
3. 概述麦克卢汉媒介理论的主要内容，并对其理论的价值与局限作一评价。
4. 为什么说英尼斯对研究媒介与人类社会发展的关系作出了开创性的贡献？
5. 为什么麦克卢汉的媒介理论引起了学术界的关注？

参考答案

传播与政治、社会的关系

人类社会本身是一个极为复杂的系统，社会信息、政治、经济、文化等系统相互影响、相互制约。人类传播活动的演进与社会发展相同步，亦形成了一个具有强大影响力的社会信息系统。随着现代传播技术的发展，传播学在国家制度建设、社会和谐发展等方面的地位日显重要，它不仅为发现和解决社会传播实践问题提供合理方法，也对社会发展具有重要意义。

研究传播学的目的就是探索社会系统良性运行的规律，厘清我国社会主义国家传播与政治、传播与社会的关系，为社会主义物质文明、精神文明与和谐社会发展建设服务。本章主要讨论五个问题：传播与政治的互动关系、大众传播与舆论监督、传播与社会的互动关系、大众传播与社会控制、大众传播与社会伦理。

第一节　传播与政治

讨论传播与政治的相互关系、大众传播与舆论监督，就一定要了解政治的概念，分析和探讨政治传播现象，了解政治制度对大众传播的控制、大众传播对公共舆论的影响及其对政治民主进程的推动作用。

一、传播与政治的互动关系

政治与传播自古以来就有着密切的联系。所有的政治活动都需要通过传播媒介得以实现。在古代，统治阶级为了传达政令、树立形象、通晓民情需要传播；在现代社会，随着网络媒体的高速发展，大众媒介的功能更加优化，使得政权阶级与受众之间的联系更加密切，传媒的影响力可谓渗透到社会生活的每一个领域。为了更好地了解传播与政治的关系，下面我们首先介绍什么是政治、什么是政治传播。

（一）政治的概念

“政治”一词最早来源于西方，英语为politics，西方最早的关于“政治”的文字记载可见于《荷马史诗》。从《荷马史诗》中，我们可以知晓古希腊的政治、经济与社会风俗，通过《荷马史诗》的描绘，我们可以了解当时古希腊城邦所实行的军事民主制度（图 5-1）。

图 5-1 《荷马史诗》中的城邦议会

中国最早出现“政治”一词的书籍为《尚书》。《尚书》被称为“政书”之祖，书中记载了中国夏商周时期治国者的言论及政治观念。

不同时代的各个国家对政治概念的理解也各有不同。从以上两本书的记载可以得知中国古代的政治与西方的政治含义有所区别，西方的“政治”主要指城邦公民参与政治、社会管理的事务，中国的“政治”则主要指君主治理国家、维护国家统治的行为。

马克思主义政治观认为：政治是一种社会关系，政治是经济的集中体现，政治的根本问题是国家政权问题，政治是有规律的社会现象[1]。马克思主义政治观揭示了政治的基本任务和基本内容就是管理国家公共事务。政治本质上是为统治阶级服务的工具。

随着社会生产力的不断发展和社会生产关系的不断变化，从奴隶制社会、封建社会、资本主义社会到社会主义社会，社会成员参与政治生活的方式和程度也在不断随之变化，社会成员成为政治生活的参与者。

（二）政治传播过程

政治权利和社会生活密不可分，但是，并不是每一个公民都能直接参与政治活动，通常是统治阶级通过传播媒体将政治信息传递给公民。为了维护统治阶级的形象和政权，传播的政治内容受到政治力量的控制，因为政治传播就是政治行动者为了达到政治目的而进行的传播活动。根据美国传播学学者拉斯韦尔的5W理论，本教材将政治传播活动过程分成以下几个部分。

1 周宇豪．政治传播学[M]．武汉：武汉大学出版社，2013：6.

第一，政治传播主体。在政治活动中，处于核心地位的是政治家，他们掌握着政治权力和资源，他们拥有国家话语权，并积极参与政治宣传活动。在政治传播中，专业的新闻从业者不同于一般的传播从业者，他们是为政党、政府、国家服务，直接参与到媒体“议程设置”[1]中，从而向受众表明自己的政治观念，以维护政府的形象、扩大政治影响力的公关人员。另外还要提及的就是政治传播中非常特殊的“意见领袖”[2]，他们是大众媒体与受众之间的桥梁，对公众的看法和思想具有重大影响，不容忽视。

第二，政治传播受众。政治传播的目的就是影响接收信息的对象。当受众接收信息时，他们的接收态度直接反映了政治传播效果。通常，受众对政治传播内容的接收会受到他们社会地位、社会环境、个人认知、教育程度、年龄、性别等方面的影响。受众在政治传播中占有重要地位，因为他们是政治传播的归宿，政治传播的目的就是影响受众的看法和想法。

第三，政治传播内容。在政治传播活动中，传播者会利用传播符号来引导受众，统治阶级会通过政治谈话塑造个人形象，提升个人地位，树立社会权威，以争取自己的利益。

第四，政治传播媒介。在政治传播中，媒介是传播的渠道，大众媒介是我们接触最多、影响最大的。在阶级社会，政党会将大众传播媒介作为宣传工具，宣扬自己的政治主张。在传统媒介中，报纸是历时最长、使用频率最高的，电视则是传统媒介中比较有吸引力的，历史上它改变了美国政治的竞选方式，在政治传播中发挥着重要作用。随着新媒体的出现，过去单向的传统媒体传播变为双向传播，网络作为第四媒体使受众参与政治变成了其日常生活的一部分，网民通过网络发表意见也能反过来影响政治传播者。

1960 年 11 月 8 日，约翰·肯尼迪成为最年轻的美国总统。这也是总统候选人第一次在电视直播中进行辩论（图 5–2）。辩论中，因为尼克松没有肯尼迪上镜，他被认为在电视上表现不佳。虽然相比肯尼迪，他是更好的辩论者，至少广播观众都认为在第一场辩论中他和肯尼迪一样好，而且他拥有更多的政策知识和良好的广播口才。许多人将肯尼迪的获胜归功于他通过电视辩论展现自身魅力和个性的能力。

1 议程设置：1968 年，唐纳德·肖和麦克斯威尔·麦库姆斯对总统大选进行了调查，看媒介议程对公众议程有多大的影响。1972 年，议程设置理论被提出，该理论认为大众传播往往不能决定人们对某一事件或意见的具体看法，但可以通过提供信息和安排相关的议题来有效地左右人们关注哪些事实和意见及他们谈论的先后顺序。

2 意见领袖：这个词最早由传播学学者拉扎斯菲尔德在 20 世纪 40 年代提出。他认为在信息传播中，信息输出不是全部直达普通受传者，意见领袖是两级传播中的重要角色，是人群中首先或较多接触大众传媒信息，将信息进行再加工并传播给其他人的人。意见领袖能够加快信息的传播速度并扩大其影响。

图 5-2　1960 年第一次美国总统大选辩论

第五，政治传播效果。政治传播是政治系统中不可缺少的一部分，为政治和社会搭建了桥梁，有助于维护政治系统的平衡和社会的稳定。公民参与政治的众多方式之一就是政治传播，政治传播可以实现政治社会化，不仅能提高公民的政治意识，而且对促进政治体制改革有重要作用。有效的政治传播活动有利于国家的稳定和发展。

（三）中外政治传播活动

人类的传播活动经历了漫长的发展过程，政治传播活动作为传播活动的一种，也同样经历着发展和演变。政治传播是政治与传播的结合体，伴随着国家发展而逐渐发展，其目的是维护国家的稳定与社会的和谐，中西方早期的政治传播活动有相似之处，也呈现出各自的特色。

1. 中国古代的政治传播

在中国的尧、舜、禹时期，就有了政治传播活动的影子。中国现存的最早史书《尚书》中，就有篇章描写了部落商量国家事宜的情形，记录了上古时期统治者们讨论国家治理相关问题的会议。可以说，在正式的国家还没有建立之时，就已经出现了政治传播活动的雏形，而随着国家的建立，政治传播活动的形式也越来越多样。

《国语·周语》写道："天子听政，使公卿至于列士献诗，瞽献曲，史献书。"[1]可以看出，在上古时期，传播工具还很匮乏，政治传播活动以统治阶级获取民意，民众通过诗、书、曲表达思想来实现。随着生产力的发展，先秦时期出现了奴隶制游说舆论，游说受到统治阶级的控制，带有阶级功利色彩。特别是春秋战国时期，我国出现了百家争鸣的局面，儒家、道家、法家、墨家纷纷提出了自己的政治思想主张（表 5-1）。

1　周月亮．中国古代文化传播史 [M]. 北京：北京广播学院出版社，2000：67.

表 5-1 “百家争鸣”主要代表派别思想之比较

派别	基本观点
儒家	仁义、礼节、诚信、忠孝、以德治国、以人为本、因材施教、有教无类
道家	人与自然和谐、辩证看问题、淡泊名利、以柔克刚、以弱胜强
法家	以法治国、与时俱进
墨家	平等博爱、热爱和平、提倡节俭、重视人才、严于律己

国家体系越完善，信息传递渠道就越通畅。中国秦汉时期，大一统王朝的建立更好地维护了政治传播系统，政治传播的形式更加多样化。其中最为重要的就是秦始皇统一文字，这一政策有利于信息的传播和交流，促进了政治传播活动的进行。

到了唐宋时期，中国的传播技术、传播制度、传播系统都有了较大发展。唐代邸报的诞生标志着中国古代的政治传播由手抄时代进入印刷时代。邸报成为官员了解政治的重要途径。宋代除了有类似唐代的邸报，还有报道边境地区军事活动的“边报”。宋代还有进奏院，专门负责控制、管理国家的新闻事业，包括对新闻进行事前检查、制定规则、颁布法令、行使新闻控制的职能等。

与上述朝代相比，元明清时期，朝廷对新闻传播的管制更加严格。为了维护封建王朝的统治，统治阶级加强了对新闻传播的控制和管理。元代的中书省、明代的通政司，都是统治者用以了解民间舆论动态、监督官员行为、维护统治的重要部门。表 5-2 是明代出现的几种新闻报。

表 5-2 明代报类之比较

报类	功能
邸报	报道朝廷的事务，宣传统治阶级的看法，发布外交往来信息、社会新闻和评论
塘报	专门发布军事和外交消息
牌报、旗报	农民起义军宣传政治主张

2. 西方早期的政治传播

西方最早的政治社会化开始于奴隶社会，政治传播是政治社会化在传播方面的表现，是统治阶级有目的、有意识的活动。

古希腊罗马时期，最早进行政治社会化研究的学者是柏拉图。他认为国家应该通过说服手段，向着正确的方向塑造人性、净化人性，以达到和谐统治的目的。

西方各国的政治传播活动大多是依靠报业进行，下面主要介绍一下美国的报业情况。

美国的政治传播活动与其政治环境的变化有着密切的联系。独立战争之前，美国是英国的殖民地，因此，这一阶段的政治传播活动与其殖民地的政治环境相吻合。为了维护英国当局的殖民统治，英国于 1662 年通过第一个限制新闻出版的正式法案，以此限制北美的言论自由，不仅如此，英国当局还禁止北美擅自发行任何印刷品。1690年，本杰明·哈瑞斯创办了北美第一张报纸——《国内外公共事件报》，报道国外新闻和本地消息。

1776年，《独立宣言》诞生，宣告了北美从殖民中独立，独立战争的胜利与战争期间活跃的政治传播活动有一定关联。其中1748年由塞缪尔·亚当斯创办的《独立广告报》就抨击了英国当局的残酷统治。艾赛亚·托马斯与人合办的《马萨诸塞侦探报》，通过报纸宣传独立思想，为美国独立战争的胜利作出了贡献。

独立战争结束后，美国的政治传播活动以各党派通过报纸宣传各自的思想来进行。南北战争期间，有北方支持林肯的《纽约时报》《太阳报》和《商业广知报》等，也有反对林肯的《世界报》《每日报》和《商业新闻报》等。各大报业都通过宣传各自的主张推动了南北战争的发展。

西方经济的发展和民主政治的发展是相互关联的，政治传播的方式从隐形宣导向露骨直白发展，各政党通过报纸、传单、广告等方式宣传各自的执政思想，以维护本阶级利益。

从以上中西方传播活动可知，政治与传播密不可分。君王要传达政令、树立形象、获得民心等就要借助于传播。社会不同区域、不同业态信息的传递以及利益的平衡也需要通过传播来维系。政治与人们的生活息息相关，但又不是每一个公民都有机会接触到政治活动，因此作为上传下达工具的传播活动，一方面要保证政客们的思想能够正确地传达给公民，另一方面又必须受到政治力量的制约，以建立和维护政治统治者的形象。但是，传播媒体也在努力行使自己的监督权力，以使报道客观公正，这就形成了政治和传播相互促进又相互制约的关系。

政治和传播的关系，总体来说就是政治对传播的控制制约和传播对政治的监督影响。

（四）政治对传播的影响

政治对传播的制约，主要体现在传播主体——统治者、政客、专业媒体从业者等对传播内容、传播渠道、传播制度等的控制。

1.政府对媒体的控制

为了引导舆论，获得民众的支持，政府会对媒体积极地开展各种形式的公关活动，协调与媒体的关系。为了及时、有效地引导媒体的报道，政府为新闻界提供新闻事实资料、背景资料、简报、专家名单、问题列表及媒体报道建议稿等，还会考虑稿件的照片取景，照顾记者们的截稿时间等[1]。

---

1 李智.国际政治传播——控制与效果[M].北京：北京大学出版社，2008：77.

政府对媒体的公关可以大致分为直接公关和间接公关。直接公关主要体现在政府对信息的“把关”上，包括但不限于举行新闻发布会、记者招待会以及政府官员接受媒体采访等活动。以上方式可以作为官方的信息公布渠道，具有权威性，是媒体关注的焦点。除此之外，政府还会雇用公关公司开展公关活动。但无论是直接公关还是间接公关，政府对媒体进行公关活动的最终目的都是尽可能对其施加影响，引导媒体以他们所希望的方式进行报道。

政府开展上述公关活动，是为了引导舆论。李普曼在《舆论学》中就提到了政府关于“议程设置”的论述[1]。许多国家的媒体都会在新闻播报中包含大量政府活动的信息，或者是政府官员的话，这便是政府设置媒体议程的一个体现。

2.政治信息的立场

在政治传播中，媒体不仅传递政治信息，还传递记者创作的政治新闻。媒体的政治信息主要源自政府、政党、公共组织、利益集团，甚至包括恐怖组织等各种政治行动者。

西方国家的政治广告是媒体中常见的政治内容。政治广告是政党在竞争性的政治环境中通过购买和使用广告时间段来向受众传递政治信息的一种行为，目的是让公众接受自己的主张。比如第一次大战期间，美国总统威尔逊在正式参战后专门成立了“公共信息委员会”，负责战时宣传，向社会发布宣传手册、广告、新闻、电影等。

3.政治传播制度的影响

政治对传播的影响涵盖多个方面，其中主要表现为政治制度对传播媒体体制的影响。体制的焦点问题是媒体、政府以及公众之间的关系。国家和政府对传播媒介的控制主要包含以下几个方面。

（1）政治体制决定媒介组织的所有制形式。政治体制对传播体制的制约是宏观的、集中的，政治活动则是无处不在、具体而微的。政府的政治活动主要涵盖发布政治信息、宣传政治主张、塑造政府形象以及进行舆论导向等。政治对大众传媒的政治性和阶级性具有决定性影响，媒介所有制的三种形式为：国有制、私有制和公有制。在资本主义制度社会中，媒介大多为私有制（表5-3），媒介通过市场为公众服务，媒介代表公众监督政府；而在社会主义国家，媒介大多实行国有制，媒介是政府和公众之间的桥梁。

1　议程设置：是大众传播媒介影响社会的重要方式，其观点主要来自政治学，李普曼的《舆论学》最早提出该思想，被认为是传播学领域的奠基之作。该理论认为大众传播往往不能决定人们对某一事件或意见的具体看法，但可以通过提供信息和安排相关的议题来有效地左右人们关注哪些事实和意见及他们谈论的先后顺序。大众传播可能无法影响人们怎么想，却可以影响人们去想什么。

表 5-3　西方主要国家广播电视事业所有制概括表

国家	所有制形式		特许证管理机构
	公营机构	私营商业机构	
英国	BBC（英国广播公司）	ITV（独立台）、BskyB 等	ITC（独立电视委员会）
日本	NHK（日本广播协会）	日本、富士、读卖、朝日等	邮政省
法国	法国二台、三台、文化教育台	TF1、M6、Canal Plus 等	CSA（视听媒介最高评议会）
德国	ARD（德广联）、ZDF（电视二台）	RTL、SAT1、Pro7、RTL2 等	联邦邮电部
美国	VOA（美国之音）	ABC、CBS、NBC、FOX 等	FCC（联邦通信委员会）

注：根据日本NHK 1996年编《世界广播电视数据集》制作。

（2）政治力量通过法律控制大众媒介。传媒公司、传播机构等的创办需要经过审批、登记等程序并接受监督。传播机构需要履行政府所规定的责任和义务。许多国家为了规范化管理媒体，在商法、反不正当竞争法、反垄断法等法律中进行了明确、专门的规定。西方国家大众传播业发展较早，已经有了比较完善的新闻法律法规。一方面，法律保护了新闻自由，保障了媒体依法独立自主从事新闻活动的权利；另一方面，法律也对媒体进行了限制，比如与国家制度和意识形态相关的内容、涉及国家安全及国防机密的内容、对公众利益和社会文明风气有害的内容等。

（3）通过行政手段管理大众媒体。行政管理包括对媒体的创办进行审批、登记、分配等。主要包括制定行业发展规划、产业政策并指导实施，对大众媒体进行行业监管、实施准入和退出管理、对媒体内容进行监管等。

（五）传播对政治的影响

政治对传播具有控制、引导的作用，传播同时也对政治产生作用，以自身的特点制约和影响政治的发展，发挥一定的社会政治作用。

所有的传播手段都有一个目的，就是说服。政治组织包括政党、公共组织等为了将信息传达给公众，就要建立有效的沟通渠道，而大众传播媒介就是现代社会政治传播者和受众之间的主要沟通渠道。

在新媒体高速发展的当下，大众传播媒介让政治组织和受众之间的关系更加直接，大众媒介成为展现社会多元信息的主要平台，它在本质上改变着政治。

第一，大众传媒是政治传播的渠道。在社会媒介化和媒介信息化的当下，大众传媒不仅使政治传播的力度更大、范围更广，对公众的影响也更深。媒介信息技术的发展，让公众更容易、更快捷、更及时地获取信息。大众媒体成为公众参与政治活动的主要入口。

第二，大众传媒对政治权力有监督作用。在信息社会，媒体成为社会沟通的主要通道，公众通过媒体获取信息、了解事件、拓展视野，通过媒体观察和反思社会的现状、问题和发展。媒体塑造了人们参政和议政的方式，媒体作为公共平台成为舆论监督和权力监督的有效工具。

第三，大众传媒能够提升政治传播的影响力。政治组织通过大众传媒接触最广大的公众，越是公开、透明的政治传播信息，越受到公众的关注。视觉化的媒体让政治传播通过影像塑造国家形象，传播政治诉求和情感。国际竞争中的软实力竞争是政治传播影响力的竞争，一个国家的媒体在国际传播秩序中的地位，很大程度上反映了该国在国际上的地位，因此，传播是提升政治影响力的主要途径。

第四，大众传媒推动民主政治发展。大众传媒不仅给政治信息内容提供了平台，也凭借自身传递信息的独特功能对政治体制施加作用。媒介体系的完善有助于推动民主政治的发展。公众通过大众传媒实现知情权，媒体发布的信息帮助公众了解政府的工作情况以及社会各项事务的情况，是公众行使各项政治权利的基础。公众可以通过大众媒体对政府进行监督，有助于促进政治体制的完善。大众传媒还拓宽了参政主体，公众在大众媒体上发表意见和看法，实现自己的话语权和舆论力量，从而影响政治活动。

二、大众传播与舆论监督

法国思想家孟德斯鸠曾说："一切有权力的人都容易走向滥用权力，这是一条千古不变的经验，有权力的人直到把权用到极限方可休止……要防止滥用权力，就必须以权力制约权力。"[1] 因此，国家政治权力需要强有力的监督，而媒介就是一个有力的武器，它的功能主要体现在舆论监督方面。

（一）大众传播对公众舆论的影响

公众舆论主要指以大众传媒为主要平台集结和传播的舆论。18 世纪末，随着现代传媒的发展，越来越多的思想家将大众传媒定义为"社会舆论的机关"[2]。社会舆论是社会精英、媒介和公众根据共同关心的社会问题在互动过程中产生的意见汇集。传播和政治在一定的舆论环境中相互影响、相互制约。

大众传媒作为公众舆论的集合点，成为政治行动者最为关注的区域，他们的根本目标就是通过政治信息的传播影响公众，影响公众舆论，从而得到民意的支持。现代媒介在政治行动者和公众之间的角色越来越重要，大众传媒越来越显示出影响舆论的趋势。美国舆论传播者赫伯斯特将现代舆论的三个发展趋势概括为：第一，大众意见的传播由"自下而上"向"自上而下"转向；第二，意见的表达和衡量日益合理化；第三，意见的结合日益无名化[3]。这些舆论的发展趋势是大众传媒和舆论互动产生的结果，现代传媒和民主政治也在这个背景中建构出来。

---

1 孟德斯鸠．论法的精神[M]．西安：陕西人民出版社，2001：183.

2 陈力丹．舆论学：舆论导向研究[M]．北京：中国广播电视出版社，2000：60.

3 陈力丹．舆论学：舆论导向研究[M]．北京：中国广播电视出版社，2000：61.

大众传媒对公众舆论具有很大影响。

首先，其根本影响就是建构了一个公共平台，维护了公众舆论形成的公共领域。最早的公共领域如报纸，就是一个公众获取信息、发表意见、提出批评的平台。大众传媒通过信息的传递，让公众在知情的情况下，监督国家的权力机关，发表意见和观点，从而形成公共舆论，而政治行动者则需要不断地对公众舆论作出反应。

其次，大众传媒引导了公共舆论。媒介基于自身的立场，会以代言人的方式发表意见和观点，构成新闻舆论。舆论的产生和消失是大众传媒信息引导公众的结果。公众不能直接经历全国甚至是全球的各种事件，却可以通过大众传媒间接体验。大众传媒对舆论的引导首先表现为议程设置，即“报纸或许不能直接告诉你怎么想，却可以告诉你想些什么”[1]。媒体所安排的议题顺序反映了其对不同问题的关注程度，不仅赋予了议题意义，也影响了公众对议题重要性的认知。通过议程设置，媒体通过信息流不断作用于人们的认知，以媒体所构建的信息环境决定公众对事实的掌握程度和对外界的感知，从而影响人们对现实的意见和态度，引导舆论。

最后，大众传媒引导公众的意见表达。大众传媒对社会的监督并非来自新闻本身，而是新闻背后的民意。大众传媒对政治生活的监督就是公众舆论的监督。媒介通过报道事实以及间接评论表达意见和立场，从而引导公众舆论。

（二）舆论监督对政治民主的推进

人类社会的政治生活随着生产力的不断发展和生产关系的不断变革，经历了奴隶社会、封建社会、资本主义社会等阶级社会。政治在阶级社会沦为统治阶级的工具，而不同阶级和利益的对抗，也让公众变成了政治生活的参与者。为了促进政府和公众的政治沟通，媒体作为政府的信息传播中介，为政府、公共组织和公众的交流提供了信息支持。

随着民主政治的发展，在19世纪后期和20世纪上半叶，代表性的资本主义国家如美、英、日、法、德等逐步建立了相对独立的大众传播体系。这标志着西方新闻传播体制的形成。在现代传播体制中，大众传媒取得了独立于政府的地位。媒介不再仅仅属于统治阶级，而成为监督国家政权的有力舆论工具。

舆论监督是指公众通过舆论这一意识形态，对各种权力组织、工作人员以及社会公众人物自由表达看法所形成的一种客观效果[2]。新闻媒体作为政府的监督者，有权对政治行为开展自由批评。大众传媒不仅能够引导舆论，还有控制舆论和制造舆论的功能，所以，舆论监督是与大众传媒结合在一起的，舆论监督就是媒体代表公众对权力运作尤其是权力滥用而导致的腐败行为进行监督。

现代社会注重民意的表达和公众话语权的实现，而一个国家公众参与政治生活、发

---

1 陈力丹．舆论学：舆论导向研究[M].北京：中国广播电视出版社，2000：79.

2 陈力丹．舆论学[M].上海：上海交通大学出版社，2003：142.

表意见、了解政事的程度不仅体现了该国大众媒体的发达程度，也是衡量其政治水平的标志。舆论监督的前提就是政府信息的公开，而其也是促进政府信息公开的重要途径，对政治民主和政治文明具有推进作用。

大众传媒常常以公开舆论代表的身份出现，媒介的监督对政府造成的强大压力并非源于媒介本身的力量，而是凭借公众的影响。也就是说，大众传媒在实施舆论监督的过程中扮演的是一个中介的角色，但这并不意味着大众传媒是被动的，大众传媒不仅能反映舆论，还能影响和制造舆论。大众传媒作为公众舆论的主要渠道，不仅起到了监督政府和公众组织的作用，也在深度和广度上推动着政治民主进程。

（三）新媒体营造的舆论空间

随着数字技术和网络技术的发展，人类进入数字文明时代。新媒体的交互性、个性化和共享性，不仅显示了新传播手段的力量，也给世界政治带来了巨大挑战。在中国，新媒体成为舆论监督的平台，网民在互联网上即时地表达意见和观点，形成了不容忽视的网络民意。新的大众媒介和民主政治相互作用，在信息公开的背景下，新媒体不仅成为监督利器，保障了公众舆论的顺畅流通，同时也对政治组织和公众的政治素质和法律意识提出了相应要求。

第一，大众传媒成为公众参与政治生活的重要渠道。在网络传播时代，媒体公共领域的功能得到进一步释放，媒介已经从单纯的宣传工具转化为中介角色。政治组织在通过媒介进行政治传播的过程中，其本质是与公众进行协商，政治意图需要在媒介和公众的协调和信任中才能发挥作用。

第二，新媒体提升了公众的表达权。在媒体多元化和传播形式多样化的新媒体传播环境中，媒体信息的传播突破了单向传播的藩篱，公众的表达提高了媒体信息结构的立体化程度。

第三，公共媒体为民主进化提供了空间。公众通过媒体展开对社会问题的讨论，通过媒体信息对政治组织的行为进行监督。大众传媒作为信息和舆论平台，提升了公众的政治权利意识，挖掘了社会民主的潜在价值资源。微博、微信公众号等新媒体平台成为多元信息流动的平台，一方面，让信息的提供方受到了监督和规范；另一方面，也给公众提供了对话和讨论的平台，媒介建构公共领域的潜能得到进一步释放。

第二节　传播和社会

大众传媒的信息传播活动渗透到社会生活的方方面面，它是人们获取信息的主要渠道。本节将从传播与社会的互动关系、大众传播与社会控制、大众传播与社会伦理等几个方面介绍传播和社会的关系。

一、传播和社会的互动关系

传播是人类社会长期发展的产物，人类的传播与人类的自身发展同步，认识人类传播的过程就是认识人类社会发展的过程。人类社会的发展是通过生产实践不断提高自身生产力、不断改变生产关系的过程，社会发展导致社会结构的复杂和社会分工的加剧，社会日益分化为功能各异的各个部分，社会的各个部分之间并不是相互分离的，它们之间彼此依赖，通过协调和整合组成社会系统。大众传播学理论通过社会学理论框架对大众传播的各个方面作出解释，其中结构功能论把“社会看成一个有机体，由它的各个部分（政治、经济、文化、大众媒介等）组成相互依存的体系，它的每一部分都为该体系贡献着功能，并与其他部分相互联系，共同维护社会体系的平衡和发展”[1]。

在人类发展的过程中，传播不仅改变了自然界，也改造了人类社会。人类社会传播能力的提升和新的传播媒介的创造就是社会信息传播系统不断完善的过程。从社会层面来说，传播是社会发展的产物，也是社会发展的助推器。

（一）传播媒介的更新推动人类社会发展

通过对动物世界传播的观察，我们可以得知，传播并不是人类特有的现象。动物世界的信息传播现象也是多种多样，如萤火虫的发光是求偶的信号，蜜蜂飞行的“8字舞”是传递位置的信号。但动物世界的传播与人类社会的传播具有本质区别，因为动物的信息传播只是基于条件反射对自然界的一种被动适应，而人类的传播具有能动性和创造性的本质特征。“动物仅仅利用外部自然界，简单地通过自身的存在在自然界中引起变化；而人则通过他所做出的改变来使自然界为自己的目的服务，来自配自然界。”[2]

“人类社会区别于猿群的特征在我们看来又是什么呢？是劳动。”[3]人类的创造性活动——劳动，不仅让人掌握了创造工具、创造物质财富的能力，劳动中相互协作的语言也成为人类最基本的传播手段，是人类摆脱动物状态、从动物传播向人类传播跨越的根本标志。

语言的出现标志着人类传播的开端，人类以具有能动性和创造性的语言为核心的信息传播系统是区别于动物信号系统的最本质特征。可以说，人类是最社会化的动物，就是因为人类通过劳动进行社会活动，通过体外化、社会化信息系统来适应环境和改造环境。

人类传播活动大致可以划分为五个阶段：口语传播、文字传播、印刷传播、电子传播、网络传播。这五个阶段与媒介更新的过程相同步。人类传播活动阶段如表5-4所示。

1　张国良．传播学原理[M]．3版．上海：复旦大学出版社，2021：136.
2　马克思，恩格斯．马克思恩格斯选集[M]．北京：人民出版社，1995：383.
3　马克思，恩格斯．马克思恩格斯选集[M]．北京：人民出版社，1995：378.

表 5-4 人类传播活动阶段

形态	时间
口语传播	大约 10 万年前至今
文字传播	公元前 3500 年至今
印刷传播	公元 620 年至今
电子传播	1844 年至今
网络传播	1946 年至今

传播自人类诞生以来就已产生，随着媒介的发展，传播形式也在不断变化。传播需要媒介、手段和工具，人类传播发展的进程也是人类使用的传播媒介不断丰富的历史。从人类传播各阶段的情况，我们可以看到每一次媒介手段的更新和每一次的传播革命都将人类社会推向新的时代。

（1）语言传播是人类传播的第一个发展阶段，语言与思维相联系，使人类对世界的认识不断深化。口语提升了人的思维能力，使人类可以交流信息、积累知识、沟通思想。

（2）文字传播突破了语言的局限，使人类适应更加复杂的社会生活并扩大社会空间。文字超越了时间和空间的限制，推进了各区域经济、政治和文化的交流与融合。

（3）印刷传播打破了少数人使用文字传播的特权，推动了文化知识的普及，促进了思想知识的扩散，在推动社会、政治、经济、文化各领域的发展上起着重要作用。

（4）电子传播加速了信息流通的速度，使实时的远距离信息传递成为现实，使跨国传播和全球传播成为现实。

（5）网络传播使社会生活“数字化”，数字技术使单一功能的媒体转变为多功能媒体。人类由此进入高度信息化的新时代，人类社会的信息传播系统获得全面创新。

总而言之，人类的传播活动不断涌现，呈现出一种逐渐丰富的历史过程，使人类从体内信息系统传播走向功能更强、效率更高的体外信息系统传播。媒介就是社会发展的动力，媒介开创了人类社会生活的新方式，媒介技术的变革提升了人类的传播能力，给人类社会的物质和精神生活都带来了巨大变化，对社会变革的影响毋庸置疑。

（二）传播环境和社会环境的关系

环境对人的生活予以影响，因为人不是生活在孤立、封闭的空间中，而是处于一个开放的环境空间里。马克思说：“人创造环境，同样，环境也创造人。”[1] 因此我们了解传播和社会的关系，就需要了解社会环境对传播活动的影响和媒介环境对人的社会行为方式的改变。

1 马克思，恩格斯．马克思恩格斯选集 [M]. 北京：人民出版社，1995：92.

二、传播环境

传播活动要在一定的环境中才能进行，我们要了解传播活动，就需要对传播环境进行一定的分析。传播依赖于环境，环境对传播又产生作用，他们之间本身就是彼此互动、共存依赖的关系。良好的环境有助于提升传播效果，取得更显著的社会效益和经济效益；反之，恶劣的环境则可能阻碍传播活动的进行。

（1）空间的自由和开放。宇宙无垠，传播环境不受时空、地域、文化等的限制。传播环境对信息活动具有广泛的接纳性，信息传播在无限开放和自由的环境下进行，不同的人类活动都可以通过媒介在系统内外部进行互动。

（2）条件的差异和相关。人类的传播活动多种多样，不同的传播互动处于不同的传播环境中。传播环境会受到自然、文化、经济、政治多种因素的干预和影响，从而形成各种样态，而且各种传播环境不是独立的，而是相互渗透、相互关联的，因此人的活动处于传播环境中，也受到多种影响。由于传播环境的复杂性，传播行为也呈现多种性质，传播者和受众相互之间的影响可以是正面的，也可以是负面的，这都与传播环境的影响有密切关系。

三、社会环境

人是社会动物，因此，个体的观点、信念和道德受到周围社会环境的显著影响。社会环境指的是在交往和传播活动中，个体聚集、相互交流所形成的社会情境和条件。在传播活动中，个体以个人身份参与，实际上是与媒介和社会环境建立起联系。

社会环境的构成因素众多而复杂，主要包括：

（1）政治因素，如政局、公众参政情况、法治情况等；

（2）经济因素，如经济制度、媒介社会化进程等；

（3）文化因素，如教育、科技、道德等；

（4）信息因素，如信息来源、信息的真实公正程度等。

社会环境对传播主体和大众媒介的重要性主要表现在：

（1）社会环境是传播主体和大众媒介生存、发展的社会空间；

（2）社会环境为传播主体和大众传播提供了人力资源、受众资源、信息资源、财力资源；

（3）社会环境对人的社会角色、生活目标加以认定、指导和规范；

（4）社会环境影响大众传播活动的方式、过程以及内容的性质和特点。

（一）社会对传播的影响

如今，我们生活在一个大众传播的时代，传播媒介渗透到社会的各个阶层和各个角落。媒介并不是孤立存在的，它是社会的子系统和有机组成部分，它的存在和发展与政治、经济、文化系统存在密切关系，这种关系的总和就是媒介生态系统。从媒介生态系统的产生和发展可以看出，传播无论从学理还是技术上都需要一个广阔的社会历史背景，包括以下几个方面。

（1）政治环境决定媒介制度。健全的媒介制度已成为一个国家文明的标志，各个国家的媒介制度都与其各自的社会条件相关。民主政治的健全与否不仅影响传播的环境，也决定了政府对媒介调控能力的强弱。

（2）经济环境决定媒介发展水平。传媒是一种特殊的社会事业，发达的经济为媒介的发展提供物质保障。一个国家的经济发展水平直接制约着该国媒介的整体规模和发展水平。

（3）社会环境决定媒介运作方式。在信息社会，社会的加速发展、受众知识水平的参差不齐和兴趣的不断更新，都影响着媒介的运作。不同国家有不同的社会结构，不同的文化传统有不同的价值观，媒介作为大众传播工具，在不同的社会环境中也存在相当大的差异。因此，媒介的运作方式，包括受众的定位、涉及的内容、行文风格、基本理念价值等都应该根据社会环境而定。

（二）传播对社会的影响

传播受制于环境，但并非总是如此，它也对社会环境产生巨大的反作用。

（1）满足公众对信息的需求。媒介作为信息传播工具，它的主要资源就是信息，主要功能就是收集信息、处理信息和传播信息。传媒从业者通过收集信息，对信息进行加工处理，生产出信息产品以供给传播媒介使用，如报纸、广播、电视节目等。

（2）影响公众的认知和行为。媒介信息的传播不仅满足了公众对信息的需求，同时实现了社会成员的相互联系。传播学理论家李普曼认为大众传播形成的信息环境，不仅制约人的认知和行为，而且通过制约人的认知和行为来对客观的现实环境产生影响。

（3）实现社会目标。媒介系统维护社会主流意识形态，在公众范围内传播有利于社会稳定和发展，为社会总目标服务。大众传播发挥其社会影响力，提供国家发展的信息，让公众参与国家决策，促进社会进步和国家发展。

（4）促进个人社会化。每个人从自然人到社会人，都需要了解社会信息，参与社会生活。在现代社会，媒介不仅提供信息帮助个人理解自我，也提供社会信息帮助个人理解社会。媒介帮助个人实现社会化，同时还帮助个人与他人进行互动。

（5）促进社会整合。社会各个组成部分之间是相互关联的，但并非总能保持一个平衡的状态。为了让社会各个部分之间减少冲突，社会整合是必需的，而现代社会的复杂性对整合工具要求甚高，大众媒介无疑是一种必要工具。大众传播的大众化特征，一方面为社会提供共享的价值理念，通过传播主流价值观，构建促进社会发展的价值理念；另一方面又协调各个利益集团之间的关系，从而使社会的各个部分联系在一起，以符合现代社会的利益需求和整体需求。

四、大众传播与社会控制

在大众传播时代，传播媒介渗透到社会的方方面面，现代人的生活内容都与大众传播有密切的关系。大众传播对社会的影响巨大，那么什么是大众传播？这里我们首先应该了解大众传播的性质和特点，才能理解它作为现代信息系统所具有的社会影响力。

（一）大众传播

关于什么是大众传播，不同学者给出了多种定义。

大众传播是指特定的社会集团通过文字（报纸、杂志、书籍），电波（广播、电视）等大众传播媒介，以图像、符号等形式，向不特定的多数人表达和传递信息的过程[1]。

大众传播是一个过程。在这个过程中，职业传播者利用机械媒介广泛、迅速、持续不断地发出信息，目的是和人数众多、成分复杂的受众分享传播者要表达的含义[2]。

大众传播就是专业化的媒介组织运用先进的传播技术和产业化手段，以社会上一般大众为对象而进行的大规模的信息生产和传播活动[3]。

综合以上表述，本教材对大众传播的定义如下：大众传播是人类信息交流传播的方式之一，是专业化、职业化、组织化的传播者利用先进的大众媒介手段，向受众传达社会性信息的传播活动。

从以上定义，我们可以看出大众传播涉及传播过程中几个主要因素，这些因素体现了大众传播的特点。

（1）专业化的传播者。大众传播的传播者主要包括新闻通讯社、电视台、广播台、报社、互联网公司、广告公司等。它们都需要获得相应事业机构法人、企业法人等资格，在特定的组织目标和指导下进行传播活动。

（2）先进的媒介手段。大众传播的媒介是机械化、电子化和网络化相融合的。机械化时代主要是报纸、杂志，电子化时代采用广播、电视和网络，网络时代的媒介技术进一步提高，成为现代信息传播活动重要的一部分。

（3）单向的受众。以广播、电视、报纸为代表的大众媒介，是单向地向受众提供信息的，其受众广泛，但受众向传播组织进行直接反馈的渠道则较为缺乏。

从大众传播的特点可以得知，正是因为大众传播覆盖面广、渗透力强、作用持续不断，它具有强大的社会影响力。但是由于其单向性，大众传播对受众的影响也有正负两方面。下面，我们就介绍大众传播所具有的社会功能。

（二）大众传播的功能

1948 年，拉斯韦尔在《传播在社会中的结构和功能》[4]一文中，总结出大众传播的

1　沙莲香．传播学：以人为主体的图像世界之谜 [M]. 北京：中国人民大学出版社，1990：145.

2　M. L. Defler, S. Ball-Rokeach. Theory of Mass Communication[M]. New York: White Plains, Longman.

3　郭庆光．传播学教程 [M]. 2 版．北京：中国人民大学出版社，2011：99.

4　H. Lasswell. The Structure and Function of Communication in Society[M]// Lyman Bryson. The Communication of Ideas, New York: Cooper Square, 1964: 38.

三个主要功能：第一，监测环境，传播对社会具有“瞭望哨”的作用；第二，社会协调，传播具有联系、沟通、协调社会关系的功能；第三，传承遗产，传播有保存、积累、记录社会遗产经验的功能。

纪录片《中国》(图 5-3）分为三季，第一季是从春秋到盛唐，第二季是从唐代到中华人民共和国，第三季是追溯上古三代。该纪录片通过观众容易接受的“模拟”历史人物、复原历史场景、将历史影像化的叙事方式来讲述历史。

《中国》对中国历史的呈现是从孔子开始的，通过“孔子见老子”、孔子立志恢复礼制、创办杏坛私学讲坛等孔子的人生大事，来带出春秋战国时代的复杂局面。为了让观众感觉真实，纪录片虽然由演员饰演历史人物，但人物没有对白，也没有对人物的特写镜头，而是全部以全景式、大广角来呈现古人的某种状态，比如聚会、出行、拜访、争论、行礼等，让观众有一种全景观看历史，而非观看表演的感觉。

该纪录片的总导演李东珅、周艳表示，《中国》就是想到历史中去探寻故事、聆听声音、汲取营养。“纪录片《中国》是一部影像化的中国‘通史’，是了解历史发展的简明‘大纲’。”因为要做的是影像化的简明中国史，这部纪录片更像是“历史教科书”，不讲宫斗、权谋，不渲染战争、权变，只讲社会、生活、经济、思潮、制度等历史重要内容。[1]

图 5-3　纪录片《中国》剧照

关于大众传播的社会功能，美国学者赖特、拉扎斯菲尔德、施拉姆等人都提出过自己的观点，下面我们对大众传播的功能做一个总结。

1　齐鲁壹点．这部纪录片名叫《中国》，画面极致唯美，主题宏大不枯燥[N/OL].(2020-12-11)[2022-03-18]. https://baijiahao.baidu.com/s?id=1685749121824846618&wfr=spider&for=pc.

（1）传播信息。大众传播可以向大众传递政治、经济、社会等各方面的信息，国家和政府可以把相关的政策信息传递给大众，企业可以把产品信息提供给消费者，其他社会组织可以传播组织信息给大众。可以看出，专业的传播组织都可以通过大众媒介向大众进行信息的传播。

（2）影响舆论。舆论一般指公众的意见，大众传播可以引导舆论，也可以反映舆论。政府和政党一般会依靠大众传播来引导舆论，比如西方政党通过引导舆论来获得选民的支持，企业也可以通过危机公关处理手段引导舆论。

（3）普及知识。大众传播可以实现知识的普及，大众传播可以将知识以最先进的媒介技术进行转化，如电视台的教育频道，通过通俗化的故事和视听呈现将历史上的故事传递给大众。大众传媒成为知识普及的平台。

（4）娱乐麻醉。以电视为代表的大众媒体为大众提供大量的娱乐内容，但娱乐信息一方面有助于公众释放情绪、消遣娱乐，另一方面信息生产的娱乐化也有可能让现代人淹没在通俗娱乐的信息中无法自拔，这是大众传播的负面功能。

从以上功能可以看出，大众传播能够对整个社会产生重要影响，它的传播活动既有正面的社会功能，也有负面的社会功能。

（三）大众传播对社会的控制

批判传播学者认为，大众传播有明确的目的性，大众传播有效地将人塑造成没有独立思考能力的人，马尔库塞称之为“单向度的人”[1]。他们认为大众传播信息是政治集团、广告主、商家等多方经过系统化筛选的信息，是一种意识形态，如工业流水线一样影响和控制着社会人的意识。关于大众传播和社会控制的问题，以下将对美国学者施拉姆等人的《报刊的四种理论》中前三种和我国社会主义传播媒介制度及其规范进行分析和探讨。

1.《报刊的四种理论》

《报刊的四种理论》出版于1956年，是学者赛博特、彼得森金和施拉姆对当时“世界上所有不同种类报刊背后的哲学和政治的原理或理论”的探讨。该书指出：“报刊总是带有它所属社会和政治结构的形式和色彩，特别是报刊反映一种协调个人与社会关系的社会控制的方式。”[2]施拉姆等人总结了集权主义理论、自由主义理论、社会责任理论和苏联共产主义理论四种模式，本教材主要介绍前三种理论。

（1）集权主义理论。集权主义理论是人类传播史上最古老的一种传播制度理论，它奠定了报刊制度的基础。集权主义者主张社会必须完全以权力为中心，强调社会等级秩序和上下级之间的绝对支配和服从关系。

集权主义理论的代表人物有柏拉图、马基雅维利、托马斯·霍布斯和黑格尔等人。

1 赫伯特·马尔库塞.单向度的人：发达工业社会意识形态研究[M].上海：上海译文出版社，2006.

2 威尔伯·施拉姆，等.报刊的四种理论[M].北京：新华出版社，1980：2.

如柏拉图曾试图在他的《理想国》里说明国家必须实现政治目标和文化目标的统一，即严格控制意见，用严格的文化规范来“调整”公民生活，把一切违反严格条例的艺术家、哲学家和诗人遣送到其他地方。

集权主义是维护专制统治的理论，其媒介规范理论同样反映了这一观点——主张媒介全面地为统治者服务，服从于权力的统一。集权主义的媒介制度以及它所包含的规范理论主要包括：

①报刊必须对当权者负责，维护国王和专制国家的利益；

②报刊必须绝对服从权力和权威，不能质疑统治权威的道德和政治价值；

③政府有权对出版物进行事先检查，检查是合法的；

④对当权者或当局制度的批判属于犯罪行为，应予以法律制裁。

集权主义传播制度在欧洲统治了数百年，直到17—18世纪资产阶级革命的胜利，其才被摒弃。集权主义制度下，报刊和出版受到的管制是严厉的、残酷的。第二次世界大战中，德、意、日法西斯的传播体制就是一种现代集权主义体制。随着传播媒介功能和定位的改变，集权制度已与社会不相容，但是现代社会仍然存在改头换面的集权主义，因此我们不能不警惕。

（2）自由主义理论。自由主义理论强调人的理性，主张天赋人权，认为宗教、言论和出版自由是天赋权利之一。

自由主义理论的代表人物有约翰·洛克、约翰·弥尔顿、约翰·厄尔金、托马斯·杰弗逊等。如洛克主张人民主权，认为权力的中心在于人民的意志，政府是受人民委托的代理人。弥尔顿主张思想自由，提出观点的自由市场、真理的自我修正，他认为观点这种东西可以放到公开市场上相互比较，谁是正确的、谁是错误的，不应该由权威的机构来权衡，而应该由每一个人根据自己的理性能力来判断[1]。密尔是19世纪自由主义的集大成者，他的著作《论出版自由》极力强调了言论自由、出版自由的重要性和必要性。

在自由主义理论的视野下，理想的传媒业应该发挥以下职能：

①提供公共事务的消息，为政治制度服务；

②启发公众使他们能够实行自治；

③作为监督政府的哨兵，保卫个人权利；

④主要通过广告，沟通商品和服务的买卖双方，为经济制度服务；

⑤提供娱乐；

⑥维持财政独立，使报刊不受特殊利益压制。

自由主义理论是与资本主义政治和经济制度结合在一起的，它所保障的不是全体社会成员的利益，而是私有资本的利益。恩格斯说：“出版自由就仅仅是资产阶级的特权，

1　邵志择．新闻学概论[M].杭州：浙江大学出版社，2003：135.

因为出版需要钱，需要购买出版物的人，而购买出版物的人也要有钱。”[1] 随着资本主义发展到垄断阶段，自由主义理论本身也蜕变成了维护垄断资本利益的理论。

（3）社会责任理论。社会责任理论由美国新闻委员会于20世纪40年代提出，该委员会先后召开17次会议，听取了58名新闻界相关人士的证词，访谈了230多位关心新闻界现状的各界人士，研究了176份由委员会工作人员准备的文献，最终于1947年出版了《一个自由而负责的新闻界》一书。社会责任理论是对自由主义理论的一次修正。

自由主义理论受到修正的原因是，进入20世纪以后，传播媒介的垄断程度越来越高，传播资源越来越集中在少数人手里。媒介集中和垄断的加剧使大多数人失去了表达自己意见的手段和机会，私有媒介的内容在营利动机的驱使下，不仅带来了深刻的社会问题，危害了健康的社会道德规范，也妨碍了信息和思想在社会内部的自由流通，影响到整个社会和公众的利益。

新闻委员会所提出的社会责任理论包括以下几个基本原则：

①大众传播具有更强的公共性，媒介机构必须对社会和公众承担和履行一定的责任和义务；

②媒介的新闻报道和信息传播应该符合真实性、正确性、公正性和客观性等专业标准；

③媒介必须在现存法律和制度的范围内进行自我约束，不能传播宗教和种族歧视内容，不能煽动社会犯罪；

④受众有权要求媒介从事高品位的传播活动。

社会责任理论是西方自由主义发展的必然产物，它提倡言论的自由，但又同时认可政府对媒介的干预。社会责任理论不仅在理论上，更在实际的对策上比自由主义理论前进了一步，弥补了自由主义理论的诸多缺陷，有效地调节了西方国家传播体制内的各种矛盾。

2.社会主义制度下的媒介规范理论

我国社会主义制度下的媒介规范理论与资本主义制度下的媒介规范理论有着不同的理论渊源和社会实践背景。社会主义媒介规范理论是在无产阶级革命理论和实践的基础上产生的。

在无产阶级和资产阶级的斗争中，无产阶级的思想家和政治家们十分重视报刊在革命中的作用，他们利用报刊等传播媒介批判资本主义制度、宣传革命思想、动员和组织工人运动。据统计，马克思和恩格斯的一生中亲手创办和主编的报刊就有五种，对办报方针产生直接影响的有七种。列宁指出报纸的作用不仅限于传播思想，而且还是集体的组织者。在我国共产主义领导的新民主主义革命中，革命领袖也十分重视党报工作，在

1　马克思，恩格斯．马克思恩格斯全集[M].北京：人民出版社，1957：648.

新闻工作中逐步形成的新闻真实性原则、新闻工作的党性原则等成为我国社会主义媒介的基本指导思想。

我国的传播制度是伴随着社会主义制度的建立而形成的。1949 年 11 月，中华人民共和国人民政府政务院新闻总署成立；1954 年，我国颁布第一部《中华人民共和国宪法》，其中第九十七条规定：中华人民共和国公民有言论、出版、集会、结社、游行、示威的自由。目前，我国的新闻传播制度及规范主要包括以下几个方面。

（1）新闻传播事业实行社会主义公有制，防止私人和资本垄断，保障传播媒介和传播资源掌握在全体人民手中。

（2）我国社会主义新闻传播事业是中国共产党领导下的事业，必须坚持党性原则。人民的利益是党的最高利益。“在思想上，宣传党的理论基础和思想体系，以党的指导思想为新闻工作的准绳；在政治上，宣传党的纲领路线、方针政策；在组织上，接受党的领导，遵守党的组织原则和新闻宣传工作的纪律。”[1]

（3）社会主义新闻传播事业执行报道新闻、传递信息、引导舆论、提供娱乐等多方面的社会职能。传播媒介应该坚持新闻的真实性原则，向大众提供高品位、高质量的新闻和信息服务，同时社会主义传播媒介还要提供丰富多彩的文化和娱乐活动，满足广大社会成员精神生活的各种需求。

（4）社会主义传播事业带动社会主义市场经济的全面发展。新闻传播事业是社会主义市场经济的重要组成部分，是新兴的信息和知识产业的骨干，我国新闻媒介如何处理经济利益和社会效益的关系、如何在推动媒介竞争的同时解决媒介的社会责任问题都是新的市场经济条件下，我国新闻传播事业的新课题。

我国的社会主义传播制度及其规范体系还在不断地改革、发展和完善。在全球信息技术飞速发展的今天，我国只有根据国情和条件，在实践中不断摸索和总结经验，才能建设和拥有具有中国特色的社会主义传播制度及其规范体系。

五、大众传播与社会伦理

我们生活在一个大众传播的时代，大众传播是人们获得外界信息的主要渠道，是实现国家和社会目标的主要手段，是社会上各利益集团争取自身利益的工具，又是社会文化和娱乐的提供者。在之前的学习中，我们已经了解大众传播的信息生产和传播活动对政治、经济和文化都具有广泛而强大的影响力，既有积极、正面的社会功能，又有消极、负面的社会功能。媒介技术和工具本身是中性的，重要的是人如何使用它、利用它传播什么、达到什么社会目的。

在现代大众传播环境下，我们必须思考大众媒体和媒体从业者的道德底线问题。为了弄清大众传播与社会伦理的问题，我们首先应该理解什么是伦理以及伦理和传播之间

1 成美，童兵 . 新闻理论教程 [M]. 北京：中国人民大学出版社，1993：148.

的关系。

（一）伦理

康德说过："有两样东西，我们愈时常、愈反复加以思维，它们就给人心灌注了时时在翻新，有加无已的赞叹和敬畏：头上的星空和内心的道德法则。"[1]无论是西方社会还是东方社会，没有哪一个统治者、教育家、圣贤、思想家不提倡道德。那么什么是道德，什么又是伦理？

中国传统伦理道德思想源远流长。"道德"一词最早可见于《道德经》，"道"指道路，"德"为得到，引申义就是行为的规范和规律。而伦理的"伦"指人际关系，"理"指规则，因此伦理便是指人际关系的规范。西方的伦理一词源自希腊文"ethos"，本意是本质和人格。

古希腊哲学家亚里士多德首次解释了伦理的含义，其所著《尼各马可伦理学》一书为西方最早的伦理学专著。伦理学以道德现象为研究对象，不仅包括道德意识现象（如个人的道德情感等），而且包括道德活动现象（如道德行为等）以及道德规范现象等。伦理学将道德现象从人类活动中区分开来，探讨了道德的本质、起源和发展以及道德水平同物质生活水平之间的关系。同时也讨论了道德的最高原则和道德评价的标准，道德规范体系，道德的教育和修养，人生的意义、人的价值和生活态度等问题。

而关于伦理和道德之间的联系和区别如何，中外研究者也是众说纷纭。马克思主义伦理学将道德作为社会历史现象，着重研究道德现象中带有普遍性和根本性的问题，从中揭示道德的发展规律。

（二）媒介伦理状况

自封建社会以来，以新闻信息为主要内容的传播活动日益发展成为一种独立的社会事业，即新闻事业或大众传媒[2]。大众传媒既肩负着一定的社会责任，又是社会价值观的传播者与维护者，因而大众传播者的道德和伦理就受到特别多的关注。

20世纪50年代前后，世界各国的新闻道德建设全面展开，大部分发达国家都建立了新闻道德自律机构，如新闻委员会、报业评议会、报业荣誉会、新闻评议会等，这是媒介机构职业道德方面的进步。西方大众传播界的各个领域都结合自身的特点，制定了职业道德规范和准则。

我国的媒介事业起步较晚，有关媒介伦理问题的研究也较滞后。直到1979年后，媒介道德才首次被引入我国新闻传播研究领域。

改革开放以后，新闻工作者迎来了前所未有的发展机遇，也面临着新的挑战。由于市场经济和信息技术的飞速发展，媒介职业道德问题日益凸显，许多媒体面临公信力下降的危机。下面我们探讨媒体从业者和媒体机构应该遵循的媒介职业道德原则。

1　康德 . 实践理性批判 [M]. 北京：商务印书馆，1999：177.
2　张国良 . 新闻媒介 [M]. 上海：上海人民出版社，2001：238.

（三）媒体职业道德

新闻工作者的责任就是探究事实真相以及就事件和议题提供公正而全面的报道，所有媒介和新闻工作者都应该为公众的利益服务。职业廉正就是新闻工作者公信力的基石，提高新闻职业道德具有现实的紧迫性。

媒体职业道德指媒体从业者和媒体机构遵循普遍性的社会公德和专业行业标准，对职业行为进行自我管理和约束。根据《联合国国际新闻道德规约》和《中国新闻工作者职业道德准则》的内容，媒体职业道德主要包括以下几个方面。

（1）职业态度。媒体职业工作者必须严肃、认真、严谨、踏实，以社会效益为最高准则，遵守法律和纪律，维护新闻报道的真实、客观和公正原则。

（2）职业纪律。世界各国的媒体职业道德准则都规定新闻工作者应该廉洁奉公，不能以任何名义收取报道对象任何形式的钱财货物。

（3）职业责任。为了保证媒体职业道德准则的执行，许多国家建立了新闻评议会，除了对新闻工作者进行教育以外，还要对新闻行业进行调查，以维护新闻自由、提高媒介的新闻道德水平和新闻工作者的社会责任感。

（四）新闻专业主义

20世纪初，新闻专业主义在美国兴起，影响了世界多个国家。根据兰德尔·柯林斯的定义，“专业”就是用某种生活方式、伦理规约、自我意识的身份和对局外人的障碍，将其自身“水平地”组织起来的职业。而媒介专业主义则为“一套定义媒介社会功能的信念，一系列规范新闻工作的职业伦理，一种服从政治和经济权力之外的更高权威的精神，以及一种服务公众的自觉态度”[1]。

1.新闻专业主义的概念

美国学者哈林和曼奇尼指出新闻专业主义具有三个维度：伦理原则、新闻实践常规、判断专业服务取向。他们将媒体工作是否受政治或商业控制而工具化作为新闻专业主义比较的一个维度[2]。

新闻专业主义在行业层面的标准包括：以这个职业为全时工作；建立专门的训练学校，建立行业协会，其代表人物具有政治动员的力量，为行业赢得自律的法律保障；专业协会自建的行业准则。新闻专业在个人层面的标准则是一系列内化的专业信念，包括价值观、行为标准和从业实践的规范。这都说明了新闻专业主义对媒介的要求是“自由”的，但媒介人则必须自律，新闻专业主义强调了从业者的社会道义和服务公众的责任。

2.新闻专业主义的理念

新闻专业主义的核心理念有两个，一个是客观性，一个是公共利益至上。

---

1 陆晔，范忠党.成名的想象：中国社会转型过程中新闻从业者的专业主义话语建构[J].新闻学研究，2002：18.
2 丹尼尔·哈林，保罗·曼奇尼.比较媒介体制：媒介与政治的三种模式[M].北京：中国人民大学出版社，2012：35.

客观性体现在新闻实践中，新闻机构或新闻工作者形成了一套有关“客观性”的实际操作方法，包括以倒金字塔的方式在第一段简述基本事实，以5W模式（何人、何时、何地、何事、如何）报道，以第三人称语气报道，引述当事人的话，强调可以证实的事实，不采取立场，至少表达新闻故事的两面，等等。客观性要求新闻报道采取不偏不倚的态度，准确和冷静地报道事实，因此受到新闻界和公众的欢迎。

公共利益至上让媒介成为公众的利益维护者。这一理念体现了新闻业是服务于全体人民而不是某一利益集团的，新闻业的专业化就是持续提供专业化服务，维护公众利益的价值取向。2004年普利策“公共服务奖”得主伯格曼说：“公共利益是一个社会和国家的整体利益，新闻最大的价值莫过于其所揭露的问题可以换来所有人的安康和幸福，媒体的责任就在于将那些危害公共利益的事件揭露出来。”

新闻专业主义的两个核心理念决定了新闻主义的基本特征和原则，如新闻自由、新闻平等、信息中立等，这些原则也树立起了新闻媒介的专业身份[1]。

3.新闻专业主义的目标

新闻专业主义的目标是服务全体人民，而不是某一利益团体。新闻专业主义是关于媒介的职业伦理，它既促使大众传媒为公众提供公共性服务，也是媒介从政界和商界获取独立性和社会地位的一种权力策略，因为政治和经济同时对新闻专业主义施以压力。

压力来自市场经济。世界上绝大多数的媒体都必须靠盈利才能维持运作。从20世纪80年代开始，世界各国的媒体就受市场利益的驱动而朝着产业化方向发展。媒体要竭力地开拓市场，争取更多的受众，获取更多的市场份额，就必须在媒介内容上下功夫，因此许多媒体走上了娱乐化之路，这不仅偏离了媒介专业主义理念，也使得媒介成为纯粹的盈利工具。

压力也来自政府，政治对媒介的影响是客观存在的。在现实生活中，我们经常看到政治对媒介的巨大压力使媒体偏离了新闻专业主义的理念。

新闻专业主义以服务大众为宗旨，坚持真实、全面、客观、公正的原则，媒介从业者坚守新闻专业主义是为公众服务的具体体现。新闻业作为社会系统的一部分，其良性运作为现代社会的稳定和发展提供了强有力的支撑。

（五）中国媒体从业者的职业规范

新闻媒介对于国家的安全、社会的稳定具有举足轻重的作用。在社会主义市场经济制度中，媒体行业迎来了发展机遇，但是也出现了不少媒介道德失衡问题。《中国新闻工作者职业道德准则》明确要求新闻工作者应该以社会主义道德建设为核心，全心全意为人民服务。下面总结几点要求。

（1）实践社会主义道德价值观。新闻传播工作需要从业者热爱党、捍卫真理、愿

1　张国良．传播学原理[M]．3版．上海：复旦大学出版社，2021：124.

意为社会主义事业贡献自己的力量。新闻传播是一个具有风险、艰苦的工作，因此新闻工作者就需要有维护党和人民利益的精神。大众传播具有公开性、权威性、显著性的特点，因此从事信息生产和传播的专业新闻工作者就应该正确处理个人利益与事业的关系，明白新闻工作是为了宣传真理、捍卫真理。新闻工作者需要亲身实践，深入实际，因为一切的真知都来源于实际生活，只有反映人民群众生活、符合人民群众要求的新闻内容才能成为具有社会价值的新闻作品。

（2）掌握党的方针政策。我国的新闻从业者需要重视党的方针政策，因为一切工作都是为了社会主义事业，为了人民的利益。我国新闻事业的性质决定了宣传报道需要以党的方针政策为依据，需要运用马克思主义理论来观察问题和分析问题。为了写出好的文章，新闻工作者需要善于利用理论对事件进行深度剖析，并提出见解，在陈述事实的过程中体现出思想的深度。

（3）具备新闻工作专业技能。现代社会生活日益复杂，新闻工作者接触的领域广、空间大、事务杂、人员多，因此需要对事件信息进行选择和加工，更需要博采众长，不断积累专业知识，提升新闻工作能力。随着媒体技术的发展，传播进入数字时代，新闻工作者不仅需要具备采访、写作、编辑、评论的能力，同时还需要掌握视频拍摄、视频剪辑、音频制作等新媒体技术。

在现代社会，媒体机构、媒体从业者、媒体组织等通过对事件信息进行选择、加工来重构信息环境，而信息环境会影响和制约人的认知和行为。因此由媒体生产和传播的信息一旦进入传播渠道，被大众所接受，人们就会根据该信息采取相应的行动，信息环境就会转变为现实环境。因为大众传播对人的行为具有影响和制约作用，是具有社会控制功能的信息系统，所以为了更好地维护政治稳定、推动社会和谐发展，大众传播的内容应该符合社会伦理的基本规范，从而对人们的思想、价值观进行正确引导，发挥大众传播的正向功能。

思考与练习

一、单项选择题（在下列每小题列出的四个备选答案中，只有一个是符合题目要求的，请将其选出，并将选项前面的代码填写在题后的括号内。）

1. 传播活动是一种（ ）

A. 客观现象 B. 主观现象 C. 心理现象 D. 社会现象

2. 有关自然灾害和战争威胁的报道，体现了大众传播社会功能中的（ ）

A. 社会动员 B. 社会规范 C. 环境监测 D. 社会协调

3. 大众传播基本上是信息的（ ）

A. 双向沟通 B. 多向传递 C. 单向流动 D. 循环往复

4. 在整个社会系统中，传播媒介是信息流通渠道的（ ）

A. 不固定的把关人 B. 重要把关人
C. 次要把关人 D. 主要把关人

5. 赖特把拉斯韦尔提出的社会遗产传递功能称为（ ）

A. 社会化 B. 信息化 C. 系统化 D. 知识化

6. 《报刊的四种理论》一书出版于（ ）

A. 1950 年 B. 1956 年 C. 1960 年 D. 1966 年

7. 传播学批判学派关注的是（ ）

A. 如何传播 B. 传播方法 C. 为何传播 D. 传播什么

8. 赖特认为传播除了具有拉斯韦尔提出的三种功能之外，还具有（ ）

A. 信息功能 B. 文化功能 C. 娱乐功能 D. 协调功能

9. 传播学批判学派认为，大众传播媒介巨大的政治影响力主要缘于其特有的（ ）

A. 信息传递功能 B. 议题设置功能
C. 精神麻醉功能 D. 培养分析功能

10. 报刊的自由主义理论认为，真理只有在各种意见“自由而公正”的竞争中才能产生和发展。这个观点也被称为（ ）

A. “天赋人权” B. “观点的自由市场”
C. “第一自由” D. “真理的自我修正”

11. 按照拉扎斯菲尔德等的观点，由知名人士在电视上推荐产品，具有（ ）

A. 提供信息功能 B. 授予地位功能
C. 沟通交流功能 D. 麻醉精神功能

12. 报刊的四种理论中，继集权主义理论之后出现的是（ ）

A. 自由主义理论 B. 法西斯主义理论

C.社会责任理论　　D.苏联共产主义理论

13. 大众传播中最主要、最受重视的信息是 （ ）

A.新闻信息　B.教育信息　C.娱乐信息　D.商业信息

14. 报刊的四种理论中，继自由主义理论之后出现的是 （ ）

A.社会责任理论　　B.西方资本主义理论

C.集权主义理论　　D.苏联共产主义理论

15. 受众对大众传播信息的第一个选择是 （ ）

A.选择性理解　B.选择性注意　C.选择性记忆　D.选择性解释

16. 在《传播在社会中的结构与功能》一文中，总结出传播的三种主要社会功能的学者是 （ ）

A.拉斯韦尔　B.赖特　C.拉扎斯菲尔德　D.麦奎尔

17. 拉扎斯菲尔德等提出的大众传播的社会功能，不包括 （ ）

A.授予社会地位的功能　　B.传递文化的功能

C.重申社会准则的功能　　D.麻醉精神的功能

18. 首次提出传播具有娱乐功能的是美国社会学家 （ ）

A.丹尼尔　B.赖特　C.麦奎尔　D.怀特

19. 从整个社会系统看，信息流通渠道中的主要把关人是 （ ）

A.记者　B.广播电视　C.编辑　D.传播媒介

20. 《世界大战时期的宣传技巧》的作者是美国政治学家 （ ）

A.施拉姆　B.霍夫兰　C.拉斯韦尔　D.麦克内利

21. 麦克卢汉把人类社会发展分为三个时期，其中口语传播时期也叫 （ ）

A.部落前文化时期　　B.部落文化时期

C.脱离部落文化时期　　D.重归部落文化时期

22. 诺伊曼提出的“沉默的螺旋”理论认为，大众传播的社会效果是 （ ）

A.强大的　B.有限的　C.微弱的　D.中等的

23. 大众传媒进行舆论监督的前提是必须保证媒介与公民的 （ ）

A.报道　B.知情权　C.安全保护权　D.媒介接近权

24. 赖特在拉斯韦尔提出的“传播三功能”基础上添加的功能是 （ ）

A.监测环境　B.协调社会关系　C.传承社会遗产　D.提供娱乐

25. 有一种报刊理论认为，媒介必须一切以权力的意志为转移，一切为统治者服务。该理论是 （ ）

A.集权主义理论　B.自由主义理论　C.社会责任理论　D.苏联共产主义理论

26. 李普曼认为人类生活在两个环境中，一个是现实环境，一个是 （ ）

A.精神环境　　B.客观环境　　C.虚拟环境　　D.理想环境

27. 被施拉姆比喻为“雷达功能”的传播功能是　（　）

A.授予地位功能　B.社会协调功能　C.环境监测功能　D.舆论监督功能

28. 在人类最早的传播方式中，听觉系统和视觉系统的信息符号是　（　）

A.分离的　　B.合一的　　C.并用的　　D.整合的

29. 人类在文字发明前运用了多种传播手段，其中占主导地位的传播方式是　（　）

A.口头交流　　B.结绳记事　　C.利用图画传递信息　D.利用烽火传递信息

30. 大众传播研究中最受重视、成果最显著的热门领域是　（　）

A.受众研究　　B.效果研究　　C.媒介研究　　D.内容研究

31. 世界上最早的关于新闻伦理准则的文件《新闻工作者守则》出现在　（　）

A. 1904 年　　B. 1908 年　　C. 1912 年　　D. 1916 年

32. 提出“媒介的三种体系”以挑战“报刊的四种理论”的著作是　（　）

A.《帝国与传播》　　B.《权力的媒介》

C.《一个世界，多种声音》　　D.《一个自由而负责的新闻界》

33. 出现最早，但作为一种产业却发展较慢的印刷媒介是　（　）

A.报纸　　B.杂志　　C.图书　　D.传单

34. 《娱乐至死》的作者是世界著名媒体文化研究者　（　）

A.奈斯比特　　B.洛温斯坦　　C.波兹曼　　D.莱文森

二、多项选择题（在下列每小题列出的五个备选答案中，有二至五个是正确的，请将其选出，并将选项前面的代码填写在题后的括号内。）

1. 在大众传播中，来自受众的信息反馈是　（　）

A.及时的　　B.有限的　　C.滞后的　　D.大量的　　E.真实的

2. 在传播过程中要发送和接收信息，就得进行　（　）

A.制码　　B.编码　　C.读码　　D.译码　　E.代码

3. 西方学者提出的报刊的四种理论中，除报刊的苏联共产主义理论外，还有　（　）

A.封建集权理论　　B.社会责任理论

C.启蒙主义理论　　D.集权主义理论

E.自由主义理论

4. 拉扎斯菲尔德对传播学的主要贡献是　（　）

A.提出了大众传播科学的概念　　B.创建了二级传播理论

C.亲身实践了实地调查法　　D.对传播的技巧进行了总结

E.将他人的成果系统化

5. 法兰克福学派的第一代代表人物有　（　）

A. 霍克海默 B. 哈贝马斯 C. 马尔库塞 D. 施密特 E. 阿多诺

6. 1948 年，拉扎斯菲尔德等学者在一篇文章中总结了大众传播的社会功能，它们是 ( )

A. 监督舆论 B. 麻醉精神 C. 授予地位

D. 重申社会准则 E. 消遣娱乐

7. 赖特在拉斯韦尔的基础上对传播的功能提出了自己的看法。在他看来，传播的功能有 ( )

A. 社会化 B. 环境监视 C. 麻醉精神

D. 提供娱乐 E. 解释与规定

8. 新闻媒介对政治权力进行舆论监督的方式包括 ( )

A. 舆论制约 B. 道德谴责 C. 社会劝诫 D. 行政处罚 E. 经济制裁

9. 李普曼认为现代人与现实环境之间有一个由大众传媒构筑的环境，下列哪些说法是错误的？ ( )

A. 社会环境 B. 直接环境 C. 虚拟环境 D. 真实环境 E. 物理环境

10. 传播的三个最基本要素是 ( )

A. 传者 B. 信息 C. 媒介 D. 受者 E. 效果

11. 保罗·莱文森的媒介理论，其主要观点包括 ( )

A. 地球村 B. 人性能趋势 C. 娱乐至死

D. 对手机的哲学解读 E. 补偿性媒介

12. 新闻媒介舆论监督的内在价值基点是公民享有 ( )

A. 言论自由 B. 经济自由 C. 出版自由

D. 信息获取自由 E. 交往自由

13. 媒介的新经济之路在于媒介的 ( )

A. 事业化 B. 专业化 C. 产业化 D. 政治化 E. 集团化

三、名词解释

1. 李普曼
2. 麻醉精神
3. 信息
4. 印刷媒介产业
5. 意见广告
6. 免疫效果

四、简答题

1. 为什么说大众传播的反馈几乎总是延迟的？

2. 简述报刊的自由主义理论的基本主张。

3. 传播的功能可分为个人、组织和社会三个层次，其中社会层次的传播功能有哪些？

五、论述题

1. 试述网络传播。

2. 对一个社会来说，为什么要正确控制信息流量？

3. 为什么拉扎斯菲尔德等认为大众传播是“最有力的一种社会麻醉品”？

4. 什么是大众传播？与一般人际传播相比，它有哪些特点？为什么说互联网的出现使二者的界限变得模糊了？

5. 结合实际，试述政府是如何控制大众传播的。

6. 为什么说传播过程模式中的控制论模式更客观、更准确地反映了现实的传播过程？

7. 试论新闻是一种特殊的信息。

六、案例分析题

阅读下面文字，然后回答文后的问题。

> 2018 年 4 月 9 日，网络知名作家陈岚在微博上实名举报河南太康县一名 3 岁患病女婴王凤雅疑似被亲生父母虐待致死。此外，她又发布多条微博，称王家家属骗捐，殴打志愿者。从这一天起，王凤雅的母亲被贴上“恶毒母亲”的标签，各种诋毁和谩骂纷至沓来。随着舆论风暴的发酵，当地警方介入调查，证实王家并未存在虐童行为且孩子仍在治疗，却依旧没能平息这场舆论批判……随着更多信息曝光，真相逐渐浮出水面，陈岚等知名博主纷纷发表了致歉声明，但由不实言论引起的舆论风波对王家家属造成的伤害却难以弥补。

【问题】

（1）请以新闻专业主义理论知识分析“王凤雅事件”。

（2）如果从传播学角度看，媒体新闻受到哪些方面的控制？举例子回答。

参考答案

CHAPTER 6

第六章 传播与文化、经济的关系

文化是人类社会实践的产物，通过传播才能为人类群体所共有。有了大众传播媒介的参与，传播与文化之间构成了互动关系。大众传播对文化既有积极作用，也有一定的消极作用。同时，文化传播与经济之间也有着密切的互动关系，两者相互支持、相互影响。在这一章中，我们着力于厘清传播与文化、经济的关系，进而构建出当前传播与文化、经济研究的基本框架与体系。

第一节 传播与文化

“文化”这个词，人人会说会用，看似非常简单，实则不然。“文化”是一个比较笼统、宽泛且复杂的词语。

“文”“化”二字，合成一词最早是出现在西汉刘向的《说苑·指武》中：“圣人之治天下也，先文德而后武力，凡武之兴，为不服也，文化不改，然后加诛。”这里的“文化”，意为用礼乐制度来教化臣民，即“以文化之”之意[1]。

英国学者雷蒙德·威廉斯曾说过，“文化”（culture）是英语语言中最复杂的词语之一。我国近代开始使用的“文化”一词，来自19世纪末翻译家将英文culture与“文化”对应。在西方，科学定义“文化”的鼻祖，是英国文化人类学创始人爱德华·泰勒。在《原始文化》一书中，他说：“文化，或文明，就其广泛的民学意义来说，是包括全部的知识、信仰、艺术、道德、法律、风俗以及作为社会成员的人所掌握和接受的任何其他的才能和习惯的复合体。”[2]《大英百科全书》对文化的定义解释为：“人类社会由野蛮至于文明，其努力所得之成绩，表现于各方面的，如科学、艺术、宗教、道德、法律、学术、思想、风俗、习惯、器用 、制度等，其综合体，则谓之文化。”[3]文化作为一种历史现象，具有历史继承性；作为社会意识形态，反映着一定社会政治经济的水准[4]。

由此可见，文化从产生之初就有传播的需要。同时，文化可以借助传播被不断传承

1 张国良．传播学概论[M].北京：外语教学与研究出版社，2018：134.
2 爱德华·泰勒．原始文化[M].连树声，译．上海：上海文艺出版社，1992：1.
3 韩东屏．文化究竟是什么？[J].山西师范大学学报（社会科学版），2021，48(6)：56.
4 张国良．传播学概论[M].北京：外语教学与研究出版社，2018：135.

并延续。文化与传播的关系，可从两个方面考察：一方面，传播促进了文化的形成和发展；另一方面，传播与文化具有互融互渗的关系，传播本来就是文化的一部分[1]。接下来，本节将从传播与文化之间的关系出发，探讨传播与文化的相互作用与影响。

一、大众传播与文化生产

（一）大众传播对文化的积极作用

1.大众传媒是主流文化传播的最佳载体和主要媒介

大众传播是传播者将信息传递给受传者的过程，传播媒介是传播过程中信息的载体，而社会活动的过程其实也是信息传播的过程，是企业组织或个人通过某种媒介将信息传递给大众的过程，这种媒介就是大众传播媒介。

大众传播媒介具有高技术素质、共源复制性和专门用于承载的符号，即大众媒介是高技术的能复制符号的传播工具[2]。大众传媒不仅是文化传播的最佳载体，更是主流文化的传播载体。优秀的文化需要通过大众传播媒介进行推广与传播，才能产生相应的社会价值。大众传播媒介具有非常强大的传播属性与推广属性，通过大众传媒的广泛传播，主流文化才能真正深入社会，影响大众的生活与生产。

因此，大众传媒作为优秀文化与大众之间的传播纽带，能够同时保证文化传播的真实性、时效性、准确性以及价值性，大众传媒是主流文化传播的主要工具和最佳载体。

2.大众传媒是传播主流与核心价值观念的有力工具

大众传媒具有导向性作用，对于大众生活具有方方面面的影响。大众传媒所传播的信息反映了整个社会或集体的主流意愿，从而获得这个社会和集体中普通大众的认可。同时，普通大众对大众传媒所传播的信息有一定的模仿态势，进而会形成一个主流意识，从而形成遍及整个社会的主流价值观[3]。目前，我国以党报、党刊、国家电视台为核心的主流媒介，凭借其权威性，潜移默化地影响受众的情感、态度和行为[4]。比如 2022 年 8 月发生的“重庆山火”事件（图 6-1），各大主流媒体对许多救人救火的英雄事迹进行了大量传播与报道，充分体现了大众传媒倡导主流价值观的作用。因此，我们可以说大众传媒是传播主流与核心价值观念的有力工具。

1 吴飞，王学成．传媒·文化·社会 [M]. 济南：山东人民出版社，2006：343.
2 邵志择．新闻学概论 [M]. 2 版．杭州：浙江大学出版社，2006：65.
3 崔砾心．大众传媒对于传播社会主义核心价值观的作用 [J]. 中外企业家，2016(5)：251.
4 张国良．传播学概论 [M]. 北京：外语教学与研究出版社，2018：136.

图 6-1 “重庆山火”事件：缙云山山火现场救援

3. 大众传媒是提升国家文化软实力的重要平台

文化软实力是一个国家或地区的精神支柱，它关系到一个民族的凝聚力，是一地区民族的人民精神状态的表现[1]。文化软实力不仅有利于形成全民族认同的价值取向和向心力，还能够对他国人民的价值追求、文化心理以及生活方式产生重大影响。21 世纪以来，人类已步入数字信息化时代，现代大众传媒不仅是文化的引领者，也是社会与经济发展的推动者。在提升国家文化软实力的进程中，大众传媒是传播主流文化和价值观体系的依托，在实践层面上则是提升国家文化软实力的重要平台。

（二）大众传播对文化的消极作用

1. 影响社会文化塑造，使文化内涵的深度下降

大众传播的媚俗化，即“传播往往一味注重和迎合大众口味，过分追求经济效益，导致了传播文化的庸俗化”[2]。尼尔·波兹曼在其著作《娱乐至死》（图 6-2）一书中说道：“现实社会的一切公众话语日渐以娱乐的方式出现，并成为一种文化精神。人们的政治、新闻、体育、教育和商业都心甘情愿地成为娱乐的附庸，其结果是人们成了一个娱乐至死的物种。”[3] 在大众文化传播过程中，当诸多无价值的文化内容、新闻信息等打破比例平衡时，大众文化的异变会突破社会大众的道德底线，容易形成极为严重的不良影响。大众传播的功能异化也就是指大众传播的娱乐功能过分强化，这种庸俗大众文化不仅会影响文化塑造，同时还会带来诸多社会负面效应。

---

1 雷刚，孙鹏飞．大众传媒在提升国家文化软实力中的策略研究 [J]. 视听，2017(9)：150.

2 杨蕾，胡晴，张遥．大众传播的消极因素对中国当代文化塑造的影响及对策研究 [J]. 重庆大学学报（社会科学版），2010，16(2)：100.

3 刘迅，杨晓轩．“泛娱乐化”：核心价值观认同的挑战与应对 [J]. 中共天津市委党校学报，2017，19(3)：38.

图 6-2 《娱乐至死》

2. 助长大众的消费主义倾向，形成文化物化现象

消费主义是指："一种价值观念和生活方式，它煽动人民的消费激情，刺激人民的购买欲望，消费主义不在于仅仅满足'需要'，而在于不断追求难以彻底满足的'欲望'。"[1]

在消费主义出现之前，大众传播承担着将主流价值信息传递给广大受众的责任，而消费主义出现后，大众传播担负推动消费主义发展的使命，也就是消费主义与大众传播共存共荣的局面逐渐出现。现代媒体的经济来源主要是广告收入，这就使大众媒体易受制于商业计划，促使推崇消费主义的意识传播，导致大众的消费主义倾向和文化物化现象越来越明显。虽然大众传播对文化产生了积极作用，但也须理性地理解其对文化的消极作用，尤其要注意不能让大众传播淹没在消费主义的旋涡之中。

二、大众传播与文化认同

（一）文化认同的概念界定

关于"文化认同"一词，学界出现了诸多不同的定义和表述。有人认为，文化认同是指一个国家的国民对他们的国家文化有共识及投入感，他们认识自己的文化，又能清楚指出自己国家的文化特质[2]。还有人认为，文化认同是民族认同，即对民族基本价值的认同[3]。另外，还有学者认为文化认同是认同主体对一个群体和文化身份的认同，其指标

1 杨魁．消费主义文化的符号化特征与大众传播 [J]. 兰州大学学报，2003(1)：64.

2 李月莲．外来媒体再现激发文化认同危机——加拿大传媒教育运动的启示 [J]. 新闻与传播研究，1998(4)：49.

3 唐海杰，吴少进，卢成观．近年来国内学界关于文化认同的研究现状与未来展望 [J]. 湖北经济学院学报（人文社会科学版），2022，19(5)：113.

就是认同主体的社会属性和文化属性，甚至利益取向性[1]。

综上所述，当前学界对“文化认同”的研究成果主要集中在全球化、国家统一、国家社会治理、乡村振兴、民族关系、文化自信与文化自觉等方面。我国有5000多年辉煌灿烂的文明史，文化认同在维护国家统一、民族团结的过程中发挥着灵魂和纽带作用，同时在国家建构中有着至关重要的地位。

（二）大众传播对文化认同的作用

在现代社会，大众传媒体现出以往任何一种传播媒介都无法比拟的强大威力和传播优势，具有传播速度快、传播范围广等特点。在推进文化认同的过程中，大众传媒具有强大的沟通功能和润滑功能，能充当社会的“减压阀”和“灭火器”[2]。大众传媒能够最大限度地超越时空的局限，汇集世界各地的信息，日益显示出文化传递、沟通、共享的强大功能，成为文化传播的主要手段和信息交流平台。随着各种新兴媒体的发展，互联网、手机通信的广泛普及，更多的人可以自由表达意见，促进了持有不同观点的人更好地进行交流，甚至能够让不同地域、不同文化、不同语言背景的人进行互动。从某种意义上来讲，大众传播在文化认同中具有积极作用，能够促进各民族、各群体之间的文化认同，维护国家的统一和社会的稳定，促进国家的繁荣和发展。

三、全球化与跨文化传播

1959年，“全球化”和“跨文化传播”作为学术概念被首次提出。“全球化”是指世界范围内社会关系的强化，这种关系将彼此相距遥远的地域连接起来，即此地所发生的事件可能是由很远之外的异地事件而引起的，反之亦然[3]。“跨文化传播”是指来自不同文化系统的个人、群体、组织或国家之间的信息传播和文化交流活动[4]。目前，随着全球化的发展，跨文化传播的进程已经势不可挡。在这场全球化浪潮中，要想抓住机会改变文化逆差带来的影响，就必须充分利用文化的杠杆作用，在跨文化传播的冲突与融合中寻求超越。

（一）大众传播与文化帝国主义

“文化帝国主义”是指“来自发达国家、包含着与支配者利益相关的文化价值或观点的商品、时尚或生活方式等流向发展中国家市场，创造出某些特定的需求或消费形态，而发展中国家的民族文化在不同程度上受到了外国（主要是西方）文化的侵害、取代或挑战，受支配程度越来越高的状况”[5]。文化帝国主义也叫媒介帝国主义、可口可乐帝国主义，都是指发达国家通过对信息流通体系和大众文化产品的垄断优势，在全球范围

1 李娜．文化认同视域下的个体生成［J］．教学与研究，2015(1)：84.
2 张国良．传播学概论［M］．北京：外语教学与研究出版社，2018：139.
3 安东尼·吉登斯．现代性的后果［M］．田禾，译．南京：译林出版社，2000：56.
4 张国良．传播学概论［M］．北京：外语教学与研究出版社，2018：139.
5 郭庆光．传播学教程［M］．2版．北京：中国人民大学出版社，2001：253.

内推行其文化、意识形态和价值观念，进而支配和控制不发达国家的过程[1]。因此，在文化渗透或文化扩张的过程中，大众传媒以强大的传播能力在文化帝国主义现象中扮演着非常重要的角色。

20世纪早期，意大利学者安东尼奥·葛兰西在《狱中札记》（图6-3）中提出了“文化霸权”概念。“文化霸权”也可以理解为文化领导权或话语霸权，即统治者可以通过教育、宗教和大众传播等方式实现文化和思想领域的控制，使被统治阶层产生对现有政权的认同。

图6-3 《狱中札记》

网络的迅猛发展使其成为继广播、报纸、电视之后的第四大媒体，日益深入人类生活的方方面面。特别是由于网络实现了文字、声音、图像等多种传输方式的交互性和实时性传播，在效率与效益上具有传统大众传播媒介无法比拟的威力，因此越来越受到世界各国的重视。各国纷纷加快社会信息基础设施建设，争取网上话语权，在网络上掀起了一股文化竞争热潮[2]。受这股热潮的影响，“网络文化帝国主义”应运而生。

西方发达国家的经济霸权是网络文化帝国主义产生的根源。西方发达国家凭借其经济实力，或者通过对外文化交流及援助项目，或者利用信息产业上的优势向发展中国家大量输出自己的技术产品，迫使这些国家认同并接受他们的价值观念[3]。对于发展中国家而言，在不断提升国家综合实力过程中，不得不接收西方资本主义国家的经济方式、文化理念和价值观念，也将会不同程度地受到西方发达国家的文化渗透和影响。

任何一个有独立文化传统的国家，面对文化帝国主义的霸权行为，都要为维护本国的文化传统、文化利益和文化安全采取积极举措，因为这是一个关系到民族国家安全、

1 李凌零．传播学概论[M]．郑州：郑州大学出版社，2014：231.
2 王艳霞，王梅．“网络文化帝国主义”浅议[J]．自然辩证法研究，2000(11)：64.
3 王怀诗．网络文化帝国主义：起源、表现及其伦理影响[J]．图书与情报，2006(6)：12.

人类文明进步以及国际和平的重大问题[1]。在全球化的今天，中国针对全球性治理难题提出了中国方案，即构建“数字命运共同体”，用数字技术联系世界不同文化，增进了解，建立互信，共同维护世界和平稳定。在全球化作用下，世界联系日益紧密，文化沟通日趋密切。这一套中国方案也真正关切了全球治理中国家主体和非国家行为体的双边利益，同时能够促使世界体系更加良好地运行。

（二）大众传播与文化偏见

“文化偏见”是内群体成员对外群体文化持有的不公正、狭隘、片面、消极的刻板印象。带有偏见的内群体成员对外群体文化具有或多或少的敌意，主要表现为对异文化持消极负面看法、减少或者拒绝接触外群体文化、质疑外群体文化的优秀面，严重的甚至发表歧视言论，采取敌对行动[2]。文化偏见并非缘于外群体文化的自身缺点，而是缘于偏见持有者自己的错误判断。在跨文化交流中，如果内群体成员缺乏全面、准确的外群体文化信息来源，在某些选择性报道影响下，很容易对异文化作出偏颇负面的判断，产生文化偏见。文化偏见会影响和限制内群体成员进一步正确感知外群体文化，使其无法对异文化形成客观、全面的认知框架[3]。

目前，中国特色社会主义的进一步发展和我国综合国力的跨越式提升，使我国在国际交流与合作中赢得了重新展现国家形象的历史机遇，进而消除跨文化交流中的理解误差，用事实与实力改变部分群体对我们的文化偏见。同时，在“一带一路”建设基础上，我国也实现了与共建国家和地区的文化交流，成为文化包容的利益共同体，加强了各国之间的政治互信，提高了我国的国际信誉度和世界地位。

第二节　传播与经济

传播学之父施拉姆在明确提出传播的经济功能后，大家逐渐开始研究传播与经济的关系。随着社会与经济的不断发展，大众传媒与经济支架的关系日益密切，其在经济发展中的重要影响已经被越来越多的人所认识，也得到了社会各界的广泛重视。

一、传播与经济的关系

（一）大众传播对经济发展的多维促进

大众传播与经济发展是相互支持、相互促进的关系。早在 1949 年，施拉姆就在他编撰的第一本权威性的传播学著作《大众传播》中，从政治功能、经济功能和一般社会功能三个方面对大众传播的社会功能进行了系统化总结。他认为，大众传播的经济功能

1　张小平．当代文化帝国主义的新特征及批判 [J]. 马克思主义研究，2019(9)：131.

2　Larry A. Samovar, Richard E. Porter, Lisa A. Stefani. Communication Between Cultures[M]. 北京：外语教学与研究出版社，2000：247.

3　郭金英，黄乐平．福柯话语理论对跨文化偏见研究的意义 [J]. 长春理工大学学报（社会科学版），2019，32(4)：165.

表现为关于资源以及买和卖的机会的信息、解释这种信息、制定经济政策、活跃和管理商场、开创经济行为等[1]。也就是说，施拉姆明确指出大众传播能够通过信息转换和使用运作与控制市场，影响市场社会需求，指导市场参与者的行为，有利于推动社会经济的发展。

从某种意义上而言，传播与经济发展具有“共生”和“互动”关系。随着对大众传播与经济发展关系研究的不断深化，我们深刻认识到，大众传播对现代经济的发展产生着巨大影响和促进作用。主要表现为以下两点。

1.影响和改变社会消费供需是大众传播基本经济功能的主要表现

社会消费是人类生活的基本内容，没有社会消费就没有人类生活。消费能折射出一定时代社会的经济水平、价值取向和道德风尚，其在现代生活中的地位不断上升。消费不仅与个人生活息息相关，而且对一个社会的经济发展有直接影响[2]。在技术、资源和成本均为既定的情况下，社会的经济总量或者说国民收入取决于总需求，所以，任何影响社会需求变动的因素，都将能够影响社会的总产出，都能够成为改变社会经济运行状态的途径或手段[3]。任何组织和个人在社会生产和经济活动中都离不开信息的传递和交换，也就是这种“大众传播”成为影响和改变社会供需的一种途径和手段，在人类社会中占据显要地位。因此，影响和改变社会消费供需是大众传播最基本的经济功能。

施拉姆在早期对大众传播展开了深入研究，将“传递经济信息”认定为传播的主要经济功能之一。现如今，人类已步入信息爆炸的新时代，大众传播已渗透到人们生活的方方面面。大众传播通过刊播商业广告，可以引导民众的消费偏好，接受广告信息之后去购买某种产品，扩大消费需求[4]。广告即信息，所有的商业广告本身就是一种强有力的经济信源，也成为传递经济信息的一种普遍手段。从客观上讲，巨大的广告收益也能成为经济增长点，也有助于推动社会经济发展。随着广告业的繁荣和现代传播技术的快速发展，媒体广告所带来的传播效应更是刺激了人们的消费需求和欲望。

2.监督市场秩序是大众传播的基本功能

1992年，党的十四大明确提出中国经济体制改革的目标是建立社会主义市场经济体制，也使中国经济体制改革进入了一个崭新阶段。建立社会主义市场经济体制的理论基础，是邓小平关于计划与市场的关系的思想，这一思想是运用马克思主义基本原理观察、分析现实经济生活得出的[5]。社会主义经济体制改革本质上就是一种体制创新，其成功的关键是得到全社会的高度认同，让这种认同度和知晓度与国家经济建设和经济体制

1 张国良．传播学概论[M]．北京：外语教学与研究出版社，2018：142.
2 王启富．社会消费需求：内涵、意义及拓展路径[J]．宁波经济（三江论坛），2009(10)：43.
3 姚林青．大众传播的经济功能与社会需求[J]．现代传播（中国传媒大学学报），2008(4)：115.
4 杨硕．试论大众传播的经济功能[J]．新闻传播，2017(3)：69.
5 周新城．建立社会主义市场经济体制是中国共产党的伟大创举——纪念建立社会主义市场经济体制提出20周年[J]．学习论坛，2012，28(7)：29.

改革形成一致。社会主义市场经济体制的建立和完善，不仅涉及经济体制改革，而且涉及政治体制、社会管理体制、文化教育体制等各个方面的改革。没有这些改革的同步和配套，经济体制改革的许多深层次问题就很难从根本上解决。而从一定意义上说，政治、社会、文化等方面的改革，比单纯的经济体制改革有更大的复杂性和艰巨性，这也是必须有打攻坚战的准备的重要理由[1]。由此可见，社会经济的发展离不开稳定的社会环境秩序，而大众传播正好可以为其创造所需要的合适的舆论氛围和监督机制。

拉斯韦尔在他早期经典研究成果《社会传播的结构和功能》一文中，概括了传播有“监视环境、联系社会各部分以适应周围环境、传承社会文化”的功能[2]。也就是说，在社会制度体系难以触及的领域，大众传播可以利用监视这一功能来注意和监测出现的社会异变。大众传播通过在社会经济系统内部和外部收集传递各种经济信息，使大众了解经济系统的运行状况，使不法的经济行为被曝光，从而起到监督市场秩序、协助管理市场、维护经济健康发展的作用。大众传播在监督市场秩序的同时，也有助于及时掌握经济制度体系和经济环境中出现的各种问题和漏洞，使经济制度健全发展。因此，大众传播在社会经济发展中承担着公众赋予的责任，也是促进社会经济健康发展的另一种形式和手段。

（二）经济对传播的影响

美国学者勒纳认为：“大众传播媒介可以为经济发展、社会变革创造所需的合适的气氛和环境，可以提高人们的识字率，进而引起人们观念的更新和生产技术的提高。”[3]然而，当前我们处在世界经济高速发展的环境中，仅仅了解传播对经济的促进是不够的，应该根据世界的快速发展与实时变化，真正去了解传播与经济发展之间的“共生”和“互动”关系，辩证地总结经济对传播的影响。

1.经济发展对传媒产业的推动作用

经济的快速发展势必推动科学技术的提高，尤其对现代媒体技术的革新发展起到决定性作用。以报纸、杂志、广播和电视为主的传统媒体，其所经历的每一次传播变革与技术迭代都离不开经济发展和技术支持。以传统媒体报纸为例，它以纸质方式刊载相关商业信息。伴随社会经济与传媒技术的快速发展，低效传递信息的报纸逐渐被冷落。反观各种新闻应用客户端，它们能让大众随时随地了解全球信息，因而备受青睐。因此，经济的发展推动了数字媒体技术的发展，也为现代传媒产业链的变革发展提供了物质基础。

另外，经济发展刺激了大众的消费能力，媒介消费空间随之扩大。大众在社会活动中，消费能力得到不断提升，其对消费信息的需求也就越大。同时，消费信息需求的扩

1 李兴山.马克思主义中国化的光辉典范 中国特色社会主义的伟大创举——论社会主义市场经济体制的提出、建立和完善[J].中国马克思主义论坛，2009(12)：30.

2 张国良.传播学概论[M].北京：外语教学与研究出版社，2018：143.

3 邵培仁.传播学[M].北京：高等教育出版社，2015：64.

增，势必会让整个传播系统和业界形态发生改变。因此，随着经济的快速发展，大众传媒产业链将会面临更多的挑战和机遇。

2.经济全球化对大众传播的社会影响

经济全球化是指世界各国在全球范围内的经济融合。它主要表现在：生产活动的全球化，世界多边贸易体制的形成；各国金融日益融合在一起；投资活动遍及全球；跨国公司的合作进一步加强[1]。经济全球化是各国相互联系、相互依存不断加深的过程，是人类社会发展的必经之路。习近平总书记指出："历史地看，经济全球化是社会生产力发展的客观要求和科技进步的必要结果，不是哪些人、哪些国家人为造出来的。"[2]因此，"经济全球化"是一个不以人的意志为转移的客观规律，是全球各国家之间所进行的频繁互融的经济活动。经济活动并不是一种孤立的经济行为，各种不同的文化、不同的思想意识形态，也会通过经济活动反映在社会化的大众传播当中。大众传播参与经济活动主要表现在对企业和其他经济单位的宣传和政策引导，得益于大众传播的作用，企业通过产品大大增强对社会的影响力。随着经济全球化的形成，各种文化传统、意识形态势必伴随着各国的经济发展不断地向其他国家渗透并产生一定的社会影响。由于不同国家之间在进行经济活动过程中，难免存在思维方式、价值判断和意识形态上的差异，因此导致大众传播内容对社会发展产生正面或负面的影响作用。

二、媒介新经济之路

（一）媒介产业化

传播者和受众之间相互进行信息交流的各种途径、手段、方式，通称为"渠道"（channel）。提高人类信息交流能力的传播中介物一般称为"媒介"（media）[3]。随着社会的进步和经济的快速发展，传播媒介趋于产业化发展。大众传播媒介得到了飞跃式发展，国民经济也获得了新的增长热点，传统产业逐步向现代信息产业转换有了强力的支撑。报纸、杂志、广播和电视等传统媒介以及网络媒介，通过社会变革和产业转型，可以专门性生产适应时代需要的"信息产品"。

狭义的媒介产业（media industry），也称传播产业（communication industry），是经营报纸、杂志、出版、广播、电视、网络等媒介，并以此获取利润的产业的统称。广义的媒介产业还包括：（1）大众传媒的辅助行业，如通讯社、媒介市场调查公司、广告业、流行音乐工业等；（2）文化产业（culture industry），也称知识产业（knowledge industry），包括电信、卫星系统、光缆等信息传输设备，公共关系机构，数据收集研究机构和学校、图书馆等教育机构[4]。媒介产业化就是指媒介资源配置及生产方式的分工化、

1 薛荣久．经济全球化的影响与挑战 [J]. 新华文摘，1998(4)：58.
2 陈江生．经济全球化的历史进程及中国机遇 [J]. 人民论坛，2021(13)：22.
3 孙庚．传播学概论 [M]. 北京：中国人民大学出版社，2020：147.
4 张国良．新闻媒介与社会 [M]. 上海：上海人民出版社，2004：96.

集约化、市场化过程。它作为媒介经济属性的一个延伸，与经济属性一样，久经曲折才逐渐走进人们尤其是政府主管部门认同的视域[1]。媒介产业发展的40多年来，资本对媒体的影响力经历了一个逐渐加码的过程，从最初的抗拒到试探再到拥抱、追逐，随着媒介产业化进程的推进，资本对媒体发展的影响力越来越大，而资本的进入，无疑又进一步深化了媒介产业化的发展[2]。进入21世纪后，中国媒介产业正以前所未有的加速度向前发展，形成了门类齐全、种类繁多的现代产业部门，培养出庞大的媒介产业市场和消费市场。

目前，我们一般把媒介产业划分为三大类：印刷媒介产业、电子媒介产业和新媒介产业。

1. 印刷媒介产业

印刷媒介是通过印刷复制手段在纸张上传播文字信息的传播媒介，其形态有图书、报纸、期刊等。广义的印刷媒介甚至还包括标语、传单、海报等印刷品。这种以油墨在纸张上进行特定分布的连续性符号，其诞生得益于造纸术、印刷术的发明和广泛应用。之后，廉价纸张、蒸汽动力和机器排版又促使出版成了名副其实的产业[3]。印刷媒介产业包括报纸产业、杂志产业和出版产业，是印刷时代开发最早、形式保留最久的主要媒介产业，并对世界产生了深远的影响。

报纸产业历史十分悠久。世界上报纸的雏形是在文字发明以后产生的。公元887年，相传在中国唐代已出现了一种封建朝廷的机关报——邸报。而在伦敦发现的敦煌邸报，是现存中国最古老的报纸，也是现存世界上最古老的报纸。在西方，报纸的雏形则首先问世于古罗马，称为《每日纪闻》，是公元前60年按凯撒大帝指令出版的政府公报。17世纪初叶，欧洲各国先后出现了印刷报纸：德国的《报道与新闻报》（1609年）、荷兰的《新闻报》（1616年）、英国的《每周新闻》（1621年）、法国的《报纸》（1663年）等。之后，日报陆续问世。德国《莱比锡新闻》（1660年）是全世界最早的日报[4]。因其技术限制，早期报纸成本和售价很高，发行量非常有限。

鉴于发行量受限的情况，美、法、英等国相继出现了“廉价报纸”。美国最有名的三家“廉价报纸”分别是《纽约太阳报》（1833年）、《纽约先驱报》（1835年）和《纽约论坛报》（1841年）。法国早期的“廉价报纸”，著名的有于1836年出版的吉拉丁的《新闻报》和杜塔克的《世纪报》。英国首家“廉价报纸”则是1855年创刊的《每日电讯报》[5]。当时，报纸的出版发行考虑的是如何让有吸引力的传播媒介为更多人接受，并从中获利。于是，出版商采用大幅度降价方式，促使发行量越来越高。同时，增加的广告

1 陈佑荣，苏银苓．我国媒介产业化研究综述[J]．当代传播，2007(3)：87.
2 孙玮璟．媒介产业：风云激荡40年[J]．国际品牌观察，2021(33)：19.
3 陈洁．印刷媒介数字化与文化传递模式的变迁[J]．浙江大学学报（人文社会科学版），2009，39(6)：165.
4 钱国海．世界报业史简述[J]．新闻知识，1995(5)：42.
5 钱国海．世界报业史简述[J]．新闻知识，1995(5)：42.

版面带来了可观的广告收入。这一模式给后来的中外报纸提供了业务发展思路。

近年来，由于受到网络等新媒体的冲击，报纸的发行量和广告收入增速减缓，报业发展“拐点”论随即被提出，各大报业集团纷纷探讨报纸的数字化生存之路。现代报业要顺应数字化发展的大趋势，从战略的高度来运筹媒体的发展，对报业数字化做出精心的策划，从队伍建设、资本吸纳、经营理念、运作模式、盈利机制等多方面来构建新型的报业集团，使之从传统的报业集团平滑过渡到多元化的数字传媒集团[1]。同时，国家要大力发展数字出版，抓住知识经济、信息社会、网络时代的重大历史机遇，积极实施“数字出版”战略，大力发展以数字化内容、数字化生产和网络化传播为主要特征的新媒体，努力冲击世界数字媒体技术制高点，实现中国新闻出版业的跨越式发展，赶超世界发达国家新闻出版业先进水平。

当今时代，随着数字化、网络化、信息化的迅猛发展和广泛应用，数字媒体越来越成为人们获取信息、学习知识、休闲娱乐的主渠道。传统报业在通过数字化革命拓展自身发展空间的同时，也向新兴传媒产业提出了内容革命的要求。年轻一代对数字传媒的偏爱，已经显示出新一代传媒取向的转型[2]。在此背景下，传统报业应该尽快走出运营困境，加速推进报业传媒转型升级，加快跨越媒体形态的互动发展，实现媒体融合，促使传统报纸产业真正过渡到数字化时代。

杂志也称“期刊”，是一种由不同作者所撰写的不同题材的作品组合而成，定期或不定期连续出版的印刷读物[3]。早期“杂志”的雏形来源于罢工、罢课或战争中的宣传小册子。法国为杂志的诞生地，其于17世纪初发行的小册子出现于欧洲各书店。1704年，英国伦敦出版了第一种介于报纸和杂志之间的定期刊物，发行者是《鲁滨孙漂流记》的作者丹尼尔·笛福，刊物名为《评论》。美国最初发行的杂志，即富兰克林的《美洲杂志》与《将军杂志》，均为模仿英国月刊的产物。“杂志”这个词第一次被用以指称刊物，见于爱德华·开夫创办的《绅士杂志》(1731年至19世纪)，后来就正式被沿用下来。杂志产业化的历史进程比报纸略短，它注重大众的兴趣爱好，主要依赖于社会潮流的变迁。杂志的产生不仅为大众提供了专门性知识，也提供了消遣娱乐的生活方式。

19世纪末至20世纪初，杂志的种类和发行量开始大幅度增加。科技的发展带来更为丰富的版面，在吸引大众和深度评述方面，杂志更胜一筹。1945年，法国出版的*ELLE*成为欧洲时尚界的宠儿。20世纪60年代，美国《时代》杂志的发行量保持在250万～280万份/周，成为杂志发行的标杆。1987年，中国正式在出版行政机构登记出版发行的杂志达5687种，成为中华人民共和国成立后杂志出版的巅峰时期。

---

1 肖叶飞．报纸的数字化生存[J]．新闻知识，2008(5)：6．
2 廖启源．加快报业转型升级 构筑现代传媒高地[J]．传媒，2011(8)：31．
3 张国良．传播学概论[M]．北京：外语教学与研究出版社，2018：146．

随着科技的发展，特别是电子科技和网络科技的进步，印刷媒介出现了不同于纸质形态的运作方式，如网络新闻、电子杂志、网上书城等[1]。进入全媒体时代，不仅“人人都是记者”，自媒体的崛起更使得“人人都是出版人”。技术的发展导致媒介碎片化、受众碎片化，同时也导致了受众自治，进而使得客户基础分散，杂志媒体赖以生存的读者关系和发行模式也受到严重侵蚀。电子杂志（又称网络杂志、多媒体杂志）是在互联网发展到Web2.0时代，采用点对点网络（Peer to Peer，简称P2P）技术发行，集Flash动画、视频短片、背景音乐、3D特效等各种效果于一体，拥有更加丰富生动内容的互联网产品[2]。电子杂志突破了传统纸质材料的限制，节约了空间和资源，为大众带来更多便利的传播方式，对印刷媒介产业形成了严峻挑战。

2. 电子媒介产业

电子媒介产业可分为广播产业、电视产业和电影产业。1837年，美国人塞缪尔·莫尔斯发明了第一台电报机，标志着电子媒介时代的到来。众所周知，人类传播是通过符号系统进行的，人使用各种语言符号和非语言符号（如图片、手势、姿势等）进行传播。同时，传播还需要通过媒介进行。媒介是信息传递的载体，是传播进行的基础[3]。1920年11月2日，第一家向政府申领营业执照的电台——西屋电器公司创办的美国匹兹堡KDKA电台开始播音，标志着广播产业的诞生[4]。接着，美国境内相继创办了近600家商业无线电广播电台，收音机随之热销，也成为大众获取信息的重要来源和主要的娱乐方式。

1926年，约翰·贝尔德发明了世界上第一台电视机。1936年，英国广播公司在伦敦亚历山大宫建立了全世界第一家公众发射台，开始定期播出电视节目。1950—1970年，美国电视台的数量从106家猛增到872家，成为当时的电视大国。20世纪80年代后，中国电视产业开始发展，电视产业的形式日趋多样化，卫星电视、付费电视、互动电视等，都为电视产业带来了可观的收益[5]。

电影产业是拉动媒介经济增长的主要引擎。谈及电影产业，我们往往会想到美国、印度和法国等国家，尤其是美国的好莱坞和印度的电影产业，始终保持着稳定的发展势头。除了印度，中国、日本和韩国的电影产业发展速度也非常快。以下数据反映了2019—2021年全球主要电影市场的票房表现和变化（表6-1）[6]。

---

1 张国良．传播学概论[M]．北京：外语教学与研究出版社，2018：146.
2 兰芳，贺子岳．电子杂志的发展趋势及影响策略新思考[J]．科技创业月刊，2008(9)：66.
3 丁燕．浅析电子媒介的特点及其发展趋势[J]．科技资讯，2013(4)：26.
4 张国良．新闻媒介与社会[M]．上海：上海人民出版社，2004：120.
5 张国良．传播学概论[M]．北京：外语教学与研究出版社，2018：147.
6 彭侃．回升与转型：2021年世界电影产业[J]．电影艺术，2022(2)：72.

表 6-1　2019—2021 年全球主要电影市场的票房表现和变化（单位：亿美元）

国家	2021 年	2020 年	2019 年	2021 年同比涨幅	2021 年对比 2019 年票房
中国	74.38	32.14	93	131.4%	80.0%
美国及加拿大	44.84	21.03	114	113.2%	39.3%
日本	14.20	12.56	24	13.1%	59.2%
英国	7.55	4.03	16	87.3%	47.2%
法国	7.07	5.42	16	30.4%	44.2%
俄罗斯	5.26	2.96	9	77.7%	58.4%
韩国	4.86	4.26	16	14.1%	30.5%
澳大利亚	4.34	2.91	9	49.1%	48.2%
德国	4.03	2.72	12	48.2%	33.6%
墨西哥	3.60	1.79	10	101.1%	36.0%
西班牙	2.84	1.94	7	46.4%	40.6%
意大利	1.90	2.04	7	-6.9%	27.1%
荷兰	1.59	1.37	4	16.1%	38.8%
巴西	1.59	1.39	7	14.4%	22.7%

近年的新冠疫情对世界电影产业造成了深刻影响。2021 年，中国的票房涨幅最高，同比上涨 131.4%。如果与疫情之前的 2019 年相比，中国的恢复程度同样最好，2021 年票房已恢复到 2019 年的 80%。其他国家中，只有日本和俄罗斯 2021 年的票房恢复到了 2019 年的 50% 以上。美国及加拿大（北美）全年票房为 44.84 亿美元，虽较 2020 年增长了一倍多，但仍不及 2019 年的 40%。一方面是因为北美疫情控制不力，观众前往影院观影的意愿不足；另一方面也是因为好莱坞大制片厂选择将不少影片同步通过流媒体平台上映，分流了影院观众[1]。在疫情影响下，电影产业的强势复苏体现了中国经济和中国电影的坚强韧性，也为电影产业在世界范围内的全面复苏提供了动力和信心。

3. 新媒体产业

随着科技的进步，新媒体产业及其带来的文化娱乐产业迅速地改变着大众的生活方式。新媒体产业主要包括互联网和互联网广告、游戏、直播、大数据等，整体处于高速发展态势。中国新媒体产业发展的基础扎实，得益于中国经济的平稳增长（2021 年，中国国内生产总值突破 110 万亿元，同比增长 8.1%[2]），数字经济占比快速提升（2020 年，中国数字经济规模达 39.2 万亿元，占国内生产总值 38.6%[3]）。另外，中国互联网基础设施水平高、技术先进、用户基数大、互联网生态企业实力强，这都为中国新媒体产业发展提供了良好的环境土壤。

近年，随着新技术驱动新平台的快速迭代与创新，互联网产业取得的成就有目共

1　彭侃．回升与转型：2021 年世界电影产业 [J]. 电影艺术，2022(2)：72.

2　宁婧．2021 年中国经济“成绩单”出炉：GDP 超 114 万亿 同比增长 8.1% [J]. 中国产经新闻，2022-01-22(1).

3　宋义明，张士海．数字经济与我国经济高质量发展 [J]. 中国高校社会科学，2022(2)：148.

睹。数据显示，2021 年上半年，中国规模以上互联网企业实现营业利润 658.6 亿元，同比增长 27.4%；规模以上互联网企业投入研发费用 346.3 亿元，同比增长 13.9%，增速同比提高 3.2 个百分点[1]。比如中国的字节跳动、阿里巴巴、腾讯、快手等头部互联网企业发展速度快，生态系统相对成熟，基本呈跨越式发展态势。

2006 年以来，中国经济虽经历了 2008 年金融危机、2020 年新冠疫情等全球性突发事件，但中国互联网广告市场规模一直保持增长态势。《2021 中国互联网广告数据报告》[2]显示，中国互联网行业受益于内生需求的增长，2021 年实现了广告收入 5435 亿元（不含港澳台地区），同比增长 9.32%，增幅较上年减缓了 4.53 个百分点；互联网营销市场规模约为 6173 亿元，较上年增长 12.36%；广告与营销市场规模合计约为 11608 亿元，较上年增长 11.01%。从行业收入来看，2021 年，食品饮料、个护及母婴行业的合计市场占比从 2020 年的 50%提升至 62%，均呈现大幅度增长，其中个护及母婴品类大增 58.7%，市场规模五年来第一次反超食品饮料，成为互联网广告市场第一大品类；房地产品类五年内首次出现负增长，同比下降达 47.3%，跌至第五位；交通行业出现了 13.2%的下滑，收入降至 465.3 亿元；网络与通信类收入增幅上扬，收入达到 418.99 亿元；教育培训行业出现断崖式下跌，全年收入下跌 69.6%。从平台类型收入占比看，电商继续占据广告渠道头把交椅，近五年来市场份额持续增长，继续占据市场收入总量的 1/3。这表明，目前中国互联网广告市场的整体格局与良好态势为拉动实体经济开辟了一条中国路径。

21 世纪，游戏已渗透大众的生活，并成为全球新一代年轻群体的重要娱乐休闲方式。游戏产业正逐渐影响着一个国家经济和文化的发展。2019 年，中国游戏市场实际销售收入 2308.8 亿元，同比增长 7.7%。从细分市场观察，移动游戏占整体营销收入近七成，处于主导地位；客户端与网页游戏占比分别降至 26.6%和 4.3%。2020 年，中国游戏产业接近 3000 亿的市场规模里，实际营销总额为 2786.87 亿元，比上年增加 478.1 亿元，同比增长 20.71%，继续保持较快增速[3]。中国游戏产业发展已有 20 多年历史，随着科技的进步，其不断蓬勃发展。基于中国经济的平稳发展和人口数量优势，现今游戏产业在中国仍然拥有潜在市场值得挖掘，比如游戏与影视行业、游戏与文旅产业等的互利共生。基于现有的产业模式，中国游戏周边行业的发展潜力令人期待。

直播经济是随着互联网尤其是移动互联网高速发展而兴起的，是以即时销售某种产品或服务为主要内容的一种新经济业态[4]。2016 年被称为“网络直播元年”，这一年中国网络直播用户规模达到 3.44 亿；截至 2023 年，中国网民规模达 10.79 亿，短视频用户

1　韩鑫．互联网产业发展态势平稳 [J]. 人民日报海外版，2021-08-11(3).
2　岳倩．《2021 中国互联网广告数据报告》正式发布 [J]. 中国质量报，2022-01-07(2).
3　龚道军．中国游戏产业发展问题浅析 [J]. 高科技与产业化，2021，27(7)：62.
4　罗振洲．新发展格局下我国直播经济发展对策研究 [J]. 经济论坛，2021(9)：83.

规模为10.12亿，网络直播用户规模达7.51亿。在“十三五”期间，随着大数据、人工智能、移动互联网、云计算等领域的飞速发展，直播经济呈现出加速爆发式增长态势。《中国电子商务报2020》显示，在2020年，全国实现电子商务交易总额达37.21万亿元，同比增长4.5%，其中商品类、服务类及合约类的电子商务交易额分别达到了27.95万亿元、8.08万亿元和1.18万亿元。全国网上零售额达到11.76万亿元，同比增长10.9%。在农村，网络零售额达到了1.79万亿元，同比增长8.9%。全国跨境电商实现进出口总额1.69万亿元，同比增长31.1%。随着5G、虚拟现实等新技术的不断成熟与发展，未来“直播经济”的价值有望进一步凸显。数字经济时代，5G、大数据、物联网、融媒体等新兴科学技术成为核心驱动力，赋能各大产业领域的融合、转型与升级，推动电商经济的良性健康发展，为改善民生、拉动内需和加快国内经济循环发展注入了新鲜血液。

大数据产业是以数据生成、采集、存储、加工、分析、服务为主的战略性新兴产业，具有高渗透性和高融合性特点，对提升政府治理能力、优化民生公共服务、促进经济转型和创新发展具有重大意义。在“十三五”期间，中国大数据产业取得了突破性的发展，大数据产业规模稳步提升，产业价值不断释放。根据IDC中国发布的《2021H1大数据平台市场份额报告》，整体市场规模达54.2亿元，相比2020年同期增长43.5%，市场增长的驱动力来源于数字化转型、人工智能的部署、行业云的建设以及新基建的政策驱动等。2021年11月，工业和信息化部印发的《“十四五”大数据产业发展规划》指出，大数据产业“以释放数据要素价值为导向，以做大做强产业本身为核心，以强化产业支撑为保障”的路径设计，将“新基建”、技术创新和标准引领作为产业基础能力提升的着力点，将产品链、服务链、价值链作为产业链构建的主要构成，旨在实现数字产业化和产业数字化的有机统一，并进一步明确和强化了数据安全保障。总体来看，大数据已经成为全球数字化发展过程中至关重要的技术手段之一，随着全球经济数字化转型的加快，大数据技术将在经济社会发展的方方面面持续深化应用，大数据行业也将保持高速发展，市场将迎来广阔的发展良机。

（二）媒介集团化与集群化

媒介集团化始于西方发达国家，伴随资本扩张和垄断而出现，它是资本主义市场经济下传媒企业化运作的必然结果。媒介集团的形成方式往往是兼并和垄断，经济效益好的媒介企业通过兼并小企业、联合大企业、集约化经营，占据更大的市场空间，覆盖更多的受众，提高市场竞争力[1]。媒介集团化是媒介组织的主要存在形式，是媒介产业发展的必然趋势之一。

媒介集团化促使传媒集团由规模数量型向优质高效型转移，由粗放型向集约型转

1 张国良．传播学概论[M]．北京：外语教学与研究出版社，2018：149.

移。当媒介进入资本市场，资本运营为其快速扩张提供了强大的支持，有利于其降低运营成本、提高规模效益，且可以引入现代企业管理制度，媒体的生产和经营水平得以快速提升，从而实现资本化、集团化、集聚化。由此可见，媒介产业集团化实质是优化重组、优胜劣汰、扩大效益、内部创新的动态过程。

以中国上海合并两大报业集团为例，首先组建上海报业集团，以规模化见效益，以效益推动规模化发展，成为中国最大的报业集团。上海报业集团不断寻求新媒体运营的突破和跨产业发展的契机，“澎湃新闻”即其改革后的第一个成果。“澎湃新闻”在2016年中国网站移动传播百强榜位列第五。另外，“上海观察”“界面”也是对融合发展模式的探索和创新。新媒体项目“上海观察”和移动互联网产品“澎湃”已经成为意识形态宣传的重要阵地。“界面”基于互联网的商业与金融信息服务进行深度互动[1]。总之，只有不断发展和改革实践，方能探索出一条具有中国特色的媒介集团化之路。

面向经济全球化，媒介产业的集群化发展已掀起全球性的经济发展潮流，媒介产业集群形成了当今世界传媒产业经济的基本空间构架。2016年，由中国经济广播新媒体基地、中国广播文艺新媒体基地等10余家单位联合发起共建的中广新型媒体研究院在天津高新区成立，其目标是有效聚集高端人才，形成新型媒体产业集群，建设新型媒体生态虚拟园区。同年，重庆日报报业集团初步形成了党报集群、新媒体集群、都市类媒体集群、行业媒体集群和多元产业集群的“4 + 1”发展格局。国内媒介机构的种种行动表明，媒介产业集群化的时代正在到来[2]。

中国媒介机构进入高速融合发展时期，集群化发展将是未来中国传媒产业的主要发展方向。

1　杨世宏．媒介产业集团化与集群化研究[J].新闻战线，2018(1)：87.

2　杨世宏，陈堂发．媒介融合背景下的媒介产业集团化与集群化研究[J].出版广角，2017(20)：82.

思考与练习

一、单项选择题（在下列每小题列出的四个备选答案中，只有一个是符合题目要求的，请将其选出，并将选项前面的代码填写在题后的括号内。）

1. 在西方马克思主义中，最早提出“文化霸权”理论的学者是（ ）

A. 卢卡奇 B. 葛兰西 C. 哈贝马斯 D. 马尔库塞

2. 经济信息的收集和公开发布，最早出现在 16 世纪初的（ ）

A. 意大利 B. 英国 C. 西班牙 D. 荷兰

3. 在商品经济影响下，大众传媒把文化艺术变成商品，并希望通过满足消费者的需求来实现商品的经济价值。这里的“消费者”指（ ）

A. 受众 B. 广告商 C. 发布广告的企业 D. 广告商品的消费者

4. 大众传播对于经济的促进功能，首先表现在（ ）

A. 收集和发布经济信息 B. 刊载商业广告

C. 解读和分析经济信息 D. 组建媒介集团

5. “全球化”作为学术概念被首次提出是在（ ）

A. 1952 年 B. 1959 年 C. 1963 年 D. 1968 年

6. 1704 年，英国伦敦出版的第一种介于报纸和杂志之间的定期刊物是（ ）

A.《评论》 B.《将军杂志》 C.《绅士杂志》 D.《时代》

7. 1926 年，约翰·贝尔德发明了世界上第一台（ ）

A. 电报机 B. 电视机 C. 留声机 D. 收音机

8. 被称为“网络直播元年”的是（ ）

A. 2014 年 B. 2015 年 C. 2016 年 D. 2017 年

9. 相传在唐代已出现了一种封建朝廷的机关报，叫作（ ）

A. 邸报 B. 京报 C. 申报 D. 小报

10. 英国首家“廉价报纸”是 1855 年创刊的（ ）

A.《每日电讯报》 B.《新闻报》 C.《世纪报》 D.《每周新闻》

二、多项选择题（在下列每小题列出的五个备选答案中，有二至五个是正确的，请将其选出，并将选项前面的代码填写在题后的括号内。）

1. 统治者可以通过以下哪些方式实现文化和思想领域的控制，使被统治阶层产生对现有政权的认同？（ ）

A. 宗教 B. 娱乐 C. 教育 D. 大众传播 E. 经济

2. 施拉姆在其著作《大众传播》中将大众传播的社会功能分为了哪些方面？（ ）

A. 政治功能 B. 宗教功能 C. 经济功能

D. 教育功能 E. 一般社会功能

3. 鉴于发行量受限情况，美、法、英等国相继出现“廉价报纸”。美国最有名的三家“廉价报纸”分别是（ ）

A.《纽约太阳报》 B.《纽约先驱报》

C.《纽约论坛报》 D.《新闻报》

E.《世纪报》

4. 在推进文化认同的过程中，大众传媒具有强大的沟通功能和润滑功能，能充当社会的什么角色？（ ）

A. 浇水器 B. 减压阀 C. 连接阀 D. 灭火器 E. 润滑油

5. 从某种意义上而言，传播与经济发展具有什么关系？（ ）

A. 互补 B. 共生 C. 制约 D. 互斥 E. 互动

三、名词解释

1. 文化霸权
2. 跨文化传播
3. 直播经济
4. 大数据产业
5. 文化偏见

四、简答题

1. 从经济角度简要分析传播媒介的主要作用。
2. 为什么在跨文化传播中会出现文化偏见？请举例说明。
3. 大众传播对文化有哪些积极作用和消极作用？

五、论述题

1. 为什么说经济发展为大众传媒的发展提供了物质基础？
2. 以西方对中国国家形象的偏见为例，分析文化偏见的产生原因及过程。

参考答案

CHAPTER 7

第七章

社会传播活动的种类及其特点

习近平总书记在纪念马克思诞辰200周年大会上的讲话中指出："今天，人类交往的世界性比过去任何时候都更深入、更广泛，……一体化的世界就在那儿，谁拒绝这个世界，这个世界也会拒绝他。"[1] 人类的交往需要传播，传播是一个综合的系统，这个系统是由各种不同类型的传播活动组成的。按照信息传受范围的大小，可以把传播分为五个层次，从小到大分别是自我传播（详情见本教材第二章）、人际传播、群体传播、组织传播、大众传播。

第一节　人际传播

社会传播活动可以分为若干层次，人际传播是人类交往最初、最基本也是最重要的形式，是所有传播活动的基础。

一、何谓人际传播

关于人际传播的研究可以一直追溯到古希腊、古罗马时代。公元前5世纪，柏拉图的《高尔吉亚篇》《斐德罗篇》与亚里士多德的《修辞学》共同创立了西方传播理论的雏形。早期传播理论围绕人际传播的"劝服性辩论"和"公共传播"这两个领域而建立。虽然在传播学发展过程中，关于人际传播理论的研究几经沉浮，但是其始终是人们关注的焦点之一。

（一）人际传播的定义

虽然人际传播（personal communication）的历史悠久，时时刻刻都在发生，但是关于它"是什么"，学者们却各有见地。

（1）意义交流说。麦克罗斯基等人提出，人际传播是引发意义的过程。人际传播的特别之处在于其不仅是传递信息的传播形式，更是塑造意义的传播过程[2]，而且"意义"必须结合特定的文化背景予以解释，不是简单地经过"发出信号—收回信号"，传播过

1　习近平．在纪念马克思诞辰200周年大会上的讲话[N]．人民日报，2018-05-05(1).
2　朱茂．浙东地区人际传播民俗探析——以庙子湖岛为例[D]．西安：西北大学，2010.

程就结束了。这一说法强调几个要素，包括信源、接受者、讯息、渠道、反馈、目标和情境。

（2）直接说。特伦霍姆、米勒和威尔莫特等人从传播情境（传播活动发生时所处的现实环境）出发去考察人际传播的内涵。他们认为，人际传播最重要的特点，或者说很重要的一个元素就是直接性。人际传播没有什么需要中介的，也就不需要任何中转环节，是面对面的、有话直说的。从而得出，人际沟通的本质是在一对一基础上的直接沟通。

（3）相遇说。该学说使人际传播摆脱了社会活动的束缚，让人际交流回归“人”的完整特性。所谓“相遇”，是通过传播与交流，从彼此相处到互相了解的交往过程。在人际传播中，传播的落脚点放在“我—你”关系的交往方面，并最大限度地通过语言传播，彰显个体间自我属性的差异，以满足认识自我和认识他人的需要。彼此在茫茫人海中相遇，形成人际传播，产生有意义的、直接的交流对话。

以上观点都只是关注了人际传播的某个重要的侧面，而不是全貌。英国学者哈特利尝试从揭示人际传播应用的范围及含义入手，明确了人际传播的三个基本标准：其一，一个个体向另一个个体进行传播；其二，传播是面对面的；其三，传播的方式与内容既能反映个体的个性特征，也能反映他们的社会角色及社会关系。我国学者也大多从人际传播的过程、本质、意义来阐述和理解人际传播。李彬认为，所谓“人际传播”一般是指人们互相之间面对面的亲身传播，所以又称面对面传播、人对人传播。

综括以上学者观点，本教材将人际传播定义为：在两者或两者以上之间，面对面的或凭借简单媒介如书信、电话和网络等非大众传播媒介进行的信息交流活动。人际传播有广义和狭义之分，广义的人际传播包括亲身传播、群体传播、组织传播；狭义的人际传播就是亲身传播。人际传播还有直接和间接之分，面对面接触产生信息沟通和互动行为的是直接传播；依赖简单媒介而非大众媒介的非面对面交流，即以媒体为中介的是间接传播。

（二）人际传播的媒介

人际传播的媒介非常丰富，人们可以借助语言和非语言符号彼此交流各种不同观点、思想和情感，所以人际传播的媒介分为语言符号、非语言符号和其他媒介物。

在面对面直接交流中，传播者既可以使用语言符号系统来表达思想感情，也能够使用非语言符号系统传递信息。美国学者洛雷塔·A.马兰德罗和拉里·巴克在著作《非语言交流》中指出，所谓非语言符号就是由个人发出的、有可能在他人头脑里产生意义的、非语言暗示的特殊讯息。包括通过动觉（知觉）、视觉（看）和听觉（听）三个重要渠道输入的很多元素：双方的身形、外貌、衣着与随身用品、身体动作与姿势、表情与眼神、环境、个人空间、领域和距离、触摸行为、声音特征与音质、味道与气息以及文化与时间等。

非语言符号对语言信息有补偿、代替、强调或反面强调、重复的作用，还能使语言信息和非语言信息发生矛盾。非语言符号也可以暗示双方对环境各方面积极或消极的反应、对彼此喜爱或厌恶的程度和对另一方的思想、观点支配或服从的程度。

孔子（图 7-1）于乡党，恂恂如也，似不能言者。其在宗庙、朝廷，便便言，唯谨尔。

朝，与下大夫言，侃侃如也；与上大夫言，訚訚如也。君在，踧踖如也。与与如也。

君召使摈，色勃如也，足躩如也。揖所与立，左右手。衣前后，襜如也。趋进，翼如也。宾退，必复命曰："宾不顾矣。"

入公门，鞠躬如也，如不容。立不中门，行不履阈。过位，色勃如也，足躩如也，其言似不足者。摄齐升堂，鞠躬如也，屏气似不息者。出，降一等，逞颜色，怡怡如也。没阶，趋进，翼如也。复其位，踧踖如也。

执圭，鞠躬如也，如不胜。上如揖，下如授。勃如战色，足缩缩，如有循。享礼，有容色。私觌，愉愉如也。[1]

图 7-1　孔子画像

孔子在家乡时，非常恭顺谦和，但他在宗庙里、朝廷上的表达十分谨慎，却也明白畅达。在朝廷上，当国君还没来时，同下大夫说话，温和而快乐；同上大夫说话，正直而恭敬。国君来了，孔子虽心中不安，但是仪态又安详适度。鲁君让孔子接待宾客，他

1　杨伯峻．论语译注 [M]．北京：中华书局，2017：139-142.

的神色立刻变得庄重。出使别国，在赠送礼物的仪式中，孔子和颜悦色，私下会见时，满脸堆笑。孔子在不同的场合、面对不同的人时会相应表现出不同的非语言符号，他惯于用周礼的等级对待人，同时明确自己的等级，因而习惯性地采用对应的交流方式。

二、人际传播的特点

人际传播是人类生命的本能，是社会传播活动的重要组成部分，无论对社会还是个人都具有重要的意义。为实现有效沟通，我们应该把握人际传播，特别是面对面的人际传播的特点。

（一）多种信息形式，社交线索丰富

面对面的人际传播能听到对方声音，看到对方的表情、眼神、手势，同时还能感受到环境、距离和关系气氛等，这种全身心、全方位的交流，让人获得了更多、更全面的感官体验，社交线索丰富。语言符号、非语言符号及其他媒介构成了名副其实的“多媒体”，有利于传受双方综合各种信息，提高沟通效果。

再加上网络媒介的介入，使人际传播的表达形式更加丰富。一方面，媒介技术向人性化发展，开发出各种辅助性的符号促进交流，如图文表情包、语音效果或者可视化软件；另一方面，传播者也能够通过其他社交线索，如回复时间长短，获得不同体验。

（二）直接获得反馈

传播学中“反馈”的概念来自维纳的控制论。信息反馈是指由控制系统把信息输送出去，又把其作用结果返送回来，并对信息的再输出产生影响，起到制约的作用，以达到预定的目的。面对面的人际传播为迅速交换信息提供了最佳机会。在人际传播中，信息的双向流动最容易实现，反馈也最及时。传受双方凭借对方发出的语言或非语言符号获得信息，及时把握自己的传播效应和对方的态度，然后加以纠正、解释、补充或回答。

及时而大量的反馈，使人际传播特别准确、快速、高效。借助于媒介进行的人际传播同样重视反馈，催生有效沟通。

（三）双方共同负责，传受角色互换

人际传播中对讯息的发出、接收和评价都由交流者共同进行，传者和受者角色不断互换。传受双方循环往复地进行讯息的“发出—接收”，但各自又只承担部分责任。当传播过程中只有一方发出信息时，交流很快就会停止。

人际传播的双向互动性使得我们无论是在现实生活中，还是在从事与人际传播相关的工作时，都应该有意识地承担传播责任。

（四）目的在于意义共享

人际传播的目的在于意义共享，寻求共同的理解和感受。人际传播可能也会像小群体传播一样，要解决问题或作出决策，但是在人际传播中，人们交换的多是来自个人经

验的讯息，而不是干瘪的理论材料。

人际传播把内在思想翻译成语言或非语言符号并加以表达的过程，增强了传播者的自我思想和情感认知。而听者的回应可以加强或改变这种认知，因此人际交流讯息有强感染性。有效的人际传播能通过意义和情感共享，来增强认同和人际影响力。

（五）受情境影响，包括物质环境与社会环境

人际传播总是在特定场合、特定环境下发生的。传播情境能够决定传播内容。我们通常愿意根据具体情况，如与朋友单独相处还是有人旁听，是打电话还是面谈，双方心情是愉快还是抑郁等不同情形，来选择不同话题。

人际传播还受各种因素的影响，如社会文化规范、社会角色期待、权力地位差别等。

三、网络人际传播

伴随着信息技术的发展，人际传播发生了一些新的变化。网络聊天是由我们通过机械化的媒体——比如移动互联网——来完成的。这些情境让网络人际传播有着与传统人际传播不同的新特点。

其一，从载体和方式看，网络人际传播催生了网络语言这一特殊的符号系统。各种表情符号和简洁独特的语言表达使传播更生动快捷。以微信聊天为例，当下人们所使用的更多是语言符号，如语言、文字等。相对于面对面传播来说，微信可以通过发送图片、文字，实时语音对讲、视频聊天等手段提供丰富的语言和部分非语言符号（图7-2）。

图 7-2　微信小黄脸 emoji 带字表情

其二，从范围和对象看，网络人际传播更广泛、随意和不稳定。开放的网络打破了交往对象的限制，交流能够随时发生和中止。

其三，从性质和关系看，网络人际传播更放松、平等和自由。网络中的交流不易受身份、地位等世俗规范的影响，更看重交往过程而不是结果。社会化网络信息生产和传播的特点使“把关人”的角色在信息传播过程中变得模糊，这种模糊与信息生产和传播在自由平等基础上的渠道多元化和多样化有关，它表征了“把关人”角色的泛化。

第二节　群体传播

每个群体成员说的每一句话都有助于塑造该群体的身份，同时也有助于影响该群体所从事的工作。你是否统计过自己参与了多少次群体传播？仔细计算，你可能会大吃一惊，单单“班会”一项就占了不少时间，如果再扩大范围，把你参与过的所有社会群体活动都包括进来，那么群体传播所花的时间就会更多。

一、群体传播的定义

群体传播是群体进行的非制度化、非中心化、缺乏管理主体的传播行为。要更好地理解群体传播，就要理解“群体”和“群体传播”的概念及其特征。

（一）群体

群体，指具有特定的共同目标和共同归属感、存在着互动关系的复数个人的集合体。荀子说：“人之生也，不能无群。”像鲁滨孙在孤岛上的生活方式是可能存在的，但是不会所有人都体验一遍。人的群体性是人生活在这个世界上很重要的一个属性。“物以类聚，人以群分”描述的就是群体。人们从性别上来讲，有男性和女性；从爱好上来讲，有喜欢艺术的，喜欢文学的，喜欢科学的；从职业上来讲也有不同的群体——中国的社会学家陆学艺把中国社会划分成 10 个阶层，这些阶层很大意义上就是按照职业来划分的。按照社会学家涂尔干的提法，整个人类社会被划分成两个时期，西方社会之前是一个有机团体，称作为共同体（community），在这里大家依靠地缘关系、血缘关系和邻里关系形成一个非常紧密的同盟。随着工业革命的发生和发展，人类进入现代社会（society），形成了机械的团结，这种团结依靠的是契约，需要第三方的实体保证，关系才能够维持下去。

根据群体在个人社会化过程中所起的直接或间接作用，可以将群体分为初级群体、参考群体和偶然群体。

（1）初级群体。初级群体是以亲密的、面对面的结合和合作为特征的群体。初级群体特征鲜明：一是规模小、成员紧密结合；二是面对面的互动；三是成员之间关系的个人化（弱化人在其他社会组织中的角色），成员互动在时间上的持久性和稳定性，以及强烈的群体认同和个人归属感对成员发展有深刻影响（图 7-3）。每一个个体脱离了初级群体，都是无法生存的。

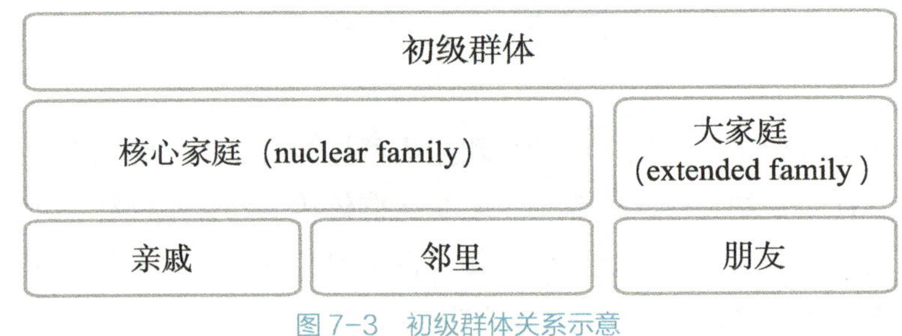

图 7–3　初级群体关系示意

（2）参考群体。所谓参考群体是个体不隶属但是提供了参考标准的群体。随着现代社会的分工不断细化，每个个体不能只存在于自己的初级群体，还需要对外参考，调整价值观、自我评价和行为取向。

（3）偶然群体。偶然群体即临时组成的群体，由彼此不认识、聚集也无必然性，有共同关注的利益、爱好、事件或者议题的人群组成。如剧场的观众、示威的人群等。

群体具有重要的社会功能，是连接个人与社会的桥梁和纽带。群体是“局部社会”，个人在参与社会活动之际，首先是在局部社会中出现的，一个人如果不能做个合格的群体成员，同样也做不了合格的社会成员。群体帮助个人完成社会化过程，训练和分配社会角色，形成社会规范和准则，并调节和控制个人的行为。

群体还有助于社会秩序的维持，使社会秩序的连续性得到保证。不仅如此，群体还通过社会分工与协作，将分散的个人力量集结起来，能够完成个人所不能完成的社会工作和事业。因此，群体同样是推动社会发展的重要力量。

但是，某些群体为实现自己的目的而拒绝承担正当的社会分工，给社会秩序和社会生活带来混乱的情况也是常见的。对个人来说，群体在为个人带来利益的同时，又具有束缚和压抑个性的负面作用。

（二）群体传播及其特征

无论是古希腊、古罗马的哲学家、演说家在城市广场上的公开演讲、辩论，还是我国春秋战国时期以“稷下学派”为中心的诸子百家争鸣，传播者都是凭借高超的演说技巧与出色的辩论才华将自身的政治、思想学说传播出去的，这种公众演讲、学术沙龙在本质上都属于特定物理时空内的群体传播。

群体传播，也叫团体传播或小群体传播，是人们在群体内部进行的信息交流活动，这种传播的范围介于人际传播和组织传播之间。群体传播的特征有五方面。其一，非组织性：群体传播不需要有人来规划或管理，是由参与群体的每个个体自由决定。其二，规模不定：有的时候多达上万人，比如在体育场观看比赛；有的时候人很少。其三，灵活性：群体传播并不具有明确的规划和机制。其四，情感导向：很多时候群体传播效果的实现，是以情感作为重要的辅助剂和催化剂。其五，过程与效果充满不确定性：传播很难管理，可能产生多样化的后果。

群体传播分为显在说服活动和隐性人际交流。显在说服活动表现为部分人愿意表达自己的观点，从而影响其他人。比如，英国是一个很注重在公共场合演讲的国家，英国伦敦的海德公园（图 7-4）经常会出现各种各样的人在演讲，临时聚集很多的群体，演讲者的目的就是说服观众，通过说服一个一个小群体，促使整个社会的政策发生变化。这就是显在的、看得见的社会活动。

图 7-4　海德公园一角

第二次世界大战时期，所有的国家都面临物资匮乏问题，包括战胜国美国。在此之前，美国很多家庭是不吃动物内脏的，但社会大范围的肉品匮乏，使得美国的农业部计划劝服人们改变他们的饮食习惯，于是邀请美国传播学学者卢因配合完成此次劝服。因为家庭主妇是一个家庭采购食物的决策者，所以卢因集合了众多家庭主妇并将其分成六个组，又将每个组分成三个小组。针对第一个三人小组，他采用的劝服方法是演讲，讲述动物内脏有多么丰富的营养、对人体的好处等，同时又能够帮助国家解决危机。第二个三人小组采用的劝服方法是座谈，在简单介绍动物内脏的好处后，让家庭主妇相互讨论，最后形成自己的观点。实验结束后对两个小组进行比较，发现采用座谈会形式的小组对动物内脏作为食物的接受度更高。通过卢因的实验我们发现，群体之间的交流可以形成合议。

在面临挑战的时候，群体的行为或整体的传播最后形成合议，是由隐性的人际交流所产生的。传播者并不需要站在一个公共的场合向群体统一传达观点，而是通过“个人—个人—个人”之间的传播，慢慢形成合议。

二、群体传播及其内部机制

群体传播中参与传播的主体成员具有多元化身份，借助不断发展的传播技术，群体成员间的互动愈加频繁，关系也愈加紧密。但不容忽视的是，非制度化、信源不确定、盲目性等特征使得群体传播缺少社会约束，加之匿名传播也助推了群体成员产生非理性冲动，使其成为最具风险性的传播形态。

（一）群体传播与群体意识

群体传播的首要作用是维系群体，将其共同目标和协作意愿加以连接和实现，这也是群体生存和发展的基本生命线。群体传播在群体意识的形成中起着非常重要的作用。所谓“群体意识”，就是参加群体的成员所共有的意识，包括群体归属、群体感情、群体目标和群体规范等。

群体意识的形成是群体传播作用的结果。群体传播的广度和深度，对于已有的群体意识有修正和制约作用。群体意识形态是行动者在其社会实践中形成的，其核心功能就是实现、维系和扩展该共同体的公共利益，并最后促成共同体内部各个体自身利益的实现。群体意识一旦形成，对于群体传播也会产生相应的作用，但是作用具有双重性，既有积极一面，又有消极一面。

（1）群体意识具有积极功能。首先，对个人行动者而言，群体意识能延长其行动链条，为其提供精神庇护的家园；其次，对于社会而言，群体意识能提高社会动员的效率，加强社会整合，促进社会和谐。

（2）群体意识除了具有积极功能以外，还具有一些消极功能。其一，误导、愚弄和麻痹共同体中的行动者；其二，造成共同体的破裂，阻挠集体行动的进行；其三，干扰主流意识形态的输出，影响社会的整体稳定和发展。

（二）群体规范在群体传播中的作用

群体规范指的是成员个人在群体活动中必须遵守的规则，是群体意识的核心。广义上也包括群体价值，即群体成员关于是非好坏的判断标准。群体规范的维持主要依靠群体内的奖惩机制。

群体规范的主要作用是排除偏离性意见，将群体内的意见分歧和争论限制在一定范围之内，以保证群体决策和群体活动的效率。

一般认为，群体规范具有以下功能：

（1）协调成员的活动、规定成员的角色和职责以促进群体目标的实现；

（2）通过规范的共有来保证群体的整体合作；

（3）通过指示共同的行为方式以维持群体的自我同一性；

（4）为成员个人提供安全的决策依据。

群体规范不仅对群体内的传播活动起着制约作用，而且对来自群体外的信息或宣传活动的效果具有重要的影响。

（三）群体压力与趋同心理

当群体成员的思想或行为与群体意见或规范发生冲突，成员为了保持与群体的关系而需要遵守群体意见或规范时，这种无形的心理压力促使成员倾向于作出为群体所接受的或认可的反应。

所罗门·阿希的“线段实验”

所罗门·阿希将七人分成一组，请他们参加所谓的“知觉判断”实验。实验的真正目的，是考察群体压力对从众行为的影响。七名被试者中，只有编号为第6的被试者为真被试者，其他均为实验助手。

被试者与其他群体成员都围桌子坐下后，实验者依次呈现50套两张一组的卡片。两张卡片中，一张画有一条标准直线，另一张画有三条直线，其中一条同标准线一样长（图7-5）。被试者的任务是在每呈现一套卡片时，判断三条编号依次为A、B、C的比较线中，哪一条与标准线一样长。

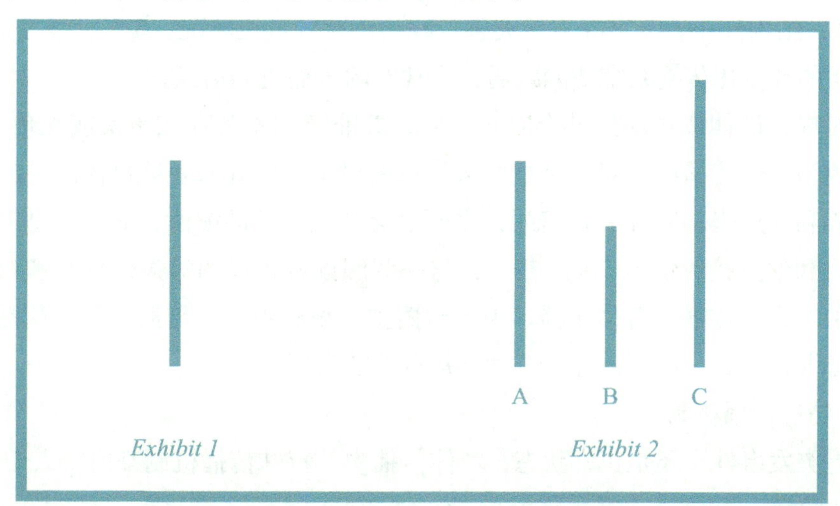

图7-5 阿希关于小群体内群体压力实验使用的材料

实验开始后，头两次群体的每一个成员都选用同一条比较线。作为第6号（第6个进行判断）的真被试者开始觉得知觉判断很容易、很快。在进行第三组比较时，实验助手们开始按实验安排故意作错误的判断，被试者听着这些判断，困惑越来越大。因为他要等到第6个才说自己的看法，必须先听前5个人的判断。结果，他面临一个“是相信自己的判断，还是跟随大家一起作错误判断”的两难问题。实验结果表明，数十名自己独自判断时正确率超过99%的被试者，跟随大家一起作出错误判断的总比率占全部反应的37%。75%的被试者至少有一次屈从了群体压力，作了从众的判断。

趋同心理使得个体产生放弃自己与群体意见或规范相抵触的意识倾向，做出与自己本来意愿相反的行为，向与多数人相一致的方向变化。

三、集合行为中的传播

群体传播是群体成员主动参与的传播活动，在态度改变和行为改变两个层面的传播效果往往比大众传播更为显著。但是群体传播中信源的不确定性是它与人际传播的根本区别。群体传播之所以活跃，正是因为其传播主体的群体性，它的弱点也恰恰在于它的传播主体是没有中心、没有管理主体的群体，无论个体还是组织都具有成为信源的可能，使把关的功能被极大弱化。群体的盲从性、感染性可被利用，造成众多网络谣言、网络诈骗、虚假低俗信息的广泛流传。同时，在群体的暗示、感染等心理作用下，个体观点和态度在群体传播的互动过程中会得到强化和加固。

（一）集合行为的定义和发生条件

集合行为是指在某种刺激条件下发生的非常态的社会集合现象，多以群集、恐慌、谣言为特征，是一种群体行为，也称为突发事件或群体事件。集合行为的产生需要以下条件：其一，结构性压力，存在自然灾害、政治动荡等危机状况；其二，暴发触发事件；其三，正常的社会化传播系统功能减弱，非常态的传播机制活跃化。

很多时候，群体成员质疑某个时政新闻，并非新闻本身存在事实或视角上的问题，而仅仅是因为群体传播中需要一个被颠覆的权威对象，以此来表明群体成员的批判精神和对自身权利的声张。同样一则新闻，之所以会产生不同的解读，其一，是因为阅读者的理解能力和信息接收情境不同；其二，与一些阅读者预设的对大众传播和权威的颠覆性立场有关。大众传播与群体传播，由于传播主体截然不同，传播立场、传播内容、传播风格势必大相径庭，产生差异甚至对立是自然的事情。

（二）特殊传播机制

无论是突发事件，还是正常状态，群体传播中的特殊传播机制都值得人们关注。

1.群体暗示

集合行为中的传播包括信息本身的传播以及情绪、感情的传播。在高亢、兴奋甚至带有原始的野蛮色彩的情景下，个人具有很强的“被暗示性”，所谓“暗示”，是不通过直接的说服或强制，而是通过间接的示意，使人接受某种观点或从事某种行为。群体暗示甚至接近于催眠，表现为人群的一味盲信和盲从。周围人的话语、表情、动作乃至现场的氛围，都成为对个人有力的暗示刺激。

2.群体感染

群体感染指某种观念、情绪或行为在暗示机制的作用下以异常的速度在人群中蔓延开的过程。成员失去理性的自控能力，而对外部的刺激表现出一种本能的反应。经过从众、匿名、暗示和感染的综合作用，一种情绪或观点会迅速支配整个人群，并迅速引发整个人群的激烈行动。

3.群体模仿

集合行为中的模仿多为无理智的、条件反射性的模仿。这是因为在集合行为中，用常规的方法很难应付眼前的突然或灾难事件，人们只能基于本能对事件作出反应，而最简单省力的反应就是直接模仿周围人的行为，于是便出现了相互模仿的现象。心理学认为，群体模仿是出于人的防卫本能，在高度不确定的突发事件中，每个人都认为与在场的多数人保持一致是最安全的选择。但事实上这种无理性的相互模仿可能导致最不安全的结果。

集合行为使人淹没在人群中，使正常人失去社会责任感和自我控制能力，在匿名性原理驱动下、在法不责众的心理支配下，做出种种宣泄原始本能冲动的行为。

4.流言

所谓“流言”，通常以口头形式在人们中间流传，是涉及人们信念而没有可靠证明标准的一种特殊的陈述或话题。流言总是以“传播真相”的形式出现，其内容往往涉及一些特殊的事件或敏感的话题。

随着媒体变化及传播技术发展，流言也出现了新的形态。网络言论主体的多样化以及匿名性特点，让人们很难辨别信息的可靠性，网络又使得流言能够实时迅速传播；同时，微博、朋友圈、抖音、小红书等平台的媒介性，也改变了过去通过人际渠道传播的特点，使流言有了大范围传播的可能。

第三节　组织传播

人类社会就是各种组织的综合架构。古代的君主、教皇等领袖人物，他们凭借政治、宗教特权实现个体信息的社会化传播，此类信息以诏令等公文形式发布，制度化的行文规范基本过滤了信息的主观感情色彩，所表达的是统治者基于其个人理性认知的治国理念与方略，这种传播模式在本质上属于一种强力——组织传播。

一、组织传播的定义

人群称得上是组织，首先要有既定的共同的目标，其次要有协调统一的系统，再次要有具备普遍约束力的、为组织成员共同遵守的规范。而这些都离不开信息的沟通和联系。管理即传播，任何组织都是与信息传播同步生成的，组织的目标、系统、规范的形成和运作都离不开传播，而组织传播活动又必须凭借组织的系统才能进行。

（一）组织与组织传播

“组织”在英文中为organization，来源于organ（器官）一词，因为器官是自成系统的具有特定功能的细胞结构，后来被延伸运用到社会管理之中。

从广义上来说，任何由若干不同功能的要素按照一定的原理或秩序相组合而形成的统一整体，都可以称为组织，如细胞组织、人体组织等。从狭义上来说，组织指人们为实现共同目标而各自承担不同的角色分工，在统一的意志之下从事协作行为的持续性体系。

任何人要加入某一组织，第一件事就是接受组织传来的有关信息。人类社会中的组织包括政治组织、群众团体、经济组织、军事组织、教育组织、宗教组织等。各种组织每日每时都要进行组织传播活动。组织是躯体，传播就是循环器官。传播不畅，组织就要衰亡。组织的首要职能就是传播，组织传播活动就这样渗透在人类社会活动的各个方面。

所谓组织传播是以组织为主体的信息传播活动，传播主体是组织和组织成员。组织传播包括两个方面：一是组织内传播；二是组织外传播。这两个方面都是组织生存和发展必不可少的保障。

在组织传播中，组织是否具有权威性，往往和传播内容是否具有可信度密切相关。组织的威望越高，传播的信息越为人们所信任；同样，传播内容越可信，组织也就越具有权威性。

（二）组织传播的功能

组织传播的总体功能，就是通过信息传递将组织的各部分联结成一个有机整体，以保障组织目标的实现和组织的生存与发展。它既是保障组织内部正常运行的信息纽带，也是组织作为一个整体与外部环境保持互动的信息桥梁。

具体来说，组织传播的功能可分为以下两个方面。

1. 手段性的功能（交流性功能）

组织传播最根本的功能是实现组织目标。以交流为手段，达到某种事务性的目的，这在绝大多数组织中占首要地位，其存在由组织性质和目的所决定。手段性的功能有两点作用：第一，确保组织内部协调活动的发生，即建立起组织内部成员的联系协作，以实现组织目标；第二，确保组织与外部环境建立起联系，来完成正常的输入和输出的交换活动，与外部环境相适应。

2. 满足性的功能

满足性的功能以社会情感的满足为主要目的。通过组织内部情感交流，加强成员相互间的了解，增加凝聚力和向心力；通过组织内部多层次、多角度的信息交流满足其成员的社会心理需求，激励士气。

二、组织传播的渠道、媒介、功能和目标

我们无法想象一个没有组织的社会，每当我们需要共同行动，以期实现一个集体目标时，组织就出现了。虽然组织传播创造出一些结构和排列方式，组织、限制和聚合了

我们的行为，但是它也帮助我们实现了目标。

（一）组织内传播

1.正式渠道

组织内传播指的是信息沿着一定组织关系（部门、职务、岗位以及隶属或平行关系）在组织内流通的过程。其传播形式分为两种。

第一，横向传播。是指组织内同级部门或成员之间互通情况、交流信息的活动，其目的是实现相互之间的协调和配合。在横向传播中，传播双方不具有上下级隶属关系，平等的协商与联络是传播的主要形式。横向传播保持活跃，对组织具有重要意义。如果横向传播渠道不畅，轻则会导致各部门、各岗位之间的相互推诿、互不合作，影响组织的办事效率；重则会造成各部门、各成员各自为政，形成种种隔阂、矛盾、冲突，破坏组织的有机统一。因此，在一个组织内，横向传播必须得到制度的保证。

第二，纵向传播。根据信息流向，纵向传播又区分为下行传播和上行传播。组织传播中最常见的正式传播通常发生在上下级之间。

下行传播，即有关组织目标、任务、方针、政策的信息，自上而下得到传达贯彻的过程，是一种以指示、教育、说服和灌输为主的传播活动。

上行传播，指的是下级部门向上级部门或部下向上司汇报情况，提出建议、愿望与要求的信息传达活动。这个过程很重要，它有三个方面的意义：首先，上行传播是中枢指挥管理部门获得信息反馈的重要渠道；其次，基层部门或第一线人员是组织的窗口，他们对外部环境的变化往往握有第一手信息，这些新的信息反映上去，能够成为组织作出新的应变决策的重要依据；最后，上行传播是把握组织成员精神状态的重要渠道，管理者可根据下面反映的情况及时采取措施，把组织成员的情绪和士气调整到组织所需要的理想状态。

下行传播和上行传播是组织内传播的两个基本渠道，这两个渠道是否通畅，关系到组织的统一性和运作效率如何。一般来说，影响这两个渠道畅通度的主要因素是组织的层次和环节，因为它们都是逐级进行的。

2.非正式渠道

相对于组织内传播的正式渠道而言，非正式渠道是指越过组织内的权力等级和制度限制，自由地向任何方向运动的信息传播通道。组织成员借此满足自身的社会需要，摆脱了组织的制度性结构压力，可以分为任务指向性和情感指向性两种交流形式。其特点表现为三方面：交流的信息广泛、交流的双向平等性、多为本意交流和感情交流。

（二）组织外传播

组织外传播的首要目的是使组织适应环境。组织的存在与发展，要依赖于组织与环境之间的物质、能量和信息交换。这种交换实际包含输入和输出两个过程。

1. 信息输入

信息输入，是组织为进行目标管理、应对环境变化而从外部广泛收集和处理信息的活动。建设具有快速反应机制的高性能信息采集和处理系统，是传播技术的发展和社会的信息化对包括企业在内的一切组织提出的时代要求，无法满足这个要求的组织体，最终是无法获得成功的。

2. 信息输出

组织的信息输出是组织有目的、有计划地开展的信息输出活动，即组织的宣传活动。其大致分为三种类型：公关宣传、广告宣传和企业标识系统。

公关宣传指组织为了与其所处的社会环境建立并且保持和谐关系而进行的各种宣传活动。其形式多样，如参与社会公益事业、发行宣传刊物等。它是组织对外传播的一种重要形式，其作用包括让公众了解组织的宗旨、目的和社会意义，树立良好的组织形象以及防止组织与周围公众发生矛盾、解决冲突等。

广告宣传是一种以付费形式利用各种媒体进行的大面积宣传活动，也是社会组织尤其是企业组织广泛采用的一种信息输出方式。现代组织从事的广告活动大致可分为两类：一类是非商业广告，如公益广告、意见广告等；另一类是商业广告。

企业标识宣传，是英语corporate identity system的对译词，简称CIS，有时也称为企业表征系统。

CIS

CIS由MI（mind identity，理念识别）、BI（behavior identity，行为识别）、VI（visual identity，视觉识别）三方面组成。CIS的主要含义是：将企业文化与经营理念统一设计，利用整体表达体系（尤其是企业的形象）最终促进企业产品和服务的销售。

对内来说，企业可通过CIS对其办公系统、生产系统、管理系统以及营销、包装、广告等宣传形象形成规范设计和统一管理，由此增强企业每个职员的积极性和归属感、认同感，使各职能部门各司其职、有效合作；对外来说，通过一体化的符号形式来构建企业的独特形象，便于公众辨别，产生认同感，促进企业产品或服务的推广。

三、组织传播中的沟通障碍

与其他传播类型一样，组织传播过程中也存在各种障碍，使信息传递不顺畅。存在于组织传播中的“噪声”，不可避免地造成了组织信息的损失和歪曲，影响了组织传播的最终效果。

（一）下行传播中的问题

首先，信息过载或信息泛滥。对信息资源特性的误解及不当的信息处理态度，将会导致信息污染或信息过载现象，进而对人们的工作、生活以及生理、心理和人际关系等产生严重影响。

其次，传播时间安排不当。很多信息对人们的影响，与传播的时间安排有密切关系。理性系统组织框架下人们习惯于听从领导层决策，导致基层之间协作配合的主动性较低，信息交流不足，在一定程度上造成了各基层组织之间职能履行的脱节和重叠，无形中造成了人力资源和组织运作成本的浪费。

再次，信息受到过滤或改变。所谓信息过滤，即层级制结构中使信息对接受者（往往是领导层）更为有利的方向操纵。组织的层级制度暗示了组织内部等级关系依旧森严，高层命令从发出到基层接收的传播链长，传递过程中的信息损失和歪曲大。基层人员所获取的信息被有选择地“过滤”后，很难实现真实传达。

最后，信息反馈欠缺或不足。下行传播直接受制于领导意志，组织基层员工没有足够权力主动发起沟通行为，即便是直接沟通，也强调正式化，重信息传递而轻情感交流，满足不了组织成员通过情感交流获取基本组织归属感的需求。

（二）上行传播中的问题

第一，过滤。组织成员主动阻止不利于自身的负面消息的上传，导致信息被压缩甚至隐瞒；反之，有利于组织成员自身的消息被编造或夸大，使得组织领导层、基层都难以获取真实信息，组织信息传播渠道存在双向“噪声”。

第二，延迟。组织的权力等级容易扭曲纵向传播的信息内容，信息经过多层级的周转后，来自基层的反馈信息过程可能被延缓。

第三，缺少直接沟通。组织更倾向于正式的规范化传播，例如下达红头文件、每周例会、考评大会、电话传达通知、组织内部信息管理系统发布通知等利用“中介”形式进行的传播，而很少通过上下级间的面对面约谈、座谈会等形式进行交流，即便是上下级间电子媒介的传播，也仅限于电子邮件和电视电话会议的形式。正式化的传播惯例容易导致上下级组织成员长期缺乏情感交流、基层对组织的具体发展目标和思路不明确等后果，缺乏人性化的组织传播理念还会导致组织成员对组织缺乏认同感。

第四节　公众表达

随着商业化加剧，公众的话语表达权利被商业利益损害。传媒应当让公众寻找到公共的利益并维护自身的权利。

一、公众表达与民主社会

西方社会公共生活的最初形态可以追溯到古希腊的传统——崇尚公民权利、公共领域、社区话语和社会治理等，都是积极的理想，即亚里士多德所说的“属于城邦的正义”，是追求民主参与共同治理的社会。在古希腊，人们不仅将关于特定理想和观点的认知理解成个人选择的问题，而且还理解成独特的社会事务、利益以及责任之外的活动。因此，在西方学者看来，古希腊模式的公共生活领域成为公众参与社会变革、实现人类理想的一个重要载体。

（一）公众与公众表达

尽管“公众”这个词在日常生活和文字表述中都有相当高的使用频率，但是极少人对公众一词作过明确界定，只有哈贝马斯在论述公共领域概念时曾对“公众”一词追根溯源。他说：“公众在 17 世纪的法国指的是作为文学和艺术的接受者、消费者和批判者的读者、观众和听众；在人们心目中，说到公众，首先是指宫廷臣仆，其次是坐在巴黎剧院包厢里的部分城市贵族以及部分资产阶级上流社会。因此，早期的公众离不开宫廷和‘城市’。”[1]《社会科学大辞典》对“公民”的定义是“具有一个国家国籍，并根据该国宪法和法律规定享有权利和承担义务的人”[2]，该定义认为公民等同于国民。

实际上，“公民”自古以来就是重要的学术概念并备受争议。综合学者观点，本教材中所谓“公众”就是指由很多个体组成的松散的群体。把握“公众”概念的两个关键点在于：其一，公众所指涉的对象是社会公共事务、公共问题，牵涉的是公共利益，当一个人在为没有代表性的纯粹的私人事务奔波时，他就不是我们这里所讨论的公众；其二，公众是普通民众，他也许在社会权力结构体系中占据着某种位置，但当他参与到公共事务中时，他没有（或不能）使用其特殊地位所带来的权力。

2015 年 1 月 14 日，《人物》杂志的记者鲸书以“私聊”为名，将草根明星庞麦郎的生活细节写成一篇题为《惊惶庞麦郎》的报道并配以文字，“报道是遗憾的艺术，接受一切批评。只希望读者看到的不只是一个‘35 岁陕西农民冒充 90 后台湾音乐人’的故事”，并且发布至微博。在文中，鲸书对庞麦郎的私人生活过于细节以及对其行为怪异化的描述，立刻在网络舆论场里掀起了对庞麦郎个人品格鉴定的广泛讨论。其中，不乏受该篇报道影响的侮辱性语言，对庞麦郎的生活工作带来了一定的负面影响。

“表达”一词在英文中是speech，也可以翻译成“言论”。在古希腊城邦里，言语和行动被看成两种最重要的政治性活动。在资产阶级革命时期，人们认为讨论和争辩是达

1 汪晖，陈燕谷．文化与公共[M]．北京：三联书店，1998：137-138.

2 彭克宏．社会科学大辞典[M]．北京：中国国际广播出版社，1989：528.

成真理的必要途径，自由主义思想家则把言论自由看成天赋人权，是个人最基本的不可剥夺的人身权利之一。第二次世界大战以后，美国学者米克尔约翰把言论分为公共言论和私人言论两类，公共言论是有关公共政策、公共决定的言论，私人言论是表达个人思想的言论[1]。

本教材将“公众表达”界定为：普通民众发表的有关公共事务和公共利益的言论。公众表达不是纯粹的私人事务，尽管有时候这种表达可能出于个人利益动机，但它必定与公共利益相关。

2000年7月，吉林省长春市83岁老人李成宪起诉市公交公司，认为后者的规定侵害了自己的权益。长春市政府规定70周岁以上老人持证可免费乘公交，可专线车就是不让他上。李成宪老人为此打起了“优待证”的官司，要求市公交总公司停止侵害他免费乘坐专线车的正当权利，并向他赔礼道歉。从表面上看，这似乎是纯粹的个人事务，但由于长春市所有70周岁以上的老人都有着和李成宪老人一样的利益诉求，所以该事件实际上具有公共性。

（二）公众表达与民主社会

在政治学、社会学的经典文献中，我们很少能碰到“公众表达”概念，但是相关论述却不少见。亚里士多德曾有两个著名的关于“人”的定义，一个是“人是政治的动物”，另外一个就是“人是会说话的动物”。在古希腊城邦里，公民重要的生活方式就是相互交谈，并认为只有这样才能体现人的价值。不过，由于社会环境和社会制度的巨大差异，今天人们对于公众表达的理解主要来自资产阶级革命时期及以后的思想[2]。

尽管民主制度是人们精心守护的对象，表达自由也是人们孜孜以求的目标，但对于公众表达在实践的层面究竟将产生怎样的影响，学者有很多争议。

法国大革命中的惨痛经历给人留下了不可磨灭的记忆。这是在自由主义理论的指引下，以《人权宣言》为纲领而发动的一场革命，但是，当1793年5月，巴黎群众发动起义，21名吉伦特派党人被送上断头台时，人们看到的不是《人权宣言》对公民自由表达意见权利的保护，而是雅各宾派对民意的操纵和控制。每一个公民自由表达自己的意愿和思想，结果并非社会公正的实现。所以，托克维尔在总结这一段历史时，忍不住感慨万千，“这是一场有史以来规模最大最为危险的革命……他们认为，借助理性，光靠理性的效力，就可以毫无震撼地面对如此复杂、如此陈旧的社会进行一场全面而突然的革命……他们竟然忘掉了他们先辈400年前用当

1 亚历山大·米克尔约翰．表达自由的法律限度[M].侯健，译．贵州：贵州人民出版社，2003：29.
2 陈红梅．网络传播与公众表达[D].上海：复旦大学，2005.

时朴实有力的法语所表达的那句格言：谁要求过大的自由，谁就是在寻求过大的奴役”。[1]

回顾人类传播技术的发展史，新的传播技术往往寄托着人们对未来美好社会的极大期望，从长远的角度看，在传播与社会的互动中，每一次技术的进步终究给社会制度和人们的生活方式打上了清晰的烙印。公众通过大众媒介的渠道进行自由的表达，是实现其他自由的基础性保障。

二、互联网时代公众表达的形态、特征和影响

进入21世纪，最让我们瞩目的是电脑技术以及由它带来的网络传播方式。施拉姆说：“身处文字发明初期的人类也许会像今天的我们一样，有着兴奋与不确定的感觉，未来不知道将是危险还是机会。也许我们现在的状况可以用一句话来总结——崭新时代中的人类将对其心智发展的命运负起空前的责任。”[2]网络传播带给我们新的生活方式和体验，也必将对公众表达带来新的变化。

网络时代的公众表达对社会具有重要影响，原因在于这种表达有其鲜明的特征。

（1）网络公众表达的主体更加多元，以往只有一些精英才有表达的权利，而现在所有个体都拥有这种权利。

“一分钟，铁路质检员黄望明能检查完列车的一个转向架；一分钟，纺织工许小英可以做好一双鞋面……”这是《人民日报》2018年3月5日播放的国家形象系列宣传片《中国一分钟》中的台词（图7-6），这一系列宣传片激发了人们对自我与国家的想象，引发网友积极响应，自由留言。

网友“Monday星期一”评论说，“作为一个中国人，我很骄傲”，“暮雨苓”写道，“厉害了我的国”。网友“怀揣梦想的小可欣”说，“明天会更好”，“酱小美霖霖”说：“一分钟我可以干很多事情！不说了，现在就干！”“anniecai97”说：“把握好每一分钟……给2018的自己。”

网友将幸福感与对祖国的祝福相结合，表达对祖国的热爱与认同。“晓津ZZZ”说，“我们在经历着这一切，我们是历史的创造者更是见证者！爱我祖国”，用户“eofq33fzx7”说，“为祖国点赞！为祖国骄傲”，“冰－魅儿Yab”说，“让世界爱上中国”。也有网友关注视频制作的相关流程，例如拍摄手法、文案等。“黛玉Dai”说，“视频好棒”，“thomesli小麦”说，“这个角度选得好”。

1 亚力克西·德·托克维尔．旧制度与大革命[M]．冯棠，译．北京：商务印书馆，1992：179.
2 威尔伯·施拉姆．人类传播史[M]．游梓翔，吴韵仪，译．台北：远流出版公司，1994：515.

图 7-6 《中国一分钟》截图

（2）网络公众表达的内容更加广泛，消解了少数人对信息的控制权，公众可以表达自己感兴趣的任何话题。

与商业论坛和主流媒体论坛相比，民间非商业性论坛的规模一般都比较小，论坛建立的目的差异也很大，大体上是为了在具有共同利益或共同旨趣的人群中间建立联系而设立，也有少数是为了某项公共事务而建立。共同利益者如乙肝论坛，其中最著名的是“肝胆相照”论坛，由乙肝病毒携带者群体建立和维护，其源头可以追溯到 2000 年。

在非商业民间论坛中最有典型性、影响力最大的是北大“一塌糊涂”论坛。该论坛始建于 1999 年 9 月。最初是面向北大学生的小型BBS，因其开放的言论传统和思想深度，曾经一度在高校学生和知识分子群体中拥有极高的声望。

（3）网络公众表达中的非理性成分大大增加，有比较明显的“情绪化”倾向。

2017 年网络曝光了“榆林产妇坠亡事件”。该事件以碎片化的视频曝光事件的发展经过。然而剧情不断反转，在这个过程中充满了惊恐、焦虑、愤怒、疑惑等公众情绪表达。最后，事实和真相却变得无关紧要，新闻事件沦为大众的消费品和情绪宣泄的突破口。

（4）网络公众表达中的意见领袖作用突出，引导网络舆论的形成和走向。公众人物因为其具有的社会影响力，在网络中的言论会引起更多人的关注。

总之，网络公众表达对于推动公共事务的解决、推进社会的民主进程等具有不可忽视的作用，但是如果任由非理性成分和不良情绪发酵、升级，也可能产生危害社会的行为和结果。

第五节　大众传播

随着信息网络和传播技术的不断发展，大众传播正在人们的社会生活中发挥着越来越重要的作用。由于大众传播的影响力日益扩大，有学者将大众传媒权力称为与传统的立法权、行政权、司法权并立的“第四种权力”，而大众传媒机构则被称为“政府的第四部门”。相对于立法权、行政权、司法权和军权等有形的、刚性的权力而言，大众传媒权力是一种无形的权力，也是一种柔性的权力，它以独特的方式广泛渗透到社会生活的每一个角落，改变着人们的社会环境、生活方式、思维方式、价值观念，推动着人类教育的发展，丰富着人们的文化生活，于潜移默化中达到对人们思想和行为的有效控制，从而成为现代社会控制体系的重要组成部分。

一、大众传播的定义及其发展

“大众传播”一词，最早出现于20世纪30年代的美国。英文mass communication首次出现在中国时，被译为“公众通讯”，后才被翻译为“大众传播”。目前，大众传播是规模最大的传播活动，也是信息表达最规范的传播类型。

我们可以根据传播手段的不同区分人际传播和大众传播，而在社会发展进程中，传媒功能的一个重大转变就是从人际传播发展到大众传播。公元前3000年前后，世界上最早的文字体系先后出现，包括苏美尔文字、古埃及文字、古印度文字、中国文字。这四大文字体系的出现在时空坐标上恰恰与古巴比伦、古埃及、古印度和中国这四大文明古国相对应。作为大众媒体，文字在传播上的优势是对时空的拓展。

随着科技的发展和社会需求的变化，大众传媒和社会形态也发生了巨大的变化。印刷术催生的图书报刊使思想交流成为日常，光电技术消除了时空障碍，广播电视使世界变成了地球村，计算机信息处理技术模糊了作者和读者的界限，网络世界的法则不断提示我们，要不断转换身份认同。

除了物质形态上的可视变化之外，大众传播领域更重要的是非物质方面的变化，是人人都拥有发布信息的愿望、个个都希望进行选择的需求。这种变化体现的是交互的需求，是用户主导议程设置的基本思想。于是，李普曼得出结论：大众传播媒介创造了我们关于世界的图像，由新闻界提供的图像常常是不完整和扭曲的，可它构成了我们对世界的认识的基础。构成这个虚拟世界的主要原因是媒介对人类感官进行了延伸。广播延伸了人们“听”的范围，电视延伸了人们“看”的范围，而报纸扩大了人们“想”的范围。而在这个被极大扩展和延伸了的世界中，人们不可能亲身参与、亲自体验所有。

在李普曼看来，媒介的作用是巨大的。但是，美国20世纪40年代兴起的对大选的研究却发现了“有限效果模式”，流行的理论是：选民是依据他们的社会团体和预存立场作出投票决定的，媒介只不过坚定和强化了选民对特定政治家的选择倾向。大众媒介对公众意见只有有限的效果，或者说，大众传播媒介并无大的政治影响。

在1968年美国总统选举中，麦库姆斯和肖在北卡罗来纳州的茄珀山市首次检验了李普曼的“议程设置”理论。麦库姆斯与肖以“议程设置”效果的验证向当时流行的“有限效果模式”提出了挑战。麦库姆斯和肖在实验时检验了一个假设：大众媒介通过日复一日的新闻选择和发布，影响着公众对什么是当天最重要的事件的感觉。他们认为，在媒介和公众的议程之间，存在着一种因果联系，即经过一段时间，新闻媒介的优先议题将成为公众的优先议题。而新闻议程的优先选择是很明显的：报纸标题的大小和语言是否具有刺激性，消息的篇幅长短，登载的版面是否重要和醒目；电视报道在新闻播出中的位置、长度和是否形式多样、生动活泼等。这些线索帮助受众将经过挑选的每日新闻中的一小部分议题列为重点。议程设置研究从一种简单的假设开始，发展出了一个扩展舆论研究的领域。

因为参与大众传播的人数比其他传播活动都要多，所以它得到了社会各界的关注，大众传播学者也得到了更多的资金支持去做理论研究。杰诺维茨提出，大众传播由一些机构和技术所构成，而群体凭借这些机构和技术通过一定手段（如报刊、广播、电影等）向为数众多、各不相同而分布广泛的受众传播符号内容。德福勒提出，大众传播是一个过程。在这个过程中，职业传播者利用机械媒介广泛、迅速、持续不断地发出讯息，目的是使人数众多、成分复杂的受众分享传播者要表达的含义。我国学者郭庆光提出，所谓大众传播就是专业化的媒介组织，运用先进的传播技术和产业化手段，以社会上一般大众为对象而进行的大规模的信息生产和传播活动。

综合学者们的定义我们发现，大众传播是具有一些要素的：技术、职业传播者、信息和受众。所以，本教材认为，大众传播是指传播组织通过现代化的传播媒介对极其广泛的受众所进行的信息传播活动。

但是随着网络技术的发展，以上定义已不完全符合现实。所以学者把大众传播分为传统大众传播和网络大众传播两种类型。网络大众传播是指以网络为主要技术手段进行的面向多人的传播，能够前所未有地释放和满足受众的个性化需求。本节主要分析传统大众传播类型。传统大众传播指通过传统的大众媒介，如报纸、广播和电视等进行的面向多人的传播。

二、大众传播的特点

大众传播的信息传递是从一点到多点的，体现的是集体的、社会的、国家的意志。从大众传播概念被提出到今天，我们看到了纷繁复杂的大众传播现象，这些传播活动呈现出以下共同特征。

（1）内容多半由传播机构和职业传播者发布。大众传播的专业组织包括新闻通讯社、广播电视台、报刊、杂志社、网络公司、广告和公关公司等。

中华全国新闻工作者协会（简称中国记协），是中国共产党领导的中国新闻界的全国性人民团体，是党和政府密切联系新闻界的桥梁和纽带（图 7–7）。

图 7–7　中国记协标志

中国记协前身是 1937 年 11 月 8 日在上海成立的“中国青年新闻记者协会”（简称“青记”）。“中国青年新闻记者协会”成立后即迁往武汉，1938 年 3 月 15 日更名为“中国青年新闻记者学会”。1938 年 3 月 30 日，“中国青年新闻记者学会”在武汉召开第一次全国代表大会。“青记”总会设在武汉，在广州、香港、桂林等许多城市设有分会。1939 年 5 月，“青记”总会迁至重庆。1941 年 4 月，“青记”总会和部分地区的分会遭国民党政府查封，但在香港、延安和抗日民主根据地的各分会仍继续活动。1949 年 7 月，中华全国新闻工作者协会筹备会在北平（现北京）召开，协会作为全国性的新闻工作者组织，与各民主党派和 15 个人民团体一起参加中国人民政治协商会议第一次全国代表大会。1957 年 3 月，中华全国新闻工作者协会在北京正式成立。

中国记协团结引领全国新闻工作者，坚持正确的政治方向、舆论导向、新闻志向、工作取向，做政治坚定、业务精湛、作风优良、党和人民信赖的新闻工作者，为我们党团结带领人民不断取得革命、建设、改革伟大胜利凝聚了强大舆论力量，营造了良好舆论氛围。

中国记协实行团体会员制，会员单位共 215 个，包括全国性新闻媒体，省、自治区、直辖市和新疆生产建设兵团新闻工作者协会，全国性新闻团体，主要新闻教育、研究机构，广泛团结全国百余万新闻从业人员，并同世界上 100 多个国家和地区的新闻界开展友好往来。[1]

（2）传递的信息是公开的、面向社会的。如我国由央视网主办的“直播中国”是一个集美丽中国、城市地标、中国村庄、魅力小镇、“一带一路”等专题于一体，运用5G＋4K＋AI技术的平台，随时随地公开展现我国的各种美景、奇观（图7-8）。

图7-8 “直播中国”网站主页

（3）须借助大众传播工具传播信息。传播的工具是机械化、电子化和网络化的，也代表了历史发展的三个阶段。杂志、报纸为机械化工具，广播、电视为电子化工具，网络虽然是以电为基础，但它的信息流动方式和以前不一样。数字技术非常重要，它所带来的革命性改变，不光是传统意义上的传播，还包括出版。现在有很多图书从传统意义上的出版开始转变为数字出版。

中国原国家广电总局在2003年发起了一个全国性计划，要将中国所有的有线（cable）电视，由模拟电视转化为数字电视。2020年11月30日晚上11时59分，香港终止模拟电视广播，并于12月1日正式进入全面数码电视广播时代。而根据2020年7月国家广播电视总局下发的《关于按规划关停地面模拟电视有关工作安排的通知》，全国各地的中央台节目地面模拟电视信号于8月31日前，地方节目的地面模拟电视信号于12月31日前完成关停，特殊情况最迟于2021年3月31日前完成关停。

从模拟到数字，是电视技术的一次关键升级，在我们迈入全面数字电视之际，

1 中国记协网．中华全国新闻工作者协会简介[EB/OL].（2022-03-10）[2022-03-18]. http://www.zgjx.cn/2020-11/13/c_139512824.htm.

模拟电视将要永远退出历史舞台。从模拟到数字，是电视技术从黑白到彩色之后的第二次关键升级，它见证了人类历史上技术进步最迅速的时光，也见证了中国改革开放的历史。

（4）受众是大量的、匿名的。受众是注意力的来源，我们通常以“发行量”和“收听/视率”为主要衡量指标，指标对于商业化操作非常重要，和“消费者”的意义相似。传播学学者对受众的研究也随之发生变化，如盖洛普、央视索福瑞所采用的市场调研的方式，把收视率、收听率结合起来做分析。有部分学者认为这些分析方式是有限的，应该深入每一个个体，观察每一个受众的差异性行为，这催生了田野调查——深入环境中做调查。

盖洛普出生在美国艾奥瓦州的一个贫穷的农民家庭，他于 1918 年进入艾奥瓦大学。1922 年，他进入圣路易斯达阿奇广告公司做记者，开始对人们阅读的故事和实际上他们阅读的有多少感兴趣。而这一研究给他提供了哲学博士论文的素材。1928 年获得艾奥瓦大学的博士学位后，盖洛普曾在德雷克大学、西北大学和哥伦比亚大学兼职教授新闻，这使他有机会为许多美国报纸做读者调查。1931 年在西北大学，他关于男性和女性对文案诉求的研究吸引了罗必凯的注意，并受邀在 1932 年加入了罗必凯广告公司，创建了文案研究部，之后的 16 年他一直在训练研究部的人员。

20 世纪二三十年代，盖洛普发明了各种不同的研究方法和程序测量广告。1935 年，盖洛普开始了美国民意测验（AIPO）。在 1936 年的第一次选举投票和其他早期的调查中，盖洛普应用市场研究技术对公众关于社会和政治议题的意见进行研究。AIPO 迅速发展，成为引导学术人员、私人产业、新媒体和政治团体进行各类社会调查的一个研究机构。1958 年，盖普洛改组所有旗下的小机构成立盖普洛公司，在盖洛普及其公司人员的不断努力下，公司重新获得了广泛的认可和信赖，并最终成为国际权威的民意调查公司。

1993 年，盖洛普（中国）咨询公司成为中国政府批准成立的第一家美资咨询机构（图 7–9）。盖洛普公司用科学方法测量和分析选民、消费者和员工的意见、态度和行为，并据此为客户提供营销和管理咨询。现在的盖洛普公司做的各种民意测验在美国家喻户晓，最著名的当数美国总统大选期间所做的候选人支持率的民意测验。凭借成功心理学，这家公司又奠定了在国际咨询业的重要地位。

图 7-9 盖洛普（中国）介绍

（5）信息传递快捷广泛。

（6）基本上是信息的单向流动，反馈具有延迟性、间接性、代表性、积累性和量化性。这些特性是由受众和传播者两方面原因造成的，因为大众传播基本上是信息的单向流动，受众很难在接收信息的同时把自己的反应传递给传播者，所以他们向传播者表达意见往往是事后的行为；传播者对受众的意见接收往往是迟缓的，根据受众意见对传播行为的调整也是迟缓的。所以，传统的大众传播有两个突出的缺点：一是互动频率低，二是反馈慢。

三、大众传播的社会功能

格伯纳把大众传播比作缓和社会矛盾的“熔炉”、维护现存社会制度的“文化武器”和现代社会的“故事讲解员”。在传播学的发展过程中，关于大众传播的社会功能，有很多学者的观点极具代表性。

（一）威尔伯·施拉姆的“三功能说”

施拉姆在整合拉斯韦尔的“三功能说”和赖特的“四功能说”基础上，在其 1982 年出版的著作《男人、女人、讯息和媒介》（中译本名为《传播学概论》）中将大众传播的功能归纳为以下三个维度。

（1）政治功能。在施拉姆看来，传播的政治功能主要有三块：一是收集情报，进行风险预警从而帮助人们监测身边环境的变化；二是制定、宣传和执行政策，即通过整合舆论来协调个体与整体之间的关系从而推动政策执行；三是社会遗产、法律和习俗的传承，大众传播通过各种文化产品的制造、传播和分配，在客观上对最基本的法律及社会文化进行传承。

（2）经济功能。施拉姆的突破性贡献在于明确提出了大众传播的经济功能，强调其通过市场信息传递（如商品资讯、经济数据），解释经济现象（如政策分析、趋势预测），开创经济行为（如广告促进消费、媒介产业化运营）来推动经济活动。具体说，施拉姆将大众传播的经济功能分成了三块：一是提供经济活动与行为（如资源及买卖机会）的各种资讯和信息；二是解释以上资讯，从而让人们也可以参与到经济政策的制定、市场运作与控制的过程当中；三是经济行为的洗礼，即通过大众传播信息的分享，宣传经济交易行为的准则，活跃和管理市场。

（3）一般社会功能。该功能也涵盖三个方面：一是关于社会规范的传递，即通过大众传媒进行道德标准与法律信息的宣传，以达到规范目的；二是协调公众意愿，促进产生社会共识；三是通过娱乐消遣与文化休闲，产生非政治领域的信息传播作用。施拉姆认为大众媒介（如电视、广播、电影）通过提供轻松内容（综艺、剧集、音乐等），帮助受众暂时脱离现实压力，恢复心理能量。这种“逃脱”并非消极行为，而是人类调节精神状态的必要手段。

（二）赖特的“四功能说”

美国学者赖特在《大众传播：功能的探讨》中继承了拉斯韦尔的“功能说”，并在此基础上围绕大众传播的社会功能问题提出了“四功能说”（表 7-1）。

（1）环境监视功能。大众传播在特定社会的内部和外部收集和传达信息，包括两个方面：一是警惕外来威胁，二是满足社会的常规性活动的信息需要。

（2）解释与规定功能。大众传播并不是单纯的“告知”活动，它所传达的信息中通常伴随着对事件的解释，并提示人们应该采取什么样的行为反应。

（3）社会化功能。大众传播在传播知识、价值观以及行为规范方面具有重要的作用。现代人的社会化过程既是在家庭、学校等群体中进行的，也是在特定的大众传播环境中进行的。

（4）提供娱乐。大众传播的一项重要功能是提供娱乐，尤其在电视媒体中，娱乐性内容占其传播的信息总量的一半以上。

表 7–1　传播功能的变化

传播的功能	口语社会	媒介社会
社会雷达	个人接触，守望者，报信人，旅行者，会议，集市	个人接触，新闻媒介
管理	个人影响，领袖咨议会	个人影响，领袖，行政机构，司法机构，舆论媒介
传授	家庭教育，专家示范，学徒制	家庭里的幼年社会化，教育制度，教学资料，参考材料
娱乐	民歌手，舞者，说书人，群体参与	创造性艺术与表演艺术，娱乐媒介

总体来说，虽然前三个功能与拉斯韦尔的“三功能说”有很大的相似性，但是最后的娱乐功能却是结合大众传播的发展新提出的。

（三）拉扎斯菲尔德和默顿的“功能观”

拉扎斯菲尔德和默顿在1948年发表的《大众传播、通俗口味和有组织的社会行动》一文中，特别强调了大众传播的三种功能。

（1）社会地位赋予功能。只要得到大众传媒的广泛报道，都会成为社会瞩目的焦点。社会地位赋予功能给大众传媒支持的事物带来一种正统的度化效果。

（2）社会规范强制功能。大众传媒通过将偏离社会规范和公共道德的行为公布于世，能够引发社会谴责，将违反者置于强大的社会压力之下，从而起到强制其遵守社会规范的作用。

（3）作为负面功能的“麻醉功能”。人们如果过度沉溺于媒介提供的表层信息和通俗娱乐中，就会不知不觉地失去社会行动力，而满足于被动的知识积累。

拉扎斯菲尔德和默顿首次提出了大众传播具有“负面功能”，即“麻醉功能”。这个解读媒介的角度使人们能够更全面地观察大众传播。

（四）网络大众传播与舆论

互联网出现后，人们越来越多地使用机器硬件（如电子邮件）进行人际传播。职业传播者与受众的角色互换变得频繁起来，大众传播与一般人际传播的界限也开始变得模糊。网络传播融合了大众传播和人际传播的信息传播特征，形成了散布型网状传播结构，具体表现为：受众特征发生了改变；传者身份发生了变化；传播手段兼容并包；传播速度更快。

鉴于此，大众传播对社会的监测达到了新高度。网络舆论作为舆论的一个重要组成部分，具有舆论的一般特征，如公开性、即时性、自发性和评论性。事件一经网上披露，公众能迅速对其作出反应，且主流意见一旦形成，就会不断强化。网络的价值导向能影响更多的网民作出相同的价值判断和评价；网络舆论在实施舆论监督、推动社会问题的解决等方面，正起着越来越重要的作用。

然而，网络舆论也导致了不少负面的问题：内容良莠不齐，信息鱼龙混杂，滋生了诸多低俗、庸俗的文化成分；网络暴力肆虐，容易激发、强化非理性的情绪；网民的身份和地位平等，任何人皆可畅所欲言，容易导致人们道德意识弱化、责任意识淡薄。

所以，即使大众传播功能强大，也应该受到控制。目前有四种力量制约着大众传播：政治控制、经济控制、受众控制和自我控制。政府为了控制大众传播，其一是立法，通过立法控制传播是各国政府广泛采用的手段，既能保障传播者的权利，又能限制其自由；其二是行政，通过行政手段控制传播的形式有赞助传播机构、提供优惠或特权、有选择地配合报纸和频道以压抑持不同政见者的传播媒介等；其三是操纵新闻，包括操纵新闻的发布、控制信息的来源等。此外，政府还通过登记、检查、承办、征税、津贴等手段来控制大众传播。

第六节 国际传播

随着全球性信息传播系统的形成，人类世界发生了翻天覆地的变化，经济、政治、文化无一不被卷入这个强大的旋涡中。文化的交流、融合、摩擦和冲突也变得随处可见。国际传播空前发展，文化传播的范围不断扩张，输出、输入量不断增加，不同文化开始频繁碰撞，和谐与冲突、沟通与误解并存。国际传播的背后，还有复杂的政治、经济和意识形态等因素。

一、国际传播的定义

国际传播是建立在承认国家界限的基础上的国与国之间的信息传播。广义的国际传播，是国与国之间的外交往来和信息交流，包括首脑互访、双边会议以及其他各种相关事务；狭义的国际传播，就是跨越国界的大众传播。

“中法文化年”是由中法两国政府合作举办的一系列大型文化交流活动，两国的文化年涉及文物、音乐、绘画、电影、图书、舞蹈、时尚设计等多领域的广泛交流，大小项目300多个，包括中国康熙时期文化展、三星堆文物展、中国中央民族乐团与巴黎国家交响乐团的合作演出、法兰西巡逻兵访华特技飞行表演、法国印象派画展和法国百年时尚展等。吸引欧洲乃至世界各国媒体对此次文化盛事进行大量报道，有媒体称其“体现了不断升温的中法关系”。通过文化合作交流，法国民众不仅从“中国文化年”活动中重温了中国文化的宝贵财富，也了解了当今世界的中国文化，同时两国关系也提升到一个新的高度，共同推动了世界文化多元化发展。

因为国际传播与国际政治密切相关，所以政治倾向性是国际传播固有的本质属性。国际传播伴随着各个国家或民族利益的矛盾、冲突、妥协以及合纵连横的关系。在各种各样的国际机构中，传播主体大多是以国际社会代表的身份出现，而大众传媒的国际报道也都是服务于本国利益的。其主体除国家外，还包括国际机构（如联合国），超国家机构（如欧盟、世贸组织），同盟或地区集团（如北约），跨国组织或运动（如国际红十字会、国际奥委会、世界环保组织），国内各种集团或组织（政党、工会），个人（如社会活动家、专家、舆论领袖）等。

二、国际传播的特点

罗伯特·福特纳在《国际传播：全球都市的历史、冲突及控制》一书中，对国际传播的特点进行了详细的论述[1]。

1 蔡帼芬．国际传播与对外宣传［M］．北京：北京广播学院出版社，2000：15.

（一）目的

国际传播可能是有意跨越国界向其他国家传播，也可能是无意越出国界而向其他国家传播。第一次世界大战结束后，美国国家力量上升，“三社四边协定”所划分的国际传播体系已经不能满足美国的需求，在国家利益与传播技术发展的双重推动下，美国开始思考如何建立可以使本国获得更多利益的国际传播体系。“美国之声”会对一些国家进行有意图的广播，但美国的周边国家如加拿大也经常收到美国电台的溢波信号，这就是无意的国际传播。

（二）频道

国际传播可以是公共的，也可以是个人的。通过个人媒介进行的公共传播非常有限，因为国际高频短波广播电台使用的公共频道并未允许私人使用，而通过私人频道或为非公共使用而保留的频道进行的公共传播，并未得到足够的发展。通过公共频道进行私人传播能够达到的受众极为有限，这种传播包括通过海底电缆或跨国通信卫星接收和发送的电报和电话。一般来说，这类传播为了防止目标受众以外的人了解到其内容，都经过加密处理，其内容经常涉及军事与贸易秘密。

（三）传输技术

在一个全球化、数字化的时代，国际传播的传播载体从传统媒体向跨国媒体集团和个体公民转变，传播渠道有无线电波、电线电缆、影碟、录像带和录音带等多种媒体。

（四）内容形式

国际传播的内容从新闻主导向娱乐为王转变，而传播形式则从报刊、广播、电视向网络转变。例如，由国际广播机构传播的娱乐或新闻节目、官方意识形态浓厚的国际新闻、强调国家正面形象塑造的视频、由著名国际电讯机构发送的原始新闻稿件、由国际数据处理和数据库公司提供的计算机数据和软件、由军方通过其专用频道发送的加密信息等。国际传播有时也采用较为特殊的形式，如必须经过特殊设备和专有地址才能实现的传真业务。

（五）文化影响

所有传播都是象征性的活动，因此必然产生文化方面的影响。强国可能通过发达的国际传播系统，将文化价值观念强加给落后的国家。部分发达国家的对外传播媒体（主要指国际广播）都把年轻人作为全力争取的目标受众群。为了实施有效传播，发达国家采取了一些新的举措，加强传播的针对性和个性化；更突出节目的文化内涵、本地特色、人文理念与互动特性，增强对受众的吸引力。

2008 北京奥运会、2010 上海世博会、2022 北京冬奥会（图 7-10）让中国文化在世界绽放璀璨光芒。很多外国领导人称赞，中国不仅是一个政治大国，也是一个文化强国。伴随着政治、经济的发展，中国文化逐渐与世界文明展开广角度、深层次的接触，在不同文化的碰撞中，传播与吸收优秀文化同时进行，中国影响世界，世界也认识中国。

图 7-10　2022 北京冬奥会开幕式表演“蓬勃”

（六）政治本质

国际传播的首要特征是政治性，国际传播的内容都会受到国家政治经济政策的影响。20 世纪 90 年代以后，多数研究者倾向于采取一种政治导向的立场来解释国际传播，认为国际传播等同于宣传或公共外交，视它为“现代国际关系的一部分”[1]，是主权国家“维护和谋求本国利益”的信息手段[2]。

三、国际传播的现状和发展趋势

进入 21 世纪，各国国际传播有了新的任务和要求。习近平总书记明确强调：“推进国际传播能力建设，讲好中国故事，展现真实、立体、全面的中国，提高国家文化软实力。”[3]

（一）国际传播的现状和发展趋势

1. 以全球性重大事件的报道，增强国际传播的影响力

2021 年 4 月 17 日，云南省 17 头野生亚洲象从墨江迁徙至元江，中途返回墨江，其余 15 头在两个月内一路北迁逼近昆明，在国内外形成热议。大量由我国媒体制作和发布的象群迁徙视频在境外热传。中国国际电视台、央视国际视频客户端 CCTV+、《环球时报》、《人民日报》等我国主流媒体的境外官网都对该事件进行了视频报道（图 7-11），并进驻各类社交媒体平台分享视频。

1　张桂珍. 国际传播是国际关系的一部分 [J]. 现代传播（北京广播学院学报），1998(2)：12-13.
2　张桂珍. 国际传播与国际关系 [J]. 中国广播电视学刊，1998(2)：24-27+29.
3　习近平. 决胜全面建成小康社会 夺取新时代中国特色社会主义伟大胜利——在中国共产党第十九次全国代表大会上的报告 [M]. 北京：人民出版社，2017：12.

云南大象迁徙相关视频大多包括大象和人类两条主线内容。以大象为主线的内容主要包括象群进食、行走、睡觉、互动等活动；以人类为主线的内容主要包括专家、居民、当地政府对于大象迁徙的思考以及迎接大象的准备工作等。这些视频内容讲述了大象迁徙过程中的大小故事，从不同角度塑造了大象、群众、国家鲜活且正面的形象。分析视频及其评论可以发现，我国主流媒体在该事件中不仅抢占了热度，而且收获了良好的视频评价和传播效果，成为国际传播的成功案例。

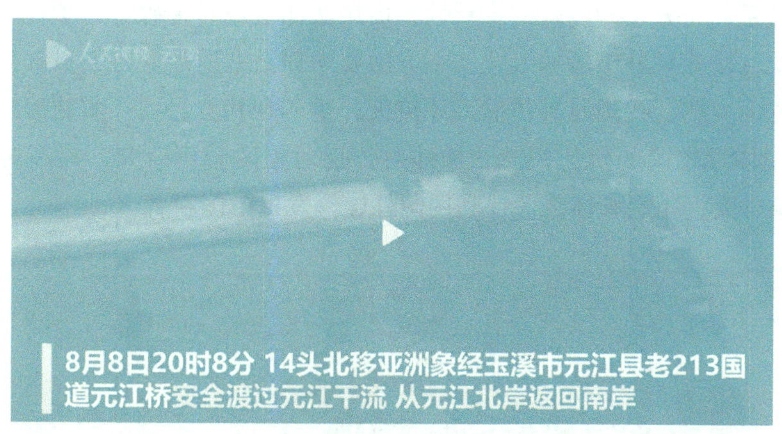

图 7-11 人民网对云南大象迁徙的报道画面

2. 打造一流国际媒介，取得国际话语权，跨国传媒集团日益成为国际传播的主角

传媒集团的规模越大，在国际事务传播中的话语权就越大，对世界的影响力也就越大。在评估媒体的国际传播能力时，境外记者站和落地频道的数量往往成为最重要的论据。我国媒体在北美、欧洲以及世界其他地区不断增设境外记者站和落地频道，涉足非传统领域，推进集团业务横向拓展。其中，新华社已设有 180 个境外分支机构；为进一步打造“全媒体架构”，2009 年，中国新华新闻电视网（CNC）开播，节目信号覆盖亚太、北美、欧洲、中东、非洲等地 200 多个国家和地区 55 亿人口。

3. 互联网等新媒体技术正成为国际传播的新路径

经济全球化改变了国际传播的方式。经济全球化的深入和发展进一步要求技术手段的变革，推动了新技术革命的发展。这不仅使得信息的传播更加多维度，也使得信息资源变得极为分散，这也意味着全球权力变得更为分散，国际组织、跨国公司甚至个人都成为权力的掌控者。在经济全球化时代，国际传播的方式更加复杂，国家对国际传播的控制与管理也将面临新的挑战。

（二）中国的国际传播策略

面对日益复杂的国际局势，中国在制定国际传播策略时须注意以下方面。

（1）转变国际传播理念。在经济全球化时代，中国的国际传播理念应该从防御型国际传播向主动型国际传播转变。积极推动中国媒体的国际化进程和全球化战略，增强受众意识和服务意识，转换对外话语体系。

（2）提升国际传播策略。其一，理解国际传播的内涵，将国际传播与传播受众有效地对接；其二，实现国际传播主体的多元化，加强传播效果；其三，遵循国际传播的规律。同时，中国的国际传播要加强同国外传播机构的交流与合作，学习其经验，减少意识形态话语，把握文化共鸣。

（3）规划国际传播战略。首先，建立科学的对外传播机制。厘清传媒所有权和经营权之间的关系，充分发挥传媒的主动性，借用法律法规对传媒进行宏观监管并提供政策支持。其次，培养对外传播的人才。一方面要培养高素质的业务人员和高水平的管理人员，另一方面要改变我国对外传播人才流失严重的现状。最后，实施国际文化传播策略。在传播中体现中国的价值观念，加强对传播对象的分析研究，提高对外传播的技巧，加强公共外交，拓展媒体公关，利用国外媒体发出中国声音。

孔子学院是经中国国际中文教育基金会授权，中外合作方本着相互尊重、友好协商、平等互利原则设立的非营利教育机构，旨在促进中文国际传播，加深世界人民对中国语言文化的了解，增进中外教育人文交流。孔子学院既是中国对外文化传播的大手笔举措，也是汉语及中国文化有着强大国际吸引力、影响力的佐证。尽管学习一种新文化的途径很多，但教育培训仍是人们公认的最正规最有效的渠道，外国人想要近距离深层次接触中国和中国文化，首先要做的就是进行系统的学习，孔子学院应市场的需求，提供了这样一个良好的平台。因此，自开办以来，孔子学院就势如破竹，在世界各地播撒东方文明，成为当前中国经典文化国际传播的一大热点。

思考与练习

一、单项选择题（在下列每小题列出的四个备选答案中，只有一个是符合题目要求的，请将其选出，并将选项前面的代码填写在题后的括号内。）

1. 个人与个人之间的面对面信息交流，通常被称为 （ ）

A. 自我传播　B. 人际传播　C. 群体传播　D. 组织传播

2. 人际传播的概念有广义和狭义之分，狭义的人际传播仅指 （ ）

A. 自我传播　B. 亲身传播　C. 群体传播　D. 组织传播

3. 面对面接触时产生的信息沟通和互动行为，属于 （ ）

A. 大众传播　B. 人际传播　C. 组织传播　D. 社会传播

4. 发生周期不规则的传播类型是 （ ）

A. 人际传播　B. 群体传播　C. 组织传播　D. 大众传播

5. 传播可以分为若干层次，其中最基本的层次是 （ ）

A. 人际传播　B. 群体传播　C. 组织传播　D. 大众传播

6. 下列传播类型中，属于所有传播活动基础的是 （ ）

A. 人际传播　B. 群体传播　C. 组织传播　D. 大众传播

7. 人际传播大多发生在 （ ）

A. 2 人之间　B. 3 人之间　C. 3 ～ 5 人之间　D. 7 ～ 8 人之间

8. 人际传播的规模，下限明确，上限 （ ）

A. 10 人左右　B. 模糊不清　C. 不超过 10 人　D. 视情而定

9. 人际传播有直接和间接之分，划分依据是 （ ）

A. 是否依赖工具　B. 是否使用符号　C. 是否及时反馈　D. 是否亲自参与

10. 人际传播的传者和受者 （ ）

A. 角色固定　B. 角色模糊　C. 角色相对固定　D. 角色不断互换

11. 以下关于“人际传播”的表述，正确的是 （ ）

A. 规模至少是两人以上　B. 必须是面对面的交流

C. 包括自我内部进行的传播　D. 在组织的渠道内发生

12. 《论语·乡党篇》中孔子面对不同身份的人举止各异，属于人际传播手段中的 （ ）

A. 语言符号　B. 非语言符号　C. 中介物　D. 自我传播

13. 非语言符号是人际传播的一种重要方式，以下属于非语言符号的是 （ ）

A. 信件　B. 电视画面　C. 网络表情符号　D. 个人所处的空间

14. 按照信息传受范围的大小，可以把传播分为五个层次，其中位于第三层次的 （ ）

A. 大众传播　B. 群体传播　C. 自我传播　D. 人际传播

15. 介于人际传播和组织传播之间的信息交流层次是 （　）

A. 网络传播　B. 跨文化传播　C. 群体传播　D. 大众传播

16. “物以类聚，人以群分”描述的是 （　）

A. 群集　B. 大众　C. 群体　D. 组织

17. 以下属于初级群体的是 （　）

A. 家庭　B. 学校　C. 社团　D. 单位

18. 下列对象中属于次级群体的是 （　）

A. 社团　B. 友人　C. 家庭　D. 邻居

19. 群体规范的维持，主要依靠群体内的 （　）

A. 宣传　B. 奖惩机制　C. 说服　D. 自卫行为

20. 群体传播的作用首先体现在 （　）

A. 行为定向作用　B. 维系作用　C. 认知标准化作用　D. 惰性作用

21. 按照信息传受范围的大小，可把传播分为五个层次，从小到大位于第四层次的是 （　）

A. 大众传播　B. 群体传播　C. 组织传播　D. 人际传播

22. “管理即传播”的观点适用于 （　）

A. 自我传播　B. 大众传播　C. 组织传播　D. 分众传播

23. 《中国大百科全书》认为组织有五个特征，其中第一个特征是有 （　）

A. 特定的组织目标　B. 制度化的组织结构

C. 一定数量的固定成员　D. 普遍化的行动规范

24. 组织传播的主体是 （　）

A. 组织系统　B. 组织的领导　C. 组织的管理层　D. 组织和组织成员

25. 组织传播最根本的功能是 （　）

A. 培养“组织人”　B. 培养“社会人”

C. 克服沟通障碍　D. 实现组织目标

26. 组织传播中最常见的正式传播发生在 （　）

A. 员工之间　B. 领导之间　C. 部门之间　D. 上下级之间

27. 组织与一般群体的不同点，一是“目标”，二是 （　）

A. 管理　B. 分享　C. 宣传　D. 整合

28. 组织目标、任务、方针、政策等的传达过程，属于组织传播中的 （　）

A. 下行传播　B. 上行传播　C. 横向传播　D. 非正式传播

29. 部门经理向公司总经理汇报工作，属于组织传播中的 （　）

A. 上行传播　B. 下行传播　C. 横向传播　D. 斜向传播

30. 组织内同级部门或成员为了相互之间的协调和配合而进行的传播活动是 ( )
A. 纵向传播 B. 横向传播 C. 上行传播 D. 下行传播

31. 组织的下行传播和上行传播中都存在的一个常见问题是 ( )
A. 信息过载 B. 信息过滤 C. 信息过少 D. 信息过期

32. 组织外传播的首要目的是 ( )
A. 形成集体身份的归属感 B. 创造统一的价值观
C. 团队协作 D. 对环境的适应

33. 英语中的mass communication，首次出现在中国时，被译为 ( )
A. 公众通讯 B. 群众思想交通 C. 大众传播 D. 公共传播

34. “大众传播”这个概念出现在 20 世纪 ( )
A. 30 年代 B. 40 年代 C. 50 年代 D. 60 年代

35. 把传播分为亲身传播和大众传播的依据是 ( )
A. 传播的范围 B. 传播的规模 C. 传播的空间 D. 传播的手段

36. 在当今社会，规模最大的一种传播是 ( )
A. 自我传播 B. 人际传播 C. 组织传播 D. 大众传播

37. 信息表达最规范的传播类型是 ( )
A. 自我传播 B. 人际传播 C. 组织传播 D. 大众传播

38. 大众传播基本上是信息的 ( )
A. 双向沟通 B. 多向传递 C. 单向流动 D. 循环往复

39. 大众传播的内容大多属于 ( )
A. 消息性内容 B. 娱乐性内容 C. 新闻性内容 D. 知识性内容

40. 传统的大众传播有两个突出的缺点，一是互动频率低，二是 ( )
A. 反馈慢 B. 信息少 C. 内容单调 D. 缺乏科学性

41. 网络大众传播中得到前所未有释放和满足的是受众的 ( )
A. 个性化需求 B. 异质性 C. 匿名性 D. 人际性

42. 狭义的国际传播指跨越国界的 ( )
A. 群体传播 B. 人际传播 C. 大众传播 D. 组织传播

43. 国际传播固有的本质属性是 ( )
A. 内容可复制性 B. 文化象征性 C. 形式多样性 D. 政治倾向性

二、多项选择题（在下列每小题列出的五个备选答案中，有二至五个是正确的，请将其选出，并将选项前面的代码填写在题后的括号内。）

1. 人际传播有广义和狭义之分，广义的人际传播包括（　）

A. 自我传播　B. 亲身传播　C. 群体传播

D. 组织传播　E. 大众传播

2. 下列属于次级群体的有（　）

A. 邻居　B. 儿童游戏群体　C. 学校　D. 单位　E. 企业

3. 组织的下行传播中遇到的问题通常有（　）

A. 信息过载　B. 信息过滤　C. 信息反馈不足

D. 传播时间不当　E. 传播渠道不畅

4. 格伯纳把大众传播比作（　）

A. 缓和社会矛盾的“熔炉”　B. 反映社会现实的“镜子”

C. 维护现存社会制度的“文化武器”　D. 现代社会的“故事讲解员”

E. 现代社会的“门区把关人”

5. 拉扎斯菲尔德等认为大众传播具有若干功能，它们是（　）

A. 使社会遗产世代相传　B. 授予地位

C. 与社会整合成一体化　D. 麻醉精神

E. 促进社会准则的实行

6. 在大众传播中，来自受众的信息反馈是（　）

A. 及时的　B. 有限的　C. 滞后的　D. 大量的　E. 真实的

三、填空题

1. 人际传播是指个人与个人之间面对面的信息交流，亦称______。

2. 美国社会学家库利根据群体在个人社会化过程中所起的直接或间接作用，将群体分为________、参考群体、偶然群体。

3. 有关组织目标、任务、方针、政策的信息，自上而下得到传达贯彻的过程称为________。

4. 大众传播要受到四种控制，它们是政治控制、经济控制、________和自我控制。

5. 广义的国际传播，是国与国之间的外交往来和________，包括首脑互访、双边会议以及其他各种相关事务。

四、名词解释

1. 群体传播

2. 上行传播

3. 公众表达

4. 大众传播
5. 国际传播

五、简答题

1. 自我传播和人际传播有哪些不同？
2. 网络人际传播有哪些特点？
3. 简述群体意识的双重功能。
4. 在组织传播中，组织的权威性和传播内容的可信性之间有什么关系？
5. 组织中的上行传播存在哪些沟通障碍？
6. 大众传播中的反馈具有哪些特征？
7. 为什么说大众传播的反馈几乎总是延迟的？
8. 与传统的大众传播相比，网络大众传播有哪些特点？
9. 什么是（狭义的）国际传播？国际传播的现状和发展趋势是什么？

六、论述题

1. 为什么说网络人际传播改变了传统人际传播的模式？请举例说明。
2. 为什么说网络时代的公众表达对社会具有重要影响？
3. 什么是大众传播？与一般人际传播相比，它有哪些特点？为什么说互联网的出现使二者的界限变得模糊了？
4. 结合现实情境，试述网络大众传播对舆论的影响。
5. 请以你自己使用网络媒介的事例，说明网络大众传播与传统大众传播相比所发生的变化。
6. 结合实际，试述政府是如何控制大众传播的。
7. 结合实例，说明我国在制定国际传播策略时有哪些注意点。

参考答案

扫一扫　看视频

CHAPTER 8

第八章

传播过程中的传播者与受传者

社会的信息传播是一个系统化的过程，它是一个各方相互联系、相互影响的有机整体。传播活动在传播的过程中得以成立，其中传播者和受传者是传播主体。本章对传播者、受传者及新媒体背景下二者角色的关系进行阐述。

第一节　传播者概述

作为传播活动的参与者，传播者是整个传播活动的始端，传播者的任务就是将信息传递给受传者，这是传播过程得以完成的基础，也是对传播过程有直接影响的要素。传播者是一种广义的概念，它涵盖了特定的传播机构和传播机构中的实践者，既有单独的个体传播者，也有某些具体的组织或一定的社会阶层。

一、传播者的定义与类型

传播者，又称传递者、信源等，是传播活动与行为的开启者，也就是传播中信息的主动发送者。

在社交传播中，传播者可以是个体，例如人际交往；也可以是群体组织形式，例如群体传播和大众传播。在信息传递链的最前端，传播者既是传播的发起者，又是传播内容的提供者。所以，传播者不仅直接关系到传播活动的存在和发展，而且还关系到信息的质量和数量、流量和流向，以及对人类社会的影响。

传播者是多种多样的，其在不同的社会环境中也有相应的表现形式。在此，我们从三种程度对传播者类型进行划分。

（一）传播者的依赖度

（1）直接传播者：运用人类自身固有手段发布信息的人。

（2）间接传播者：借助工具媒介发布信息、进行传播的人。

（二）传播者的专业度

（1）普通传播者：非职业化的传播者。

（2）专职传播者：具有专业传播技能、以传播为职业的传播者。

（三）传播者的等级度

（1）人际传播者：具有广泛性、普遍性和灵活性。

（2）组织传播者：分为对内传播者和对外传播者，其中对内传播者包括上行传播者、下行传播者和平行传播者。

（3）大众传播者：具有知名度高、影响力大、职业化、组织化的特点。

二、传播者的特征

信息传播过程中往往需要许多人参与，而每个参与的传播者都可在其中加入一些合意的或舍弃一些违意的内容。传播者决定信息的质量、形式和数量，传播者的特征可归纳如下。

（一）代表性

传播者进入专业领域进行传播，就会呈现出某种代表性，即代表特定的传播部门、传播组织、政党或阶级。无论在哪个国家，传播者都是代表性人物，其发表和传播的信息都带有一定的倾向性和思想性，能够体现和代表一定的阶级、集团和组织的利益、愿望和要求。

（二）自由性

代表性的特征使传播者的言行受到控制和制约，但传播者仍然拥有很大的传播权和自由性，能够在公众场合自由地传播价值观念和思想态度。在面对相同的新闻事实时，记者可以根据自己的意愿选择合适的方式进行创作与传播；即便是一篇已完成的文字新闻，播音员和主持人在报道和加工过程中，仍然可以在语调、语速、音量、表情和顺序上保持一定程度的自主性。

（三）规范性

规范性的内涵通常是较为复杂的，传播者需要接受规范的专业知识和专业技术培训。新闻传播者必须具有一定的规范观念、专业精神、职业道德和新闻敏感度。传播工作有特定的专业规范机构，需要制定相关职业标准。从整体上看，规范性是新闻传播者（包括大众传播者）与其他行业部门的传播者相区分的一个重要特征。

（四）聚集性

大众传播媒介所传递的资讯是集体协作的产物，创作的背后通常有着庞大的专业队伍。传播者从来不是单独出现的，某类传播性事物得到广泛传播，其背后都有环环相扣的团队作为支撑。

（五）复杂性

在传播的过程中，职业传播者不仅人数众多，配合默契，而且具有复杂的分工。当然其中也会有一些不合情理的地方，例如在美国新闻媒介中，白人和男性的人数就超过了正常人口比例，并且黑人和西班裔新闻从业人员很少，女性的比例虽在增加，但离正常比例仍有很大距离，而且报酬也低于男性。这些失衡因素必然会对传播的内容造成某种影响。

三、传播者的权利

传播者的权利是经过社会斗争而逐渐提炼和确认的一种权利。在人际传播时期，大众选择在广场、讲坛和公共场合表达自己的观点，争取发表意见的权利；进入印刷传播时代，纸张的便携性让信息传播更加快速，促使大众用印刷媒介来表达自由的权利；随着网络媒介的兴起，人们迅速意识到，网络的便利为传播者带来了一种更明确与广泛的权利，即可以跨越国界和时空进行收集、接收和传播信息观点的权利。

（一）传播文本的权利

文本在传播过程中传递着文字、图像等内容，这些内容本身就是一个个理解世界、理解意义的集合，从而使信息在履行其“真实客观，呈现事实”基本功能的同时，也赋予大众价值观信息。传播者对社会事件的内容价值取向有不同的认识，因而以文本为媒介，向大众传播自己的观点，以自身的话语权来影响大众对事件的是非态度。比如在新闻传播的过程中，传播者在选择、制作和传播新闻内容时，会给新闻作品以某种价值预期，如引起轰动效应、增加关注度、提升知名度、引起大众对新闻事件中某一方的同情、获得新闻效益等。

（二）传播关系的权利

传播只有在一定的传播关系下，才能迅速、高效地达到传播目标。传播者以其专业的职业素养和长期的传播实践所建立的专业声望，在传播关系的网络中占据着绝对的优势。传播者对受传者有着强大的吸引力，从而能够更好地指导大众、传递观念、实现权利。传播关系不仅包括新闻传播机构的专业人员、丰富的新闻资源、广泛的信息获取渠道的关系，还包括政治、经济、文化等方面的关系。

（三）传播技术的权利

科学技术是一种生产力，它改变了信息的制造和收集方式，也改变了文字的表达方式，使信息能够有效传递，扩大了信息的影响力。新闻传播依赖于传播技术，传播技术是传播者的权利体现。随着信息技术的迅速发展，报纸、广播、电视等传统媒介已经不能满足大众对信息的需求，而各种新型的传播技术则应运而生，如城市繁忙大街上的电子滚动屏、高清摄像机等，既可以提高信息传播的质量，又可以实现快速传播，使传播者的权利得到保障。

四、传播者的义务

传播者在争取、享受和保护自己权利的同时，也要对自己的信仰、组织、社会公众承担起相应的责任义务。传播者的义务包括在传播过程中应做的事情、应完成的任务、应争取的标准、因没有做好本职工作而承担的责任。因此，传播者的义务可以分为以下三类。

（一）契约性义务

传播者是为其自身服务的媒介，作为内部机构应该承担一定的义务。传播者的契约性义务包括信息的收集、鉴别、选择、加工、传播、反馈六个方面，它们相互联系、相互影响、环环相扣。同时，传播者也应该了解受众对其所传递的信息的反应与态度，思考日后如何更好地调整自身的沟通行为与沟通方法。

（二）社会性义务

传播者应对大众传播所造成的社会后果承担责任。因此，要“切忌损伤”，既不能损害公共利益，也不能损害社会利益。传播者的使命不仅是报道、传播、辩论或说服别人，还应提供全面、客观、公正的信息，与色情、暴力、虚假信息和欺骗作斗争。

（三）法定性义务

传播者要承担法律责任，遵守宪法规定的传播规范，维护国家与民众的利益。世界上没有绝对的传播自由，所有的新闻传播必须在法律约束下规范进行。法律既保障了传播者的权利，又规定了传播者的责任与义务。比如，法律禁止生产和传播色情作品、煽动犯罪的内容等。

第二节　受传者概述

一些特有的传播媒介让传播者和受传者之间的差异更为显著，而后者是信息传播过程中的最后一环。受传者并非最终接受者的被动存在，其能以反馈的方式影响传播者，让传播者感知到受传者的信息，进行传播调整。从宏观上讲，受传者是一个庞大的群体；而从微观上讲，受传者则是一个拥有丰富社会多样性的个体。

一、受传者的定义

受传者是报刊读者、广播听众、电视观众等大众传播媒介信息接受者的总称，由不同层次的群体构成，他们既是大众传播信息到达的目的地，也是媒介信息主动的“寻觅者”和反馈信息源。在大众传播中，受传者有一个独特的名字——受众。

传播者和受传者的角色不是一成不变的，两者可以进行变换和交替。一个人在传递信息时是传播者，在接受信息时便是受传者。在传播的过程中，传播的双方实际上是互相传递信息和接受信息的，特别是在网络传播中，尽管网络运营商是传播者，但在双向交互的网络中，原本的受传者也会将自己的信息传递给网络，从而使自己成为传播者，而网络运营商则是受传者。所以，在沟通活动的实施上，双向交互式的网络沟通与面对面的人际沟通具有相同之处。

二、受传者的权利

在传播过程中，受传者同样享有权利。受传者的权利得到尊重，主要体现在两个层面：第一，受传者的信息接收权受到法律的保护，因此社会要尊重受传者的权利，不得随意侵犯和剥夺；第二，传播者应尊重受传者的权利，由于受传者的反馈机制对其参与的传播活动有重要影响，一旦受传者拒绝接收信息，传播活动就会中断，从而导致沟通无效。当然，如果受传者不尊重传播者的权利，传播活动也是不能进行的。受传者有以下四项基本权利。

（一）信息获取权

信息获取权也叫知情权或知晓权，是指受传者根据自己的意愿，有权获得或寻找需要的信息。在传播过程中，受传者接受的信息并非完全是传播者所传达的信息，而只是受传者所寻求的特定信息。这是受传者根据自己的需求，或者是作为一个社会成员，接受或寻求信息的权利。

受传者接受信息的深度取决于信息产品的可识性。信息产品的可识性取决于传播者与受传者的知识和文化水平。但在一个法治社会中，获取信息的自由是有限度的，不能违反法律规定。例如，获取个人隐私、政府机密是属于非法获取信息的行为。

（二）传播参与权

在传播过程中，受传者有直接参与传播活动的权利，也有与传播者就传播行为进行探讨的权利，所以受传者在法律上有选择媒介、选择信息传播的内容以及通过媒介自由发表观点等权利。

根据主体的参与状况，参与可以分为积极参与和消极参与两种类型。积极参与是指在人际沟通、组织沟通中，受传者积极地表达自己的观点；在大众传播中，媒介组织积极地为受传者提供参与的条件，受传者自觉地参与热线互动、调频点播、公众信箱等宣传活动。消极参与是指在人际传播和组织传播过程中，受传者应传播者的请求而发表观点；在大众传播中，受传者应媒介机构的邀请，参与由媒介组织举办的诸如嘉宾主持等交流活动。

（三）舆论监督权

受传者有权根据事件的具体情况，以某种组织形式和媒介的方式来表达自己的意见，影响公众的决定，并根据法律规定对社会公众和传播媒介进行监督，这是一项普遍性的平等权利。例如，发布不违背法律法规的言论、进行批评性的报道等。在特定条件下，受传者的舆论监督权可以上升到举报、起诉、索赔等法律行为。

（四）隐私保护权

受传者的隐私保护权是指受传者的个人生命安全和个人信息受到法律保护的权利。其中侵犯他人姓名权、肖像权，不合理地公开他人过错、不正当地披露他人隐私生活等都属于侵权行为。

三、不同理论视角下的受传者

对于受传者，很多专业学者提出了自己的理论见解。从受传者的角色、行为、生产性等角度进行探讨，能够更深层次地剖析受传者的具体内涵与呈现方式。

（一）受传者商品论——关于受传者角色的理论

1.受传者商品论

20 世纪 50 年代初期，达拉斯·斯麦兹首先提出了“受传者商品化”理论。他指出，广播和电视是一种以“播放时段”为噱头的特定产品，其实质是向广告商出售受传者的忠诚，而媒介则是在培养受传者对广告的忠诚度。

斯麦兹在 1977 年出版的《传播：西方马克思主义的盲点》中，系统地提出了“受传者商品论”，从媒介、受传者和广告人的关系揭示了资本主义传播业的运行机制。斯麦兹注意到，由广告赞助的电视媒介提供的喜剧、新闻、游戏等都是“免费午餐”，目的是把受传者吸引到电视上。接受“免费午餐”的人并不只是为了打发时间，更多的是通过在电视上的重复劳动来实现自己的价值。这个价值反映在产品的广告增值上。在接受媒介的过程中受传者会付出真正的劳动，也就是受传者的业余活动，从而为媒介创造了价值与剩余价值。然而，受传者非但未获得任何经济上的赔偿，而且还以“在购买商品时支付的广告附加费用”的方式来承担其商业化所带来的经济影响[1]。受传者商品论是一种对商业媒介的接受观点，即受传者是市场或消费市场，其“中介”与“受传者”之间的关系是市场经济中的供需关系。媒介作为一个商业机构，必须通过推销自己的商品和服务来赚取利益和发展自己。受传者商品论体现了媒介的经营性、商品性和竞争性等特征，从消费者的角度揭示了受传者的行为特征。但是，这造成了对受传者权利的忽视，也忽视了媒介的社会责任和义务，使人们不能全面、真实地理解受传者与媒介之间的社会关系。

从受传者商品论的原始模型（图 8-1）来看，这一理论以受传者为核心，揭示了受传者与广告商、媒介之间的隐性关系：广告商为媒介经营融资（广告费用）；媒介为了提高吸引力，向受传者提供“免费午餐”；商业受传者测量机构会计算受传者的数目变化，并将其分类为观众或听众等类别，向广告主销售这些数据；受传者花费大量时间来消费广告信息，购买商品，从而为广告商创造剩余价值。

1 盛阳．作为行动的受传者商品论——斯麦兹《传播：西方马克思主义的盲点》的历史性及当代意义 [J]. 新闻记者，2021(3)：40-55.

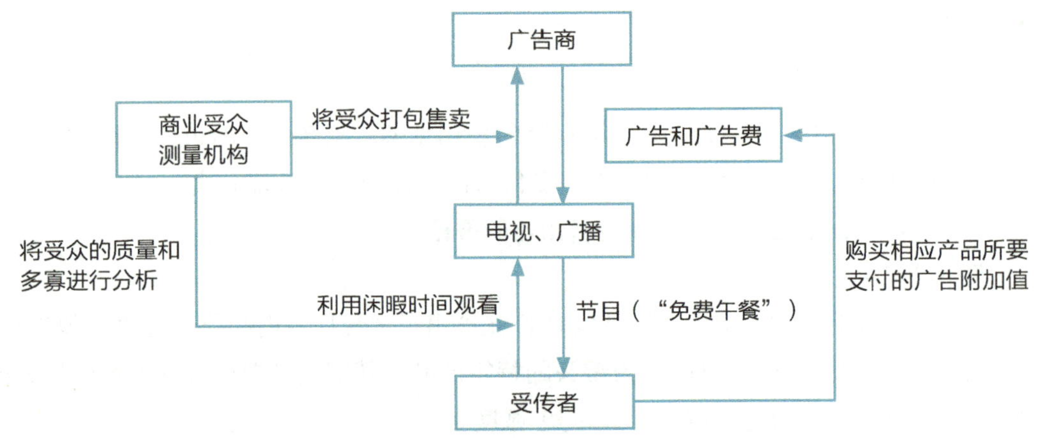

图 8-1 斯麦兹提出的“受传者商品论”原始模型

2.数字劳工论

在新媒体的背景下，受传者、媒介与广告商之间可以进行全方位、深层次的交流互动，受传者商品论所诠释的价值创造与受传者的异化也是一个不断演变、错综复杂的过程。在信息社会，网络营销已经成为网络社会发展的一种新形式。在电视时代，受传者是通过看电视节目来为资本家创造价值；而在网络时代，受传者看似已经实现了身份的转换，掌握着一定的媒介主导权，但实际上网络用户在为资本家做“免费劳动”。

“数字劳工”一词源于传播政治经济学派关于传播业中非物质劳动的研究，也可以被视为“受传者商品论”的扩展。英国学者克里斯蒂安·福克斯在其著作《数字劳动与马克思》中对“数字劳工”作了更明确的界定：数字劳工是电子媒介生存、使用、应用以及集体劳动力中的一部分，他们不是一个确定的职业，他们服务的产业定义了他们，在这个产业中，他们受资本的剥削[1]。他指出，网络时代下受传者和广告商的关系与电视时代不同，随着信息技术的发展，他们之间建立了更深层次的新联系。

以微博、抖音、快手等社会化媒介为代表的商业互联网公司大量制作免费内容以吸引受传者，而受传者作为用户在阅读或观看的过程中也在不断生产着内容。受传者在自己熟悉和擅长的领域中创作内容，更容易吸引相关领域或有着同样爱好的受传者，互联网公司从流量中获取利润，同时也能吸引广告商进行广告投放。在新媒体时代，广告商主要是通过媒介资源和媒介平台来影响受传者，从而获得数字劳动力。

此外，在利用各种媒介平台的过程中，受传者既能将自我塑造成一件物品，又能从物品的使用行为中得到满足。在拍摄抖音视频、发布小红书、发布微博等活动中，受传者也是以传播者的身份进行创作，打破了传统媒介单向输出的固有模式，获得了更多的关注。从这个角度来看，受传者在使用途径、使用效果、使用行为三个方面都有所提升，但“免费生产”对商业网络企业来说无疑是一种极大的好处。

1 韦尔伯·施拉姆．大众传播媒介与社会发展［M］．金燕宁，译．北京：华夏出版社，1990：41-44．

（二）使用与满足理论——关于受传者行为的理论

使用与满足理论是从受传者的角度，对媒介的使用动机和需求满足进行研究，从而探讨其对受传者心理和行为的效用。以往的研究多是从传播者或媒介的视角来探讨传播对受传者的影响，考察"传播对受传者产生了什么影响"，而使用与满足的研究则把受传者看成具有特殊需要的"个体"，确认了不同个体间的差异，并从受传者的观点来探讨其交往动机，即受传者的媒介交往行为是以某种个人需要的方式利用媒介，并以此满足自身需要。该理论发现了受传者通过传播对自身的心理和行为带来影响，发现受传者主动地运用媒介进行自主选择，从而限制媒介的传播，受传者的媒介使用纯粹是为了满足自我的需要。

美国社会学家卡茨于1950年首次提出"使用与满足"这一概念，并被视为当代使用与满足理论的重要代表。他在《个人对大众传播的使用》一书中首次提出了该理论，并将媒介接触行为概括为一个"社会因素+心理因素"与"媒介期待—媒介接触—需求满足"的因果连锁过程，从而总结出"使用与满足"过程的基本模式（图8-2）。

（1）人与媒介的接触以及对其的利用都是出于自身的需要，而这与社会因素和个人心理因素密切相关。

（2）人们与媒介的接触以及对其的利用有两个条件：①与媒介接触的可能性；②媒介印象，即受传者对媒介满意度的评估，是基于以往媒介接触的经验而产生的。

（3）受传者选定一个具体的媒介和内容，以供其使用。

（4）接触后产生两种效果：满足需要和不满足需要。

（5）无论是否满足，都会影响今后对媒介的选择和运用，而人们则会依据满意与否，对已有的媒介形象进行调整，从而在一定程度上改变对媒介的期望。

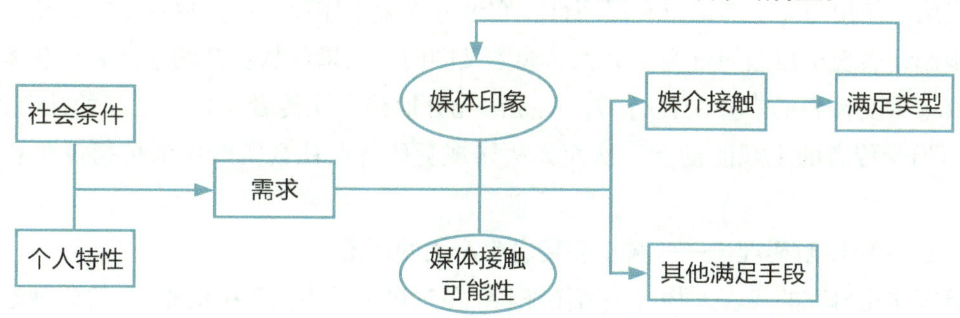

图8-2 卡茨提出的"媒介接触行为"过程

下面通过举例进一步解释图8-2：

有一位即将毕业的大学生，他头脑聪明且感情细腻，有时有点敏感（个人特性）。他找到一份远离家乡和学校的工作，于是在毕业后，他拿起行李，独自一人来到陌生的地方开始他的第一份工作（社会环境）。独自一人的生活开始了，他时常感到孤单，特别是每天工作结束，一个人在出租屋的时候，因此，他有了一个想法，希望拥有一台电视机，给枯燥的生活增添一点热闹（媒介的印象）。但他刚刚开始工作，没有足够的资金来购买一台电视机（没有媒介接触的可能性）。所以，他打电话给学校的同学，用聊天来排遣孤独（其他满足手段）。

他的同学在知道他的情况后，积极地帮他想办法。同学提议让他空闲的时候找一些电影电视剧来消磨时间，这时他想起读书时买的电脑，在学校时他就经常在电脑上看电影（媒介印象）。他可以先去公司将电影下载下来，再复制到电脑上观看（具备了媒介接触的可能性）。于是，他将之前的电脑找了出来，第二天带着移动硬盘去了公司。之后，他晚上无聊时就拿出电脑放起电影（媒介接触）。他通过看电影转移了注意力，觉得自己不再孤单（满足类型）。此后，他经常在电脑上看一些电影或电视剧（加深或修正媒介印象）。

这就是卡茨总结的“使用与满足”过程的基本模式。

使用与满足理论是以“为什么受传者需要媒介”为基础，从受传者的视角来审视受传者的传播效应，从而为受传者行为研究开辟了一条新的道路。使用与满足理论提出“人的再发现”，并把它视为决定媒介的意见和行动的综合要素，从而使传播过程中媒介的中介作用更加广泛。使用与满足理论也修正了受传者的“被动接受说”，将受传者视为“主动的个人”。该理论指出，受传者是为了满足自身需要而使用媒介，其选择存在一定的主动性，而这种主动权在一定程度上影响着媒介，受传者真正地控制了媒介。在使用与满足理论的发展中，媒介的内容和受传者的研究逐步趋向于整合，通过对受传者的选择和动机的分析，来探讨媒介的传播内容。

当然，使用与满足理论也有局限性，它过分强调个体和心理，忽视了社会和生活环境的限制，表现出强烈的行为主义和功能主义倾向。如果仅从媒介的生产和社会体系出发，仅考察受传者的媒介交往行为，就无法充分地揭示受传者与媒介之间的社会关系，感受不到受传者的主观能动性，从而无法体现受传者在社会实践中的传播需要和传播权利。

（三）编码/解码理论——关于受传者生产性的理论

英国文化研究的代表人物——斯图亚特·霍尔提出了传播学中的编码/解码理论，他在 1973 年的论文《电视讨论中的编码和解码》中把电视话语的传播分为以下三个阶段。

第一个阶段是电视从业人员对原料进行象征性的符号化加工，即“编码”。在此过程中，编码人员会将自己的认知体系、三观的塑造及成长经验等个人主观体验融入电视的符号中，形成一个具有“意义”的符号体系，供解码者们分析、理解。

第二个阶段是“成品”，也就是电视话语体系的最终实现，呈现了电视话语最终的形态，包含了多义性和开放性的话语含义。

第三个阶段是受传者的“解码”，也是最重要的一个阶段。受传者对电视语言的理解包含电视画面的客观视听语言与编码者的主观意识电视话语解读，把外在符号内化为对自己的意义。编码与解码的过程也就是意义生成的过程。[1]

霍尔否定了受传者的负面观点，并把受传者放到传播关系中进行研究。他指出，电视广播是一种有秩序的经过严密程序处理的语言体系，在其产生影响或满足需要之前，必须以有意义的语言形式被受传者适当地解读。必须经过解码这一过程，编码者的意识形态才能得以传达，它的传播活动才算是真正结束。

编码时赋予了意义，而最终只能通过解码来实现该意义。“解码与获得意义密不可分，才能获得传播的效果。受传者受到编码的影响，享受着编码带来的娱乐，编码起着引导和说服的作用。受传者在情感、思想和行为上，都会产生很复杂的结果。”[2]受传者在“意义”的基础上，获得了“消费”的可能，才能指导受传者再编码。

意义的传达取决于编译双方处于什么状态。当编码者与解码者的代码不相符合时，就会产生“歪曲”和“误解”的现象。霍尔认为受传者解码有三种模式。

1.“主导—霸权”式解码

“主导—霸权”式解码是指在解码过程中以编码者为主体，即在编码者的主导符码内进行解码，这是与编码者最理想的、典型的非失真交流方式，能完整传递编码的意识形态。受传者会根据自己的生活经历和自我认知对内心影像进行加工和取舍，以符合编码者传递的信息。在传播学中有对“拟态环境”的研究，其实验表明信息对人们的认知、情感、思想、行为都有一定的影响和引导作用，而信息的创造者和传播者则是根据受传者的心理意愿，选择合适的信息进行处理。通过这种方式，受传者就会自觉地接受信息中的内容、思想和价值观，从而使编码和解码的意义完全一致。

2.协商式解码

上面提到的解码方式是霸权的，标志着编码者有绝对的统治地位，而协商式解码则是更平和的解码立场。解码者既不赞同编码者的编码地位，也不完全反对，两者在谈判中存在着矛盾，但不互相压迫。在这种协调的情况下，解码过程可能会出现“误解”，这也是造成解码差异的主要原因。

3.对抗式解码

对抗式解码是指受传者能够充分地了解电视语言所表达的字面含义和深层次的意义，但是受传者有自己的思想和理解，可能会按照自己的人生经历和知识，以截然相反的方式进行解码。对抗式解码是与“主导—霸权”式解码立场相反的模式，且比协商式解码更加激进。

1 武桂杰．霍尔与文化研究[M]．北京：中央编译出版社，2008：68.
2 陈力丹，林羽丰．继承与创新：研读斯图亚特·霍尔代表作《编码/解码》[J]．新闻与传播研究，2014，21(8)：99-112.

四、“粉丝”—— 一种特殊的积极受传者

在现代网络语言中，“粉丝”指的是一种崇拜明星的受传者，即“追星族”。他们大多是年轻人，对时尚也很感兴趣。粉丝的活跃度高，他们的出现突破了传统的传播模式，实现了“传”与“受”的高度互动和融合。在传播学的历史上，曾推崇过强效论，受传者由于缺乏资讯，对信息的判断能力不够，只能盲目相信大众媒介。传统的受传者没有独立的思想和批判意识，只是被动地接受来自文本的信息和意识形态。

粉丝现象引来众多社会热议，也在新闻传播界引起了广泛的讨论。社会大众渐渐认识到，现在的粉丝群体已经不是以前的传统受传者，不再被动接受信息，在媒介的运用和使用动机上，粉丝型受传者比普通受传者要活跃得多。他们直接对传播过程产生影响，熟练掌握信息参与、信息互动等重要的信息传播方式，并且逐渐从传播者那里获得了对传播行为的控制。粉丝是从传统的受传者演变而来的，但是他们的行为表现却明显超越了传统的受传者。因此，在新媒体背景下，粉丝被界定为“一种特殊的积极受传者”。粉丝与传统受传者一样，需要接受来自不同渠道的媒介资讯。但是粉丝有别于传统受传者，主要体现在：一方面，粉丝会积极地寻找与自己兴趣相同或相似的信息，他们的行为具有较强目的性，“选择性接受”体现得更明显；另一方面，他们也会主动向别人传递自己所得到的信息，因此他们更容易成为信息的传播者。

粉丝作为受传者的特殊性可以分为两部分。

（一）文字接收方式的特殊性

普通的受传者对阅读或通过文本接受信息并无特别的情感或目标，但粉丝型的受传者对接受文本的信息却带有一定的目的性和情感需求，他们有着虔诚的阅读行为，会盲目且重复地接受并消费文本。反复阅读是粉丝的重要特征，粉丝可以忠诚地不断阅读偶像的作品。费斯克在《理解大众文化》一书中写道：“粉丝是过度的读者，其对文本的投入是主动的、热烈的、狂热的、参与式的。”[1] 显然，粉丝的独特之处在于他们更热情，更容易形成消费行为，可以说，粉丝群体是过度的大众文化受传者。

（二）社群建构方式的特殊性

粉丝是文化的缔造者，创造了其独特的文化风格和审美观念，他们会建立粉丝社群、后援会、歌友会等群体组织进行展示并吸纳更多志同道合的人加入，促进了大众文化的发展。德国学者齐美尔认为，时尚具有区分他人和群体融入的社会功能。一方面使既定的社会圈子和其他的圈子相互分离，另一方面使一个既定的社会圈子更加紧密——显现了既是原因又是结果的紧密联系[2]。粉丝群体也是一样，他们用不同的符号识别方式来建立一个独特的集体社区，既寻求自己的身份认同和区别于普通大众的不同之处，又

1 约翰·费斯克．理解大众文化[M]．王晓钰，译．北京：中央编译出版社，2006：163.

2 齐奥尔格·齐美尔．时尚的哲学[M]．费勇，译．北京：文化艺术出版社，2001：92.

希望得到社会的承认。

五、中国受传者研究的历程

改革开放之前，我国一直坚持“媒介为本位”，立足于社会主义新闻媒介的性质、任务和功能，从总结推广党报群众工作的经验入手，着重论证媒介同受传者之间的依存关系，强调受传者是媒介生存和发展的基础；着重阐述受传者地位、吸收反馈信息的重要性和必要性，以确定受传者在新闻传播中的作用。改革开放之后，则以“受传者为中心”为原则，把受传者视为社会主义国家的权利主体，从受传者应充分享有的权利入手，强调媒介组织要积极调查、了解受传者的需要，倾听受传者的心声，全心全意地为受传者服务，突出受传者在新闻传播中的主体性。

（一）解放思想、积极创新阶段（1981—1989年）

1981年5月21日由北京新闻学会（1984年改为首都新闻学会）举办的受传者学术研究会议标志着受传者研究的首次提出，学会副会长安岗同志发表了题为《研究我们的读者》的著名演讲。

> 安岗同志强调：“要尊重读者，要向读者请教，要全方位地为读者服务，还要在阅读过程中对读者进行指导和改进。用共产主义思想来培养广大读者，这是摆在我们面前的首要问题。无产阶级新闻学的第一章是不是应该写读者呢？”[1]

安岗同志的讲话将“读者”（受传者）确定为接受媒介服务的主体，打破了“读者”（受传者）以往接受媒介信息灌输的固有形象，明确了“读者”（受传者）在传播过程中的主导作用，从而为国内受众的研究提供了重要的理论依据。

1982年的北京调查是中国传播学受传者研究的起点，对受传者研究有着里程碑式的意义。北京调查以人为中心，将北京12岁以上的居民作为调查对象进行了问卷调查，了解他们日常对报纸、广播、电视的接触程度，对媒介的兴趣偏好，对新闻报道的信任度以及产生不信任的原因，该调查首次对媒介的传播效果作了综合考察。

1986年5月，全国第一届受传者研究学术研讨会在安徽省黄山县（现安徽省黄山市）召开，来自北京、上海、浙江和江苏的30多名受传者研究者参与会议，会议对“两市两省”受传者的调查工作进行了总结，对受传者在新闻改革中起到的积极作用给予了很高的评价，并指出受传者研究从理论到实证，是新闻传播界思想解放的一大进步。

（二）趋向成熟、深入发展阶段（1990—1994年）

20世纪90年代以来，国内受传者的研究由受传者与媒介的关系转向了新闻传播与受传者内在思想观念的关联性。我国已形成了专门的受传者研究机构，其理论研究水平

---

1 中国社会科学院新闻研究所．中国新闻年鉴[M].北京：中国社会科学出版社，1982：173-174.

也得到了极大的提升。

1990 年 6 月 20 日，第一届全国广播电视受传者研讨会在杭州召开，27 家电台和 37 位电视台受传者的研究人员参会并交流相关经验，会上提出“关于成立受传者研究会的倡议书”，并起草“受传者研究会章程”。同年 9 月，亚运会的成功举办让大家注意到了广播电视的传播效果，受传者调查研究也再度兴起，蓬勃发展的受传者调研实践以受传者研究理论为引导。

1992 年 5 月，浙江省萧山市（现杭州市萧山区）举办了第二届全国受传者学术研讨会，共有 40 多名受传者研究学者参会，会上对自 1982 年北京调查后 10 年来的研究成果和影响进行了评估，对受传者调查的理论进行了探讨，并对受传者未来的研究进行了展望。与会者表示，经过这 10 年的不断发展，受传者的调查研究已经成为国内新闻传播学（包括广播电视）领域一个全新的独立分支[1]。但是，科研人员的素质还需要进一步提升，调查和统计的手段还需要进一步改进，对受传者理论也需要进行更深入的研究。

（三）进入市场、走向规范化阶段（1995—）

近年来，国内涌现了 800 余家市场调研公司，国外的盖洛普、尼尔逊等知名的调研公司也纷纷进驻中国，这些公司大多从事媒介经营与广告调研工作。调查公司的大量涌现也让受传者调查方法变得更科学和规范，进一步保证了受传者调查结果的客观、公正、可信。1995 年 6 月，国内最大的受传者调查咨询机构——央视调查咨询中心成立；1996 年 5 月，央视调查咨询中心与法国 TNSOFRES 集团联合组建了中国电视索福瑞媒介研究有限公司（简称 CSM），该公司专门从事电视节目收视率调查的相关软件研发和业务系统开发。CSM 拥有中国最大的收视率调查网络，每天可提供超过 700 个频道的收视率数据。

中国广播电视协会受传者研究会与《中国广播电视学刊》于 1999 年 11 月在天津举办了“新时代中国广播电视受传者工作学术研讨会”，主要从理论层面对受传者在传播活动中的作用进行了探讨，并对 21 世纪受传者调查工作的原则和创新途径进行了研究，总结了中国受传者研究在 21 世纪到来之际取得的新的突破和进展。

第三节　新媒体环境下的传播者与受传者

在互联网环境下，各种新媒体如微博、微信等通过网络创造了一个开放、互动、自由的传播环境。网络 2.0 时代，传受主体的双向交互传播使信息得以分享，受传者自觉地参与传播，传播内容、信息形式、传递关系发生了变化，传播者和受传者须重新定位自己的角色。

1　钟山．第二届全国受众研究学术讨论会综述 [J]. 新闻研究资料，1992(3)：56-58.

一、新媒体环境下传受角色与互动关系的突破

传受关系是传播者与受传者相互作用的结果，它是以传播者与受传者相互作用为基础的。传受关系的建立依赖于传播者和受传者的存在，他们之间存在着一段漫长的历史演进，其关系类型和形式也是多种多样的。

在口语传播的年代，人们的交际是一种自觉的、无意识的行为，主要表现为结绳记事、与人交谈及聆听权力者讲话等行为。在以言语为载体的基础沟通方式中，传受主体没有明显的角色意识，在沟通的过程中，双方的身份地位不断交换。

新媒体为社会大众提供了一个自由表达和获取信息的平台。在传递、评论、互动的过程中，传播者具有双重的身份，其传播的内容不仅是媒介新闻和言论，还有个性表达、兴趣爱好等。新媒体构建了一个多元化、自由化的沟通环境，使传受角色的互动关系得到了新的突破。新媒体的资讯搜寻与聚集功能，反映了受传者的多元需要与传播的开放和包容，打破了大众传媒的意识形态局限，重构了弥尔顿所描述的“观点的自由市场”[1]。主流化和边缘化、精英化和基层化，这些在传统媒介中不能并存的文化内涵，都有了“平等”的传播空间。

（一）传受角色与互动关系的人性化

传播者充分肯定了新媒体环境下受传者在传播过程中所扮演的重要角色，尊重和客观地对待受传者的需要，在信息编辑、传播、互动中体现出人文关怀。由于受到版面和传播空间的制约，大众传媒不能很好地满足受传者对边缘文化的需要和情感的表达。但是，由于新媒体的社会化特性，它已经成为人们分享信息、表达观点、交流经验的重要手段和平台。传受二者的互动常态化，在客观上消除了两者之间的对立，传播和反馈同步进行。为此，传播者需要对传播环境的变化、受传者的角色和位置进行再思考，以达到传播目的。

传播者要把握受传者的信息需要，才能使传播效果更好，从而达到广告宣传与利益输送的目的。但客观地看待受传者的需要，并不是盲目地迎合，在进行传播活动的过程中，应逐渐培育受传者的价值观和人生观，使他们意识到自己对于主流和优秀文化的需求。在传播的过程中要体现人文关怀，即关心和了解人性，尊重人的价值观。新媒体的推广是以多种信息和形式的结合来进行的，其以思想、行为、人性的视角来了解受传者的传播和反馈，在尊重人的信息选择基础上挖掘人的价值，传播某种思想，实现人的全面发展。新媒体环境下的传受关系更多的是在改变着人们的传统新闻传播理念。

（二）传受角色与互动关系的和谐化

新媒体技术的发展使文字、图片、声音、影像等信息可以有机结合，在传播优秀文化的同时，也容易引发负面文化的泛滥，或者忽略了信息聚合、个人情感表达、信息共

1　约翰·弥尔顿．论出版自由[M]．吴之椿，译．北京：商务印书馆，1958：52.

享等方面。作为社会公共工具的新媒体则通过传播文化知识、提倡道德观念、教育社会成员来建立传受主体间的联系。在新媒体环境中，受传者的参与使得传播者和受传者之间相互配合，从而在客观上满足了受传者的多元文化需要，并使得以对话为基础的传受关系更为协调。

在前述使用与满足理论中，受传者可以通过使用媒介满足他们获取信息、心绪转换、自我评价、人际关系以及休憩的需要，但是大众媒介提供给受传者的传播内容是有限的，受传者也只能“有选择地接触”。大众传播中的内容并不都是务实的，其中相当一部分是为了满足人们的精神生活需要，例如文学的、艺术的、消遣性、游戏性的内容等。

然而在新媒体环境中，传受主体已经成为拥有主观能动性的新媒体传承者，它们都有以自我为中心寻找信息和娱乐的目的。根据受传者的传播习惯和媒介的功能特点，人们可以利用自己的微博评论、社交网站的跟帖、转发和收集信息来实现自我满足。传受双方在互动过程中的地位趋向于平等，而这种平等是以新媒体技术、传受主体的对话与协作为前提的，其所传达的内容既能满足受传者的需要，又能体现出更多的人文关怀，使传受关系在平等对话的传播环境中更为融洽。

二、新媒体环境下的受传者媒介素养

在新媒体时代，资讯传播方式的变化对受传者的媒介素质提出了更高的客观要求。联合国教科文组织曾在《媒介素养宣言》中指出，我们生活在一个媒介无处不在的社会中，与其单纯谴责媒介的强大势力，不如接受媒介对世界产生巨大影响这一事实，承认媒介作为文化要素的重要性[1]。

媒介素养是指能够熟练、有效地运用媒介创作、生产和传播产品的能力。媒介的管理权在受传者的手里，而受传者享有使用媒介内容并进行传播的权利。媒介之间的互动与融合对受传者的媒介素质提出了更高的要求，如果不了解媒介的特点和规律，就很难获得有效的信息。

（一）受传者媒介安全素养

受传者在面对媒介的时候，既要保护自己的信息、心理和财产等安全，又要具有基本的伦理道德与法律意识，避免侵犯他人的权益。

移动互联网终端的使用范围日益扩大，人们对媒介和信息的获取也越来越便捷，但是在这一过程中也出现了许多问题。在接触媒介的过程中，个人的信息安全意识还不够强，加之相关的法律法规、产业的监管滞后，使得媒介的安全性更加薄弱，受传者不仅要进行自身保护，还要自觉遵守伦理道德和相关法律法规，尊重他人拥有媒介安全的权利。

1　张艳秋．国外媒介教育发展探析[J].国际新闻界，2005(4)：66-68.

（二）受传者媒介学习素养

新媒体环境要求受传者在接受媒介的过程中进行甄选和理解。受传者通过媒介获取知识，学习技能，从中挑选出最好的内容。在互联网上，有很多没有经过专业训练的人发布了大量垃圾信息。从这些信息中挑选自己想要的内容已经成为一项必备的技能。有时，网上充斥着大量的虚假信息，此类虚假新闻一经大量媒介不负责任地传播，便会产生巨大的社会冲击，而一些受传者由于缺乏媒介学习素养和批判思维能力，往往很难辨别真伪，容易进行盲目的转载跟风，被流言蜚语所误导。所以，受传者必须了解媒介知识，能够收集和整理网络媒介中零散的、断层的资讯，深入剖析各种资讯的关联，并依自己的需求加以归纳、重组[1]。

（三）受传者媒介文化素养

在新媒体时代，受传者的媒介文化素养已被视为一项基本素质，而媒介的发展与变革也在不断地产生新的内容，受传者也有机会参与到媒介的管理中。因此，要提高受传者的媒介文化素养，这既是出于对科技进步的思考，也是为了创造一个更加方便、和谐的网络环境。

1 蔡骐，李玲．信息过载时代的新媒介素养[J]. 现代传播（中国传媒大学学报），2013(9)：21.

思考与练习

一、单项选择题（在下列每小题列出的四个备选答案中，只有一个是符合题目要求的，请将其选出，并将选项前面的代码填写在题后的括号内。）

1. 下列不属于受传者媒介素养的是 （ ）

A. 传播素养　B. 安全素养　C. 学习素养　D. 文化素养

2. 被称为我国传播界受传者调研起点与里程碑的是 （ ）

A. 受传者研讨会　B.《研究我们的读者》演讲

C. 央视调查咨询中心成立　D. 北京调查

3. 1950 年，哪位美国社会学者首先提出了“使用与满足”概念？ （ ）

A. 斯麦兹　B. 霍尔　C. 卡茨　D. 福克斯

4. 中国受传者研究是从什么时候进入市场、走向规范化阶段的？ （ ）

A. 1981 年　B. 1990 年　C. 1995 年　D. 2000 年

5. “编码与解码”理论的提出者是 （ ）

A. 霍尔　B. 萨尔瓦焦　C. 贝尔　D. 罗杰斯

6.《数字化生存》的作者认为，以电视为代表的传统大众传播媒介的一个典型特点是：所有的智慧都集中在信息的 （ ）

A. 传播者　B. 接收者　C. 储存方式　D. 传送方式

7. 霍尔认为，观众对于同一个电视节目可能存在三种解码立场。其中电视制作者希望看到的是 （ ）

A. “协商立场”　B. “观展立场”　C. “对抗立场”　D. “主导—霸权立场”

8. 信息传受的第一个层次是 （ ）

A. 解码　B. 感知　C. 理解　D. 释码

9. 受商品经济影响，文化艺术被大众传媒当作商品，受众则成了 （ ）

A. 旁观者　B. 设计者　C. 生产者　D. 消费者

10. 我国第一次大规模以科学方法为指导进行的受众调查发生在 （ ）

A. 1962 年　B. 1972 年　C. 1982 年　D. 1992 年

11. 人际传播的传播者和受传者之间的角色关系是 （ ）

A. 角色固定　B. 角色模糊　C. 角色相对固定　D. 角色不断互换

12. 早期的受众研究误认为受众是消极、被动的，其典型观点是 （ ）

A. “受众差异论”　B. “有限效果论”

C. “皮下注射论”　D. “顽固的受众论”

13. 霍尔提出的“编码／解码”理论是关于 ( )

A. 受众角色的理论　　B. 受众行为的理论

C. 受众生产意义的理论　　D. 受众接触和参与媒介的理论

14. 受众权利中，有一种被认为是人的生存权的基本内容之一，这种权利是 ( )

A. 媒介接近权　　B. 广义的知晓权

C. 隐私权　　D. 传布权

15. 我国第一次大规模以科学方法为指导进行受众调查的发起单位是 ( )

A. 中央电视台　　B. 新华社

C. AC尼尔森　　D. 中国社会科学院新闻研究所

16. 所谓“传者”，即“传播者”，是指传播活动中运用特定手段向传播对象发出信息的行为主体，又称 ( )

A. 信源　　B. 信宿　　C. 信道　　D. 信息

17. 以下不属于“霍尔模式”中解码立场的是 ( )

A. 支配立场　　B. 中立立场　　C. 协商立场　　D. 对抗立场

二、多项选择题（在下列每小题列出的四至五个备选答案中，有二至五个是正确的，请将其选出，并将选项前面的代码填写在题后的括号内。）

1. 传播者的特征包括 ( )

A. 代表性　　B. 规范性　　C. 自由性　　D. 聚集性

2. 受传者的权利包括 ( )

A. 信息获取权　　B. 传播参与权　　C. 舆论监督权

D. 隐私保护权　　E. 媒介接近权

3. 传播者的义务包括 ( )

A. 主动性义务　　B. 法定性义务　　C. 社会性义务　　D. 契约性义务

4. 传播者类型的划分程度包括 ( )

A. 传播者的专业度　　B. 传播者的等级度

C. 传播者的习惯　　D. 媒介的依赖度

5. 受众的主要特征有 ( )

A. 广泛　　B. 分散　　C. 混杂　　D. 被动　　E. 隐匿

6. 受众使用大众传媒、接收媒介信息的基本动机是 ( )

A. 消遣娱乐　　B. 满足信息需求　　C. 满足心理需求

D. 满足相互交往的需要　　E. 获取知识，提高文化水平

7. 作为受众拥有的一种重要权力，媒介接近权主要表现在 （ ）
A.“反论权” B.“报道权” C.“意见广告” D.“开放频道”
E.“消息来源保密权”

8. 下列传播者中，属于间接传播者的有 （ ）
A. 报社记者 B. 网站编辑 C. 小说作者
D. 电影导演 E. 正在讲课的讲师

9. 传播者的三个最基本要素是 （ ）
A. 传者 B. 信息 C. 媒介 D. 受者 E. 效果

10. 传统大众传播中，受众的性质包括 （ ）
A. 为数众多 B. 异质 C. 匿名 D. 沉默地收看，被动地接受
E. 个性化

三、名词解释

1. 传播者
2. 受传者
3. 媒介素养

四、简答题

1. 简述受传者解码的三种模式。
2. 简述受传者“媒介接触行为”的过程。
3. 简述霍尔在“编码／解码”模式中把电视话语与意义的流通分成的三个阶段。
4. 简述新媒体环境下传受角色与互动关系的突破表现。
5. 简述传播技术的进步（新媒介）给受众带来的负面影响。
6. 简述受众提高自身新媒介素养的必要性。

五、论述题

1. 请结合实例论述“受传者商品论”是如何向“数字劳工论”转变的。
2. 请结合实例论述传播者的权利如何体现。
3. 从传播者与受传者的传播理论角度，说明我国报业集团建立的重要意义。
4. 为什么说“粉丝”是一种特殊的积极受众？请举例说明。
5. 为什么说与传统的大众传播时代相比，网络传播时代受者和传者的特征都发生了变化？
6. 举例论述受众提高自身新媒介素养的必要性。
7. 受众研究中对“粉丝”的看法是怎样的？如何防止青少年粉丝的非理性行为？

六、案例分析题

《小时代》系列电影改编自郭敬明的同名小说，这个系列的作品是为迎合粉丝需求而拍摄，粉丝也首次成为电影票房的“生产力”，电影“烂片高票房”的争议也从未停止过。请根据本章介绍的理论对粉丝这一“特殊的受传者”进行分析：在新媒体环境下，《小时代》系列电影作为传播者，粉丝作为受传者，两者的关系有哪些新发展与转变？

参考答案

扫一扫　看视频

CHAPTER 9

第九章 传播效果理论与研究

传播活动在人类社会中发挥着重要作用，既是沟通群体、组织协调社会不可或缺的途径，也是传递传承各民族历史文化的重要手段。传播这些功能的实现无疑与传播效果问题密不可分。那么，什么是传播效果研究？研究的内容和意义又分别是什么？本章对西方20世纪以来的传播效果研究和当代社会中的典型事例进行梳理和论述分析。

第一节　从迷思到科学

传播效果研究，作为20世纪初以来的现代研究领域，为大众传播学的诞生奠定了坚实基础。这一研究的出现，既是传播媒介飞速发展的必然结果，也与当时特定的社会历史背景紧密相关。通过深入研究传播效果，我们不仅能更深入地理解媒介的发展，也能更全面地认识社会历史环境的变迁。

一、概念内涵与发展阶段

传播效果描述的是在信息传递过程中，传播者利用特定的媒介或渠道将信息传达给受众后，对受众产生的实质影响，例如思维、认知、态度以及行为等方面。在日常生活中，多理解为人的行为产生的有效结果。“有效结果”是指个体实现行为意图或达到行动目的的程度，包括对周围环境产生的影响。在传播学研究方面，“传播效果”具有两层含义：首先，是指经过带有说服动机的传播行为，在受众身上引发的心理、态度及行为变化；其次，是指大众传媒如报刊、广播、电视等产生的所有影响和结果的总体概括，无论这些影响和结果是什么形式。英国传播学学者麦奎尔认为，在讨论传播效果时，对这一概念的内涵进行以下几个角度的划分，将有助于认识的深化。

在探讨传播效果时，首先应从其外在形态进行分析，这包括三个层次：一是媒介效果，它主要关注大众传播产生的直接结果，无论这些结果是否与传播者的初衷相符。二是媒介效能，用以衡量大众媒介达成预期目的的能力，是评估媒介效果的决定性因素。三是媒介效力，指媒介在特定环境下产生的潜在或间接影响，反映了媒介效果的深度和广度。

除了外在形态，媒介效果的内在性质也不容忽视。其可划分为心理效果、文化效果、经济效果和政治效果等多个层面。这些分类有助于更全面地理解媒介对不同领域的影响。

此外，还需要关注媒介效果的作用范围。这包括对受众个体、小团体及组织、社会机构以及整个社会或文化的不同层面。通过区分作用范围，可以更清晰地认识到媒介效果的广泛性和深远性。

大众传播效果研究在发展的过程中，大致可分为以下三个阶段。

第一，早期研究，该时期的观点直接来源于大众社会这一概念，认为传媒对每个人都有着显著的影响，并且这种影响对于每个人都是相同的。

第二，随后的研究逐渐对这一思想提出疑问，新的理论假设大众传播效果具有选择性，是有限的。

第三，随着研究的深入，注重媒介短期、直接效果的研究也遭到怀疑，进而转向研究媒介间接、长期的效果，进入多元效果论时期。

此过程呈现出大众传播效果研究的理论体系演变，即“一致效果论”—“选择效果论”—“间接效果论”，也可称为“魔弹论”—“有限效果论”—“多元效果论”。

（一）传播效果的三个层面

在逻辑顺序和表现阶段上，传播效果可以分为三个层面：首先是认知层面，其次是心理和态度层面，最后是行动层面。这是一个递进的过程。大众传播媒介在传播效果方面的影响又包括以下三个层面。

1. 环境认知效果

在当代社会，大众传媒在很大程度上决定了人们对事物的认知。媒介所传播的信息内容对受众的知觉和印象产生直接影响。值得注意的是，大众传媒并非如实记录所有发生的事情，而是有选择地进行报道。这种选择在很大程度上影响了受众对周围环境的看法，有时甚至决定了他们的认知。因此，这一层面的效果也可以被视为“视野制约效果”。

2. 价值形成与维护效果

在信息传递过程中，大众传媒往往承载着对于对错、善恶、美丑、进步与落后等价值的判断。这些判断不仅体现在传媒所报道的内容中，还贯穿于其倡导的理念和反对的观点中。大众传媒通过这种方式，在社会中形成和维护着一套规范和价值体系。这也部分依赖于传媒的舆论导向功能。传媒能够通过引导舆论推广新的规范和价值观，同时也能通过监督舆论来维护已有的规范和价值观，从而确保社会的稳定和进步。

3. 社会行为示范效果

大众传媒为公众展现行为范例或模式，以直接或间接的方式影响人们的行为，塑造社会行为规范。这也部分依赖于媒介的“地位赋予”功能。当某一行为被媒体报道和传播时，往往会获得更多人的关注和效仿，进而在社会中普及开来。“感动中国人物”评选就是一个很好的例子，通过媒体的宣传，这些典型人物的行为得到了广泛的认可和效仿，进一步弘扬了社会的真善美。

以上三个层面的传播效果相互关联，共同构成了大众传播效果的完整体系。

（二）传播效果的类型

传播效果具有多种类型。从时间上可分为短期和长期效果；从传播意图上可分为预期和非预期效果；从效果的性质上可分为积极效果、消极效果、逆反效果等。这些分类方式都有其独特的意义和作用，可以帮助我们更好地理解和评估传播活动的效果。此外，还有一些效果的中间形态，这些形态介于上述分类之间，难以明确归类。P. 格尔丁把时间和传播者意图两个影响要素相组合，将传播效果划分为四种类型，如图 9-1 所示。

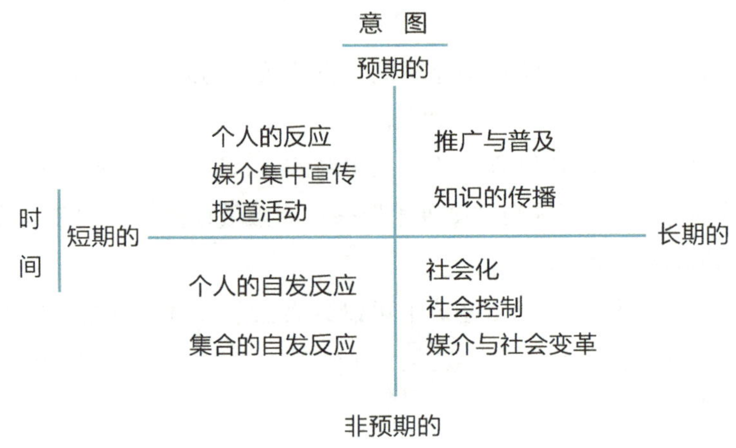

图 9-1 格尔丁大众传播效果的四种类型

1. 短期的预期效果

包括两个类别。首先是“个人的反应”，指在接收到特定信息后，个体在认知、态度和行为上所发生的变化。其次是“对媒介集中宣传报道活动的反应”，指受众经过媒介为达成某种特定目标而开展的大规模说服性宣传活动后发生的变化，这些活动往往具有明确的目的性，例如倡导无偿献血、志愿服务、戒烟以及使用公筷等。我们更倾向于将这类反应视为受众对媒介集体意图的整体反应和把握。

2. 短期的非预期效果

包括两个类别。首先是“个人的自发反应”，指个体接触信息后，所展现出的模仿或学习行为，并且这些与传播者的意图无关。其次是“集合的自发反应”，强调社会上众多个体在相同信息的刺激和影响下所形成的集体现象。值得注意的是，“集合的自发反应”中，虽然存在好的方面，但那些由信息传播引起的突发行为所造成的不良后果更应引起人们注意。例如，在新冠疫情期间，网络上流传的关于“封城”的不实消息引发了市民的恐慌性抢购，严重扰乱了社会生活的正常秩序。

3. 长期的预期效果

指在某一个特定的范围内，经由长期的信息传播所形成的与传播目的相一致的累积效果。例如培养良好社会公德的宣传、环境保护的宣传等。

4. 长期的非预期效果

指整个传播对象在不间断的传播中所形成的综合效果或实际结果。这种效果涉及多个层面，例如大众传播对个体在社会化过程中的影响，以及媒介在政治、经济、文化等社会领域中所扮演的角色。由于这种效果受到整个新闻事业性质的制约，不以个别媒介或传播者的意志为转移，所以通常把它归入非预期效果的范畴[1]。以《人民日报》为例，长久以来，其在宣传方面具有极高的权威性和很大的影响力，在舆论上发挥着导向作用、旗帜作用、引领作用。

（三）传播效果的发展阶段

通常所说的传播效果研究，主要指 20 世纪初以来的现代研究。这一研究领域伴随着传播媒介的发展和社会环境的变化而发展，并成为大众传播学的主要研究领域之一。其发展历程可划分为三个主要阶段：第一阶段为 20 世纪初至 30 年代末；第二阶段为 20 世纪 40 年代至 60 年代；第三阶段为 20 世纪 70 年代至今。这三个时期，无论是效果观、媒介观还是受众观都有明确的变化[2]。

二、早期的思潮与研究

（一）早期思潮

20 世纪 20 年代，印刷媒体、电影、广播媒体都渐渐普及。大众传播媒介向人们提供经济、政治、文化和教育等方面的诸多重要信息，使人们开始摆脱传统的生活方式，迫使他们不同程度地改变对个人、家庭、社会等问题的看法。

人们时刻被各种形式的宣传或说服活动所包围，并开始敬畏大众媒介，所有的社会政治力量都开始大量利用传播媒介。第一次世界大战之后，战争中的宣传和心理战的作用也被过度夸大。正是在这样的背景下，“子弹论”应运而生。其核心观点是：传播媒介拥有不可抵抗的强大力量，它们所传递的信息对于受传者而言就像子弹击中躯体、药剂注入皮肤一样，可以引起直接迅速的反应；它们能够左右人们的态度和意见，甚至直接支配他们的行动。这种观点被称为“子弹论”“魔弹论”或“皮下注射论”。施拉姆曾经对它作过如下概述：“传播被视为魔弹，它可以毫无阻拦地传递观念、情感、知识和欲望。传播似乎可以把某些东西注入人的头脑，就像电流使电灯发出光亮一样直截了当。”[3]

1 Denis McQuail. Mass Communication Theory: An Introduction[M]. Detroit: SAGE Publications Ltd: Chapter 7.
2 郭庆光 . 传播学教程 [M]. 2 版 . 北京：中国人民大学出版社，2011：176-177.
3 侯亚丁 . 媒介素养教育的价值基础与实践选择 [J]. 未来传播，2019，26(6)：48-54.

（二）“子弹论”或“皮下注射论”

20世纪初，报纸等传统媒体进入人们的生活，给人们的生活带来了很大的震撼，迫使人们转入对大众传播效果和影响的研究。传播媒介的出现使大众传播的效果更加明显，因此人们对传播媒介产生了一种畏惧心理，认为大众媒介拥有人们不可抵挡的强大力量，于是出现了“子弹论”（bullet theory），又称“皮下注射论”（hypodermic-needle theory）。现在其虽被证实很多观点对大众传播来说是错误的，但很多教育学者把它引入教育领域，并对教育产业产生了很大的影响[1]。

在现代教育体系中，“子弹”代表所要传递的教学信息，“枪”是指用于传递这些信息的媒体工具，“靶子”则指接受教育传播的学习者，如图9-2所示。

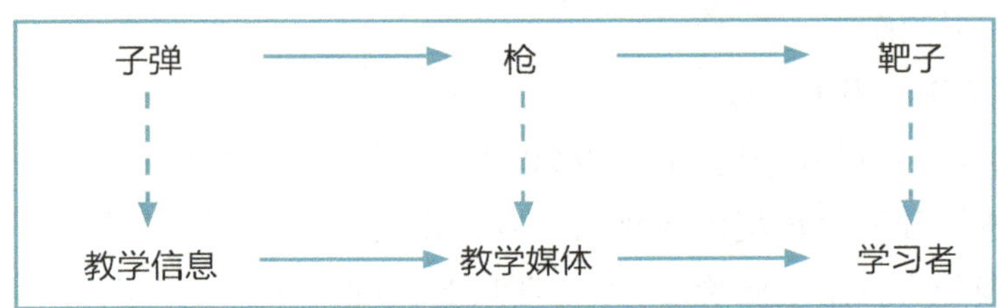

图9-2　“子弹论”与教育的关系

学习者是教育传播中的“靶子”，教学系统的设计是否能够与学习者的特点相适应，或者能在多大程度上完美适应学习者的特性，是衡量一个教学系统成功与否的关键指标。而教育信息作为现代教育中的核心内容，类似于“子弹”，其选择需要依赖于教学目标的确定以及教学内容的组织。

（三）大众社会理论

大众社会理论建立在孔德、斯宾塞的社会有机体思想和韦伯等人的工业化社会理论基础上。这一理论主张，随着工业革命和资产阶级革命以及大众传播的发展，传统社会中的等级秩序和社会关系被打破，社会成员丧失了相同的价值观和行为参考系，呈现出孤立、分散的状态。大众传媒在这个过程中扮演了重要角色，通过信息传播对社会成员进行控制。

自20世纪30年代起，大众社会理论发生了重大转变。这一理论逐渐摆脱了贵族主义的立场，转而成为批判法西斯极权主义的有力武器。这一转变的重要推动者包括社会学家卡尔·曼海姆等一批杰出的学者。

从20世纪50年代开始，美国也出现了一批大众社会论者，著名的有密尔斯、李斯曼、孔豪瑟等人，他们的目的在于考察美国当代的各种社会病理现象[2]。

1　苗玉辉，曾晓红．“子弹论”对现代教育的启示[J]. 吉林省教育学院学报（学科版），2011，27(3)：31-32.

2　郭庆光．传播学教程[M]. 2版．北京：中国人民大学出版社，2011：154.

（四）本能心理学

本能心理学强调人性中动物性而非理性的一面，认为人类对刺激的反应是由缺乏理性控制的本能所决定的，或者是由遗传而不是智力的下意识过程决定的，因此人们在面对周围环境中传递的刺激时会产生大致相同的反应[1]。

本能心理学将人的行为看作“刺激—反应”机制的产物。所谓“刺激—反应”即人感知到外在的刺激，这一刺激导向适当肌肉的神经路径，并产生适当肌肉的反应。对人施以某种特定的“刺激”便能引起大致相同的“反应”，对个体的刺激要通过反应呈现出来，并形成意义。

三、有限效果论的研究视角和主要研究成果

在传播效果研究的历史中，对影响力强弱的认识被划分为三个阶段。其中，20 世纪 40 年代初至 60 年代被认为是第二阶段，这一阶段以“有限效果论”为主流。有限效果论主要关注具体传播活动的微观效果。约瑟夫·克拉帕在 1960 年的《大众传播的效力》一书中，对效果研究进行了总结，并完整地勾勒出了有限效果论的基本框架。他认为，大众传播效果的产生并非单一和直接的过程，而是受到多种中介因素的共同影响。大众传播的效果并非完全由大众传媒本身所决定，而是社会网络中的其他人、受众的特点和差异、媒介性质及其在社会中的地位等多种因素相互作用的结果。因此，他强调大众传播效果的有限性，这一观点被称为“有限效果论”。这一观点在传播学研究史上产生了重大影响，因为它改变了人们之前对大众传播效果的片面看法，让人们开始关注中介因素和其他多种因素的影响，从而更加全面地理解大众传播效果的形成机制。

有限效果论认为，传播活动并非单向的灌输过程，受众也并非轻易受影响的“靶子”，影响受众的因素也不是只是媒介。这一时期的突出成果有佩恩基金会关于电影对儿童影响的调查、霍夫兰等人的劝服研究、拉扎斯菲尔德等人的信息流研究以及罗杰斯的创新与扩散研究等。但就效果层次而言，有限效果论忽视了认知层次上的影响。

该时期还有一个实验特别值得关注，即美国学者拉扎斯菲尔德于 20 世纪 40 年代进行的伊里调查。1940 年的美国大选，拉扎斯菲尔德等人为了研究大众传播的影响力，于伊里县做了一次调查。这次调查是为了研究大众传播对选民投票意向的影响，是传播学史上第一次使用系统的社会调查方法。调查结果在 1948 年出版的《人民的选择》一书中展示出来，大量有关大众传播效果的重要学说被提出，如“意见领袖”“选择性接触”“政治既有倾向假说”“两级传播”等，同时该书也指出了大众传播可能产生的效果主要有“强化”效果、“改变”效果和“结晶”效果。

（一）信息流程研究

信息流程研究中的“流程”指的是信息传播与接受的整个过程。“流程研究”着眼

---

1 李艳中．传播媒介的“魔弹论”与当代读者需求理念[J]．中国矿业大学学报（社会科学版），2010，12(1)：120-124.

于对整体传播过程进行深入分析，尤其是信息的流动状态、方向、作用等问题，这一研究的发展大致经历了以下几个阶段。

第一阶段是两级传播模式的提出。该理论认为，某种观念往往先从传媒流向意见领袖，再从意见领袖流向群体中表现并不活跃的人群，形成“大众传播—意见领袖—受众”的传播过程。

两级传播理论认为，在信息流通中人际网络的效力优于大众传播，凸显了人际传播在影响受众方面的关键作用。其信息流程如图 9-3 所示。

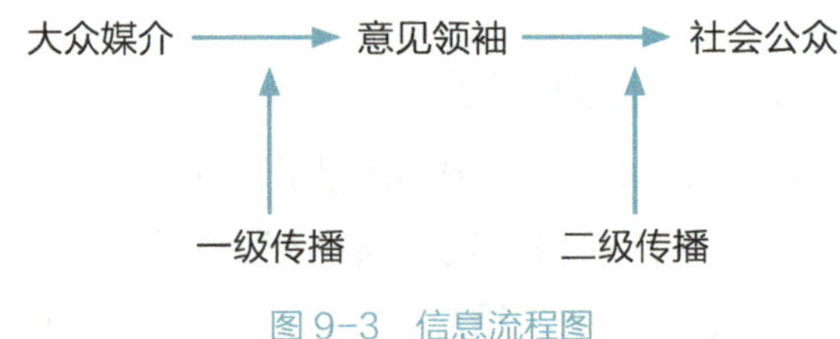

图 9-3 信息流程图

第二阶段是在 1945 年，为了进一步证实两级传播模式，拉扎斯菲尔德等人以日常生活领域为对象，又进行了一次调查，结果显示：人际传播的影响均明显大于大众传播。

第三阶段是对两级传播模式的批判和质疑阶段。20 世纪 50 年代以来，人们对于已成为经典性、权威性成果的两级传播模式产生了质疑。有好几项研究得出了相反的结论——重大事件的消息，一经媒介发出，就立即被大众接受了，几乎不存在所谓的意见领袖。例如，美国学者多伊奇曼和达尼尔森选择了三条重大新闻，即“艾森豪威尔前总统心脏病发作”（1957 年）、“人造地球卫星电讯 1 号上天”和“阿拉斯加州升格”（1958 年）进行调查，发现人们获知以上新闻的第一信息源，媒介传播为 88%，人际传播为 12%。媒介直接作用于受众的情况非常明显，这与拉扎斯菲尔德等人的调查结果完全不同。两级传播模式似乎就要被推翻、被否定了。但仔细考察就可发现：先前的投票也好，流行也好，着眼点都是态度、行为的变化，而这里的着眼点却是新闻的流动。这时人们注意到，应先区别“流”的种类。于是，人们划分出了信息流（information flow）、影响流（influence flow）和感情流（sentiment flow）。

第四阶段是两级传播模式的深化阶段。罗杰斯等人的“创新扩散”理论研究对两级传播模式作了有力补充。这一研究将个人接受新事物（思想、技术等）的过程看作一个从认知到决定的过程，并区分了关心阶段、获知阶段、试用阶段、采用阶段、评价阶段这五个阶段。

（二）劝服研究

所谓劝服性传播模式是把传者、传播途径和受者看作传播过程中的三个变数，然后看各变数应做出什么变化才能取得好的传播效果，使得受者接受、巩固或改变某种态度的一种有关劝服效果的模式[1]。

1941 年 12 月 7 日，日本空军袭击美国珍珠港海军基地后，美国正式对日宣战。出于战争需求，美国大量动员新兵入伍，并大规模使用电影及其他大众传播形式进行宣传，以此来激发新兵斗志。基于这一现实，霍夫兰（图 9-4）等人接受美国政府指派，进行了“劝服性传播效果”研究。

图 9-4 霍夫兰

从 1943 年到 1945 年，他在美国军方担任陆军部心理实验室主任。在这一阶段，他采用了尖端控制实验方法，深入研究军内教育电影提升士气的效果。通过精心设计的实验，他详细评估了教育电影对士兵士气的具体影响。这一严谨的研究方法使得他的结论具有很高的可信度，为后续的相关研究提供了坚实的理论基础。

霍夫兰在战后返回耶鲁大学，并领导了一项名为“传播与态度转变”的重要研究。他将战争期间的研究成果精心整理，于 1949 年出版了具有里程碑意义的《大众传播实验》一书。1953 年，霍夫兰又推出了他的新作《传播与说服》，这本书是他在战后对先前研究进行深入剖析和系统性梳理的成果，从而显著地发展了他的“劝服理论”。这一理论着重探讨了影响传播效果的各种要素，包括但不限于信息来源、传播策略与技巧，以及接收者的个人特质等。

从传播技巧的角度来看，劝服性传播效果研究的具体内容包括以下五个方面：

（1）“一面提示”与“两面提示”；

（2）“两面提示”的“免疫”效果；

（3）“明示结论”与“寓观点于材料之中”；

（4）“诉诸理性”与“诉诸感情”；

（5）“警钟”效果（恐惧诉求）。

我国古代有专门的游说人员，苏秦便是中国古代游说史上最杰出的代表之一。苏秦

1 邹荣．劝服性传播理论在青年学生思想教育中的应用 [J]. 吉安师专学报，1997(3)：85-88+96.

的智慧体现在他高超的游说艺术中，其游说时主要遵循了《鬼谷子》审查先后、度权量能、校其短长的策略，而从现代劝服性传播理论来看，其正暗合了所谓中心路线的主旨[1]。

霍夫兰的劝服理论在于设计操纵符号，以促使别人产生某种行为，劝服被定义为“通过接收他人信息发生态度的改变”。麦奎尔在承认大众媒体传播效果的基础上，倡导不同媒体类型的整合和立体化，他认为组织、群体和人际关系在信息层面更具力量。在其受众分析中，社群作为因变量在互联网时代成为显著的影响因素之一[2]。

（三）使用与满足研究

使用与满足理论是传播学领域中最为广泛接受和引用的理论之一。尽管学者们对该研究的开始时间争论不一，但普遍认为E. 卡茨是第一个正式提出该理论的学者。为了探究受众在媒介接触中的行为表现及其潜在的心理动因，诸多学者进行了深入的学术研究。卡茨等人在1974年发表了《个人对大众传播的使用》一文，将受众与媒介的接触行为概括成一个“社会因素+心理因素→媒介期待→媒介接触→需求满足”的因果连锁过程，并由此提出了“使用与满足”的传播模式[3]（图9-5）。

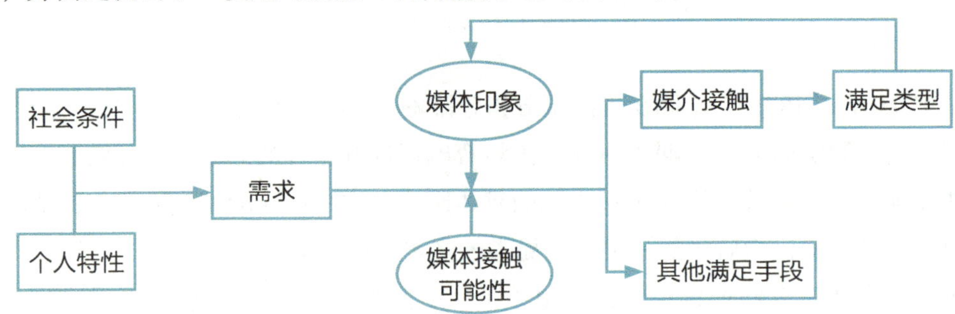

图9-5 “使用与满足”过程的基本模式

使用与满足理论之所以在传播理论研究中占据重要地位，是因为它转变了早期以传播者和传媒为中心的研究视角。该理论从受众的角度出发，深入探究大众传播给人们带来的心理和行为上的效果。与此前的传播理论不同，它聚焦于受众的需求和动机，而非仅仅关注传媒活动对传播者预期目的的实现或对受众产生的影响。这一研究转变了受众仅被视为信息接受者的传统观念，开始关注他们的心理诉求。它将能否满足受众的需求作为衡量传播效果的基本标准。这种研究方法不仅关注媒介对受众产生的效果，更强调受众在传播过程中的主动性和选择性。它认为受众是根据自己的需求和兴趣来选择媒介内容的，而媒介则应该根据受众的需求和兴趣来设计和提供内容。因此，“使用与满足”研究对于媒介内容和形式的设计、传播方式的选择以及传播效果的评价等方面都具有重

1 马兰州，马骁．苏秦劝服性传播中心路线的运用策略[J]. 新闻爱好者，2010(20)：23-24.
2 苏也菲．基于劝服理论谈社交电商的传播行为[J]. 今传媒，2018，26(2)：45-46.
3 罗春．网络传播中“使用与满足”的再认识[J]. 现代视听，2008(12)：6-10.

要的指导意义。

总的来讲，有限效果论纠正了早期的“魔弹论”观点，强调了受众的主动性和选择性。但该理论也存在一定的局限性。其过度强调大众媒介效果的有限性，这可能导致对大众媒介效果的低估；同时它忽略了社会经济、文化、心理等因素对受众的影响，而这些因素也会影响受众对媒介信息的接收和反应。此外，有限效果论主要采用定量研究，过于倚重行为主义心理学的方法，可能忽略了受众的认知和情感因素对传播效果的影响。

第二节　从单一到多元

20 世纪 50 年代末至 60 年代初，研究人员的注意力主要集中于效果，尤其是短期的、涉及态度和行为改变的效果的研究。然而，随着研究的深入，学者们认识到，媒介也可以产生长期的、间接的和涉及认知变化的效果。

一、多元效果论产生的知识背景

传播效果研究经历了从“魔弹论”、有限效果论到多元效果论等阶段。这一过程是伴随着对媒介效果观察的逐步深入而不断深化的。正是在认知心理学的启示下，对传播效果的认识才得以推进。

（一）认知心理学的启示

认知心理学（cognitive psychology）是 20 世纪 50 年代中期在西方兴起的一种心理学思潮和研究方向。其广义指研究人类的高级心理过程，主要是认识过程，如注意、知觉、表象、记忆、创造性、问题解决、言语和思维等。

认知心理学以信息处理理论为基础，该理论把人们对信息的接受、处理和存储的过程类比为计算机的信息处理过程，即人们在海量的信息流中选取一小部分予以关注和处理，其中又仅有很小一部分被记忆下来。因此，认知心理学认为受众在接触信息时必须主动选择、感知记忆。

（二）媒介从业人员的影响

20 世纪 60 年代以来，众多媒介工作者都接受了大众传播学的系统教学，他们与接受了社会学、心理学和市场研究训练的拉扎斯菲尔德、霍夫兰等人不同，出于其自身职业经历，这些人更倾向于将新闻媒介承担的功能看作“告知”（inform），而非直接的“劝服”（persuade），这也在一定程度上使得媒介效果研究的注意力从劝服效果转向认知效果。

认知效果理论在 20 世纪 70 年代以后的复兴激活了李普曼关于“外部世界与我们头脑中的图景”的理论，引申出“议程设置”“涵化”“知识沟”“第三人效果”等一系列理论。

这些理论推动了效果研究的一次重大转折，即效果研究不再仅仅关注直接、短期的效果，而将更多的注意力集中于间接的、潜在的和长期效果的影响；不再仅仅从传者角度考察媒介效果，还强调从受众角度探索媒介的社会影响力。

二、议程设置理论

议程设置是指大众传播媒介影响社会的重要方式。该观点主要来自美国著名政治专栏作家——李普曼，其著作《舆论》最早提出该思想，他也被誉为“议程设置概念的精神之父”。

媒介的议程设置功能是指媒介，特别是在新闻、时事评论的生产过程中，具有引导公众关注特定问题的能力。通过选择和解释某些问题，同时忽略其他问题，媒介能够影响公众对一系列议题的关注程度。结果是在超越媒介的公共领域中，某些话题得到广泛讨论，而其他话题则被忽视。议程设置研究的核心内容包括媒介向公众呈现哪些议题，以及这些议题信息的呈现方式，特别是信息如何被赋予重要性和合法性。其核心观点是大众传媒通过设定重要议程来影响公众的关注点。这一过程的意义在于议程被受众内化，并涉及媒介在解释社会现实和作为意识形态权利中介等方面所扮演的角色。

（一）议程设置理论的作用机制

议程设置是一个可以被分为三个部分的线性过程：首先，必须设定媒介中将要被讨论的问题的轻重缓急，即媒介议程；其次，设定媒介议程在某些方面影响公众的关注，即公众议程，或者与之发生相互作用；最后，公众议程在某些方面影响政策制定者重视的事物，即政策议程，或与之发生相互作用[1]。

（二）议程设置理论的特点

第一，传播效果分为认知、态度和行动三个层面，这些层面同时也是一个完整意义上的效果形成过程的不同阶段。议程设置理论的着眼点是这个过程的最初阶段，即认知层面上的效果。

第二，议程设置理论所考察的，不是某家媒体的某次报道所产生的短期效果，而是作为整体的大众传播具有较长时间跨度的一系列报道活动所产生的中长期的、综合的、宏观的社会效果。

第三，议程设置理论暗示了这样一种媒介观，即传播媒介是从事“环境再构成作业”的机构。[2]

（三）议程设置理论的优缺点

议程设置理论的提出有着重要的理论意义，它重新揭示了大众传媒的巨大影响；同

1 杨丽莉．媒体如何建构政策议程——以“一笑倾程表哥”事件为例新闻传播与社会治理［C］// 中国传媒大学．中国传媒大学第六届全国新闻学与传播学博士生学术研讨会论文集．中国传媒大学传播研究院，2012：11．

2 乔永晟．对于同一类型新闻集中报道的社会影响思考——以国人国外失踪事件为例［J］．视听，2017(10)：117-118．

时具有重要的现实意义，它认为传播媒介通过为公众提示社会生活中的重要议事日程，来实现媒介自身的“环境再构成作业”，这使得人们将视线投向媒介内部的信息采集和加工过程，也就是对媒介“把关”职能的思考。然而，议程设置理论在强调媒介的议程设置功能时，未能充分考虑行为效果的复杂性。中介因素的引入导致议程设置理论在解释现实问题时存在诸多不确定性。问题包括：

（1）到底是应该寻找媒体对受众个体议程的直接影响，还是希望议程设置通过人际影响来发生作用？

（2）“靠直接影响公众来决定个人议题”与“靠影响政治家和决策者来决定一个机构的议题”，这两者之间是不是存在着重要的差别？

（3）议程设置到底发轫于媒介，公众成员以及他们的需求，还是充当媒介信源的机构中的精英人物？

议程设置理论的优缺点如表 9-1 所示。

表 9-1　议程设置理论的优缺点[1]

优点	缺点
1. 关注受众和媒体的互动	1. 根植于大众社会理论
2. 通过实验证明媒介曝光率、受众寻找定位的动机以及受众对公共事件的认知之间的关系	2. 过于适合新闻和政治活动的特定情形
3. 整合了许多相似的观念，包括启动、新闻的位置和生动性	3. 议程设置效果的方向遭到某些人的怀疑

（四）议程设置理论的当代思考

传播学批判学派认为，大众传播媒介巨大的政治影响力主要源于其特有的议程设置功能。媒介通过设定议程来影响公众对重要问题的关注和认知，进而对政治决策和公众意见产生影响。

随着互联网技术的不断发展，媒体传播环境发生了明显转变，智能时代的媒介传播重构了传媒与受众的双向作用机制。过去，大众传播开设议程设置，受众所接收到的一切信息都是经由大众传媒选择、过滤的。而现在，由于互联网平台的门槛低、多元化、交互性强等特性，受众地位大幅提升，信源和信道也更为多样，受众的主动性大大提高。部分网友也开始通过网络进行议程设置。例如“双十一”购物节中，淘宝和其他电商平台通过发放红包、优惠券、打折促销等多种方式，吸引了大量消费者参与购物。这种营销策略不仅提高了销售额，还通过互动游戏、社交分享等方式提升了用户的参与度和体验感，从而强化了消费者对“双十一”购物节的认知和期待。

1　段鹏．传播效果研究——起源、发展与应用 [M]. 北京：中国传媒大学出版社，2008：135.

三、“沉默的螺旋”理论

1974 年，德国学者伊丽莎白·诺利–诺伊曼在《传播学刊》上发表了一篇论文，提出了“沉默的螺旋”（the spiral of silence）的概念。人们在表达自己想法和观点的时候，如果看到自己赞同的观点受到广泛欢迎，就会积极参与进来，这类观点就会越发被发表和扩散；而发觉某一观点无人或很少有人理会（有时甚至会有群起而攻之的遭遇）时，即使自己赞同它，也会保持沉默。意见一方的沉默造成另一方意见的增势，如此循环往复，便形成一方的声音越来越强大，另一方越来越沉默下去的螺旋发展过程。该理论是基于这样一个假设：大多数个人会力图避免由于单独持有某些态度和信念而被孤立[1]。

（一）理论提出

“沉默的螺旋”理论揭示了大众传播对社会心理和舆论形成的影响。大众传播与舆论的关系问题，是政治学、社会学和传播学研究中一个历史悠久的课题。传统的政治学认为，舆论是一种社会合意（social consensus），它的产生是一个“问题出现—社会讨论—合意达成”的理性过程。在这一过程中，传播媒介或作为“载体”，或作为“喉舌”，或作为“公众的精神纽带”发挥合理的作用。

“沉默的螺旋”理论（图 9-6）的提出，重新揭示了一种“强大有力”的大众传播观。

（1）理论形成是大众传播、人际传播和人们对“意见环境”的认知心理三者相互作用的结果。

（2）经大众传媒强调提示的意见，由于具有公开性和广泛性，容易被当作“多数”或“优势”意见来认知。

（3）这种环境认知带来的压力或安全感，可能引起人际接触中“劣势意见的沉默”和“优势意见的大声疾呼”的螺旋式扩展过程，并导致社会生活中占压倒性优势的“多数意见”舆论的诞生。[2]

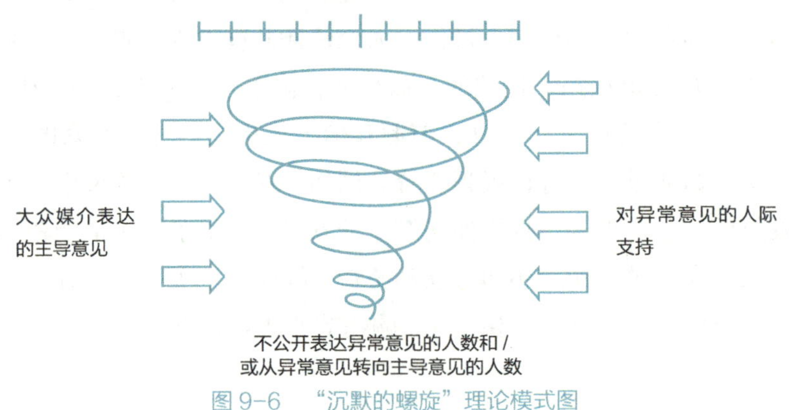

图 9-6　“沉默的螺旋”理论模式图

1　张琳 . 论沉默螺旋的解旋途径 [J]. 湖北第二师范学院学报，2008，25(11)：96–98.
2　蔡笑元 .“沉默的螺旋”和“钟摆效应”[J]. 青年记者，2014(1)：37–38.

（二）理论特点

从舆论学、传播效果研究和媒介与社会的影响关系的角度而言，“沉默的螺旋”理论有以下三个特点。

第一，与传统舆论概念不同，该理论中的“舆论”被定义为“公开的意见”，而非“公众意见”。这揭示了“沉默的螺旋”理论强调的重点是舆论的社会控制功能。因为人作为一种社会动物，总要和周围事物发生联系。为了表面满足社会的控制，避免陷入孤立无援的环境中，人们总是愿意舍弃自身观点，和社会保持一致，以此来达到团结。舆论在双重意义上是“我们社会的皮肤”：它是个人感知社会“意见气候”的变化、调整自己的环境适应行为的“皮肤”。不仅如此，它又在维持社会整合方面起着重要作用，就像作为“容器”的皮肤一样，防止由于意见过度分裂而引起社会解体[1]。

第二，“沉默的螺旋”理论强调大众传播强大的社会效果和影响。这里的“强大的影响”已不限于认知阶段，而是包括了“认知—判断—行动”的全过程。在这个过程中，“多数”或“优势”意见的压力极为突出，而忽略了舆论的变化过程和“少数”的作用，这就是大众传播营造“意见环境”能力的体现。

第三，要使媒介影响大众的观念，至少需要以下六类信息：

（1）持主要观点的人分布于何处；

（2）对民意状况的估计（大多数人是怎么想的）；

（3）对未来是否成功的预测；

（4）公开捍卫自己立场（发表见解）的勇气；

（5）话题含有多少感情和道德的因素；

（6）在议程设置中，媒介讨论话题的主旨和强度（被其他媒介引用其内容并引起政治家们注意的媒介）。[2]

（三）理论关键词

1.舆论

舆论通常被称为“公众意见”或“公共意见”，解释为公众的言论。舆论通常需要公众持有强烈持久的意见，并且它的发生、发展以公众共同关注的问题为前提。它是社会评价的一种，是社会心理的反映。诺伊曼的“沉默的螺旋”理论正是从社会心理学视角来把握舆论现象的。在“沉默的螺旋”理论框架下，我们更应将舆论视为“公开的意见”，而非简单的“公众意见”或“公共意见”。

2.孤立的恐惧

在“沉默的螺旋”理论中，一个核心前提是人们对于被孤立感到恐惧。诺伊曼认为，这种恐惧在很大程度上决定了人们的行为和判断。诺伊曼认为，害怕被孤立是一种

1 刘建明．受众行为的反沉默螺旋模式[J].现代传播，2002(2)：39-41.

2 刘建明．受众行为的反沉默螺旋模式[J].现代传播，2002(2)：39-41.

尴尬的表现。生活在社会中的个体在某种程度上渴望获得周围世界的认同，从而获得对群体的归属感。当人感觉不到自己的立场受到他人的支持时，对孤立的恐惧就会影响到舆论的形成，人就不情愿表达这种不受欢迎的立场。对于普通人来说，为了避免被孤立和被鄙视，他们会改变自己的观点来与大多数人的观点保持一致，而不是只寻找一两个与自己观点相近的人[1]。

3.累积、和音、公开效果

在累积效果中，大众传播媒介的传播效果被视为一种长期影响，是在相当长的一段时间内，通过多种媒体共同作用所产生的效果。媒体信息在不同媒体渠道和一段时间内不断重复传递。和音效果则是指不同媒介的报道在长时间内呈现出高度的同质性内容时，能够达到最大的传播效果。这种同质性是由记者们价值判断的一致性和媒介报道内容的相似性所形成的。这一效果可以降低公众选择性感知的作用，从而增强媒体的影响力；但同时也可能产生严重的误导。公开效果强调了意见气候中强势观点对个人的压力。媒介中意见领袖的观点产生了“公开效果”，成为媒介效果的主要来源。这意味着在公共舆论的形成过程中，意见领袖的观点对于公众具有重要影响。

4.意见气候

意见气候的来源主要有两个：一个是所处环境中的群体意见，另一个是大众传播。大众传播在塑造意见气候时起着巨大的作用，因为这是一种专业化的媒介组织，它运用先进的传播技术和产业化手段，以社会上的一般大众为对象，进行大规模的信息生产和传播活动。因而，大众传媒具有一定的权威性，传播的内容是公开的。现代传播技术的发展使得信息的传播几乎无处不在。人观察环境中的意见分布，其主要依据是大众传播媒介。公众在公开表达意见时常采用媒介中不断重复的词汇和观点；反之，与大众传媒不一致的观点，公众一般不予公开表达[2]。

四、“知识沟”理论

人们普遍认为，传播媒介的普及可以改善知识传播、科学宣传等教育条件，社会的整体文化水平将得到提高，社会各阶层和不同群体之间的差距也将随之缩小，从而达到社会平等[3]。然而以美国学者P. J. 蒂奇诺为主的“明尼苏达小组”，在经过一系列的实证研究后认为，随着大众传媒向社会传播的信息量日益增多，社会经济状况较好的人群将比社会经济状况较差的人群更快获取媒介所传达的信息。因此，这两类人之间的差距将呈扩大之势，而非缩小。这就是“知识沟”（knowledge gap）理论。这一理论从社会经济结构的宏观层面出发，反映了人们对社会阶层分化问题的重视，审视了不同社会地位群体在大众传播过程中获取知识的差异性，从而开辟了媒介效果研究的新路径。

1　陈力丹．“沉默螺旋”与法西斯主义的关联辨析[J].新闻大学，2007(1)：9-19.
2　张琳．论沉默螺旋的解旋途径[J].湖北第二师范学院学报，2008，25(11)：96-98.
3　丁未．西方“知沟假设”理论评析[J].同济大学学报（社会科学版），2003(2)：107-112.

（一）主要内容

图 9-7 为A. M. 松伯格为“知识沟”理论绘制的模式图。图中横轴表示时间推移，纵轴表示获得的信息和知识量的变化。该图的中心内容是，大众传播的信息传达活动无论对社会经济地位高者还是低者都会带来知识量的增加，但由于社会经济地位高的人获得信息和知识的速度大大快于后者，随着时间的推移，最终结果是两者之间的“知识沟”不断变宽，差距不断扩大[1]。

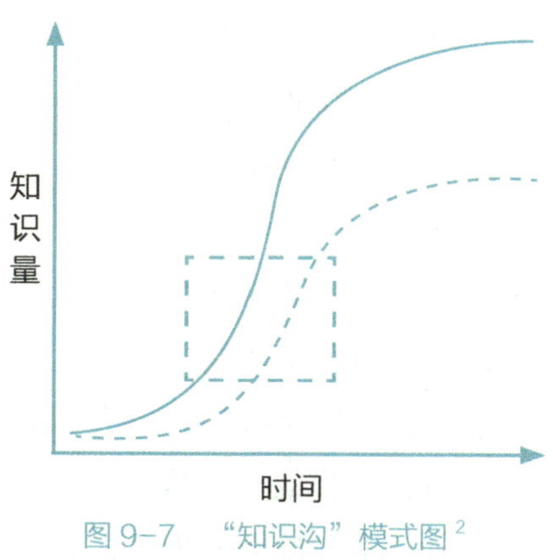

图 9-7 “知识沟”模式图[2]

（二）作用方式

具体来讲，“知识沟”理论有以下三种作用方式。

第一种，随着向社会传播的信息增多，社会经济状况较好的人将比经济状况较差的人以更快的速度获取更多、更全面的信息，因此两者之间的“知识沟”逐渐扩大。

第二种，一段时期内，当媒体已对某个话题大肆宣传之后，文化水平较高的人将比文化水平较低的人以更快的速度吸取该话题的知识。

第三种，在特定时间内，较之未大量宣传的话题，在媒介大量宣传的话题上，公众所获知识与受教育程度应该有更高程度的相关性。

（三）影响因素

蒂奇诺等人认为，除了接触媒介和学习知识的经济条件因素以外，使“知识沟”扩大的原因还有以下五个方面。

其一，传播技能上的差异。一般而言，社会经济地位、文化水平不同的人群在传播技能上也是有区别的。由于教育文化程度存在差异，人们的基本信息处理能力（如阅读、理解、记忆等）就会有差异。知识水平较高的人具备更高的理解力和更丰富的阅读量，这进一步促进了他们对知识信息的有效吸收。

其二，已有知识储存量的差异。社会经济地位较高者基于以往的教育和接触过的媒

1 张成山 . 大众传播时代的媒介歧视 [J]. 当代传播，2012(3)：119-121.
2 郭庆光 . 传播学教程 [M]. 2 版 . 北京：中国人民大学出版社，2011：216.

体报道，可能对某个问题已经有所了解。由于个人的信息量和知识背景不同，对于一些困难的议题，社会经济地位较高者往往会从媒介中获得较多的知识，或者对问题有更为深入的理解，而社会经济地位较低者可能会由于缺乏此类基础知识，自然而然地在之后的信息搜索和获取中较少关注此类信息，所以更大的“知识沟”也就产生了。

其三，社交范围的差异。社会经济地位较高者可能存在更多的社会联系，因此也就拥有更多的机会接触与他们社会经济地位相似、同样具有了解公共事务和科技新闻能力的人群，在他们交往、讨论的过程中，他们所获得的知识也就更多。而社会经济地位较低者则因缺乏接触高学历、广知识面人群的机会，于是缺乏对相关事物的兴趣，也缺少对相关知识的获取。因此，在社交活动中，活跃度的提高以及交往范围的扩大将有助于加快信息知识的获取速度并增加获取量。

其四，信息的选择性接触、理解和记忆。社会经济地位较低者可能找不到与他们的价值观和态度相协调的涉及公共事务和科技新闻的信息，他们往往对于此类事情根本不感兴趣。因此，个人生活的水平和层次与大众传媒内容的契合度越高，人们对媒介的接触和利用频率就越高。盖那瓦和格林伯格的研究发现，受众兴趣（audience interest）是导致“知识沟”的主要因素。受众兴趣首先是关于个人利益，即关心于己有用的新闻信息；其次是关于社会利益，即关心对个人的人际环境或人际关系网络有用的新闻信息。

其五，大众传媒的自身性质。媒介本身就是为社会经济地位较高者服务的。至今，知识内容具有一定深度的媒介还是报纸等印刷媒介，其受众群体依旧集中在高学历阶层。其与普通的日用消费品广告不同，对科学知识、公共事务和新闻的重复较少，而重复有利于文化程度较低的人群对话题的学习与熟悉。

当以上五方面因素起作用时，社会经济地位较高者都具有一定优势，这就是“知识沟”不断扩大的关键原因。

（四）理论评价

蒂奇诺等人提出的“知识沟”理论，其主要的积极意义在于揭示了“知识沟”产生的根源是人们社会经济地位的不同。

“知识沟”理论认为，在信息匮乏的年代，知识和信息往往掌握在精英者的手中。大众传播时代的到来，给所有人提供了分享信息的机会，但信息贫富分化的现象却并未因此根除，而且随着信息流通的便捷性增加，马太效应[1]随之加剧。现代化的传播工具在信息大众化、均衡化的流通过程中，产生了信息平等分配的假象，人们并没有看到实际上社会分层形成的区隔对媒介知识的平等分配制造的障碍。例如在国际传播秩序中，南北问题的产生也有发达国家和发展中国家之间的信息获取和传播能力存在显著差异这一

1　马太效应：出自《圣经·马太福音》中的一句话，“凡是有的，还要给他，使他富足；但凡没有的，连他所有的，也要夺去”。20世纪60年代，著名社会学家罗伯特·默顿认为，任何个体、群体或地区，一旦在某一个方面（如金钱、名誉、地位等）获得成功和进步，就会产生一种积累优势，就会有更多的机会取得更大的成功和进步。由此出现“马太效应”的说法。

原因。

日本学者儿岛和人认为，在社会信息化过程中，“知识沟”的存在是一个事实，它不仅表现在贫富阶层之间，而且广泛地表现在性别、年龄、职业、地区、民族、国家和文化之间[1]。明尼苏达小组的研究着眼于由社会经济地位决定的不同群体，而排除了个体的兴趣、动机等因素，将文化程度看作唯一的决定因素。1977年，美国J. S. 艾蒂玛和F. G. 克莱两位学者对明尼苏达小组的这一结构性解释进行了质疑，从而形成了从个体层面考察“知识沟”理论的新研究方向。他们认为造成“知识沟”的最主要原因是个体的情景需求和动机等。他们认为，在社会系统中，随着大众信息流通的日益增加，那些有动机获取信息并对信息有需求的人相较于那些缺乏动机或对信息无需求的人，会以更快的速度获取这些信息。因此，这两类人的知识差距呈现出扩大的趋势。然而这种从结构性问题到个体问题的转移模糊了由社会结构不平衡所带来的一系列后果，忽略了知识与权利的关系，淡化了“知识沟”理论原有的批判性[2]。

此外，与“知识沟”理论相对立的“上限效果”理论认为，大众传播活动的结果将有助于缩小社会“知识沟”的宽度。个体对特定知识的追求并非无止境，当达到某一“阈值”后，知识的增长速度会减缓甚至停滞。社会经济地位较高的人获取知识的速度较快，因此其“阈值”也来得更早；而社会经济地位较低的人获取知识的速度较慢，但随着时间的推移，他们最终也能在“阈值”上赶上前者。这意味着，大众传播非但没有扩大社会的“知识沟”，反而有助于缩小这一差距。

随着智能技术的发展，数据驱动的智能应用对社会各个层面产生了深远的影响。在这种情况下，“知识沟”理论发生了一些变化，“数字鸿沟”概念的出现将信息社会中的不平等问题推向了学术和政治的前沿。面对“数字鸿沟”问题，我们需要采用新的视角、理念和框架，同时也需要提出新的理论和使命，这有待深入实践研究。

五、“涵化”理论

在以电视媒介为代表的传统媒体时代，电视对社会产生了极其重要但不受关注的效果。美国学者格伯纳提出了“涵化”理论来描述大众媒介对人们认识社会现实所产生的影响。李普曼认为，在现代化社会中，大众传播已经非常成熟，因此人们的行为涉及三种不同层面的“现实”，分别是实际存在的“客观现实”、传播媒介通过选择性呈现所构建的“象征性现实”以及人们头脑中形成的“主观现实”。那么，传播媒介对人们的现实观有什么影响？这种影响是如何发生的？传播媒介在揭示“现实”之际具有怎样的倾向性？“涵化”理论给出了相关的答案。

1 王娟．论弱势群体的媒介关怀与资源共享[J]. 新闻界，2006(5)：53-54.
2 段鹏．传播效果研究——起源、发展与应用[M]. 北京：中国传媒大学出版社，2008：106-107.

（一）产生背景

1. 电视暴力

20世纪60年代后期，美国社会的暴力和犯罪问题日益严重，政府成立“暴力起因与防范委员会”，深入研究暴力成因并寻求有效的解决措施。1969年，该委员会在递交了名为《伸张正义，确保国内安宁》的最终报告之后，还递交了由七个特派小组和五个调查研究小组完成的一项长达15卷本的报告，其中一项为《暴力与媒体》，展示了媒体所表现的暴力与日常生活暴力之间的关系。在展开了大规模的调查研究之后，调查人员指出，媒介效果在暴力影响方面分为短期和长期两种，主要的短期影响为：如果受众实施暴力行为有可能得到好处，或者当他们遇到与大众媒体所描述的类似情景时，他们就有可能将荧幕上的行为移至现实[1]。

此类短期效果影响的现实例子比比皆是，尤以对未成年人的影响最为显著。例如短视频平台上宣扬中国优秀传统文化的短视频可以使他们了解中国的历史文化底蕴，培养爱国情感；但其中一些打色情擦边球、渲染暴力的内容可能会导致他们早熟或是具有暴力倾向。

2. 格伯纳的“培养分析”

“涵化”理论，也称为“培养分析”（cultivation analysis）或“教化分析”“涵化分析”，这是格伯纳对电视效果所做的长期的、大规模的研究。该理论认为，大量看电视的观众接触到相同的消息，由此形成共同的世界观和价值观。“涵化”理论主要由它的社会观、传播观，特别是电视媒介观来构建理论体系。

最初研究“培养分析”的出发点有二：一是考察电视画面中暴力内容与现实社会中犯罪之间的潜在关联；二是考察这些暴力内容如何影响人们对社会现实的认知和理解。从第一个方面来说，格伯纳等人除了在一些事例研究中发现电视暴力内容对青少年犯罪具有“诱发效果”（trigger effect）外，在整体上并没有发现两者之间的必然联系。然而在第二个方面，他们的研究却发现了一个重要现象：电视节目中频繁出现的暴力内容，使人们对现实环境中危险程度的认知上升，即认为遭遇犯罪和暴力侵害的可能性增加。此外，接触电视媒介较多的人，对于社会的不安全感更为强烈。

那么，人们对所处社会环境的印象和判断又是如何形成的？这种印象和判断更接近于客观现实还是媒介提示的象征性现实？

1976年，格伯纳等人就电视的接触量与人们对环境危险程度的判断之间的相关性进行了调查（表9-2）。调查结果说明，尽管在现实生活中人们遭遇或卷入暴力事件的概率在1%以下，但许多人却认为这种可能性在10%以上，这一估计大大超过了客观现实的

1　希伦·A.洛厄里，梅尔文·L.德弗勒．大众传播效果研究的里程碑[M]，刘海龙，等译，北京：中国人民大学出版社，2004：282.

可能性，而更接近于电视画面中的“社会景象”[1]。而且，无论人们的社会属性如何，是什么性别、职业和年龄，电视接触量越大，这种倾向就越明显。

表 9-2　电视接触量与人们对环境危险程度的判断之间的相关性[2]

样本类别	视听时间长者 /%	视听时间短者 /%
样本总体	52	39
大学学历以上	44	34
大学学历以下	56	44
30 岁以上	50	36
29 岁以下	60	39
男性	52	33
女性	51	44

注：表中数值为认为自己在一周内遭遇或卷入暴力事件的概率在 10% 以上者的比例。

根据调查结果，格伯纳等人认为，如今传媒提示的“象征性现实”对人们认识和理解真实世界起着巨大作用。因为传媒的倾向性，人们描绘的“主观现实”与客观现实之间出现了较大的偏差。并且，这种影响不是短期的，而是一个长期的、潜移默化的、“培养”的过程，它在不知不觉当中制约着人们的现实观。在这个意义上，格伯纳等人将这一研究称为“培养分析”[3]。

（二）主要内容

19 世纪 60 年代后期，媒体暴力问题专家格伯纳在“暴力起因与防范委员会”的支持下，研究电视播放的内容如何影响人们对现实社会的理解，展示了媒体暴力与日常暴力之间的关系。随后，格伯纳及其助手进一步通过“文化指标”项目探索了电视对观众观念的影响程度，期望能够“提供一种客观、可靠的分析，归纳出电视传递给受众的暴力讯息”。“涵化”理论提出之后，就成为主导大众传播效果研究方向的重要路径之一，但也受到了学界的质疑和批评。格伯纳之后又提出了相关修正概念——共鸣和层级信念[4]。

1. 基本概念

在对电视效果进行长时间的大规模研究后，格伯纳提出了早期的“涵化”理论。该理论的核心观点包括：一是受众接触电视的时间与“涵化”效果呈正相关，即观看电视的时间越长，“涵化”效果越明显；二是电视对受众的“涵化”作用是单向且全面的，即只要受众观看电视，就会受到其影响，而这种影响并非针对特定内容或观点，而是对整体认知和观念的塑造。格伯纳认为，在现代社会中，大众传播媒介对人们认识世界的影

1　孔令顺．国家电视文化安全的两个向度 [J]. 现代传播（中国传媒大学学报），2007(6)：25-28.
2　郭庆光．传播学教程 [M]. 2 版．北京：中国人民大学出版社，2011：205.
3　郭庆光．传播学教程 [M]. 2 版．北京：中国人民大学出版社，2011：204-205.
4　马雪惠子，金玉萍．关于“涵化”理论的文献综述——选取国内近五年（2016—2020 年）文献 [J]. 传媒论坛，2021，4(18)：24-25.

响是不可忽视的。这种影响是一个长期且潜移默化的过程，影响着人们思想的形成和认知结构的塑造。

“涵化”过程模式如图 9-8 所示。

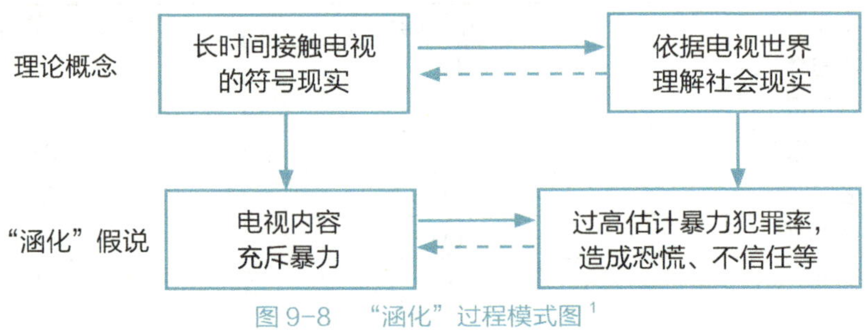

图 9-8 “涵化”过程模式图[1]

“涵化”效果最初是以“涵化差异”（cultivation differential）的形式来体现的。格伯纳根据受访者收看电视时间的长短，将其分为三组，然后比较各组受访者对社会现实的认识，即观念现实的差异。高收视组和低收视组的受访者之间选择不同答案的比例之差，即所谓“涵化差异”。造成这一差异的原因在于，两组受访者电视收视时间长短不同，高收视组成员的观念现实更接近电视呈现的符号现实[2]。

2.“文化指标”研究

1973 年开始，格伯纳对“暴力指数”研究进行扩展，开始所谓的“文化指标”（culture indicator）研究项目，这是一个“研究电视节目的安排和由收视培育的关于社会现实的概念所进行的周期性分析”。“文化指标”研究的理论假设为：社会生活和社会结构的现状及变化可以通过某种模型或一组具体指标系统精确地表现出来。

格伯纳的“文化指标”研究共分为三个部分：传媒体系制作过程分析（institutional process analysis）、传媒讯息系统分析（message system analysis）和“涵化”分析（cultivation analysis）。前二者研究传媒的拥有权、传媒与其他社会制度的关系、影响传媒制作的因素、传媒讯息的内容及意识形态等，而“涵化”分析则主要探究传媒生产出来的讯息究竟怎样在社会上培养价值观并发挥影响力。针对传媒的影响力究竟应该制定什么公共政策？格伯纳认为要了解社会文化的形成及变迁需要长时期的观察。

格伯纳认为，社会结构和媒介内容的关系和核心在于：变化起源于科技革命所带来的讯息生产，这种大众产品经快速分配后，创造出新的符号环境。而“文化指标”可以被视为一套标识变迁和符号环境的系统，其主要功能是协助决策制定和引导有效的社会行为。

1 张国良．传播学原理［M］．2 版．上海：复旦大学出版社，2009：251．

2 王玲宁．媒介暴力对青少年影响的实证研究［D］．上海：复旦大学，2004．

3. 共鸣和层级信念

考虑到不同的社会团体收看电视的行为会导致不同结果这一问题，格伯纳认为，电视上的暴力信息或许是高度叠合的，并且与高犯罪率地区的情况发生共鸣，受众从电视中得到的信息与亲身所感相一致，这种媒介信息与直接信息的双重作用可以增强“涵化”效果。也就是说，共鸣发生于人口中的某些特定族群，因此“涵化”效果非常突出[1]。

这一时期的“涵化”理论已经不再宣称电视对所有重度观众都具有统一和跨界（across the board）的效果了。其主张电视是与其他变量相互作用的，看电视只对某些次级团体的人有很强的效果，而不是对所有人都有影响。

层级信念（first-order beliefs and second-order beliefs）是格伯纳于 1986 年对“涵化”理论的一个修正，它将可能产生的“涵化”效果分成两种类型，即第一层级信念和第二层级信念，表明了“涵化”效果之间存在着差异。第一层级指的是人们经由收看电视所形成的对社会现实的表层感知，用于考察人们对现实中事件发生的频率或概率的估测。第二层级指的是人们对社会现实的态度判断，用于考察人们对社会现实的一般信念。这两种信念相互联系，第二层级信念可能来自对第一层级信念的推论，但这种关联并不显著。

六、“第三人效果”理论

传播学中的“第三人效果”（the third-person effect）理论和实证研究揭示了这样一种现象：在判断大众传播的影响特别是负面信息的影响之际，人们通常会认为这些信息对“我”或“你”未必起多大作用，然而会对“他”产生很大影响[2]。尤其在真相缺席时，公众的好奇心被挑起，便会引起更加强烈的第三人效应认知。我们称这种现象为“第三人效果”，该理论在 20 世纪 90 代中期迅速成为媒介效果研究的重要内容之一[3]。

（一）主要内容

1. 两个假说

哥伦比亚大学教授戴维森指出，“第三人效果”理论包括两个假说。

（1）感觉假说——人们认为传媒内容对他人的影响大于对自己的影响。

（2）行为假说——在认识到“第三人效果”后，人们可能采取某些相应的行动，防止他人受传媒内容影响后的行为影响到自己，而且人们可能支持对传媒内容进行相关的限制，以防止传媒对他人产生不良影响。

1 段鹏．传播效果研究——起源、发展与应用 [M]. 北京：中国传媒大学出版社，2008：176.

2 景君学，廖健太．新媒体时代社会主义意识形态价值认同的传播策略 [J]. 电子科技大学学报（社会科学版），2017，19(6)：60-67.

3 桑珊珊．第三人效果理论研究综述 [J]. 科技传播，2021，13(14)：112-114.

2. 三种内涵

第一，“第三人效果”指的是一种普遍的感知定势，即在评价大众传播的影响之际，人们通常会认为最大效果不是发生在自己身上，而是发生在“他人”（广义上的第三人）身上。作为这种感知定势的“第三人效果”，意味着人们在判断大众传播的影响时存在着双重标准：倾向于“高估”媒介传播对他人的影响而“低估”对自己的影响。

第二，“第三人效果”是一种说服或宣传技巧[1]，类似于我国“声东击西”“欲擒故纵”“围魏救赵”“项庄舞剑，意在沛公”等成语中所蕴含的操控谋略。追求“第三人效果”的说服性传播，定位的致效人群并不是作为内容对象的“表面受众”，而是与他们相关的“第三人”。例如，儿童商品的购买者是他们的父母，但这些商品的广告通常是在儿童节目中插播的。作为“表面受众”的儿童并没有购买力，商家广告的目的则是通过唤起儿童对这些商品的欲望和需求，并通过孩子对父母的影响力达到促销目的。以影响“表面受众”的形式来实现操控“第三人”的行为，是这种宣传技巧的基本做法。

第三，“第三人效果”指的也是大众传播的现实影响的一种发生机制。正如戴维森所关注的，在许多时候，对大众传播内容产生实质性反应的，往往不是“表面受众”，而是他们的相关者。

（二）理论延展

1. 效果差异制约因素

“第三人效果”的差异大小受几个因素的影响，包括个人的人口特征、自尊、文化差异、关于问题的知识水平、大众媒体内容特征，以及信息的可取性等，这个影响的过程是复杂的，许多因素导致了研究之间的变化。

以下就学者们在研究中较为关注的三个方面进行介绍。

第一，社会距离。社会距离指的是人们在社会交往时，感觉与他人之间的社会关系的亲密程度。在日常生活中，我们常把社会距离表述为“圈内”或者“圈外”。“第三人效果”表明人们认为媒介传达的信息对自己社交“圈外”的人影响较大，而对自己“圈内”人的影响相对较小。

第二，信源的性质。一方面，信源的可信度对“第三人效果”具有重大影响。当信源的可信度较低时，更容易产生“第三人效果”。另一方面，信源的说服动机强弱程度也是影响“第三人效果”的重要因素。一般来说，说服或宣传色彩强烈的信息（如广告或竞选宣传）更容易引发“第三人效果”。

第三，与“第一人效果”的对比。有学者认为，“第一人效果”更可能产生于人们对媒体内容的正向价值判断。“第一人效果”和“第三人效果”在理论构建中具有预测力，但是二者的联合效应被证明是比单纯“第三人效果”更可靠的行为意向预测因子。

1　郭庆光．传播学教程[M]．2版．北京：中国人民大学出版社，2011：221.

2. 可能引发的社会行为

“第三人效果”理论的提出者戴维森在1983年的论文中强调了对后续行为效果研究的必要性。他指出，有两种社会行为可能与该理论有关。

第一种是社会舆论对媒体内容的限制。很多人认为暴力、色情、低俗内容有害，这种社会意见的表达行为会形成强大的舆论压力，可能成为政府加强媒体内容管制的民意基础。这是“第三人效果”理论在社会层面上的一种后续影响。

第二种是与抢购、挤兑等群体现象有关的集合行为。例如2020年，随着新冠疫情在美国的升级，美国掀起了囤货的浪潮。厕纸成了顾客们竞相抢购的货品。美国媒体报道，在一些大型超市里，大量顾客排队购物，许多人的购物车里都装着洗手液和消毒湿巾，而医用口罩和卫生纸早已售罄。

后来的研究大致都沿着以上两个脉络展开。为了考察“第三人效果”的后续行为影响，一部分学者以诽谤性新闻报道、攻击性政治宣传、电视暴力内容等为选材进行了媒介内容实验。

七、“框架”理论

在过去的新闻学和传播学研究中，研究人员已经明确指出新闻报道并不是对现实的直观反映。相反，新闻报道是根据特定的新闻立场和价值标准，对各类事实进行筛选、取舍和加工的过程。这一过程实际上是对现实世界及其意义的“构建”。那么，媒介是如何通过新闻报道来“构建”现实的呢？这种“构建”又受到哪些因素的影响？更重要的是，这种“构建”所产生的社会影响是什么？新闻“框架”理论和“框架”效果研究正是为了解答这些问题而展开的深入探讨。

（一）基本概念

美国当代学者加姆桑指出，“框架”的定义大致可分为两类：一指“界限”（如同摄像机的镜头），即取舍的标准，人们借此观察客观世界。只要是纳入框架的实景，都成为人们认知世界的一部分；二指用以诠释社会现象的“架构”，人们借此解释、转述或评议外在世界的活动[1]。该观点主要来源于社会学和政治学。需要强调的是，这种“框架”既有协助人们思考或整理信息的正面意义，又有可能产生构成人们刻板印象、“框限”或制约人们更全面地认知世界的负面效果。

在新闻传播领域中，“框架”理论是指采用框架分析法进行研究的理论。这一理论认为，从社会真实事件到符号真实的新闻内容，再到受传者主观认知的真实，都受到一定的固定框架的影响。这些框架决定了人们对真实的认知和理解。

（二）新闻框架

20世纪80年代，新闻与传播研究领域逐渐引入了“框架”理论，并在此基础上衍

1 陈军．论新闻框架中的“偏见”及其规避[D].苏州：苏州大学，2007.

生出两个与“框架”密切相关的学术概念：“媒介框架”和“新闻框架”。媒介框架是指媒介机构在处理信息时所使用的组织框架。而当这一概念应用于新闻的选择、加工、新闻文本以及意义构建过程的研究时，就被称为新闻框架。关于媒介框架或新闻框架，D.桑德斯曾经做过这样一种解释：

> 媒介框架就是进行选择的原则——是强调、解释与表述的符码。媒介生产者常用它们构建媒介产品与话语，不管是文字还是图像的……媒介框架能使新闻记者对错综复杂、常常矛盾的大量信息进行迅速而例行的加工与“打包”。因此，在对大众媒介的文本进行编码的过程中，这些框架就成为一个重要的制度化环节，而且，在形成受众的解码活动上还可能发挥某种关键性作用。[1]

据此，我们可以从以下方面来理解新闻框架。

新闻框架是新闻媒体对新闻事实进行选择性处理的特定原则（或准则），这些原则来自新闻媒体的立场、编辑方针以及与新闻事件的利益关系，同时又受到新闻活动的特殊规律（如新闻价值规律）的制约[2]。在新闻报道中，遵循这些原则是至关重要的，它们是确保新闻报道客观、公正和准确的重要保障。

在新闻文本中，新闻框架是通过一系列符号体系来展现的。这些符号体系包括具有定性功能的关键词和具备特定意义的图像符号等。这些符号共同协作，构建出新闻事件的意义。使用框架在新闻报道中是不可避免的。由于新闻事件的复杂性和多面性，新闻记者无法在有限的报道中全面展现其所有属性。因此，他们通常会选择突出事件的某些主要属性，并将其纳入特定的新闻框架中。不同媒体承担的角色不同，它们的新闻框架就各有侧重。以灾难新闻报道为例，一些主流媒体侧重于关注灾情的抢险救援进程以及对抢救过程中温情故事的挖掘，而专业领域媒体则更关注灾情的成因、救助方法以及灾后恢复等信息。比如2021年7—8月，受台风“烟花”和地势影响，河南省出现极端强降雨。《人民日报》聚焦灾情，进行情感宣传、预警和救灾进展播报；“澎湃新闻”侧重于救助、灾情、情感和互助方面的信息传播；中国气象爱好者重点发布灾情、预警、科普和救助信息。

（三）受众框架

在大众传播信息的接触和处理过程中，受众所采用的认知结构和诠释规则被称为受众框架（audience frame）。受众过去的社会生活经历、既有的价值观念、态度及行为倾向，共同构成了其认知基础。众多传播效果研究显示，受众在大众传播信息面前并非完全被动，而是受到多种因素的影响。这些因素也是构成受众框架的重要部分。

受众框架具有多样性，应用不同的框架来解读新闻信息，便会产生“同向解读”“对

1　约翰·费斯克，等.关键概念：传播与文化研究辞典（第二版）[M].李彬，译注.北京：新华出版社，2004：111.
2　官京成.浅论社会思潮传播对大众传媒的影响[J].新闻知识，2014(12)：3-5.

抗式解读”“妥协式解读”等各种情况[1]。

第三节 中国传播效果的本土化研究

国内的媒介效果研究经历了一个逐渐科学化、多元化、精细化的过程，并且正显示出巨大的发展空间和研究活力。这一领域作为传播学领域中最受瞩目的研究内容，一直稳居西方传播研究的“主导范式”。20 世纪 80 年代以后，西方传播学成果不断“东渐”，为国内研究者所引介、熟悉，并且逐步得到重视，并从 90 年代中后期以来出现了加速发展之势[2]。

一、发展前景与方向

经过几十年的发展，中国的大众传播效果研究已从初始的理论空白阶段逐步迈向对西方经典传播效果理论的验证阶段，同时，也具备了向结合西方理论与本土现实的创新阶段过渡的必要条件。理论的创新既可能源自对中国社会实际的深入挖掘，形成具有普遍适用性的传播效果理论；也可以是局部的创新，即在借鉴西方理论的基础上，结合中国社会的实际情况，进行有洞察力和关键的丰富与改进。

总的来说，传播效果的本土化要充分借鉴西方经典理论成果，同时观察、分析和回应中国社会的现实环境，对西方理论所不适用的地方、问题进行研究解释，这既是对当代中国社会研究的贡献，也必将有助于世界传播学术研究的进展[3]。

要真正达到以上目标，至少有三点需要注意。

（一）紧扣理论探索，深入解读经典理论

在目前的研究中，比较成功的经验是应当立足于中国文化的背景，对西方传播效果理论进行合理的借鉴和应用，而不是盲目地照搬西方的传播学理论和研究框架。要在对西方传播效果理论及其前沿发展引进、译介的同时，对其理论的来龙去脉、生成背景等进行深刻解读。对大众传播学史上一些耳熟能详的理论，不应人云亦云，而应在大量阅读西方经典文献的基础上，从学理逻辑、适用情境等关键问题出发，对传播效果理论进行深入解读，把理论假设还原到历史情境中，在西方社会的政治经济体制与文化传统、社会结构和社会控制的前提下，探讨其理论生成的背景、发展和意义。

（二）紧密结合中国实际

以中国实际传播为研究对象，得出符合中国实际的研究成果。无论是完全创新还是局部创新，包括理论的验证、生成和发展等环节，都必须立足于中国目前的社会现实和

---

1 郭庆光．传播学教程 [M]. 2 版．北京：中国人民大学出版社，2011：214.

2 刘琼．当代中国传播效果研究得失述评 [J]. 青年记者，2010(24)：52-53.

3 周葆华．大众传播效果研究的历史考察 [D]. 上海：复旦大学，2005：132.

情境，必须考察中国社会整体变迁的特征、中国传媒制度的特色以及中国文化传统等属于中国特色的现实。被称为“东方美学生活家”的短视频创作者李子柒，就是以美食、节日、手工技艺、田间劳作场景等中国传统文化的代表元素为主要传播内容，在海内外面向世界有效生动地呈现中国故事，在千差万别的异域文化中引起了受众的关注和理解，获得了情感上的喜爱和肯定。和李子柒一样在海外爆红的阿木爷爷，其展示传统木工卯榫手艺、体现工匠精神的短视频同样获得了千万的点击量，可见海外传播需要更多中国元素的内容和多形式的媒介表达。

（三）重视新媒体、融媒体等新传播技术领域研究

传媒技术的飞跃往往会带动理论的发展。新媒体、融媒体带来的冲击，不仅限于技术的变革、生活方式的变化，还改变了我们的传播方式和传播形态，如AR和VR等新技术的发展极大地增强了虚拟与现实的互动。随着抖音、快手等短视频应用的兴起，各大主流媒体如“央视新闻”“新华社”等为了增强自身的传播力、影响力，也已纷纷入驻了各短视频平台；同时技术的发展在推动中国法治化、民主化的进程中也发挥着巨大的作用。例如2019年5月备受关注的“中美主播跨洋对话”，此次“跨洋对话”作为一种媒介事件，其现实意义远超过对话内容本身。它开创了全新的沟通方式，提供了一种全新的倾听对方观点的方式。此次中美主播的跨洋对话，在中国全球传播历史上，尤其是在融媒体时代，具有非常重要的意义。因此，密切关注新媒体、融媒体等领域的效果理论研究，理应是发展趋势之一。

思考与练习

一、单项选择题（在下列每小题列出的四个备选答案中，只有一个是符合题目要求的，请将其选出，并将选项前面的代码填写在题后的括号内。）

1. “沉默的螺旋”理论认为大众传播的强大影响发生在 （ ）

A. 认知阶段和判断阶段　B. 判断·意见阶段和行动阶段

C. 判断阶段和意见形成阶段　D. “认知→判断·意见→行动”的全过程

2. 创新与普及的研究表明，“知识沟”的根源在于不合理的 （ ）

A. 社会政治结构　B. 社会经济结构

C. 社会教育结构　D. 社会文化结构

3. “有限效果论”注重考察具体传播活动的 （ ）

A. 微观效果　B. 宏观效果　C. 长期效果　D. 潜在效果

4. 与国际传播秩序中的南北问题研究有关的理论是 （ ）

A. “培养”理论　B. “议程设置”理论

C. “知识沟”理论　D. “沉默的螺旋”理论

5. “上限效果”假设，大众传播活动的结果将使社会“知识沟”的宽度 （ ）

A. 维持在上限　B. 维持在下限　C. 扩大　D. 缩小

6. 传播学批判学派认为，大众传播媒介巨大的政治影响力主要源于其特有的 （ ）

A. 信息传递功能　B. 议题设置功能

C. 精神麻醉功能　D. 培养分析功能

7. 议程设置理论暗示了一种媒介观，即大众传播媒介是 （ ）

A. “镜子”式报道机构　B. “真实反映环境”的机构

C. 客观报道事实的机构　D. “环境再构成作业”机构

8. “沉默的螺旋”理论认为，舆论的形成是三个因素相互作用的结果。这三个因素是大众传播、人际传播和 （ ）

A. 劣势意见的沉默　B. 社会公众对事务的“理性讨论”

C. 优势意见的疾呼　D. 人们对“意见环境”的认知心理

9. 按照“沉默的螺旋”理论，大众传播的社会效果是 （ ）

A. 有限的　B. 强大的　C. 无力的　D. 微小的

10. “沉默的螺旋”理论的提出者是 （ ）

A. 麦奎尔　B. 诺伊曼　C. 罗杰斯　D. 蒂奇诺

11. 议程设置理论认为，人们对当前国家大事及其重要性的认识和判断，通常来自 （ ）

A. 大众传播　B. 人际传播　C. 组织传播　D. 群体传播

12. 蒂奇诺等人提出的“知识沟”理论认为，导致“知识沟”不断扩大的主要因素是人们 （ ）

A. 社交范围的差异　B. 传播技能的差异

C. 社会经济地位的差异　D. 已有知识存储的差异

13. 20 世纪初至 30 年代末是传播效果研究的初级阶段，其核心理论是 （ ）

A. “皮下注射论”　B. “使用与满足”理论

C. “有限效果论”　D. “沉默的螺旋”理论

14. 20 世纪 40 年代至 60 年代是传播效果研究的第二阶段。这个阶段提出的关于传播效果的观点是 （ ）

A. “皮下注射论”　B. “培养”理论　C. “有限效果论”　D. “知识沟”理论

15. “沉默的螺旋”理论认为 （ ）

A. 大众传播的社会效果因时而异　B. 大众传播具有强大的社会效果

C. 大众传播的社会效果因人而异　D. 大众传播的社会效果是有限的

16. 格伯纳特别强调一种传播媒介在“培养”人们形成“共识”方面的作用，这种传播媒介是 （ ）

A. 报纸　B. 广播　C. 电视　D. 网络

17. 大众传播效果研究可以分为几个阶段，“有限效果论”出现在 （ ）

A. 第一阶段　B. 第二阶段　C. 第三阶段　D. 第四阶段

18. 大众传播媒介可以设置社会的“议程”，这个观点最早出自美国著名政治专栏作家 （ ）

A. 罗杰斯　B. 李普曼　C. 普利策　D. 赖斯顿

19. 大众传播效果研究的第二阶段属于 （ ）

A. “一致效果论”时期　B. “选择效果论”时期

C. “间接效果论”时期　D. “多元效果论”时期

20. 与其他舆论研究理论不同，“沉默的螺旋”理论强调舆论的 （ ）

A. 民意指向功能　B. 士气鼓舞功能

C. 社会控制功能　D. 批判监督功能

21. “知识沟”理论的提出，反映了人们对一个社会问题的重视。这个问题是 （ ）

A. 社会信息流向问题　B. 社会舆论聚焦问题

C. 社会阶层分化问题　D. 社会财富分布问题

22. 与“知识沟”理论持相反观点的是 （ ）

A. “上限效果”假说　B. “下限效果”假说

C. “中间效果”假说　D. “无限效果”假说

23. 被誉为“议程设置概念的精神之父”的是 （ ）

A. 克拉帕　　B. 李普曼　　C. 霍尔姆斯　　D. 麦库姆斯

24. 格伯纳等提出的“涵化”理论，指受众在传媒长期影响下形成的社会认知模式，该理论也被称为 （ ）

A. “虚化”理论　　B. “结晶”理论　　C. “泛化”理论　　D. “培养”理论

26. “知识沟”理论的主要提出者在同一所大学工作，因此他们被称为 （ ）

A. 哈佛小组　　B. 耶鲁小组　　C. 哥伦比亚小组　　D. 明尼苏达小组

27. 大众传播效果研究的第三阶段属于 （ ）

A. “一致效果论”时期　　B. “选择效果论”时期

C. “直接效果论”时期　　D. “多元效果论”时期

28. “沉默的螺旋”理论认为，经大众传媒强调提示的意见，由于具有公开性和广泛性，容易被当作 （ ）

A. 中立意见　　B. 权威意见　　C. 多数意见　　D. 专业意见

29. 就效果层次而言，“有限效果论”忽视了一个层次，即 （ ）

A. 态度　　B. 情感　　C. 认知　　D. 行动

30. 大众传播效果研究提出的“间接效果论”，也可称为 （ ）

A. “有限效果论”　　B. “一致效果论”

C. “多元效果论”　　D. “选择效果论”

31. “知识沟”理论认为，随着大众传媒发出信息的日益增加，社会经济地位较高者和社会经济地位较低者之间的“知识沟”将 （ ）

A. 趋向于扩大　　B. 趋向于稳定　　C. 趋向于缩小　　D. 趋向于填平

32. “知识沟”理论认为，“知识沟”产生的根源在于人们 （ ）

A. 专业背景不同　　B. 家庭环境不同

C. 受教育程度不同　　D. 社会经济地位不同

33. 议程设置理论认为，大众传播可以通过设置重要议程来影响 （ ）

A. 传播效果　　B. 新闻事件进程

C. 公众的关注　　D. 公众的日程

34. “涵化”理论是格伯纳研究了受众的一种媒介使用行为后提出的。这种媒介使用行为是 （ ）

A. 读报　　B. 听广播　　C. 看电视　　D. 上网

36. 1960年，完整勾勒了“有限效果论”基本框架的学者是 （ ）

A. 施拉姆　　B. 李普曼

C. 克拉帕　　D. 诺伊曼

37. “涵化”理论强调接触大众媒介信息而形成的对认知的影响，这里的“影响”是（　）

A. 长期的　　B. 中期的　　C. 短期的　　D. 暂时的

38. 议程设置理论的中心观点是（　）

A. 大众传媒可以通过设置重要议程来影响公众关注什么

B. 传媒强调程度越低，公众关注程度也越低

C. 某些新闻或热门话题是传媒设置出来的

D. 公众可以影响传媒话题的设置

39. 大众传播的“多元效果论”，也可称为（　）

A. “魔弹论”　　B. “有限效果论”

C. “间接效果论”　　D. “实证效果论”

40. 议程设置理论的思想渊源，可以追溯到（　）

A. 密尔的《论自由》　　B. 李普曼的《舆论学》

C. 坎特利尔等的《火星人入侵》　　D. 拉扎斯菲尔德等的《人民的选择》

41. “涵化”理论关注大众传播效果，这个效果在时间上指（　）

A. 现时效果　　B. 短期效果　　C. 中期效果　　D. 长期效果

42. 1974 年德国学者伊丽莎白·诺利–诺伊曼在《传播学刊》上提出的理论是（　）

A. “沉默的螺旋”理论　　B. 媒介偏向理论

C. “框架”理论　　D. 议程设置理论

43. “涵化”理论最早研究的主题是（　）

A. 观众　　B. 传播者　　C. 暴力　　D. 媒体

44. “火星人入侵地球”事件所挑战的传播效果理论是（　）

A. “个人差异论”　　B. “多元效果论”

C. “魔弹论”　　D. “社会范畴论”

45. 佩恩基金会的儿童研究和“火星人入侵”的恐慌研究挑战的是（　）

A. “一致效果论”　　B. “选择效果论”

C. “间接效果论”　　D. “认知效果论”

46. 有报道指出烟雾喷洒器可能对大气有害，制造商马上改用液体喷洒器。可以用来解释制造商这种反应的理论是（　）

A. “涵化”理论　　B. “创新扩散”理论

C. “第三人效果”理论　　D. “知识沟”理论

47. 中国传播学界参照议程设置理论的首次实证研究开展于（　）

A. 2001 年　　B. 2002 年　　C. 2003 年　　D. 2004 年

二、多项选择题（在下列每小题列出的五个备选答案中，有二至五个是正确的，请将其选出，并将选项前面的代码填写在题后的括号内。）

1. 20世纪40年代至60年代的传播效果研究，其主要课题和领域是（ ）

A. 传播流程研究 B. 潜移默化的效果研究

C. 信息社会阶层研究 D. 说服性传播的效果研究

E. “使用与满足”研究

2. 传播效果研究提出的一些理论大多与大众传播的社会效果有关，例如（ ）

A. “沉默的螺旋”理论涉及舆论的形成

B. “培养”理论涉及人们对现实社会的看法

C. “知识沟”理论涉及信息社会的阶层分化

D. “两级传播”理论涉及社会效果的制约因素

E. “议程设置”理论涉及人们对社会环境的认知

3. 拉扎斯菲尔德主持的伊里调查发现，大众传播可能产生的效果主要有（ ）

A. “强化”效果 B. “弱化”效果 C. “结晶”效果

D. “溶化”效果 E. “改变”效果

4. 拉扎斯菲尔德等通过伊里调查提出了一系列关于传播效果的概念、理论和假说，它们是（ ）

A. 意见领袖 B. “两级传播”理论

C. “选择性接触”假说 D. “政治既有倾向”假说

E. 大众传播的“强化”“结晶”和“改变”效果

5. 格伯纳把大众传播比作（ ）

A. 缓和社会矛盾的“熔炉” B. 反映社会现实的“镜子”

C. 维护现存社会制度的“文化武器” D. 现代社会的“故事讲解员”

E. 现代社会的“门区把关人”

6. 大众传播效果研究提出的一些观点，名称不同而意思相同，例如（ ）

A. “一致效果论”和“魔弹论” B. “选择效果论”和“有限效果论”

C. “间接效果论”和“多元效果论” D. “选择效果论”和“多元效果论”

E. “一致效果论”和“间接效果论”

7. 下列概念中与李普曼的《舆论学》有关的有（ ）

A. 议程设置 B. 虚拟环境 C. 意见领袖

D. 刻板印象 E. 两级传播

8. 据美国学者研究，媒介议程的设置者主要是（ ）

A. 公众 B. 政府 C. 企业 D. 媒介 E. 专家

9. 霍夫兰在传播效果研究中提出了一系列概念，它们是 （ ）

A. 框架效果 B. 涵化效果 C. 免疫效果 D. 休眠效果 E. 可信性效果

10. 加姆桑等提出的框架理论主要来源于 （ ）

A. 社会学 B. 政治学 C. 经济学 D. 心理学 E. 管理学

11. “沉默的螺旋”理论认为，舆论的形成是几方面因素相互作用的结果。这些因素是 （ ）

A. 大众传播 B. 人际传播 C. 人们对虚拟环境的认知心理

D. 人们对现实环境的认知心理 E. 人们对“意见环境”的认知心理

12. 构成“有限效果论”的代表性成果是 （ ）

A. 佩恩基金会有关电影对儿童影响的研究 B. 霍夫兰等人的劝服研究

C. 拉扎斯菲尔德等人的信息流程研究 D. 罗杰斯的创新扩散研究

E. 明尼苏达小组的“知识沟”研究

13. “认知效果”理论在20世纪70年代以后的复兴引申出了一系列理论，这些理论包括 （ ）

A. 议程设置 B. 涵化 C. 传播5W模式

D. 劝服 E. 第三人效果

三、名词解释

1. 传播效果
2. 议程设置功能
3. 知识沟
4. 第三人效果论
5. 本能心理学
6. 行为假说
7. 社会行为示范效果
8. 受众框架
9. 数字鸿沟
10. 大众社会理论

四、简答题

1. 为什么克拉帕关于大众传播效果的观点被称为“有限效果论”？
2. “沉默的螺旋”理论的提出具有什么意义？
3. 简述议程设置理论的特点。
4. “培养分析”研究最初着眼于什么问题并得出了什么结论？
5. 简述“知识沟”理论的主要观点。

6. 简述议程设置理论的主要观点。
7. 简述“沉默的螺旋”理论的核心观点。
8. 简述“涵化”理论的主要思想。
9. 简述有限效果论的主要缺点。

五、论述题

1. 在关于媒介普及与社会文化水平的关系这一重要问题上，试述“知识沟”理论与一般观念的不同之处。
2. 试从传播技巧的角度阐述说服性传播效果研究的具体内容。
3. 为什么蒂奇诺认为社会经济地位高的阶层是造成“知识沟”不断扩大的根本原因？
4. 传播媒介的议程是怎样设置出来的？
5. 为什么说“沉默的螺旋”理论是一种强有力的大众传播观？
6. 为什么说议程设置理论的思想渊源可以追溯到李普曼？
7. 论述“第三人效果”理论并举例说明。

六、案例分析题

1. 阅读分析下面一则关于“子弹论”的文字，然后回答文后的问题。

20 世纪初，报纸等传统媒体进入人们的生活，给人们的生活带来了很大的震撼，迫使人们转向对大众传播效果和影响的研究。传播媒介的出现，使大众传播的效果更加明显，因此人们对传播媒介产生了一种畏惧心理，认为大众媒介拥有人们不可抵挡的强大的力量，于是，出现了“子弹论”，并且这种理论还在社会上流行了几十年。现虽被证实其观点对大众传播来说是错误的，但教育学者把它引入到教育领域，并且对教育产生了很大的影响。

【问题】

（1）请论述“子弹论”（“枪弹论”）并画出其与教育的关系示意图。

（2）请举例说明：在当今社会“子弹论”对人们有什么影响。

2. 阅读分析下面关于“数字鸿沟”的案例，然后回答案例后面的问题。

自 2020 年起，新冠疫情肆虐全球，成为严重的全球大流行病事件。新冠疫情改变了人们的生活方式，同时也进一步加剧了数字鸿沟。无论是外卖、网购还是网课，其主要的使用对象为年轻人，很多老年人因缺乏对现代科技的适应力、掌控力、驾驭力而被迫望“云”兴叹。现代科技是一把双刃剑，其在促进社会发展的同时也制造了老年弱势，使老年人成为“信息中下层”的典型代表或“数字弱势群体”。

【问题】

（1）请阐述是科技的快速发展还是老年人自身造成了“老人数字弱势”。

（2）科技的快速发展如何顾及老年群体，进而实现老年人和科技的共生发展？

参考答案

主要参考文献

一、著作

[1] Denis McQuail, S. Windahl. Communication Models[M]. London & New York: Longman, 1981.

[2] Denis McQuail. Mass Communication Theory: An Introduction[M]. Detroit: SAGE Publications Ltd, 1994.

[3] E. M.罗杰斯. 传播学史：一种传记式的方法[M]. 殷晓蓉，译. 上海：上海译文出版社，2008.

[4] E. P. 霍兰德. 社会心理学原理和方法（第四版）[M]. 冯文侣，译. 广州：广东高等教育出版社，1988.

[5] G.克劳斯. 从哲学看控制论[M]. 梁志学，译. 北京：中国社会科学出版社，1981.

[6] H. Lasswell. The Structure and Function of Communication in Society[M]// Lyman Bryson. The Communication of Ideas. New York: Cooper Square, 1964.

[7] W. I. Thomas, D. S. Thomas. The Child in America: Behavior Problems and Programs[M]. New York: Knopf, 1928.

[8] 蔡帼芬. 国际传播与对外宣传[M]. 北京：北京广播学院出版社，2000.

[9] 陈力丹. 舆论学：舆论导向研究[M]. 北京：中国广播电视出版社，2000.

[10] 陈阳. 大众传播学研究方法导论[M]. 北京：中国人民大学出版社，2015.

[11] 成美，童兵. 新闻理论教程[M]. 北京：中国人民大学出版社，1993.

[12] 丹尼斯·麦奎尔，等. 大众传播模式论[M]. 祝建华，译. 上海：上海译文出版社，2008.

[13] 丹尼斯·麦奎尔. 大众传播理论[M]. 徐佳士，译. 台北：台湾风云论坛出版社，1996.

[14] 段鹏. 传播效果研究——起源、发展与应用[M]. 北京：中国传媒大学出版社，2008.

[15] 郭庆光. 传播学教程[M]. 2 版. 北京：中国人民大学出版社，2011.

[16] 哈罗德·伊尼斯. 传播的偏向[M]. 何道宽，译. 北京：中国人民大学出版社，2003.

[17] 哈罗德·伊尼斯. 帝国与传播[M]. 何道宽，译. 北京：中国人民大学出版社. 2003.

[18] 赫伯特·马尔库塞. 单向度的人：发达工业社会意识形态研究[M]. 刘继，译. 上海：

上海译文出版社，2006.
[19] 康德. 实践理性批判[M]. 韩水法，译. 北京：商务印书馆，1999.
[20] 拉里·A. 萨默瓦，理查德·E. 波特，埃德温·R. 麦克丹尼尔. 跨文化传播（第六版）[M]. 闵惠泉，贺文发，徐培喜，等译. 北京：中国人民大学出版社，2013.
[21] 李彬. 传播学引论[M]. 增补版. 北京：新华出版社，2003.
[22] 李凌零. 传播学概论[M]. 郑州：郑州大学出版社，2014.
[23] 理查德·韦斯特，林恩·H. 特纳. 传播理论导引：分析与应用[M]. 刘海龙，译. 北京：中国人民大学出版社，2007.
[24] 林之达. 传播学基础理论研究[M]. 成都：西南交通大学出版社，1994.
[25] 刘家林. 新编中外广告通史[M]. 广州：暨南大学出版社，2000.
[26] 洛雷塔·A. 马兰德罗，拉里·巴克. 非语言交流[M]. 孟小平，单年惠，朱美德，译. 北京：北京语言学院出版社，1991.
[27] 马克·波斯特. 第二媒介时代[M]. 范静哗，译. 南京：南京大学出版社，2005.
[28] 马克思，恩格斯. 马克思恩格斯选集[M]. 北京：人民出版社，1995.
[29] 马歇尔·麦克卢汉. 理解媒介：论人的延伸[M]. 何道宽，译. 南京：译林出版社，2003.
[30] 孟德斯鸠. 论法的精神[M]. 钟书峰，译. 西安：陕西人民出版社，2001.
[31] 明立志，高晓虹，等. 新闻学概论[M]. 2 版. 北京：高等教育出版社，2020.
[32] 莫里斯·罗森堡，拉尔夫·H. 特纳. 社会学观点的社会心理学手册[M]. 孙非，译. 天津：南开大学出版社，1992.
[33] 彭克宏. 社会科学大辞典[M]. 北京：中国国际广播出版社，1989.
[34] 皮埃尔·布尔迪厄，汉斯·哈克. 自由交流[M]. 桂裕芳，译. 北京：生活·读书·新知三联书店，1996.
[35] 齐奥尔格·齐美尔. 时尚的哲学[M]. 费勇，译. 北京：文化艺术出版社，2001.
[36] 全国高等教育自学考试指导委员会，张国良. 传播学概论[M]. 北京：外语教学与研究出版社，2013.
[37] 沙莲香. 传播学：以人为主体的图像世界之谜[M]. 北京：中国人民大学出版社，1990.
[38] 邵培仁. 传播学[M]. 北京：高等教育出版社，2015.
[39] 邵志择. 新闻学概论[M]. 杭州：浙江大学出版社，2006.
[40] 斯坦利·巴兰，丹尼斯·戴维斯. 大众传播理论：基础、争鸣与未来（第三版）[M]. 曹书乐，译. 北京：清华大学出版社，2004.
[41] 孙庚. 传播学概论[M]. 北京：中国人民大学出版社，2020.

[42] 特里·K. 甘布尔，迈克尔·甘布尔. 有效传播（第七版）[M]. 熊婷婷，译. 北京：清华大学出版社，2005.

[43] 汪晖，陈燕谷. 文化与公共[M]. 北京：三联书店，1998.

[44] 王雨田. 控制论、信息论、系统科学与哲学[M]. 北京：中国人民大学出版社，1986.

[45] 威尔伯·施拉姆，等. 报刊的四种理论[M]. 张隆栋，译. 北京：新华出版社，1980.

[46] 威尔伯·施拉姆，威廉·波特. 传播学概论（第二版）[M]. 何道宽，译. 北京：中国人民大学出版社，2010.

[47] 威尔伯·施拉姆. 人类传播史[M]. 游梓翔，吴韵仪，译. 台北：远流出版公司，1994.

[48] 韦尔伯·施拉姆. 大众传播媒介与社会发展[M]. 金燕宁，译. 北京：华夏出版社，1990.

[49] 沃尔特·李普曼. 公众舆论[M]. 阎克文，江红，译. 上海：上海人民出版社，2006.

[50] 武桂杰. 霍尔与文化研究[M]. 北京：中央编译出版社，2008.

[51] 希伦·A. 洛厄里，梅尔文·L. 德弗勒. 大众传播效果研究的里程碑[M]. 刘海龙，等译. 北京：中国人民大学出版社，2004.

[52] 习近平. 决胜全面建成小康社会 夺取新时代中国特色社会主义伟大胜利——在中国共产党第十九次全国代表大会上的报告[M]. 北京：人民出版社，2017.

[53] 亚历山大·米克尔约翰. 表达自由的法律限度[M]. 侯健，译. 贵阳：贵州人民出版社，2003.

[54] 杨伯峻. 论语译注[M]. 北京：中华书局，2017.

[55] 伊丽莎白·诺利–诺伊曼. 沉默的螺旋：舆论——我们的社会皮肤[M]. 董璐，译. 北京：北京大学出版社，2013.

[56] 约翰·费斯克，等. 关键概念：传播与文化研究辞典（第二版）[M]. 李彬，译. 北京：新华出版社，2004.

[57] 约翰·费斯克. 理解大众文化[M]. 王晓钰，译. 北京：中央编译出版社，2006.

[58] 约翰·弥尔顿. 论出版自由[M]. 吴之椿，译. 北京：商务印书馆，1958.

[59] 张国良. 20世纪传播学经典文本[M]. 上海：复旦大学出版社，2003.

[60] 张国良. 传播学概论[M]. 北京：外语教学与研究出版社，2018.

[61] 张国良. 传播学原理[M]. 2版. 上海：复旦大学出版社，2009.

[62] 张隆栋. 大众传播学总论[M]. 北京：中国人民大学出版社，1993.

[63] 中国社会科学院新闻研究所. 中国新闻年鉴[M]. 北京：中国社会科学出版社，1982.

[64] 周宇豪. 政治传播学[M]. 武汉：武汉大学出版社，2013.

[65] 周月亮. 中国古代文化传播史[M]. 北京：北京广播学院出版社，2000.

二、论文

[1] P. J. Tichenor, G. A. Donohue, C. N. Olien. Mass Media Flow and the Differential Growth in Knowledge[J]. Public Opinion Quarterly, 1970, 34(2).
[2] 鲍立泉. 数字传播技术发展与媒介融合演进[D]. 武汉：华中科技大学，2010.
[3] 蔡骐，李玲. 信息过载时代的新媒介素养[J]. 现代传播（中国传媒大学学报），2013（9）.
[4] 陈红梅. 网络传播与公众表达[D]. 上海：复旦大学，2005.
[5] 陈力丹，付玉辉. 论电信业和传媒业的产业融合[J]. 现代传播（中国传媒大学学报），2006（3）.
[6] 陈力丹，林羽丰. 继承与创新：研读斯图亚特·霍尔代表作《编码/解码》[J]. 新闻与传播研究，2014（8）.
[7] 陈力丹，宋晓雯，邵楠. 传播学面临的危机与出路[J]. 新闻记者，2016（8）.
[8] 陈力丹. 大众媒介营造的“拷贝世界”与舆论导向[J]. 广西大学学报（哲学社会科学版），1998（10）.
[9] 陈世丹，钱亚萍. 一个美国故事中的传播学——对“9·11”事件的再书写[J]. 武汉科技大学学报（社会科学版），2022（2）.
[10] 陈晓洁. 媒介环境学视阈下文学与媒介之关系研究[D]. 济南：山东大学，2012.
[11] 丁柏铨. 媒介融合：概念、动因及利弊[J]. 南京社会科学，2011（11）.
[12] 高金萍. 论灾难性事件纪念报道的报道策略——美国“9·11”事件报道与“9·11”五周年报道之比较[J]. 国际新闻界，2006（12）.
[13] 郝洁，武晓芳，张晓曼，等. 传播学在中国的发展和研究概况[J]. 新闻研究导刊，2021，12（3）.
[14] 胡河宁. 中国组织传播研究源起、脉络与发展[J]. 新闻与传播研究，2008，15（6）.
[15] 匡文波. 论网络传播学[J]. 国际新闻界，2001（2）.
[16] 李彬，刘海龙. 20 世纪以来中国传播学发展历程回顾[J]. 现代传播（中国传媒大学学报），2016（1）.
[17] 刘靖华. 一个自我实现的预言——评亨廷顿的新著《文明与世界政治的重建》[J]. 国际经济评论，1997（Z2）.
[18] 刘琼. 当代中国传播效果研究得失述评[J]. 青年记者，2010（24）.
[19] 刘玥. 突发气象灾害的微博报道框架分析[J]. 新闻世界，2022（2）.
[20] 马兰州，马骁. 苏秦劝服性传播中心路线的运用策略[J]. 新闻爱好者，2010（20）.
[21] 马宁，王辉. 大学生网络成瘾症形成的心理机制及预防和干预[J]. 高等理科教育，2003（S2）.

[22] 孟建，赵元珂．媒介融合：粘聚并造就新型的媒介化社会[J]. 国际新闻界，2006（7）.

[23] 孟林山，赵永华．英尼斯传播偏向理论的拓展：基于对媒介哲学本质的思考[J]. 国际新闻界，2021，43（7）.

[24] 孟威．2021 年新媒体研究的热点、新意与趋势[J]. 新闻与传播研究．2022（1）.

[25] 彭侃．回升与转型：2021 年世界电影产业[J]. 电影艺术，2022（2）.

[26] 桑珊珊．第三人效果理论研究综述[J]. 科技传播，2021（14）.

[27] 盛阳．作为行动的受传者商品论——斯麦兹《传播：西方马克思主义的盲点》的历史性及当代意义[J]. 新闻记者，2021（3）.

[28] 束凌燕，耿磊．麦克卢汉媒介理论在网络时代的新发展——读《理解媒介》[J]. 新闻世界，2010（1）.

[29] 苏也菲．基于劝服理论谈社交电商的传播行为[J]. 今传媒，2018，26（2）.

[30] 谭天，夏厦，刘睿迪．中国新媒体研究发展回顾及展望[J]. 新闻爱好者，2017（9）.

[31] 汤文辉．敞明与遮蔽——论麦克卢汉对英尼斯媒介理论的阐释及传播[J]. 文化研究，2011.

[32] 汤文蓉，高萍．浅析网络议程设置的特点——以《局面》为例[J]. 北京印刷学院学报，2019.

[33] 汪旭．哈罗德·英尼斯传播批判思想研究[D]. 湘潭：湘潭大学，2019.

[34] 王冲．网瘾症的基本问题探析[J]. 教育科学，2004（2）.

[35] 杨富波．麦克卢汉媒介理论研究[D]. 长春：吉林大学，2007.

[36] 杨健．试论大众媒介与社会的互动[J]. 江西社会科学，2004（11）.

[37] 杨世宏．媒介产业集团化与集群化研究[J]. 新闻战线，2018（1）.

[38] 张成山．大众传播时代的媒介歧视[J]. 当代传播，2012（3）.

[39] 张桂珍．国际传播是国际关系的一部分[J]. 现代传播（北京广播学院学报），1998（4）.

[40] 张桂珍．国际传播与国际关系[J]. 中国广播电视学刊，1998（2）.

[41] 张岩松．国际新闻中的视觉修辞传播——以“米歇尔·奥巴马访华”事件作为个案研究[EB/OL]. (2014-12-03)[2022-03-12]. http://media. people. com. cn/n/2014/1203/c40628-26138768. html.

[42] 张艳秋．国外媒介教育发展探析[J]. 国际新闻界，2005（4）.

[43] 张咏华．新形势下对麦克卢汉媒介理论的再认识[J]. 北京：现代传播（北京广播学院学报），2000（1）.

[44] 张卓．从“效果”到“影响”——西方媒介效果研究的历史考察与反思[J]. 新闻与传播评论，2008.

[45] 钟山 . 第二届全国受众研究学术讨论会综述 [J]. 新闻研究资料，1992（3）.
[46] 周葆华 . 大众传播效果研究的历史考察 [D]. 上海：复旦大学，2005.

除了以上主要参考文献，在编写本教材的过程中，我们还参考了其他相关教材、专著中大量的观点与论述，选用了小说、电影、戏剧和网络媒体中的一些例子、视频和图片。虽然对于这些观点、论述、例子、视频和图片的使用，我们都尽量注明了出处，但是，有一些公认的定义和说法，为了避免赘言就没有一一对其作详细说明；有一些例文因为被多次转载或难以查得出处，也就没有一一标出来源。在此，编写组向上面所列参考文献的作者以及未能一一标明的其他引用来源的各位作者表示衷心的感谢和诚挚的敬意。

后　记

《传播学概论》教材终于在“征雁鸣云霄”的仲秋时节完稿了。从2021年秋天开始筹划本教材的编写工作，到2023年秋天结束，我们八位同仁历时两年，几易其稿，终于完成了写作任务，付梓出版。本书编写分工如下。

肖建春：负责各章提纲的设计和全书的统稿，撰写前言、后记，编写第一章“传播概述”和第二章“传播学的对象和传播功能研究”；

金佳林：负责全书编写工作的协调，第一章、第二章、第五章和第六章文稿的汇总及初步审校，编写第六章“传播与文化、经济的关系”；

赵玉文：负责前期参考资料的搜集，第三章、第四章、第七章、第八章和第九章文稿的汇总及初步审校，编写第三章“传播学的起源、形成、发展与流派”；

孙思：编写第七章“社会传播活动的种类及其特点”；

李娇：编写第九章“传播效果理论与研究”；

陶陶：编写第五章“传播与政治、社会的关系”；

汪米嘉：编写第八章“传播过程中的传播者与受传者”；

李欣芮：编写第四章“传播技术的发展与媒介理论的演进”。

非常感谢浙江大学出版社教材分社蔡镜副社长、李晨副社长和郑成业编辑，他们为本书的面世做了大量的工作。

虽然编者中有长期讲授“传播学概论”课程的几位教授、副教授，也有科班出身的传播学专业硕士、博士青年教师，但是由于编者的研究能力和写作水平有限，本教材中难免存在不足和疏漏之处，恳请各位专家和广大读者批评指正，以便再版时做进一步的修订和完善。

编者

2024年5月